Demokratie gestalten

Wirtschafts- und Sozialkunde für berufliche Schulen im Saarland

Altmeyer · Klein · Krier · Zimmermann

4. Auflage

VERLAG EUROPA-LEHRMITTEL
Nourney, Vollmer GmbH & Co. KG
Düsselberger Straße 23
42781 Haan-Gruiten

Europa-Nr.: 67524

Autoren:
Michel Altmeyer, OStR, Dillingen
Wolfgang Klein, StD, Dillingen
Alexander Krier, StD, Saarlouis
Tim Zimmermann, OStR, St. Ingbert

Arbeitskreisleitung:
Wolfgang Klein, StD

Verlagslektorat:
Dr. Rainer Maurer

4. Auflage 2017

Druck 5 4 3 2

Alle Drucke derselben Auflage sind parallel einsetzbar, da bis auf die Behebung von Druckfehlern untereinander unverändert.

ISBN 978-3-8085-6756-2

Gestaltung, Umschlag und Satz: Punkt für Punkt GmbH · Mediendesign, 40549 Düsseldorf
Umschlagkonzept: tiff.any GmbH, 10999 Berlin
Druck: Lensing Druck GmbH & Co. KG, 48683 Ahaus

Das Lehr- und Arbeitsbuch „Demokratie gestalten“ ist ein modernes, handlungsorientiertes Lehrwerk für das Fach **„Wirtschafts- und Sozialkunde“** an saarländischen beruflichen Schulen. Es ist bestimmt für:

- Technisch-gewerbliche und sozialpflegerische Ausbildungsberufe
- Kaufmännische Ausbildungsberufe
- Berufsfachschulen

Die **technologischen und ökonomischen Weiterentwicklungen** der Berufs- und Arbeitswelt erfordern eine kontinuierliche, qualifizierte Aus- und Fortbildung.

Das didaktische Konzept der **Handlungsorientierung** soll dem Unterricht zugrunde liegen. Deshalb wird bei der Arbeit mit diesem Buch die **Handlungskompetenz** gefördert und vertieft. Neben dem grundlegenden Erwerb von Fachwissen ist es wichtig, die gewonnenen Kenntnisse und Fähigkeiten in **Handeln** umsetzen zu können. So ist es möglich, aktiv am politischen Entscheidungsprozess **mitzuwirken**. Es ist wichtig zu wissen, woran man verfassungsfeindliche Parteien erkennen kann. Man sollte aber auch wissen, wie man sich bei Bedarf **aktiv gegen** solche Parteien **engagieren** kann.

„Demokratie gestalten“ wurde nach dem **Lehrplan Wirtschafts- und Sozialkunde von 2016** verfasst und so gegliedert, dass die **zwölf Kompetenzbereiche** abgebildet sind.

Damit ermöglicht das Buch eine **fundierte, problemorientierte Auseinandersetzung mit politischen, wirtschaftlichen, sozialen und kulturellen Themen**. So entwickelt sich eine **gesellschaftliche Handlungskompetenz**, die anregen soll, **Demokratie** zu gestalten.

Wirtschafts- und Sozialkunde ist ein sehr **schnelllebiges Fach**. Dem wurde in diesem Lehrbuch Rechnung getragen: Sie erhalten das notwendige – meist nur geringen und langsamen Veränderungen ausgesetzte – Grundwissen im Text vermittelt. **Dort, wo Veränderungen schneller zu erwarten sind, werden digitale Medien direkt integriert oder Sie werden über Fragen dorthin geleitet**. Dies geschieht häufig mit Hilfe von **QR-Codes**. So sieht **Crossmediales Lernen** aus: Das eine verwirklichen, ohne das andere zu vernachlässigen, um **die Vorteile beider Medien (print und digital) zu nutzen**. Neben dem **Gewinn an Aktualität** kann das Lehrbuch dadurch viel **kompakter und übersichtlicher** werden. Dadurch sind Sie, mit guten Kenntnissen ausgestattet, immer auf der **Höhe der Zeit**. „Demokratie gestalten“ will Sie ermutigen, sich – mit diesem Wissen gerüstet – in die **Gestaltung des politischen Umfeldes einzubringen**.

Die **Mobilität in Europa** nimmt zu. Die Bürger der **EU-Mitgliedstaaten** haben das Recht, in jedem Land der Europäischen Union eine Beschäftigung auszuüben und sich zu diesem Zweck dort aufzuhalten.

Immer mehr Schülerinnen und Schüler verbringen einen Teil ihrer **Schulzeit im Ausland**. Auszubildende haben die Möglichkeit, einen Teil ihrer **betrieblichen Ausbildung in anderen Ländern** zu durchlaufen. Zugleich führen die Unterschiede der historisch gewachsenen Bildungssysteme dazu, dass Bildungsabschlüsse nicht europaweit verständlich sind.

Der **DQR** (Deutscher Qualifikationsrahmen für lebenslanges Lernen) dient dazu, die in Deutschland existierenden Qualifikationen in Relation zu den **acht Niveaus** des **EQR** (Europäischer Qualifikationsrahmen für lebenslanges Lernen) zu setzen, um sie **in Europa besser verständlich zu machen**.

www.dqr.de

Die Kultusministerkonferenz (KMK) hat angeregt (Handreichung der KMK für die Erarbeitung von Rahmenlehrplänen der Kultusministerkonferenz ... vom 23. September 2011, S. 15), die Kompetenzkategorien der Lehrpläne am DQR zu orientieren. Diese wurden deshalb auch in diesem Buch übernommen und mit den Kompetenzbezeichnungen des neuen Lehrplanes verbunden.

Hinweise für die Arbeit mit diesem Buch

Die **Fragestellungen** sind nach Schwierigkeitsgrad differenziert. Hier wird gefordert, sich zu einem Thema Gedanken zu machen, die Problematik zu hinterfragen, um sich eine eigene Meinung zu bilden und diese auch zu vertreten.

Zusammenfassung

In „**Zusammenfassung**“ stehen – knapp und präzise – die wichtigen Inhalte des jeweiligen Kapitels. Diese Inhalte sollten gründlich gelernt werden.

Wissens-Check

Im „**Wissens-Check**“ kann überprüft werden, ob das Gelernte auch beherrscht wird. Wer diese Fragen beantworten kann, hat sich ein solides Wissen erarbeitet.

Leistungsmachweise sind zu einem wichtigen Bestandteil des Unterrichts geworden. Eine inhaltliche Hinführung zu diesem Thema im Fach Wirtschafts- und Sozialkunde finden Sie direkt am Anfang des vorliegenden Lehrwerkes.

Ihr Feedback ist uns wichtig

Wenn Sie mithelfen möchten, dieses Buch für die kommenden Auflagen zu verbessern, schreiben Sie uns unter *lektorat@europa-lehrmittel.de.* Ihre Hinweise und Verbesserungsvorschläge nehmen wir gerne auf.

Haan-Gruiten, Sommer 2017
Autoren und Verlag

Wirtschaftskunde

Kompetenzbereich 1: Sich in der Arbeitswelt zurechtfinden

Kompetenzbereich 2: Wirtschaftliche Zusammenhänge kennen

Kompetenzbereich 3: Den Betrieb aktiv mitgestalten

Kompetenzbereich 4: Die Rolle als Verbraucher ausüben

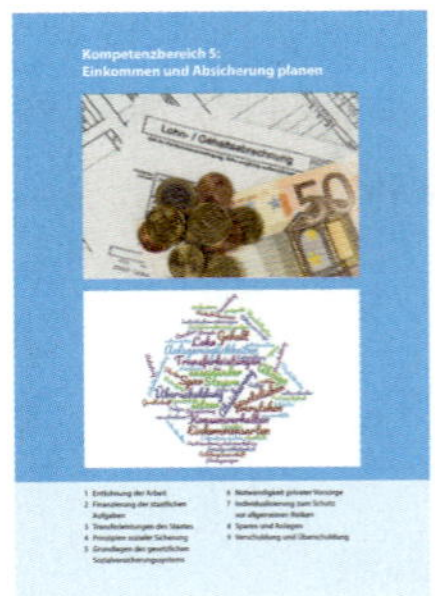

Kompetenzbereich 5: Einkommen und Absicherung planen

Kompetenzbereich 6: Entscheidungen in der sozialen Marktwirtschaft treffen

Sozialkunde

Kompetenzbereich 1: In unserer Gesellschaft leben und handeln

Kompetenzbereich 2: Die Entwicklung der Demokratie in Deutschland verstehen

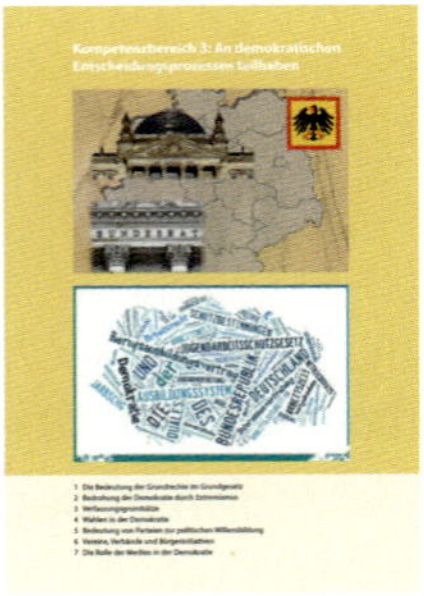

Kompetenzbereich 3: An demokratischen Entscheidungsprozessen teilhaben

Kompetenzbereich 4: Das politische System Deutschlands erfassen

Kompetenzbereich 5: In Europa leben und arbeiten

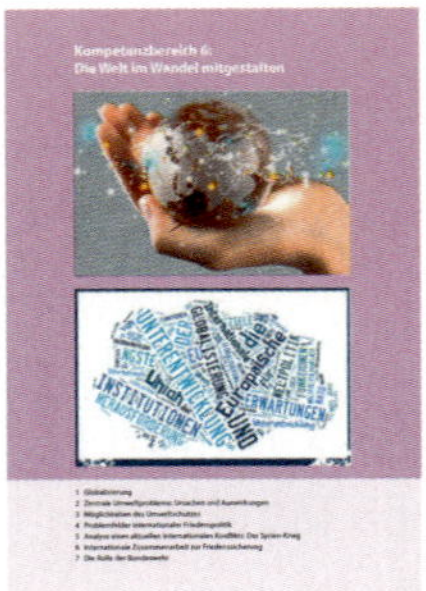

Kompetenzbereich 6: Die Welt im Wandel mitgestalten

Wie kann ich in WiSo gute Leistungen zeigen?

Ob durch Klassenarbeiten oder Tests, Referate oder Präsentationen: Es gibt viele Möglichkeiten, gute Leistungen in WiSo zu zeigen. Je nach Aufgabenstellung sind die fachlichen Kompetenzen (z. B. Wissen) und die überfachlichen Kompetenzen (z. B. Eigeninitiative, Flexibilität, Motivation, Kommunikation, Kreativität) maßgeblich zur Feststellung der Leistung. Die Bewertungskriterien müssen im Vorfeld der Leistungsermittlung vom Lehrer festgelegt werden und jedem bekannt sein.

Man unterscheidet große und kleine Leistungsnachweise. Wie viele davon man in jedem Schuljahr leisten muss, erklärt jeweils der Lehrer. Nicht jeder Schüler muss zwingend die gleichen Leistungsnachweise erbringen. Welcher Schüler welche Möglichkeiten wahrnehmen kann, wird gemeinsam mit dem Lehrer festgelegt.

Große Leistungsnachweise (GLN)

Große Leistungsnachweise müssen grundsätzlich eine (Block-)Woche vorher angekündigt werden. Auch Paar- oder Gruppenprüfungen sind je nach Leistungsnachweis möglich, z. B. bei einem Referat.

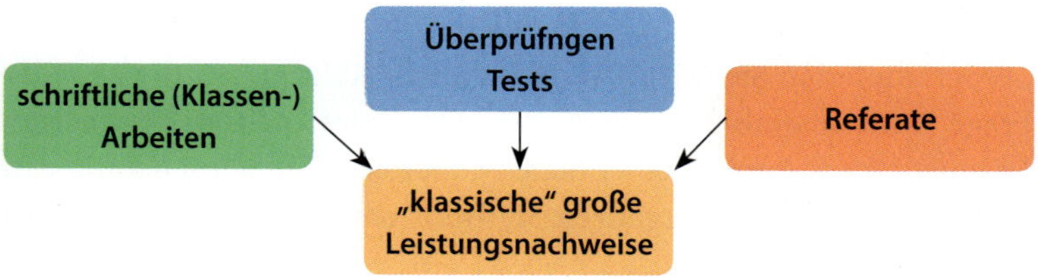

Kleine Leistungsnachweise (KLN)

Kleine Leistungsnachweise unterscheiden sich in Umfang und Anforderungen von den großen Leistungsnachweisen. Sie müssen nicht angekündigt werden.

Die Bewertungskriterien für die kleinen Leistungsnachweise müssen auch im Vorfeld der Leistungsermittlung festgelegt werden und jedem bekannt sein. Die Mitarbeit im WiSo-Unterricht **wird IMMER** als ein kleiner Leistungsnachweis pro Halbjahr gewertet.

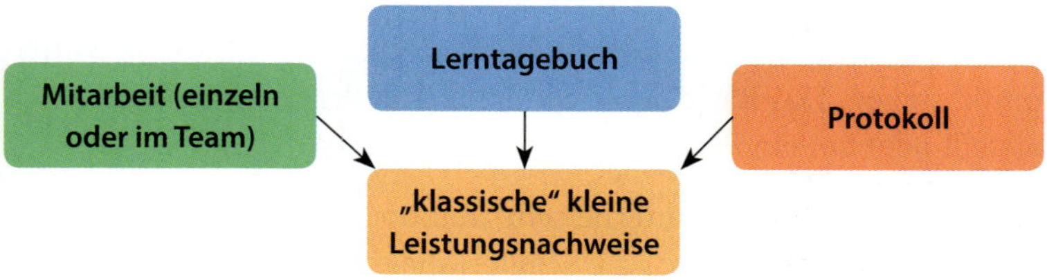

Welche Leistungsnachweise sind noch möglich?

Neben den klassischen Möglichkeiten der Leistungsermittlung gibt es eine Vielzahl von Möglichkeiten, seine Leistungen in WiSo zu zeigen. Im Folgenden werden Möglichkeiten zur Leistungsermittlung genannt, die je nach gestellten Anforderungen und Umfang als große oder kleine Leistungsnachweise gewählt werden können. Die genannten Möglichkeiten sind nur Beispiele und können natürlich auch auf jedes andere Thema umformuliert werden:

Plakate:

Noch ist das Blatt leer ...

„Erstellen Sie ein Plakat in Form einer Bildergalerie/Ausstellung, die die Geschichte der Deutschen Einigung widerspiegelt!"

„Skizzieren Sie auf einem Plakat das Regierungssystem in der Weimarer Republik und der BRD. Markieren Sie Gemeinsamkeiten und Unterschiede!"

„Entwerfen Sie einen Zeitstrahl zur Geschichte der Europäische Einigung"

„Erstellen Sie ein Organigramm, in dem die Beziehungen der Staatsorgane in der Zeit der Weimarer Republik und in der heutigen Zeit deutlich werden. Präsentieren Sie Ihr Ergebnis!"

Quiz/Spiele:

Spielen kann auch bilden ...

„Programmieren Sie mit Powerpoint einen Abfragetest, der zu jeder Frage fünf Auswahlantworten mit einer oder mehreren richtigen Lösungen zum Auswählen enthält. Moderieren Sie selbstständig den Ablauf des Quiz' und ergänzen Sie Informationen zu den richtigen Antworten."

„Entwerfen Sie Memory-Spielkarten zum Jugendarbeitsschutzgesetz. Jeweils ein Kartenpaar enthält passende Fragen und Antworten, oder Bilder mit Textzuweisungen etc. Erarbeiten Sie im Team schriftlich eine genaue Spielanleitung mit mehreren Spielvariationen (Einzel- oder Gruppenspiel, Vergabe von Punkten, ...). Stellen Sie die richtigen Kartenpaare mit Hilfe einer kleinen Präsentation vor."

„Entwerfen Sie ein Personenquartett zur bevorstehenden Landtagswahl, mit Alter, Amt oder Position, Geburtsjahr, Berufe etc.! Erarbeiten Sie schriftlich eine Spielanleitung."

„Entwickeln Sie ein Kreuzworträtsel, in dem Fragen zu bekannten Personen, Ereignissen und Daten zur Europäischen Union im Mittelpunkt stehen. Das Rätsel kann mit Hilfe von Programmen oder Apps erstellt oder auf ein Plakat abgebildet werden."

„Entwerfen Sie mit der Internetseite ‚Kahoot.it' ein Quiz zum Thema Unternehmensgründung! Alle Schülerinnen und Schüler können sich mit ihrem Smartphone anmelden und mitspielen. Moderieren Sie selbstständig den Verlauf des Quiz!'

Musik / Performance:

„Erstellen Sie ein Musikmedley aus den 80/90/00 Jahren mit jeweiligen Bildern aus den entsprechenden Jahrzehnten!"

„Schreibt einen Liedsong zum Thema Menschenrechte/zur Person Donald Trump, in dem folgende Begriffe vorkommen sollen: (hier 10 Begriffe zum Thema/zur Person). Der Text kann mit Hilfe digitaler Musikunterstützung oder mit Hilfe eines Musikinstrumentes vor der Klasse dargeboten werden. A cappella geht natürlich auch.

onderschd covered aus Achern, Live-Auftritt in London

„Planen Sie ein Rollenspiel/eine Theaterszene zum Thema ‚Vor dem Jugendrichter'!"

„Planen Sie ein Standbild zum Thema ‚Berliner Mauerbau' und führen Sie es in der Klasse vor!"

Spurensuche:

„Führen Sie eine Spurensuche (z. B. Stolpersteine) in Ihrem Heimatort zum Thema ‚die Judenverfolgung im Dritten Reich' durch!"

Historische Straßennamen

„Erstellen Sie eine Ahnengalerie mit den Berufen der Vorfahren zum Thema ‚Strukturwandel (im Saarland)'! Sprechen Sie mit Ihren Eltern und Großeltern über dieses Thema und erfahren Sie mehr über deren Begegnung mit dem Strukturwandel!"

„Führen Sie ein Experten-Interview mit einem Betriebsleiter zum Thema ‚Unternehmensgründung' durch!"

„Besorgt 5 Gegenstände aus 5 europäischen Ländern und beschreibt deren Besonderheiten und Verbundenheit mit dem jeweiligen Land."

„Fotografieren Sie Straßennamen, die einen Bezug zur Geschichte des Saarlandes haben. Präsentieren Sie Ihre Ergebnisse und informieren über die Hintergründe der gezeigten Straßennamen."

„Finden Sie in Ihrem Haushalt fünf Gegenstände, die in Entwicklungsländern produziert wurden."

„Erstellen Sie mit Hilfe von QR-Codes Aufgaben zum Thema ‚Ausbildungsverträge', die in Anlehnung an ‚Geocaching'/Schnitzeljagd zu einem ‚Schatz' führen, der auf dem Schulgelände hinterlegt und gefunden werden muss.

„Planen Sie eine Exkursion zum örtlichen Arbeitsgericht! Planen Sie den Termin sowie die Fragen ‚die Sie im Arbeitsgericht dem Richter stellen möchten'!"

„Führen Sie eine Supermarktanalyse durch (Verhalten der Verkäufer – z. B. im Geschäft – Autohaus). Präsentieren Sie das Ergebnis in der nächsten Unterrichtsstunde."

Recherche und Präsentationen:

„Erstellen Sie ein Dossier (‚eine Akte') zum Thema „Syrienkonflikt" mit Erklärungen, Karten, Daten, Zeitungsartikeln etc."

„Besuchen Sie die Verbraucherzentrale und besorgen Sie für die nächste Unterrichtsstunde dort Informationen zum Thema Überschuldung!"

„Erstellen Sie ein Haushaltsbuch für den kommenden Monat und stellen Sie es im Unterricht vor!"

„Stellen Sie in einer Präsentation Ihren Ausbildungsberuf/Ausbildungsbetrieb vor!"

„Analysieren Sie den Aufbau und die Warenpräsentation im hiesigen Supermarkt. Erstellen Sie eine Grundrissskizze mit den Anordnungen der Produktgruppen und Besonderheiten. Präsentieren Sie Ihr Ergebnis in der Gruppe!"

„Führen Sie einen Testkauf in 2 verschiedenen Geschäften durch! Achten Sie dabei insbesondere auf das Auftreten des Verkaufspersonals. Welche Verhaltensweisen fallen Ihnen positiv auf, welche negativ? Präsentieren Sie Ihr Ergebnis in der nächsten Unterrichtsstunde!"

Kompetenzbereich 1: Sich in der Arbeitswelt zurechtfinden

© pia-pictures – fotolia.com

© Ulf Kläning

1 Schulordnung und Schülermitverantwortung
2 System der beruflichen Bildung im Saarland
3 Die duale Berufsausbildung
4 Der Berufsausbildungsvertrag
5 Arbeitsverträge
6 Schutzbestimmungen im Arbeitsrecht
7 Arbeitszeitregelungen
8 Arbeitsgerichtsbarkeit
9 Jugendarbeitsschutzgesetz (JArbSchG)

1 Schulordnung und Schülermitverantwortung

Der Start in die Arbeitswelt stellt einen bedeutenden Einschnitt im Leben eines Jugendlichen dar. Schule und Ausbildungsbetrieb haben unterschiedliche Aufgaben. In der Berufsschule werden neben den beruflichen Fähigkeiten und Fertigkeiten auch allgemeinbildende Inhalte vermittelt. Schulordnung, Hausordnung und Schülermitverantwortung tragen zur Gestaltung und zum Gelingen des Bildungsauftrages der Berufsschule bei.

1.1 Schulordnung

Im Saarland ist die Schulordnung im Wesentlichen durch das Schulordnungsgesetz (SchoG) und die Allgemeine Schulordnung (ASchO) geregelt.

Zusätzlich gibt sich jede Schule eine eigene Hausordnung. In der Hausordnung sind spezielle, für diese Schule geltende Regeln festgelegt. Diese Regeln umfassen beispielsweise den gegenseitigen Umgang miteinander und Einzelheiten zum Unterrichtsbetrieb. Weiterhin ist die Vorgehensweise bei Erkrankungen, Beurlaubungen und Befreiungen sowie der Umgang mit Konflikten und Beschwerden geregelt. Auch Bestimmungen zu Sauberkeit und Ordnung sowie zum Rauchverbot sind Bestandteil der meisten Hausordnungen.

Analysieren Sie die Hausordnung Ihres Berufsbildungszentrums. Welche Regelungen sehen Sie als besonders wichtig an?

1.2 Schülermitverantwortung

Im Saarland wird die Schülermitbestimmung durch das Gesetz über die Mitbestimmung und Mitwirkung im Schulwesen – Schulmitbestimmungsgesetz (SchumG) geregelt.

Sie sind an der Gestaltung der Unterrichts- und Erziehungsarbeit der Schule beteiligt durch:

- Informations- und Meinungsaustausch in der Schülerversammlung
- Unmittelbar durch stimmberechtigte Teilnahme an der Wahl von Schülervertreterinnen und Schülervertretern
- Mittelbar durch deren Teilnahme an Beratungen und Entscheidungen schulischer Gremien

© Dave Vaughan

2 System der beruflichen Bildung im Saarland

Die beruflichen Schulen im Saarland bieten mit ihrem differenzierten Bildungsangebot vielfältige Möglichkeiten. Neben dem Erwerb einer beruflichen Qualifizierung bieten sie die Möglichkeit, alle allgemein bildenden Abschlüsse – bis hin zur allgemeinen Hochschulreife – zu erlangen.
Für einen nachhaltigen Erfolg auf dem Arbeitsmarkt sind die berufliche Qualifikation und lebenslanges Lernen notwendig.

2.1 Das System der beruflichen Schulen im Saarland

Die meisten Schülerinnen und Schüler verfügen bei Beginn der Berufsausbildung bereits über den Hauptschulabschluss oder den mittleren Bildungsabschluss. Andernfalls können sie diese Abschlüsse mit dem erfolgreichen Abschluss der Ausbildung unter bestimmten Voraussetzungen zuerkannt bekommen.

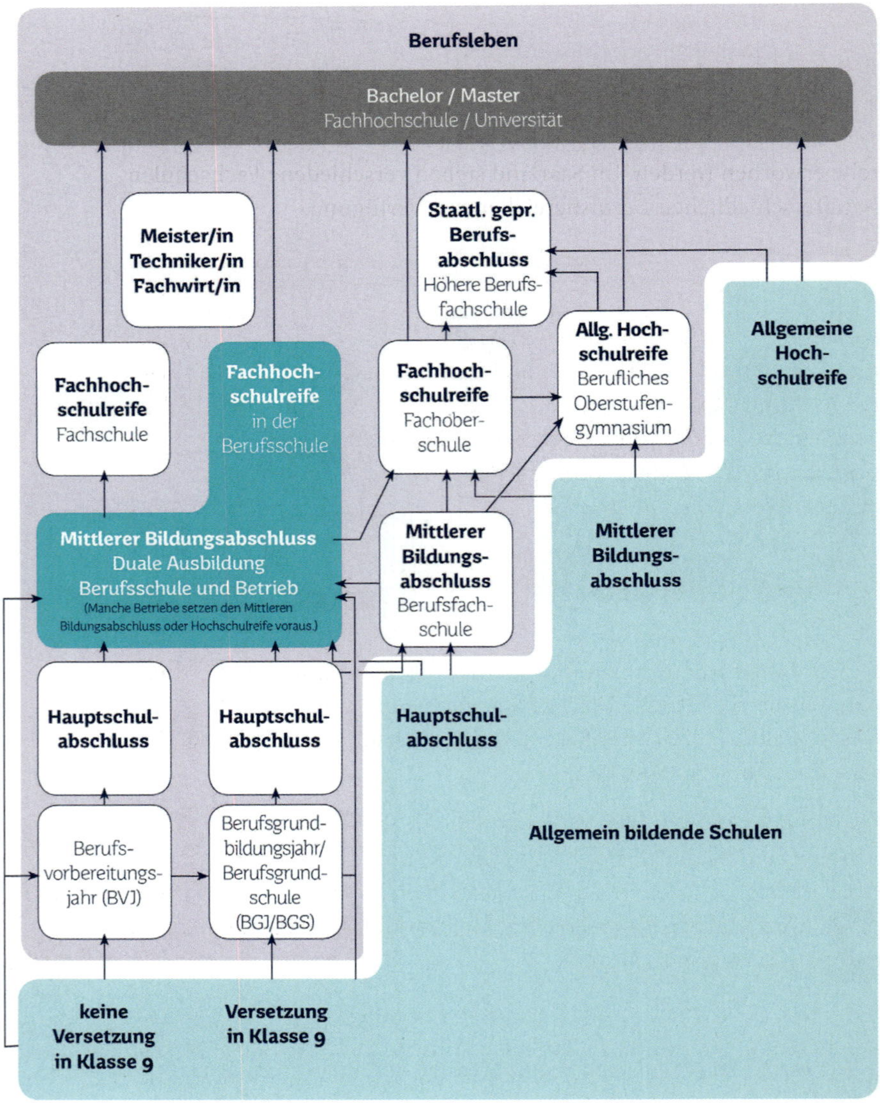

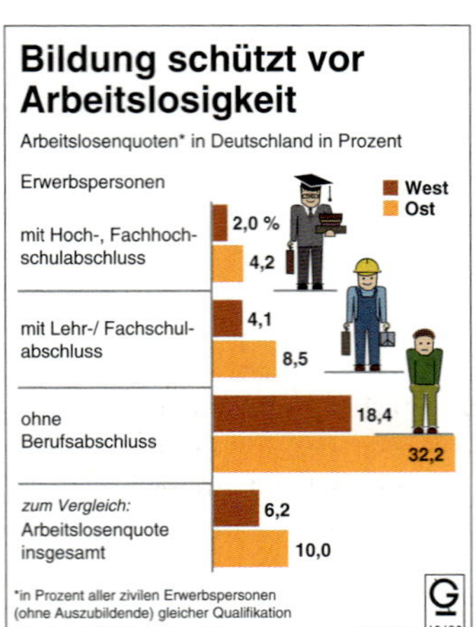

Fachoberschule und berufliche Gymnasien

Schülerinnen und Schüler, die nach der Ausbildung ein Studium an der Fachhochschule oder Universität anstreben, finden in der Fachoberschule und dem Beruflichen Gymnasium eine attraktive Alternative.

Sie können in diesen Bildungsgängen bereits vertiefte berufliche Kenntnisse in verschiedenen Berufsfeldern erwerben und gleichzeitig die allgemeine Fachhochschulreife oder die allgemeine Hochschulreife (Abitur) erlangen.

Nach der erfolgreichen Berufsausbildung können Jugendliche mit mittlerem Bildungsabschluss an der Fachoberschule bereits nach einem Jahr die Fachhochschulreife erwerben.

Fachschulen

Für junge Arbeitnehmerinnen und Arbeitnehmer, die bereits im Berufsleben stehen, bieten die Fachschulen die Möglichkeit der beruflichen Weiterbildung. Auf diesem Weg kann auch die Fachhochschulreife erworben werden. Im Saarland stehen verschiedene Fachschulen in unterschiedlichen Berufsbereichen zur Verfügung.

Höhere Berufsfachschulen

Höhere Berufsfachschulen bieten Jugendlichen mit Fachhochschulreife oder allgemeiner Hochschulreife eine attraktive berufsqualifizierende Alternative zum Studium. Sie werden in unterschiedlichen Fachbereichen angeboten und vermitteln eine berufliche Qualifikation, die zur Übernahme von Führungsaufgaben in mittleren und gehobenen Positionen in vielen Wirtschaftsbereichen befähigt.

Deutscher Qualifikationsrahmen für lebenslanges Lernen (DQR)

Die Mobilität in Europa nimmt zu. Arbeitnehmerinnen und Arbeitnehmer der EU-Mitgliedstaaten haben das Recht, in jedem Land der Europäischen Union eine Beschäftigung auszuüben und sich zu diesem Zweck dort aufzuhalten.

Immer mehr Studierende absolvieren ihr Studium im Ausland. Unternehmen agieren global und ermöglichen ihren Beschäftigten internationale Karrieren. Zugleich führen die Unterschiede der historisch gewachsenen Bildungssysteme dazu, dass Bildungsabschlüsse nicht europaweit verständlich sind.

www.dqr.de

Der DQR dient dazu, die in Deutschland existierenden Qualifikationen in Relation zu den acht Niveaus des EQR (Europäische Qualifikationsrahmen für lebenslanges Lernen) zu setzen, um sie in Europa besser verständlich zu machen. Davon profitieren Lernende, Berufstätige, Unternehmen und Bildungseinrichtungen.

> Erläutern Sie, in welcher Form Lernende, Berufstätige, Unternehmen und Bildungseinrichtungen vom DQR profitieren.

2.2 Fort- und Weiterbildung

Grundsätzlich sind Arbeitnehmer offen für neues Wissen, jedoch steigt die Bereitschaft zur Weiterbildung mit der Höhe der **Qualifikation**. Immerhin nehmen jährlich rund 20 Prozent der Erwerbstätigen und Arbeitslosen an einer Weiterbildung teil – Tendenz steigend. Sie dient der höheren Qualifizierung im erlernten Beruf (z. B. zum Meister oder zum staatlich geprüften Techniker). Wer sich beruflich wei-

Berufliche Qualifizierung:
Alle Maßnahmen, die eine erfolgreiche Berufsausübung ermöglichen

terbildet, verdient bis zu 12 Prozent mehr als Kollegen, die auf eine entsprechende Weiterbildung verzichten. Das belegt eine Studie des Zentrums für Europäische Wirtschaftsforschung.

2.3 Lebenslanges Lernen

Die Bereitschaft zum lebenslangen Lernen ist Grundvoraussetzung für einen erfolgreichen beruflichen Werdegang. Das Bildungsangebot müssen Jugendliche und Erwachsene selbstständig und eigenverantwortlich nutzen.

Vierte industrielle Revolution (Industrie 4.0):
Verzahnung der industriellen Produktion durch die Anwendung der Internettechnologien zur Kommunikation zwischen Menschen, Maschinen und Produkten. Technologische Grundlage sind intelligente, digital vernetzte Systeme.

Der beste Schutz gegen Arbeitslosigkeit ist Bildung – je mehr, desto besser. Nur etwa drei Prozent der Hochschulabgänger in Deutschland sind arbeitslos gemeldet. Facharbeiter und Meister mit einer soliden beruflichen Ausbildung haben beste Chancen, einen geeigneten Arbeitsplatz zu finden. Arbeitslosigkeit wird zunehmend ein Problem gering qualifizierter Personen. Die abgeschlossene Erstausbildung reicht in Zeiten des schnellen technologischen Wandels nicht mehr aus. Ständige Weiterbildung ist nötig, um das fachliche Wissen auf dem aktuellen Stand zu halten.

Technisch hoch entwickelte Produkte (z. B. Smartphone und Tablet-PC) ermöglichen einen ständigen Datenaustausch. Sie verschaffen direkten Zugang zum Internet. Fachleute sprechen bereits von einer **vierten industriellen Revolution**. Der technologische Wandel fordert veränderte berufliche Fähigkeiten und besser qualifizierte Mitarbeiter.

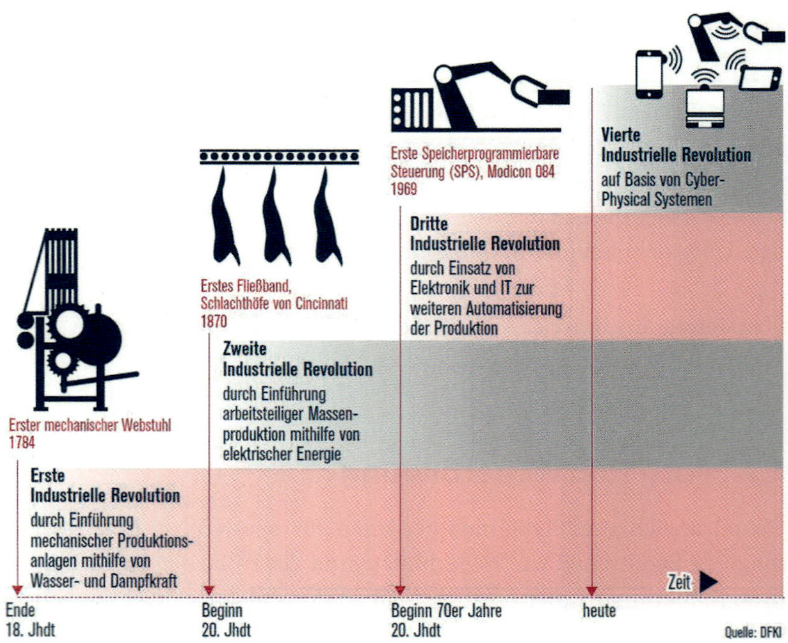

Recherchieren Sie im Internet, welche Qualifizierungsangebote es für Ihren Beruf gibt.

Erwerb von Kompetenzen

Soziales Zusammenleben und erfolgreiches leistungsorientiertes Arbeiten sind ohne bestimmte Eigenschaften der Menschen nicht denkbar. Der erfolgreiche Arbeitnehmer verfügt über Wissen und Können, Fertigkeiten und Fähigkeiten, **personale** und **soziale** Kompetenzen. Diese so genannten Kompetenzen sind besonders wichtig, weil man sich durch sie neues Wissen schnell erschließen kann. Kompetenzen veralten im Vergleich zu fachlichen Qualifikationen langsamer oder gar nicht. Das Beherrschen der **Kulturtechniken** fördert den Erwerb von Kompetenzen.

Personale Kompetenzen:
- Belastbarkeit und Durchhaltevermögen
- Zuverlässigkeit und Selbstdisziplin
- Leistungsbereitschaft und Initiative
- Selbstständigkeit und Verantwortungsbewusstsein
- Ehrlichkeit, Ordnung, Zuverlässigkeit, Gründlichkeit, Pünktlichkeit und Selbstdisziplin

Soziale Kompetenzen:
- Urteils-, Kritik- und Selbstkritikfähigkeit,
- Initiative und Engagement,
- Problemlösungs-, Kommunikations- und Teamfähigkeit;
- Mitmenschlichkeit, Hilfsbereitschaft, Verlässlichkeit und Höflichkeit.

Kulturtechniken:
Rechnen, Schreiben, Lesen

Zusammenfassung

Der technologische Wandel wird als vierte industrielle Revolution bezeichnet.

Lebenslanges Lernen ist Voraussetzung für einen sicheren Arbeitsplatz. Der erfolgreiche Arbeitnehmer verfügt über Wissen und Können, Fertigkeiten und Fähigkeiten, personale und soziale Kompetenzen.

Wissens-Check

Welche Möglichkeiten gibt es, um sich vor Arbeitslosigkeit zu schützen?

3 Die duale Berufsausbildung

Bis zum Ende des 18. Jahrhunderts war die menschliche Arbeit von handwerklicher Arbeitsteilung geprägt. Es gab nur wenige Handwerksberufe wie z. B. Bäcker, Schneider und Schmied. Die Handwerker stellten meist ein ganzes Stück (z. B. ein Brot oder eine Hose) selbst her. Die Vielzahl unterschiedlichster Berufe entwickelt sich erst im Zuge der Industrialisierung. Der Herstellungsprozess wurde in viele einzelne Arbeitsgänge und Tätigkeiten aufgeteilt. Diese haben sich zu eigenen Berufen entwickelt. Heute sind an der Herstellung einer modernen Werkzeugmaschine viele hoch qualifizierte Experten und spezialisierte Fachkräfte beteiligt. Die Entwicklung und Herstellung neuer und verbesserter Güter bringt neue und anspruchsvollere Berufe hervor.
Mit den gestiegenen Anforderungen ist es nicht mehr möglich, jeden Beruf unabhängig von der Schulbildung zu erlernen. Viele Betriebe fordern bereits einen mittleren Schulabschluss oder gar das Abitur als Einstellungsvoraussetzung.

Zahlen: Bundesinstitut für Berufsbildung (Stand 2012)

Wie viel Prozent der Jugendlichen durchlaufen das Duale Ausbildungssystem?

3.1 Lernorte

Teilzeitform:
Ein bis zwei Tage Unterricht pro Woche, in der Regel 12 Wochenstunden

Findet die berufliche Ausbildung in der Berufsschule und im Betrieb statt, spricht man von einer Berufsausbildung im Dualen System. Die Ausbildung an den verschiedenen Lernorten soll sich ergänzen und dauert, je nach Ausbildungsberuf und Vorbildung, zwei bis dreieinhalb Jahre. Die Berufsschule deckt den theoretischen Teil der Ausbildung ab. Fachtheoretische Kenntnisse für den jeweiligen Beruf werden vermittelt und die Allgemeinbildung wird gefördert. Der Betrieb übernimmt als Partner im Dualen System die praktische Ausbildung und ermöglicht den Erwerb der erforderlichen Berufserfahrung während der Ausbildung. In der Berufsschule kann der Unterricht in **Teilzeitform** oder **Blockunterricht** organisiert sein.

Blockunterricht:
Mehrmals im Jahr zusammenhängende Teilabschnitte mit täglichem Unterricht

3.2 Gesetzliche Grundlagen

Berufsbildungsgesetz

Das Berufsbildungsgesetz (BBiG) ist die wichtigste gesetzliche Grundlage für die Berufsausbildung in Deutschland. 2005 erfolgte eine große Reform des Berufsbildungsgesetzes. Seitdem gilt in vielen Berufen in der Metall- und Elektrobranche die gestreckte Abschlussprüfung. Das BBiG trifft keine Regelungen über Urlaub und Arbeitszeit. Diese werden in anderen Gesetzen des Arbeitsrechts geregelt (z. B. durch das Jugendarbeitsschutzgesetz).

Schulpflicht – Berufsschulpflicht

Im Saarland besteht allgemeine Schulpflicht für alle Kinder, Jugendlichen und Heranwachsenden, die im Saarland ihren Wohnsitz oder gewöhnlichen Aufenthalt oder ihre Berufsausbildungs- oder Arbeitsstätte haben. Die Schulpflicht gliedert sich in die Vollzeitschulpflicht und die Berufsschulpflicht. Sie dauert in der Regel zwölf Jahre und umfasst neun Jahre Vollzeitschule und drei Jahre Berufsschule.

Die Berufsschule ist daher für die meisten jungen Auszubildenden eine Pflichtschule:

- Die Berufsschulpflicht dauert drei Jahre.
- Auszubildende sind unabhängig davon bis zur Beendigung des Berufsausbildungsverhältnisses berufsschulpflichtig.
- Die Berufsschulpflicht endet für Jugendliche ohne Berufsausbildungsverhältnis spätestens mit der Vollendung des 18. Lebensjahres, sofern sie nicht durch Begründung eines Berufsausbildungsverhältnisses wieder auflebt.
- Ansonsten endet die Berufsschulpflicht spätestens mit der Vollendung des 21. Lebensjahres.

Mittlerer Bildungsabschluss

Bei guten Leistungen im Abschlusszeugnis der Berufsschule kann die Berufsschule den mittleren Bildungsabschluss verleihen. Voraussetzungen sind

- ein Notendurchschnitt von 3,0 oder besser,

- eine mindestens fünfjährige Teilnahme am Fremdsprachenunterricht in öffentlichen Schulen (verschiedene Fremdsprachen sind möglich) und
- die zuletzt erteilte Fachnote in der Fremdsprache ist mindestens „ausreichend".

1. Wo können Sie den mittleren Bildungsabschluss beantragen?
2. Welche Unterlagen sind dazu erforderlich?

4 Der Berufsausbildungsvertrag

Auszug aus einem Lehrvertrag von 1864

Eduard Groß in Grünberg einerseits und Philipp Walther in Biedenkopf andererseits haben folgende Übereinkunft getroffen:

Groß nimmt den Sohn des Ph. Walther mit Namen Georg auf vier Jahre auf zwar vom 15ten Oktober 1864 bis dahin 1868, als Lehrling in sein Geschäft auf. Groß macht sich verbindlich, seinen Lehrling in Allen dem, was in seinem Geschäft vorkommt, gewissenhaft zu unterrichten, ein wachsames Auge auf sein sittliches Betragen zu haben und ihm Kost und Logis in seinem Hause frei zu geben. Groß gibt seinem Lehrling alle 14 Tage des Sonntags von 12 bis 5 Uhr frei (...).

Groß (=Ausbildender) verzichtet auf ein Lehrgeld, hat aber dagegen die Lehrzeit auf vier Jahre ausgedehnt (...) Der junge Walther darf während der Dauer seiner Lehrzeit kein eigenes Geld führen, sondern die Ausgaben, welche nicht von seinem Vater direkt bestritten werden, gehen durch die Hände des Lehrherrn. (...)

Darf der Lehrling während seiner Lehrzeit kein Wirtshaus oder Tanzbelustigung besuchen, er müsste denn ausdrücklich die Erlaubnis hierzu von seinem Vater oder Lehrherrn erhalten haben und dann besonders darf er auch nicht rauchen im Geschäft oder außer demselben, es bleibt ganz untersagt. (...)

Grünberg und Biedenkopf, den 27. November 1864

Welche Unterschiede zwischen historischen Lehrverhältnissen und modernen Berufsausbildungsverhältnissen stellen Sie fest?

4.1 Rechte und Pflichten

Vor Beginn einer Berufsausbildung wird zwischen dem Ausbildenden und dem Auszubildenden ein Berufsausbildungsvertrag geschlossen.

Dieser Vertrag dokumentiert ein besonderes Arbeitsverhältnis, das den Auszubildenden schützt, aber auch Pflichten auferlegt. Der Ausbildende übernimmt ebenfalls Rechte und Pflichten.

Pflichten des Auszubildenden	Pflichten des Ausbildenden
Lernpflicht	Ausbildungspflicht
Gehorsamspflicht	Vergütung
Sorgfaltspflicht	Fürsorgepflicht
Berufsschulpflicht	Freistellung zum Besuch der Berufsschule
Schweigepflicht	Zeugnisausstellung
Berichtsheft führen	
Gesetzliches Wettbewerbsverbot	
Arbeitsleistung	

Der Berufsausbildungsvertrag wird von den zuständigen Stellen (z. B. Handwerkskammer, Industrie- und Handelskammer, Ärztekammer ...) geprüft. Mit dem Eintrag in das Verzeichnis der Berufsausbildungsverhältnisse entsteht ein rechtskräftiges Dokument.

4.2 Dauer der Ausbildung

Die **Ausbildungsdauer** ist in der jeweiligen Ausbildungsordnung vorgeschrieben und muss im Berufsausbildungsvertrag festgelegt sein. Sie beträgt je nach Ausbildungsberuf zwischen zwei und dreieinhalb Jahren. Normalerweise endet das Berufsausbildungsverhältnis mit Ablauf der vorgeschriebenen Ausbildungszeit. In bestimmten Fällen kann die Ausbildungszeit durch die zuständige Stelle verkürzt oder verlängert werden.

Ausbildungsdauer (Beispiele):
2 Jahre
- Verkäufer/in
- Tiefbaufacharbeiter/-in

3 Jahre
- Tischler/-in
- Informatikkaufmann/-frau

3 ½ Jahre
- Zahntechniker/in
- Industriemechaniker/-in

§ 21 Abs. 2 BBiG (Beendigung)

Bestehen Auszubildende vor Ablauf der Ausbildungszeit die Abschlussprüfung, so endet das Berufsausbildungsverhältnis mit Bekanntgabe des Ergebnisses durch den Prüfungsausschuss.

4.3 Verkürzung der Ausbildungszeit

Der Auszubildende kann auf Antrag während der Ausbildung vorzeitig zur Prüfung zugelassen werden. Die Ausbildungszeit verkürzt sich um sechs Monate, wenn zwei Bedingungen erfüllt sind:

- Der Auszubildende hat gute Leistungen in der betrieblichen Ausbildung erbracht und der Ausbildungsbetrieb befürwortet die vorzeitige Zulassung.
- Der Auszubildende weist in den berufsbezogenen Fächern der Berufsschule gute Leistungen nach.

Die Ausbildungszeit kann auch aufgrund der schulischen Vorbildung verkürzt werden, z. B. für Abiturienten.

4.4 Verlängerung der Ausbildungszeit

Besteht der Auszubildende innerhalb der Ausbildungszeit die Prüfung nicht, kann die Ausbildung verlängert werden. Der Ausbildende ist verpflichtet, dem zuzustimmen und den Berufsausbildungsvertrag zu verlängern.

In Ausnahmefällen kann die zuständige Stelle auf Antrag des Ausbildenden die Ausbildungszeit verlängern, wenn die Verlängerung erforderlich ist, um das Ausbildungsziel zu erreichen. Solche Ausnahmefälle sind z. B. erkennbare schwere Mängel in der Ausbildung und längere Ausfallzeiten, die vom Auszubildenden nicht zu vertreten sind (z. B. durch Krankheit).

4.5 Ausbildungsstätte

Auszubildende dürfen nur eingestellt werden, wenn die Ausbildungsstätte für die Berufsausbildung geeignet ist. Will ein Betrieb ausbilden, muss eine genügende Ausstattung sowie qualifiziertes Personal vorhanden sein.

Am besten wäre es, wenn jeder Ausbildungsbetrieb alle für einen Beruf nötigen Fertigkeiten und Kenntnisse vermitteln könnte. Dies ist in kleineren Unternehmen jedoch häufig nicht möglich. In solchen Fällen kann nur ein Ausgleich durch Ausbildungsmaßnahmen außerhalb der Ausbildungsstätte geschaffen werden, beispielsweise in Lehrwerkstätten oder **überbetrieblichen Einrichtungen** bei den Handwerkskammern oder Innungen.

Anerkannte Ausbildungsberufe: Über 350 nach dem Berufsbildungsgesetz geregelte Ausbildungsberufe, die 13 Berufsfeldern zugeordnet werden

4.6 Prüfungen

Bei der Ausbildung in **anerkannten Ausbildungsberufen** werden Zwischen- und Abschlussprüfungen durchgeführt. Die Zwischenprüfung findet je nach Ausbildungsberuf nach einem, anderthalb oder zwei Ausbildungsjahren statt.

Organisation und Durchführung der Zwischen- und Abschlussprüfung, auch der **Gestreckten Abschlussprüfung**, liegen bei den zuständigen Stellen (z. B. Handwerkskammer, Industrie- und Handelskammer).

Gestreckte Abschlussprüfung: Sie besteht aus Teil 1 (entspricht Zwischenprüfung) und Teil 2 (entspricht Abschlussprüfung). Die Gesamtprüfungsnote berechnet sich aus den erbrachten Leistungen in beiden Prüfungsteilen. Bei den anderen Berufsabschlussprüfungen findet das Ergebnis der Zwischenprüfung keine Berücksichtigung.

Nach bestandener Prüfung erhält der Auszubildende ein Zeugnis der zuständigen Stelle und ein Abschlusszeugnis der Berufsschule.

4.7 Beendigung des Ausbildungsverhältnisses

Die Voraussetzungen für eine Kündigung sind gesetzlich festgelegt. Jugendliche und Auszubildende genießen einen besonderen Kündigungsschutz.

Nur während der Probezeit kann ohne Angabe von Gründen und ohne Einhaltung einer Kündigungsfrist vom Ausbildenden und vom Auszubildenden schriftlich gekündigt werden. Die Probezeit beträgt zwischen einem Monat und vier Monaten.

Nach der Probezeit kann nur aus **wichtigem Grund** gekündigt werden.

Wichtiger Grund:
Es liegen Tatsachen vor, die unter Berücksichtigung aller Umstände und unter Abwägung der Interessen beider Vertragsteile dem Kündigenden die Fortsetzung des Vertragsverhältnisses unzumutbar machen.

Ausnahme: Nach der Probezeit kann der Auszubildende mit einer Kündigungsfrist von vier Wochen kündigen, wenn er die Berufsausbildung aufgeben oder sich für eine andere Berufstätigkeit ausbilden lassen will (§ 22 Abs. 2 BBiG).

Aufhebungsvertrag

Im gegenseitigen Einvernehmen kann das Ausbildungsverhältnis jederzeit aufgehoben werden.

> Welcher Unterschied besteht zwischen einer Kündigung während und einer Kündigung nach der Probezeit?

Zusammenfassung

Die Duale Ausbildung findet in Berufsschule und Betrieb statt. Die Berufsschule deckt den theoretischen Teil der Ausbildung ab, der Betrieb den praktischen.

Die Schulpflicht dauert insgesamt zwölf Jahre. Bei guten Leistungen kann die Berufsschule einen mittleren Bildungsabschluss verleihen.

Das BBiG regelt die Rechte und Pflichten der Vertragspartner in einem anerkannten Ausbildungsverhältnis.

Personal und Ausbildungsstätte müssen für die Ausbildung geeignet sein.

Die Dauer der Ausbildung beträgt je nach den Anforderungen des Ausbildungsberufes zwischen zwei und dreieinhalb Jahren.

Während der Probezeit (ein bis vier Monate) können Ausbildender und Auszubildender das Ausbildungsverhältnis ohne Angabe von Gründen kündigen.

Wissens-Check

1. Nennen Sie die Ausbildungspartner der Dualen Berufsausbildung.
2. Marvin (18) bricht nach einem Jahr die Ausbildung zum Industriemechaniker ab. Hat er die Schulpflicht erfüllt? Begründen Sie Ihre Antwort.
3. Wer sind die Vertragspartner in einem Berufsausbildungsvertrag?
4. Ein Auszubildender in einem metallverarbeitenden Betrieb wäscht während der Arbeitszeit den Wagen des Gesellen. Ist dies zulässig? Begründen Sie Ihre Antwort.
5. Welche ist die „Zuständige Stelle" für Ihre persönliche Berufsausbildung?

5 Arbeitsverträge

Grundlage für das Arbeitsverhältnis zwischen Arbeitgeber und Arbeitnehmer ist der Arbeitsvertrag.

5.1 Form und Inhalt von Arbeitsverträgen

Dienstvertrag:
Der Arbeitsvertrag gilt als Unterfall des Dienstvertrages im BGB.

Die meisten Arbeitsverträge (Dienstvertrag) werden schriftlich abgeschlossen. Darin werden die Inhalte des Arbeitsverhältnisses fixiert. Wichtige Inhalte sind:

- Namen und Anschriften der Vertragsparteien
- Beginn des Arbeitsverhältnisses
- Tätigkeitsbeschreibung und Arbeitsort des Angestellten
- Beginn und Ende der Arbeitszeit
- Ggf. Verweis auf den Tarifvertrag
- Dauer der Probezeit (bzw. Verzicht auf eine Probezeit)
- Ggf. tarifliche Gehaltsgruppe

Je nach konkreter Vereinbarung und dem Sachverhalt können folgende Angaben hinzukommen:

- Übertarifliche Zahlungen
- Verweis auf geltende Betriebsvereinbarungen

Die Inhalte des Arbeitsvertrages dürfen die gesetzlichen Mindeststandards (Tarife, Betriebsvereinbarungen, Gesetze) nicht unterschreiten. Der Arbeitgeber darf jedoch zu Gunsten des Arbeitnehmers über die Mindeststandards hinausgehen.

Wenn in einem Arbeitsvertrag Tarifbindung vereinbart wurde, ist der Arbeitgeber an den geltenden Tarifvertrag gebunden.

Bei einem mündlichen Arbeitsvertrag ist das Nachweisgesetz (NachwG) zu beachten.

§ 2 Nachweisgesetz (Nachweispflicht):

(1) Der Arbeitgeber hat spätestens einen Monat nach dem vereinbarten Beginn des Arbeitsverhältnisses die wesentlichen Vertragsbedingungen schriftlich niederzulegen, die Niederschrift zu unterzeichnen und dem Arbeitnehmer auszuhändigen.

1. Ein Arbeitsverhältnis wurde mündlich abgeschlossen. Erläutern Sie, was der Arbeitgeber zu beachten hat.
2. Begründen Sie, ob der Arbeitgeber an mündliche Vereinbarungen gebunden ist.

Bezüglich der Dauer der Arbeitsverträge wird zwischen unbefristeten und befristeten Arbeitsverträgen unterschieden.

5.2 Unbefristeter Arbeitsvertrag

Der unbefristete Arbeitsvertrag ist zeitlich nicht begrenzt. Er endet erst durch Kündigung oder beim Erreichen des Rentenalters.

5.3 Befristeter Arbeitsvertrag

Ein befristeter Arbeitsvertrag muss schriftlich abgefasst werden und gilt nur für eine bestimmte Zeit.

Bei einer Neueinstellung kann eine Befristung ohne Angabe von Gründen für die Dauer von bis zu 2 Jahren abgeschlossen werden. Innerhalb der 2 Jahre sind drei Verlängerungen (z. B. vier Halbjahresverträge) zulässig.

Eine Befristung eines Arbeitsvertrages ist außerdem zulässig, wenn sie durch einen sachlichen Grund gerechtfertigt ist. Das ist z. B. der Fall, wenn

- der betriebliche Bedarf an der Arbeitsleistung nur vorübergehend besteht,
- die Befristung im Anschluss an eine Ausbildung oder ein Studium erfolgt,
- der Arbeitnehmer zur Vertretung eines anderen Arbeitnehmers beschäftigt wird.

Die Möglichkeit der Befristung von Arbeitsverhältnissen gibt Arbeitgebern bei der Personalplanung mehr Flexibilität. Arbeitnehmer können über ein befristetes Arbeitsverhältnis ein unbefristetes Arbeitsverhältnis erlangen.

1. Erläutern Sie den Begriff Kettenvertrag, indem Sie vorher im Internet recherchiert haben.
2. Erörtern Sie mögliche Vorteile und erörtern Sie mögliche Nachteile für Arbeitgeber und Arbeitnehmer, die sich aus einem Kettenvertrag ergeben können.

Zusammenfassung

Form und Inhalt eines Arbeitsvertrages sind im Nachweisgesetz (NachwG) geregelt.

Grundsätzlich unterscheidet man zwischen:

- Mündlichen und schriftlichen Arbeitsverträgen (Form)
- Unbefristeten und befristeten Arbeitsverträgen (Dauer)

Wissens-Check

1. Fassen Sie die Inhalte von Arbeitsverträgen zusammen.
2. Emil meldet sich auf eine Anzeige bei der Zimmerei Holzhaus GmbH und gibt dem Meister sein Wort, am 1. Oktober mit der Arbeit zu beginnen. Am 2. Oktober ist Emil immer noch nicht in der Zimmerei erschienen. Einen Tag später sieht ihn der Meister bei der Konkurrenzfirma Schönhaus OHG arbeiten. Erläutern Sie die Rechtslage.
3. Wägen Sie die Chancen und Gefahren von befristeten Arbeitsverträgen aus der Perspektive eines Arbeitgebers und eines Arbeitnehmers ab.

6 Schutzbestimmungen im Arbeitsrecht

Die Bundesrepublik Deutschland ist ein Sozialstaat. Dazu gehört auch der Schutz jedes einzelnen Arbeitnehmers vor grund- und fristloser Kündigung. Eine willkürliche Kündigung durch den Arbeitgeber soll verhindert werden. Die gesetzliche Grundlage dazu bildet das Kündigungsschutzgesetz (KSchG).

6.1 Die tarifliche, ordentliche und die außerordentliche Kündigung

Tarifliche Kündigungsfristen

Günstigkeitsprinzip:
Die Regelungen eines Arbeitsvertrages dürfen den Arbeitnehmer besser (günstiger) stellen, als es das Gesetz vorsieht.

Wenn Arbeitgeber und Arbeitnehmer organisiert sind (Arbeitgeberverband/Gewerkschaft) und ein gültiger Tarifvertrag existiert, dann gelten die in diesem vereinbarten Kündigungsfristen. Diese dürfen für den Arbeitnehmer nicht schlechter ausfallen als die gesetzlichen Kündigungsfristen (**Günstigkeitsprinzip**).

Einen tarifvertraglichen Bezug im Arbeitsvertrag herzustellen ist auch möglich, wenn der Arbeitgeber keinem Arbeitgeberverband oder der Arbeitnehmer keiner Gewerkschaft angehört.

Ordentliche Kündigung

Bei einer ordentlichen Kündigung wird das Arbeitsverhältnis unter Einhaltung einer bestimmten Kündigungsfrist beendet. Der Arbeitnehmer kann kleinen Betrieben mit bis zu 10 Arbeitnehmern ohne Angabe von Gründen kündigen. Die gesetzlichen Kündigungsfristen der ordentlichen Kündigung sind im Bürgerlichen Gesetzbuch (§ 622 BGB) festgelegt. Absatz 1 gilt sowohl für eine Kündigung durch den Arbeitnehmer als auch für eine Kündigung durch den Arbeitgeber. Darüber hinaus bestimmt Absatz 2 verlängerte Fristen für die Kündigung durch den Arbeitgeber.

§ 622 BGB (Kündigungsfristen bei Arbeitsverhältnissen)

(1) Das Arbeitsverhältnis eines Arbeiters oder eines Angestellten (Arbeitnehmers) kann mit einer Frist von vier Wochen zum Fünfzehnten oder zum Ende eines Kalendermonats gekündigt werden.

(2) Für eine Kündigung durch den Arbeitgeber beträgt die Kündigungsfrist, wenn das Arbeitsverhältnis in dem Betrieb oder Unternehmen

1. zwei Jahre bestanden hat, einen Monat zum Ende eines Kalendermonats,
2. fünf Jahre bestanden hat, zwei Monate zum Ende eines Kalendermonats,
3. acht Jahre bestanden hat, drei Monate zum Ende eines Kalendermonats,
4. zehn Jahre bestanden hat, vier Monate zum Ende eines Kalendermonats,
5. zwölf Jahre bestanden hat, fünf Monate zum Ende eines Kalendermonats,
6. 15 Jahre bestanden hat, sechs Monate zum Ende eines Kalendermonats,
7. 20 Jahre bestanden hat, sieben Monate zum Ende eines Kalendermonats.

Begründen Sie, ob der dargestellte Sachverhalt nach § 622 BGB zulässig ist.

Urteil des Europäischen Gerichtshofs (EuGH) zum Kündigungsschutz:

In einem Urteil des EuGH werden die deutschen Gerichte angewiesen, die unzulässige Diskriminierung junger Arbeitnehmer zu unterbinden und auch die Jahre vor dem vollendeten 25. Lebensjahr bei der Berechnung der Betriebszugehörigkeit – anders als in § 622 BGB Absatz 2, Satz 2 geregelt – zu berücksichtigen

Treupflichten:

- Verschwiegensheitspflicht: Der Arbeitnehmer darf keine Auskünfte über Geschäfts- oder Betriebsgeheimnisse geben.
- Wettbewerbsverbot: Ohne Elnwilligung des Arbeitgebers darf der Arbeitnehmner keine Geschäfte im gleichen Geschäftszweig wie der Arbeitgeber machen.

Diebstahl:
Bei Bagatelldelikten haben die Arbeitsgerichte eine außerordentliche Kündigung unter bestimmten Bedingungen nicht als gerechtfertigt erachtet.

Außerordentliche Kündigung

Das Arbeitsverhältnis kann auch ohne Beachtung der Kündigungsfristen vorzeitig gelöst werden. Diese außerordentliche oder fristlose Kündigung muss innerhalb von zwei Wochen von dem Zeitpunkt an erfolgen, an dem der Kündigende von dem Anlass erfahren hat. Es müssen wichtige Gründe angegeben werden, die eine Fortsetzung des Arbeitsverhältnisses bis zum Ablauf der Kündigungsfrist oder bis zu der vereinbarten Beendigung des Arbeitsverhältnisses unzumutbar machen. Hierzu zählen z. B. das Nichtbeachten der **Treuepflicht** oder **Diebstahl**.

Erklären Sie den Unterschied zwischen einer ordentlichen und einer außerordentlichen Kündigung.

6.2 Regelungen nach dem Kündigungsschutzgesetz (KSchG)

Bei der Klärung, ob das KSchG für ein Arbeitsverhältnis gilt, kommt es zum einen auf den Beginn und die Dauer des Arbeitsverhältnisses an, und zum anderen auf die Größe des Betriebs.

Das Gesetz gilt nur für Beschäftigte, die seit mindestens sechs Monaten im Betrieb arbeiten. Wurde die Beschäftigung seit 1.1.2004 aufgenommen, gilt der Kündigungsschutz in Betrieben mit mehr als zehn Beschäftigten. Hat das Arbeitsverhältnis schon vor diesem Termin begonnen, wird das KSchG bereits in Betrieben ab sechs Beschäftigten angewendet.

Erläutern Sie, aus welchen Gründen die betrieblichen Voraussetzungen für den gesetzlichen Kündigungsschutz geändert wurden.

Eine Kündigung muss vor allem sozial gerechtfertigt sein. Das heißt, sie muss Gründe anführen, die

- in der Person des Arbeitsnehmers liegen (z. B. andauernde Krankheit),

- im Verhalten des Arbeitnehmers liegen (z. B. andauernde Unpünktlichkeit),
- durch dringende betriebliche Erfordernisse bedingt sind (z. B. anhaltender Auftragsrückgang).

Darüber hinaus muss der Arbeitgeber versuchen, den Arbeitnehmer in demselben Betrieb oder in einem anderen Bereich des Unternehmens weiter zu beschäftigen. Auch zumutbare Umschulungs- oder Fortbildungsmaßnahmen oder eine Weiterbeschäftigung unter geänderten Arbeitsbedingungen müssen in Erwägung gezogen werden. Wird dem Arbeitnehmer ein Weiterbeschäftigungsangebot unter geänderten Arbeitsbedingungen gemacht, nennt man dies eine Änderungskündigung.

§ 2 Änderungskündigung (KSchG):
Kündigt der Arbeitgeber das Arbeitsverhältnis und bietet er dem Arbeitnehmer im Zusammenhang mit der Kündigung die Fortsetzung des Arbeitsverhältnisses zu geänderten Arbeitsbedingungen an, so kann der Arbeitnehmer dieses Angebot unter dem Vorbehalt annehmen, dass die Änderung der Arbeitsbedingungen nicht sozial ungerechtfertigt ist. Diesen Vorbehalt muss der Arbeitnehmer dem Arbeitgeber innerhalb der Kündigungsfrist, spätestens jedoch innerhalb von drei Wochen nach Zugang der Kündigung erklären.

© Dave Vaughan

Konflikte zwischen Arbeitgeber und Arbeitnehmer sollten am besten im direkten Gespräch zwischen den Betroffenen gelöst werden.

Ist eine friedliche Einigung über den Streitfall auch nach Einschaltung des Betriebsrats oder der zuständigen Verbände (Gewerkschaften, Arbeitgeberverbände) nicht möglich, kann der Arbeitnehmer Klage beim Arbeitsgericht erheben.

6.3 Bundesurlaubsgesetz

Jeder Arbeitnehmer hat in jedem Kalenderjahr Anspruch auf bezahlten Erholungsurlaub. Der Urlaub beträgt jährlich mindestens 24 Werktage. Als Werktage gelten alle Kalendertage, die nicht Sonn- oder gesetzliche Feiertage sind.

6.4 Besondere Schutzrechte für bestimmte Personengruppen

Für bestimmte Arbeitnehmergruppen ist ein über den allgemeinen Kündigungsschutz hinausgehender Kündigungsschutz vorgesehen.

- Betriebsräte,
- Jugend- und Auszubildendenvertreter,

- Auszubildende nach der Probezeit,
- Schwangere
- Schwerbehinderte
- Personen in der Elternzeit

Ihre Kündigung ist unzulässig, mit Ausnahme der Kündigung aus wichtigem Grund. In diesem Falle muss die vorgeschriebene Kündigungsfrist nicht eingehalten werden.

§ 103 Betriebsverfassungsgesetz: Außerordentliche Kündigung und Versetzung in besonderen Fällen

(1) Die außerordentliche Kündigung von Mitgliedern des Betriebsrats, der Jugend- und Auszubildendenvertretung, der Bordvertretung und des Seebetriebsrats, des Wahlvorstands sowie von Wahlbewerbern bedarf der Zustimmung des Betriebsrats.

Analysieren Sie, warum für Betriebsratsmitglieder, Jugend- oder Auszubildendenvertreter ein besonderer Kündigungsschutz besteht.

Einige Personengruppen benötigen aufgrund ihres körperlichen Zustandes besonderen Schutz vom Gesetzgeber.

Mutterschutz

Das Mutterschutzgesetz gilt für alle Arbeitnehmerinnen. Dieses wichtige Arbeitsschutzgesetz schützt Mutter und Kind vor gesundheitlichen Gefährdungen am Arbeitsplatz, enthält einen umfassenden Kündigungsschutz und sichert das Einkommen während der Beschäftigungsverbote.

Schutzfrist vor und nach der Geburt

Die Schutzfrist beginnt sechs Wochen vor und endet acht Wochen nach der Entbindung. Bei Früh- und Mehrlingsgeburten ergeben sich 12 Wochen nach der Entbindung. In den sechs Wochen vor der Geburt darf die werdende Mutter nur noch auf ihren ausdrücklichen Wunsch beschäftigt werden. Während der Schutzfrist nach der Geburt besteht ein absolutes Beschäftigungsverbot. Mütter sind durch das Mutterschaftsgeld der Krankenkasse sowie einen Zuschuss des Arbeitgebers finanziell abgesichert.

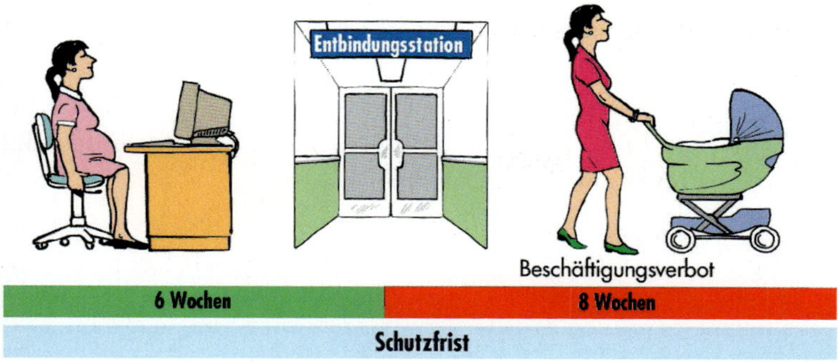

© Dave Vaughan

Kündigungsschutz

Vom Beginn der Schwangerschaft an bis zum Ablauf von vier Monaten nach der Entbindung ist die Kündigung des Arbeitsverhältnisses durch den Arbeitgeber von wenigen Ausnahmen abgesehen unzulässig.

Schutz von Mutter und Kind am Arbeitsplatz

Der Arbeitgeber hat eine werdende oder stillende Mutter so zu beschäftigen, dass sie vor Gefahren für Leben und Gesundheit ausreichend geschützt ist.

Nicht zulässig sind z. B.

- starke körperliche Beanspruchung (strecken, hocken, bücken),
- Akkord- und Fließbandarbeit,
- Nachtarbeit zwischen 20 und 6 Uhr,
- Sonn-, Feiertags- und Mehrarbeit.

Schutz Schwerbehinderter

Schwerbehinderte Menschen genießen besonderen Kündigungsschutz und haben Anspruch auf mehr Urlaub. Arbeitgeber mit 20 oder mehr Arbeitnehmern müssen mindestens 5 Prozent der Arbeitsplätze mit schwerbehinderten Menschen besetzen. Anderenfalls ist eine Ausgleichsabgabe zu zahlen.

> Berechnen Sie die minimale Anzahl der schwerbehinderten Arbeitnehmer, wenn es im Betrieb 20 Arbeitnehmer gibt und keine Ausgleichszahlung gezahlt werden soll.

6.5 Entgeltfortzahlung

Arbeitnehmer, die unverschuldet arbeitsunfähig werden, haben bis zu sechs Wochen Anspruch auf volle Fortzahlung ihrer Bezüge durch den Arbeitgeber. Dies regelt das Entgeltfortzahlungsgesetz (EFZG). Der Arbeitnehmer hat die Arbeitsunfähigkeit dem Arbeitgeber unverzüglich mitzuteilen. Dauert die Abwesenheit länger als drei Kalendertage, muss der Arbeitnehmer eine ärztliche Bescheinigung im Betrieb vorlegen. Ab der siebenten Krankheitswoche zahlt die Krankenkasse befristet ein sogenanntes Krankengeld (maximal 70 Prozent des Bruttogehalts). Das EFZG gilt auch für Teilzeitkräfte, Ferienaushilfen und für Arbeitnehmer mit einem Mini-Job.

Zusammenfassung

Das Kündigungsschutzgesetz soll den Arbeitnehmer vor willkürlicher Kündigung durch den Arbeitgeber schützen. Die Kündigung kann ordentlich (fristgerecht) oder außerordentlich (fristlos) erfolgen.

In Betrieben mit mindestens zehn Mitarbeitern greift der Kündigungsschutz. Schutzbedürftige Personengruppen genießen einen besonderen Kündigungsschutz.

Wissens-Check

1. Ein 30-jähriger Speditionskaufmann arbeitet seit drei Jahren bei der Firma Quick-Trans KG. Er kündigt am 10. April ordentlich.
   Erläutern Sie, ob er einen Kündigungsgrund angeben muss und wann er frühestens den Betrieb verlassen kann.
2. Frau Kunert ist Außendienstmitarbeiterin bei einer großen Versicherung. Sie betreut alleine die Kunden in einem bestimmten Gebiet. Frau Kunert möchte in Mutterschutz gehen.
   a) Erläutern Sie, ob Frau Kunert eine Kündigung zu befürchten hat.
   b) Nennen Sie den Zeitraum, wie lange sie im Mutterschutz bleiben kann.
3. Thomas ist Verkäufer in der Computerabteilung eines großen Kaufhauses. Die Kunden stören sich an seiner Kleidung, seinen Tätowierungen und seinem auffälligen Schmuck.
   a) Nennen Sie den Grund, weshalb ihm gekündigt werden kann.
   b) Erläutern Sie die Alternativen, die die Kaufhausleitung zur Kündigung in Erwägung ziehen muss.
   c) Stellen Sie dar, was Thomas tun kann, wenn er mit der Kündigung nicht einverstanden ist.

7 Arbeitszeitregelungen

1873 wurden noch 82 Stunden über alle sieben Tage der Woche verteilt und bis zu 16 Stunden am Tag gearbeitet. Heute arbeiten wir durchschnittlich weit weniger als 40 Stunden, verteilt über fünf Tage in der Woche.

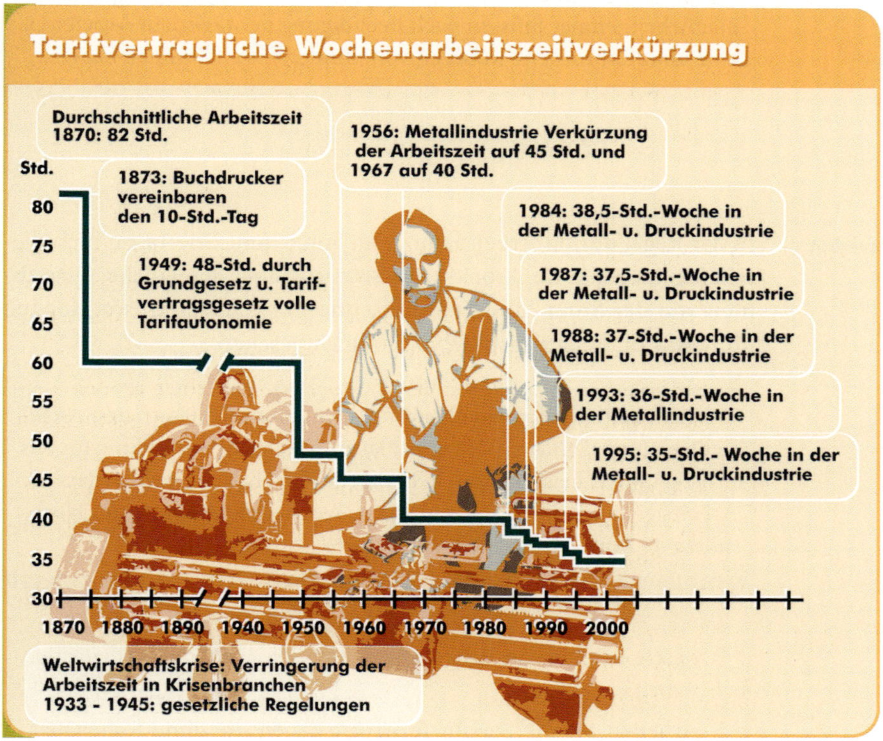

1. Nennen Sie Gründe, die zum Sinken der Arbeitszeit seit 1873 führen.
2. Stellen Sie die mögliche Entwicklung der Arbeitszeit in der Zukunft dar.

7.1 Das Arbeitszeitgesetz (ArbZG)

Das Arbeitszeitgesetz dient dem Gesundheitsschutz der Beschäftigten. Es regelt die Arbeitszeit. Sonn- und Feiertage sind geschützt. Die Einhaltung der Bestimmungen des Arbeitszeitgesetzes überwacht das Gewerbeaufsichtsamt.

Das Arbeitszeitgesetz enthält wichtige Bestimmungen über die tägliche Arbeitszeit: Sie darf werktäglich im Durchschnitt acht Stunden nicht überschreiten. Die Arbeitszeit kann aber auf zehn Stunden täg-

Ruhepausen:
- 30 Minuten bei einer Arbeitszeit von 6 bis 9 Stunden
- 45 Minuten bei einer Arbeitszeit von mehr als 9 Stunden
- Die einzelnen Pausen müssen mindestens 15 Minuten dauern.

lich verlängert werden, wenn innerhalb von sechs Kalendermonaten oder 24 Wochen im Durchschnitt acht Stunden werktäglich nicht überschritten werden.

§ 2 ArbZG Begriffsbestimmungen:

Arbeitszeit im Sinne dieses Gesetzes ist die Zeit vom Beginn bis zum Ende der Arbeit ohne die Ruhepausen ...

§ 5 ArbZG Ruhezeit:

Die Arbeitnehmer müssen nach Beendigung der täglichen Arbeitszeit eine ununterbrochene Ruhezeit von mindestens elf Stunden haben ...

Die Nacht- und Schichtarbeit

Ausnahmen vom Arbeitsverbot an Sonn- und Feiertagen:
- Not- und Rettungsdienste
- Krankenhauspersonal
- Landwirte
- Seeleute

In der Regel dürfen Arbeitnehmer an Sonn- und Feiertagen nicht beschäftigt werden. Im Arbeitszeitgesetz sind aber gesetzliche **Ausnahmen von der Sonn- und Feiertagsruhe** sowie Ausgleichsregelungen für Sonn- und Feiertagsbeschäftigung vorgesehen.

Wissenschaftler empfehlen Unternehmen, ihren Arbeitern und Angestellten einen täglichen Mittagsschlaf zu erlauben. Begründung für das Prinzip „Mehr Leistung durch Siesta“: Studien haben ergeben, dass die Arbeitsleistung um 35 Prozent steigt, wenn Arbeitnehmer am Nachmittag 45 Minuten schlafen können.

1. Beschreiben Sie die Bedeutung der Pausen während der täglichen Arbeit.
2. Arbeiten Sie die maximale Arbeitsdauer, die ohne Ruhepause gearbeitet werden darf, heraus.
3. Vergleichen Sie die Ruhepausen aus dem ArbZG mit den Ruhepausen aus dem Jugendarbeitsschutzgesetz. Diskutieren Sie das Ergebnis!

7.2 Teilzeitregelungen

Beschäftigte in Betrieben mit mehr als 15 Arbeitnehmern haben einen gesetzlichen Anspruch auf Verkürzung der Arbeitszeit. Die Vergütung verringert sich entsprechend der vereinbarten Arbeitszeit. In bestimmten Fällen kann der Arbeitgeber diesen Wunsch jedoch ablehnen.

Diskutieren Sie, wie durch den Rechtsanspruch auf Teilzeitarbeit neue Arbeitsplätze entstehen könnten.

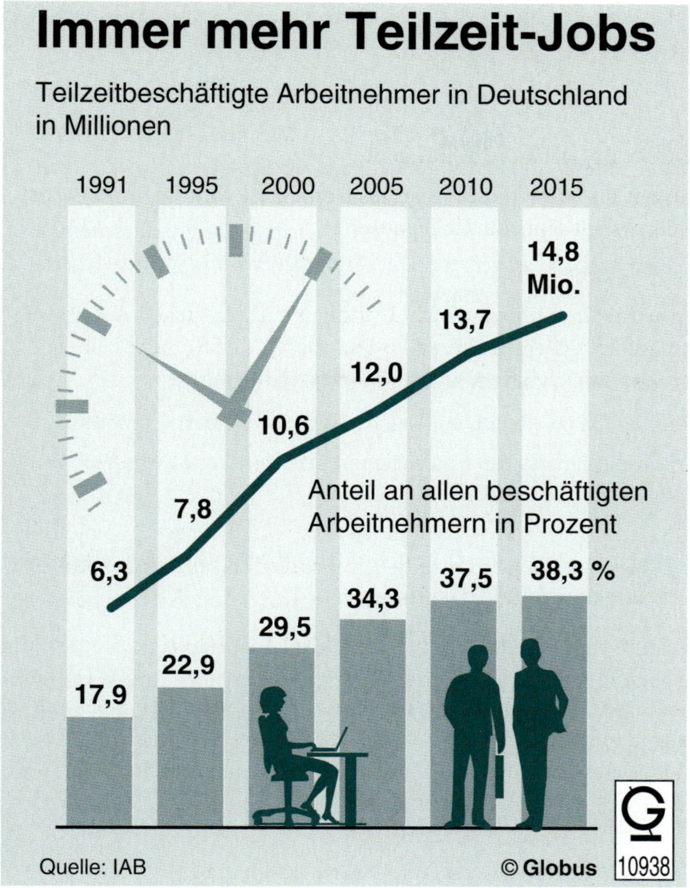

Zusammenfassung

Das Arbeitszeitgesetz regelt die Arbeitszeit der Arbeitnehmer.

Beschäftigte in Betrieben mit mehr als 15 Arbeitnehmern haben einen gesetzlichen Anspruch auf Teilzeitarbeit.

Wissens-Check

1. Skizzieren Sie die Auswirkung der Bäderverordnung auf die Arbeitszeit.
2. Erklären Sie die Unterschiede zwischen der Ruhepause und der Ruhezeit.
3. Herr Martin arbeitet bei einer großen Bank mit elektronischer Arbeitszeit-Erfassung. Er muss wöchentlich 38,5 Stunden arbeiten. Täglich werden ihm 30 Minuten für Pausen abgezogen.
   a) Sind die vorgesehenen Pausen ausreichend?
   b) Am Dienstag teilt Herr Martin seine Pause in einen 10-minütigen Spaziergang am Vormittag und eine 20-minütige Kaffeepause am Nachmittag auf.
4. Beurteilen Sie den vorliegenden Fall und geben Sie dazu die gesetzliche Grundlage an.

8 Arbeitsgerichtsbarkeit

Sabine arbeitet seit Jahren in einem eleganten Luxushotel als Hotelfachfrau. Eines Tages erscheint sie am Arbeitsplatz in Turnschuhen, Jeans und Top. Nach Bemerkungen von Kunden fordert sie der Arbeitgeber mehrfach auf, in der üblichen Dienstkleidung zu erscheinen. Sabine verweigert dies strikt. Der Arbeitgeber kündigt das Arbeitsverhältnis. Sabine klagt dagegen.

1. Diskutieren Sie, ob die Kündigung gerechtfertigt ist.
2. Nennen Sie das Recht, auf welches sich Sabine berufen könnte.
3. Erklären Sie, was die unterlegene Partei tun kann, wenn sie mit dem Urteil nicht einverstanden ist.

Instanz:
Zuständiges Gericht

Arbeitsgerichte sind grundsätzlich zuständig bei Streitigkeiten zwischen Arbeitgebern und Arbeitnehmern.

Die Gerichte für Arbeitssachen sind in drei **Instanzen** gegliedert: die Arbeitsgerichte, die Landesarbeitsgerichte und das Bundesarbeitsgericht in Erfurt. Es ist das oberste Gericht in Streitfragen, die das Berufsleben betreffen.

Gebührentabelle für Streitwerte gemäß § 34 Gerichtskostengesetz (GKG)

Streitwert bis ... EUR	Gebühr ... EUR
500	35
1.000	53
1.500	71
2.000	89
3.000	108
4.000	127
5.000	146
6.000	165
7.000	184
8.000	203
9.000	222
10.000	241
13.000	267
16.000	293
19.000	319
22.000	345
25.000	371
30.000	406
35.000	441
40.000	476
45.000	511
50.000	546
65.000	666
80.000	786
95.000	906

Stand: 01.01.2017

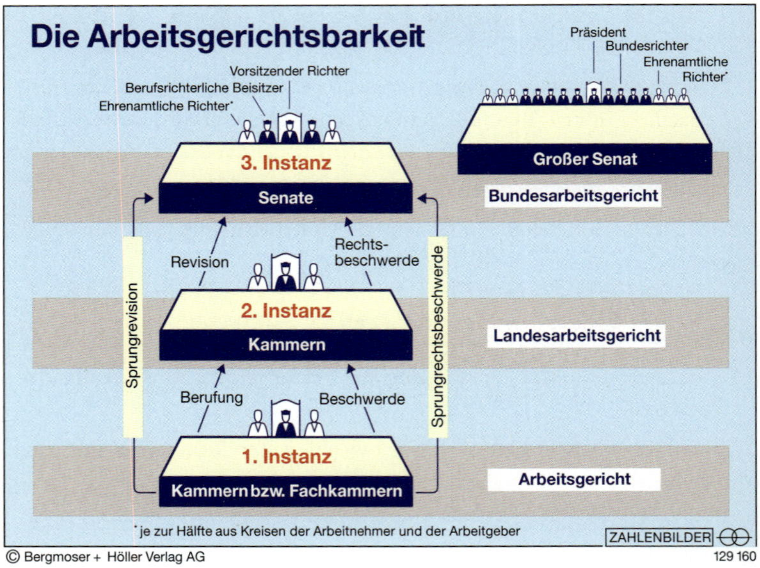

© Bergmoser + Höller Verlag AG 129 160

Die Arbeitsgerichte sind mit je einem Berufsrichter und zwei ehrenamtlichen Richtern besetzt.

Kommt es zu einer gerichtlichen Auseinandersetzung, erfolgt die Verhandlung zunächst vor dem Arbeitsgericht, der Eingangsinstanz (1. Instanz). Sind Kläger oder Beklagter mit dem gefällten Urteil nicht einverstanden, haben sie die Möglichkeit, das Urteil vor dem nächsthöheren Gericht überprüfen zu lassen. In Verfahren des Arbeitsgerichtes berechnet sich der Wert des Streitgegenstandes nach der Gebührentabelle für Streitwerte. Der Streitwert ist in fast allen Fällen auf 3 Monatsgehälter des Arbeitnehmers begrenzt. Im Gerichtskostengesetz ist festgelegt, dass sich die Prozessgebühr in der ersten Instanz mit dem Faktor 2 berechnet.

Ein Mitarbeiter einer Autovermietung erhält eine seiner Meinung nach ungerechtfertigte Lohnkürzung. Er zieht vor das Arbeitsgericht und verliert den Prozess.

Wie hoch ist die Gebühr, wenn der Mitarbeiter durchschnittlich 1.600 € pro Monat verdient?

Zusammenfassung

Arbeitsgerichte sind zuständig bei Streitigkeiten zwischen Arbeitgebern und Arbeitnehmern. In der ersten Instanz sind die Prozesskosten niedrig, um den Arbeitnehmern eine Klagemöglichkeit einzuräumen.

Wissens-Check

1. Ein Mitarbeiter einer Autovermietung erhält eine seiner Meinung nach ungerechtfertigte Lohnkürzung. Er zieht vor das Arbeitsgericht und verliert den Prozess. Zeigen Sie auf, wer die Rechtsanwalts- und Prozesskosten trägt.
2. Sabine arbeitet seit Jahren in einem eleganten Luxushotel als Hotelfachfrau. Eines Tages erscheint sie am Arbeitsplatz in Turnschuhen, Jeans und Top. Nach Bemerkungen von Kunden fordert sie der Arbeitgeber mehrfach auf, in der üblichen Dienstkleidung zu erscheinen. Sabine verweigert dies strikt. Der Arbeitgeber kündigt das Arbeitsverhältnis. Sabine klagt dagegen.
   a) Erläutern Sie, auf welches Recht sich Sabine berufen könnte?
   b) Stellen Sie dar, was die unterlegene Partei tun kann, wenn sie mit dem Urteil nicht einverstanden ist?
   c) Diskutieren Sie, ob die Kündigung gerechtfertigt ist.

© dpa

9 Jugendarbeitsschutzgesetz (JArbSchG)

In vielen Ländern der Erde ist der Jugendarbeitsschutz nicht selbstverständlich.
Das Foto zeigt ein Mädchen aus dem indischen Bundesstaat Bihar, das in einer Fabrik in Guwahati (Assam) gebrannte Ziegel schleppt.

Das Jugendarbeitsschutzgesetz regelt den besonderen Arbeitsschutz für Jugendliche, die sich in einem **Arbeits**- oder **Berufsausbildungsverhältnis** befinden.

Das Gesetz gilt für alle Jugendlichen bis zur Vollendung des 18. Lebensjahres. Es ist unerheblich, ob sich die Jugendlichen in der Berufsausbildung befinden, oder ob sie als Arbeitnehmer, Heimarbeiter oder in ähnlichen Ausbildungs- oder Arbeitsverhältnissen beschäftigt sind.

Das Jugendarbeitsschutzgesetz wird häufig mit dem **Jugendschutzgesetz** verwechselt, welches dem Schutz der Jugendlichen in der Öffentlichkeit dient.

Arbeitsverhältnis:
Es liegt vor, wenn eine Person aufgrund eines privatrechtlichen Vertrages im Dienst eines anderen zur Arbeit verpflichtet ist und unselbstständige Dienste gegen Entgelt leistet.

Jugendschutzgesetz:
Es regelt den Verkauf und die Abgabe von Tabak, Alkohol, Filmen und Computerspielen sowie den Aufenthalt in Diskotheken und Gaststätten.

9.1 Mindestalter

§ 2 Abs. 2 JArbSchG

Kind ist, wer noch nicht 15 Jahre alt ist (§ 2 Abs. 1 JArbSchG).

§ 5 Abs. 1 JArbSchG

Jugendlicher ist, wer 15, aber noch nicht 18 Jahre alt ist. Kinder dürfen nicht beschäftigt werden.

http://www.gesetze-im-internet.de/jarbschg/index.html

© Dave Vaughan

9.2 Arbeitszeit

> **§ 8 Abs. 1 JArbSchG**
>
> Jugendliche dürfen nicht mehr als acht Stunden täglich und nicht mehr als 40 Stunden wöchentlich beschäftigt werden. Wenn an einzelnen Werktagen die Arbeitszeit auf weniger als 8 Stunden verkürzt ist, können Jugendliche an den übrigen Werktagen der Woche achteinhalb Stunden beschäftigt werden.
>
> **§ 8 Abs. 2a JArbSchG**
>
> Tägliche Arbeitszeit ist die Zeit vom Beginn bis zum Ende der täglichen Beschäftigung ohne Ruhepausen (§ 4 Abs. 1 JArbSchG).

9.3 Ruhepausen

Jugendliche müssen spätestens nach viereinhalb Stunden Arbeit eine Pause einlegen. Deren Länge richtet sich nach der Gesamtarbeitszeit:

- 30 Minuten bei einer Gesamtarbeitszeit von viereinhalb bis sechs Stunden
- 60 Minuten bei einer Gesamtarbeitszeit von mehr als sechs Stunden

Generell gilt eine Arbeitsunterbrechung nur dann als Ruhepause, wenn sie mindestens 15 Minuten dauert.

9.4 Freizeit und Urlaub

Jugendliche müssen nach ihrer täglichen Arbeitszeit mindestens zwölf Stunden ununterbrochene Freizeit haben.

In Abhängigkeit von seinem Alter zu Beginn eines Kalenderjahres steht dem jugendlichen Auszubildenden eine unterschiedliche Anzahl von Urlaubstagen mindestens zu:

- Ist der Auszubildende noch keine 16 Jahre alt, beträgt sein Jahresurlaub mindestens 30 Werktage.
- Ein noch nicht 17 Jahre alter Auszubildender hat Anspruch auf mindestens 27 Werktage Urlaub.
- Für noch nicht 18 Jahre alte Auszubildende umfasst der Jahresurlaub mindestens 25 Werktage.

Die Dauer des Urlaubs richtet sich nach dem Alter des Auszubildenden zu Beginn des Kalenderjahres

Wer noch nicht 16 Jahre alt ist: Jahresurlaub mindestens 30 Werktage	Wer noch nicht 17 Jahre alt ist: Jahresurlaub mindestens 27 Werktage	Wer noch nicht 18 Jahre alt ist: Jahresurlaub mindestens 25 Werktage

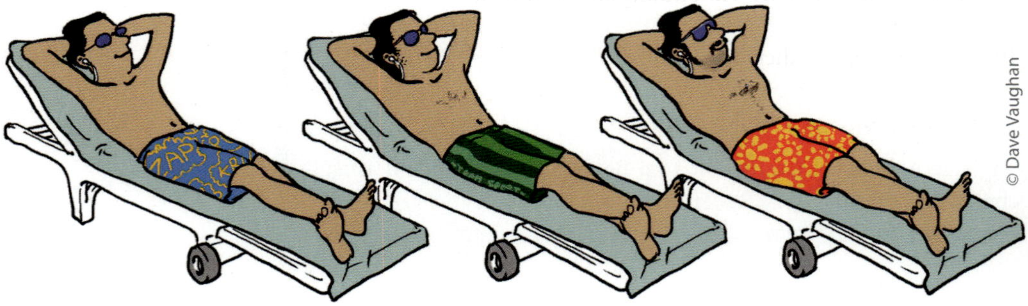

© Dave Vaughan

9.5 Beschäftigungsverbote und -beschränkungen

Jugendliche dürfen grundsätzlich nicht zwischen 20 und 6 Uhr beschäftigt werden (Nachtruhe). Es werden aber z. B. die folgenden Ausnahmen eingeräumt:

- Gaststättengewerbe: Arbeitszeit bis 22 Uhr
- Mehrschichtbetriebe: Arbeitszeit bis 23 Uhr
- Backgewerbe: Arbeitsbeginn ab 5 Uhr (für Jugendliche über 17 Jahre ab 4 Uhr)
- Landwirtschaft: Arbeitszeit ab 5 Uhr oder bis 21 Uhr
- Darüber hinaus gilt für Jugendliche ein Beschäftigungsverbot für **Akkord-**, Samstags-, Sonntags- und Feiertagsarbeit sowie für **gefährliche Arbeiten**.

Akkordarbeit:
Bezahlung nach der angefertigten Stückzahl (Stücklohn)

Gefährliche Arbeiten:
- Arbeiten bei übermäßigen psychischen, physischen oder sittlichen Belastungen
- Arbeiten bei übermäßiger Hitze, Kälte oder Nässe
- Arbeiten bei übermäßiger Belastung durch Lärm, Erschütterungen, Strahlen, Giftstoffe
- Arbeiten bei erhöhter Unfallgefahr, die vom Jugendlichen nicht einschätzbar ist

Allerdings wird die Samstags-, Sonntags- und Feiertagsruhe für Berufe in bestimmten Branchen eingeschränkt.

§ 16 JArbSchG (Samstagsruhe)

(1) An Samstagen dürfen Jugendliche nicht beschäftigt werden.

(2) Zulässig ist die Beschäftigung Jugendlicher an Samstagen nur

1. in Krankenanstalten sowie in Alten-, Pflege- und Kinderheimen,
2. in offenen Verkaufsstellen, in Betrieben mit offenen Verkaufsstellen, in Bäckereien und Konditoreien, im Friseurhandwerk und im Marktverkehr,
3. im Verkehrswesen,
4. in der Landwirtschaft und Tierhaltung,
5. im Familienhaushalt,
6. im Gaststätten- und Schaustellergewerbe,

7. bei Musikaufführungen, Theatervorstellungen und anderen Aufführungen, bei Aufnahmen im Rundfunk (Hörfunk und Fernsehen), auf Ton- und Bildträger sowie bei Film- und Fotoaufnahmen,
8. bei außerbetrieblichen Ausbildungsmaßnahmen,
9. beim Sport,
10. im ärztlichen Notdienst,
11. in Reparaturwerkstätten für Kraftfahrzeuge. Mindestens zwei Samstage im Monat sollen beschäftigungsfrei bleiben.

9.6 Berufsschule

§ 9 Abs. 1 JArbSchG

Die Jugendlichen müssen vom Ausbildungsbetrieb für die Teilnahme am Berufsschulunterricht freigestellt werden

Der Arbeitgeber darf den jugendlichen Auszubildenden an einem Berufsschultag mit mehr als fünf Unterrichtstunden nicht beschäftigen.

9.7 Auskünfte, Beschwerden, Klagen

Während der Ausbildung können zahlreiche Probleme auftreten. Der Auszubildende kann sich selbstverständlich mit allen Fragen an den Ausbildenden oder den Betriebs- bzw. Personalrat wenden. Sollte das Problem auf diesem Wege nicht gelöst werden können, gibt es eine Reihe weiterer außerbetrieblicher Beratungs- und Beschwerdestellen, z. B. die Kammer oder das Gewerbeaufsichtsamt.

http://www.ausbildungsbetreuung.de

Zusammenfassung

Das Jugendarbeitsschutzgesetz gilt für Jugendliche, die sich in einem Arbeits- oder Berufsausbildungsverhältnis befinden.

Jugendlicher ist, wer 15, aber noch nicht 18 Jahre alt ist.

Jugendliche sind vor übermäßiger Belastung zu schützen.

Jugendliche dürfen grundsätzlich nicht zwischen 20 und 6 Uhr sowie samstags, sonntags und feiertags beschäftigt werden. Für Jugendliche, die in bestimmten Branchen oder Unternehmen tätig sind, gibt es Ausnahmeregelungen.

Die Jugendlichen sind für die Teilnahme am Berufsschulunterricht freizustellen.

Wissens-Check

1. Geben Sie wieder, wer im Sinne des JArbSchG Jugendlicher ist?
2. Ein Auszubildender ist in einem Betrieb freitags von 7 Uhr bis 12 Uhr beschäftigt. Um früher nach Hause gehen zu können, verzichtet er am Vormittag auf 20 Minuten Pause.
   Begründen Sie, ob der geschilderte Sachverhalt rechtlich zulässig ist.
3. Auszubildende im Gast- und Hotelgewerbe dürfen bis 22 Uhr arbeiten.
   Überprüfen Sie, wann morgens Arbeitsbeginn ist, wenn man sinnvolle Pausen voraussetzt?
4. Ein junger Dachdecker arbeitet bei 45° C auf einem Hausdach. Der Meister verbietet es dem Auszubildenden, er soll stattdessen die Dachziegel in einen Lastenaufzug legen und nach oben befördern.
   Welche Begründungen könnte der Meister nach dem JArbSchG für seine Entscheidung anführen?

Kompetenzbereich 2: Wirtschaftliche Zusammenhänge kennen

1 Rolle der Verbraucher
2 Bedürfnisse, Bedarf, Güter
3 Wirtschaftskreislauf, Markt, Geld

1 Rolle der Verbraucher

Natürliche Person:
Mensch in seiner Rolle als Rechtssubjekt, d. h. als Träger von Rechten und Pflichten
Siehe auch Kapitel 3.1

Als Verbraucher oder Konsument wird eine ***natürliche Person*** *bezeichnet, die eine oder mehrere Waren oder Dienstleistungen zur eigenen privaten Bedürfnisbefriedigung käuflich erwirbt. Durch ihr Kaufverhalten haben Verbraucher Einfluss darauf, welche Produkte und Produktionsverfahren sich auf dem Markt durchsetzen können. Für den modernen Konsumenten spielen dabei Austausch und Kommunikation im Netz eine immer größere Rolle. Der Verbraucher nimmt in der globalisierten Welt eine neue Rolle ein, die auch mehr Verantwortung beim Konsum für die Umwelt und die Arbeitsbedingungen vor Ort beinhaltet.*

http://tinyurl.com/pcvhfcy

PRESSESCHAU

Erfolgreiche Anti-Kitkat-Kampagne

„Etwa eine Viertelmillion Menschen haben die Kampagne seit Mitte März [2010] unterstützt und vom Konzerngiganten Nestlé gefordert: give the Orang Utan a break! Denn in Schokoriegeln wie Kitkat wird Palmöl verarbeitet, für dessen Produktion in Indonesien Regenwald und besonders schützenswerte Waldflächen zerstört werden und damit der Lebensraum von Orang-Utans ... Am 17. Mai hat sich Nestlé verpflichtet, zukünftig kein Palmöl aus Urwaldzerstörung mehr bei seinen Lieferanten zu dulden. Nestlé wolle von nun an Hochrisiko-Plantagen und Firmen identifizieren, von denen der Konzern kein Palmöl mehr zu beziehen gedenke. ‚Endlich bewegt sich Nestlé in die richtige Richtung. Das ist ein sensationeller Erfolg für die vielen Menschen, die sich an den Protesten im Internet beteiligt haben', äußerte sich Waldexpertin Corinna Hölzel von Greenpeace."

(www.utopia.de/magazin/unternehmen-greenpeace-vs-nestle-erfolgreicheantikitkat-kampagne-video-schokoriegel?all=, Abrufdatum: 26.06.2015)

Analyse einer Karikatur

Karikaturen sind Zeichnungen, die eine Person, ein Ereignis oder eine Sache übertrieben und satirisch darstellen. Karikaturen wirken spöttisch, ernsthaft oder bösartig und regen dadurch den Betrachter zum Nachdenken an. Aus diesem Grund bedarf es einer ausführlichen Analyse, um die Aussage der Karikatur zu entschlüsseln.

Führen Sie eine Analyse zu einer Karikatur durch, indem Sie folgende Fragen beantworten:

1. Was ist zu sehen? (Beschreibung)
2. Wer sind die handelnden Personen (z. B. Politiker, Interessenvertreter) oder dargestellten Gegenstände/Symbole?
3. Was oder wen vertreten die einzelnen Bildelemente?
4. Wie ist der Bildaufbau gestaltet (Vordergrund, Hintergrund, Perspektive ...)?
5. Welche Informationen bieten Über- oder Unterschrift?
6. Wie lautet die Aussage der Karikatur?
7. Welche Meinung vertritt der Verfasser der Karikatur?
8. Welche Auffassung vertreten Sie zu dieser Problemstellung?

Das ist zu bedenken:

Bei der Analyse von Karikaturen sollte die eigene Wahrnehmung von der Interpretation getrennt werden. Die Arbeitsschritte 1–4 und 5–8 sind daher voneinander abzugrenzen.

1. Beschreiben Sie die Probleme bei der Produktion von Palmöl.
2. Diskutieren Sie in Kleingruppen Ihr persönliches Verhalten als Verbraucher vor dem Hintergrund der sozialen Verantwortung und des Klimawandels.

2 Bedürfnisse, Bedarf, Güter

Nach dem Aufstehen ist Max noch sehr müde und möchte duschen, um munter zu werden. Während des Duschens meldet sich der Hunger. Auf dem Tisch stehen schon die warmen Semmeln und selbst gemachte Marmelade bereit. Die Zeit drängt. Schnell ins Auto! Die Radiowerbung verspricht aufregende Stranderlebnisse mit HUI-Reisen. „Ja, Urlaub müsste man haben, drei Wochen Sonne, Strand und Meer ... Da vorn ist ja schon wieder ein Stau! Immer dasselbe an dieser Stelle! Warum wird hier nicht endlich eine Umgehungsstraße gebaut? Danach besteht doch nun wirklich seit langem ein Bedürfnis der Allgemeinheit!"

Bedürfnis:
Empfinden eines Mangels mit dem Wunsch, diesen Mangel zu beseitigen

Kurzvortrag:
- Thema und Aufbau des Vortrags nennen
- Interessanter Einstieg
- Anschauliche Beispiele
- Einsatz von unterstützenden Materialien
- Frei reden, mimisch und gestisch gestalten
- Blickkontakt zu den Zuhörern
- Laut und deutlich sprechen

Feedback
- Bezieht sich auf konkrete und beobachtbare Einzelheiten
- Ist präzise
- Vermeidet moralische Bewertung und allgemeine Deutungen
- Ist nicht verletzend, sondern konstruktiv
- Beinhaltet positive Wahrnehmungen und Gefühle

1. Nennen Sie die Bedürfnisse von Max, indem Sie diese schriftlich festhalten.
2. Erstellen Sie einen **Kurzvortrag** zu Ihren persönlichen Bedürfnissen.
3. Üben Sie das Anfertigen von Kurzvorträgen mit Zeitungsartikeln zu aktuellen politischen Ereignissen und geben Sie Ihren vortragenden Mitschülern **Feedback**.

2.1 Bedürfnisarten

Jeder Mensch hat im Laufe seines Lebens eine Vielzahl von Wünschen, auf deren Erfüllung er sein Handeln ausrichtet. Diese Wünsche nennt man auch Bedürfnisse. Die Zahl der Bedürfnisse ist unbegrenzt.

Sind die Existenzbedürfnisse befriedigt, dann streben viele Menschen nach der Befriedigung von Kultur- und Luxusbedürfnissen.

Ordnen Sie die Bedürfnisse von Max den Bedürfnissen, die sich aus der Abbildung ergeben, zu.

Viele Bedürfnisse können nicht oder nur schwer befriedigt werden, da die meisten Güter nicht unbegrenzt vorhanden sind. Außerdem könnten die entsprechenden Geldmittel fehlen, um sich Wünsche zu erfüllen. Der Wunsch nach einem eigenen Haus kann nur erfüllt werden, wenn die finanziellen Mittel vorhanden sind.

2.2 Bedarf, Nachfrage, Kaufkraft

Die Bedürfnisse, die mit finanziellen Mitteln erfüllt werden könnten, nennt man Bedarf. Hat man bspw. fünf Euro im Geldbeutel, könnte man sich damit eine Vielzahl kleinerer Wünsche erfüllen.

Nur ein kleiner Teil der Bedürfnisse wird tatsächlich erfüllt. Man könnte je nach Vorliebe von den fünf Euro Güter wie Semmeln, eine Zeitung oder einen kleinen Blumenstrauß kaufen oder alles zusammen. Den Teil des Bedarfs, der tatsächlich durch Geld gedeckt wird, nennt man Nachfrage. Kauft der Kunde beim Bäcker Semmeln, so hat er den Bedarf in Nachfrage umgewandelt. Die Nachfrage am **Markt** für Semmeln ist somit gestiegen.

Markt:
Ort, an dem Angebot und Nachfrage aufeinander treffen

Den meisten Menschen steht monatlich eine gleichbleibende Summe zur Bedürfnisbefriedigung zur Verfügung. Daher ist es für sie wichtig, dass die Preise möglichst nicht steigen, damit ihr Einkommen bis zum Monatsende ausreicht. Den Gegenwert von Waren und Dienstleistungen, die der Verbraucher für sein Geld erhält, wird als Kaufkraft bezeichnet. Steigen die Preise an, bekommt der Verbraucher weniger Ware für sein Geld. Dies bedeutet die Kaufkraft sinkt. Im umgekehrten Fall bei fallenden Preisen steigt die Kaufkraft.

2.3 Arten von Gütern

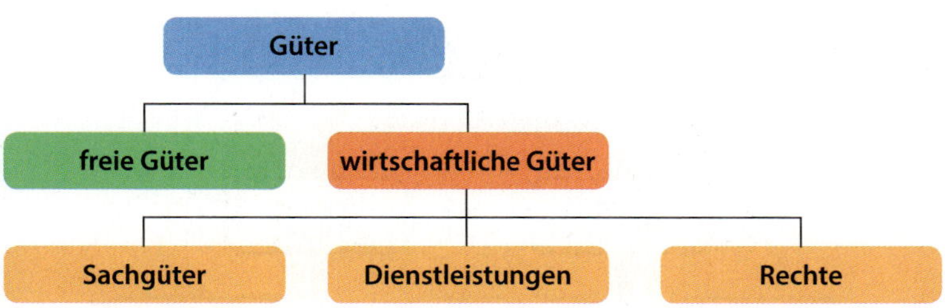

Als Güter bezeichnet man Mittel, die der Befriedigung von Bedürfnissen dienen. Sind sie im Überfluss vorhanden und kostenlos, spricht man von freien Gütern. Wirtschaftliche Güter hingegen sind nur begrenzt verfügbar und man muss für sie bezahlen.

Sie werden unterteilt in Sachgüter, Dienstleistungen und Rechte, wie z. B. Lizenzen und Patente.

Bei den Sachgüter kann man eine weitere Unterteilung vornehmen in:

Produktionsgut	bei Verwendung zur Herstellung anderer Güter
Konsumgut	dient dem Verbraucher zur direkten Bedürfnisbefriedigung
Verbrauchsgut	zum einmaligen Gebrauch bestimmt
Gebrauchsgut	sind langlebig, zum mehrfachen Gebrauch

Ordnen Sie die folgenden Gegenstände der entsprechenden Güterkategorie der Tabelle zu: Werkstattgebäude, Papiertaschentücher, Nahrungsmittel, Orientteppich

Produktionsfaktoren

Produktionsfaktoren:
Produktionsfaktoren sind alle materiellen und immateriellen Mittel und Leistungen, die an der Bereitstellung von Gütern mitwirken.

Zur Befriedigung der Bedürfnisse werden Güter produziert, in die Produktionsfaktoren einfließen. Es werden volkswirtschaftliche und betriebswirtschaftliche Produktionsfaktoren unterschieden.

Abgeleiteter Produktionsfaktor:
Das Kapitel wird als abgeleiteter Produktionsfaktor bezeichnet weil es erst aus der Arbeit mit dem Boden (Landwirtschaft, Handwerk) entsteht

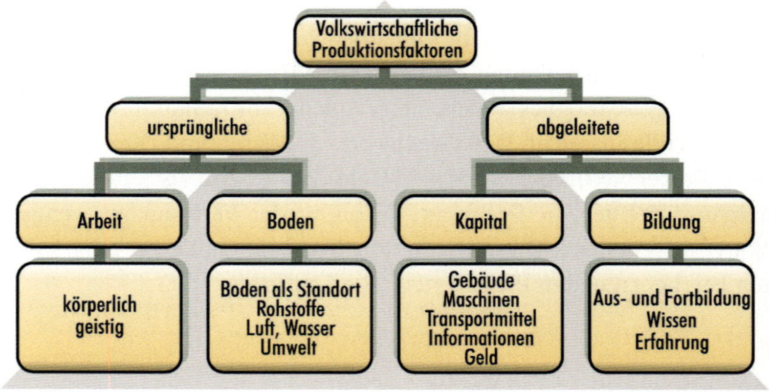

Dispositiver Faktor:
Bezeichnung für denjenigen Produktionsfaktor, der die Elementarfaktoren menschliche Arbeitskraft, Betriebsmittel und Werkstoffe kombiniert. Die Kombination der Elementarfaktoren erfolgt durch die Geschäftsführung, wobei diese sich der Planung und Organisation als Hilfsmittel bedient. Geschäftsleitung, Planung und Organisation bilden den dispositiven Faktor.

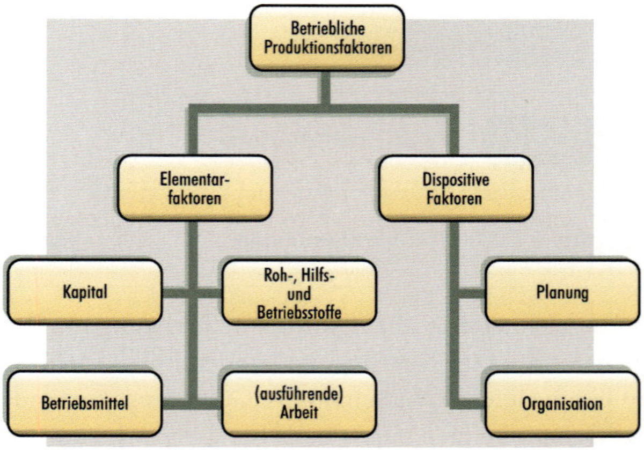

Zusammenfassung

Jeder Mensch hat im Laufe seines Lebens eine Vielzahl von Wünschen, auf deren Erfüllung er häufig sein Handeln ausrichtet. Diese Wünsche nennt man Bedürfnisse.

Man unterscheidet Existenz-, Kultur- und Luxusbedürfnisse.

Ein Mittel zum Wecken von Bedürfnissen ist die Werbung.

Bedürfnisse, die mit finanziellen Mitteln erfüllt werden könnten, nennt man Bedarf.

Nachfrage entsteht, wenn man seinen Bedarf am Markt befriedigt.

Jedes Wirtschaftssubjekt in einer Marktwirtschaft verfolgt Ziele.

Zur Erklärung wirtschaftlichen Handelns geht man davon aus, dass der Mensch rational (wirtschaftlich vernünftig) handelt.

Wirtschaftssubjekte sind die privaten Haushalte, Unternehmen und die öffentlichen Haushalte.

Die Zielverwirklichung der Wirtschaftssubjekte wird durch das Gemeinwohl eingeschränkt.

Wirtschaftliche Güter werden in Sachgüter, Dienstleistungen und Rechte unterteilt.

Die volkswirtschaftlichen Produktionsfaktoren sind Arbeit, Boden, Kapital und Bildung.

Wissens-Check

1. Untersuchen Sie, ob folgende Aussagen richtig oder falsch sind:
   a) Ein Kleid kann sowohl ein Existenz- als auch ein Luxusbedürfnis sein.
   b) Der Besuch einer Gemäldeausstellung entspricht der Befriedigung eines Kulturbedürfnisses.
   c) Verborgene Bedürfnisse können durch Werbung geweckt und bei ausreichendem Einkommen zum Bedarf werden.
   d) Wenn kein Bedarf vorhanden ist, ergibt sich auch kein Bedürfnis.
   e) „Wirtschaften“ ist nur bei den in unbeschränkter Menge vorhandenen Gütern (= bei freien Gütern) erforderlich.
   f) Bedarf ist das durch Geld gedeckte Bedürfnis.
2. Erläutern Sie, ob folgende Gleichung richtig ist.
   „Bedürfnisse + Kaufkraft + geäußerter Kaufwille = tatsächliche Nachfrage.“

3 Wirtschaftskreislauf, Markt, Geld

Der Wirtschaftskreislauf ist ein gedankliches Modell, mit dessen Hilfe man die Güter- und Geldbewegungen in einer Volkswirtschaft besser verstehen, darstellen und untersuchen kann.

3.1 Wirtschaftskreislauf

Im **einfachen Wirtschaftskreislauf** handeln nur zwei Akteure. Die Unternehmen stellen Güter her, die von den Haushalten gekauft werden. Gleichzeitig benötigen die Unternehmen die Leistung der Haushalte in Form von Arbeitskraft, wofür sie diese entlohnen. So entsteht ein Kreislauf, bei dem die Güter und Geldströme entgegengesetzt verlaufen.

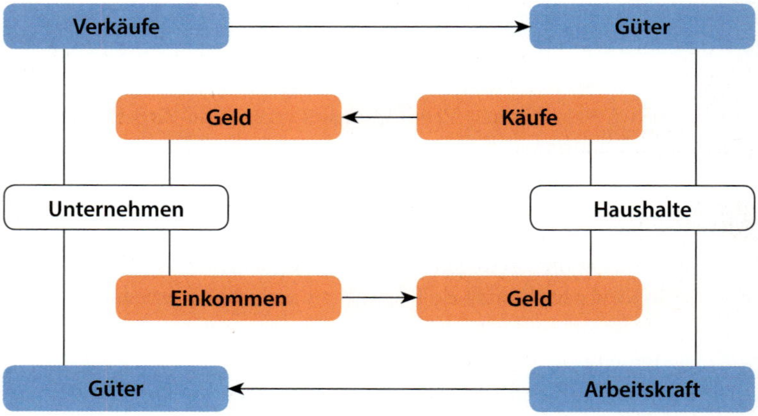

Diese theoretische Betrachtung der volkwirtschaftlichen Abläufe geht von folgenden Voraussetzungen aus:

- Die von den Unternehmen gezahlten Löhne und Gehälter werden von den Haushalten komplett verbraucht.
- Sämtliche Güter werden im Inland erzeugt. Es findet keine Einfuhr statt.
- Es erfolgt kein staatlicher Eingriff in den Kreislauf.

In Wirklichkeit sind neben diesen außer Acht gelassenen Faktoren beim **erweiterten Wirtschaftskreislauf** noch zusätzliche Begebenheiten zu berücksichtigen. Die Banken z. B. erhalten das nicht verbrauchte Einkommen als Spareinlage. Und geben gleichzeitig sowohl an die Haushalte, als auch an die Unternehmen Geldmittel in Form von Krediten aus. Ein weiterer Akteur ist der Staat, der u. a. auf alle Einnahmen aus Erwerbstätigkeit, Kapital oder Grundbesitz Steuern erhebt. Aus diesen Steuermitteln werden wiederum die Staatsausgaben wie die Transferleistungen an die Haushalte, die Löhne und Gehälter der Angestellten und Beamten im öffentlichen Dienst, die

Subventionen, die öffentlichen Aufträge für beispielsweise Straßen-, Brücken-, Krankenhausbau u. ä., sowie Rüstungsaufträge oder Entwicklungshilfe bezahlt.

Des Weiteren werden die im Inland nicht benötigten Güter ins Ausland exportiert und die bei uns nicht verfügbaren Rohstoffe und Lebensmittel aus dem Ausland importiert. Der sogenannte erweiterte Wirtschaftskreislauf gibt einen konkreteren Eindruck dessen, wie die Güter- und Geldströme die Volkswirtschaft beeinflussen. Dieses dynamische Gebilde kann folglich von vielen Seiten aus beeinflusst werden und ist damit, je nachdem ob die Ströme anwachsen oder schrumpfen, einem ständigen Wandel unterzogen.

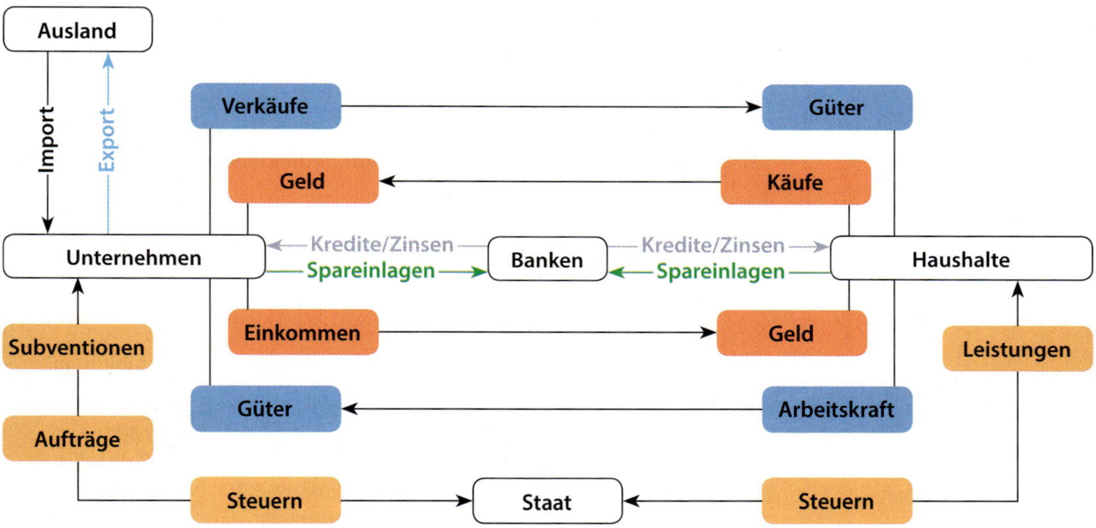

1. Unterscheiden Sie den einfachen Wirtschaftskreislauf vom erweiterten Wirtschaftskreislauf.
2. Erläutern Sie die Rolle der Banken und ihre Einflussmöglichkeit auf das Verhalten der Unternehmen und Haushalte durch eine entsprechende Kreditvergabepolitik.
3. Wie wirken sich Steuersenkungen auf das Konsumverhalten der Bürger aus?
4. Diskutieren Sie am Beispiel der Öl- und Gasindustrie in wie weit das Ausland Einfluss auf den Wirtschaftskreislauf in Deutschland hat.

3.2 Markt

Die Verkäufer von Waren und Dienstleistungen treffen mit den Käufern dieser Waren und Dienstleistungen zusammen. Dies geschieht z. B. auf einem Wochenmarkt, in einem Geschäft oder im Internet.

Anbieter: Ziel: Möglichst teuer verkaufen!	Zusammentreffen von Angebot und Nachfrage nach einem Gut **MARKT**	**Nachfrager:** Ziel: Möglichst billig einkaufen!
Problem: Er verkauft nichts, wenn er zu teuer ist.	Ort der Preisbildung	Problem: Er kann nichts kaufen, wenn er kaum Geld ausgeben will.

Die unterschiedlichen Zielsetzungen von Verkäufer und Käufer führen schließlich durch einen beiderseitigen Kompromiss zu einem Marktpreis. Dieser entsteht durch Ausgleich zwischen den vorhandenen gegensätzlichen Preisvorstellungen.

1. Mit welchen Begriffen bezeichnet man Verkäufer und Käufer noch?
2. Erläutern Sie, mit welchen unterschiedlichen Zielsetzungen treffen Verkäufer und Käufer am Markt aufeinander.

Je nachdem was, wo oder wann gehandelt wird, entstehen verschiedene Märkte. Die Marktarten lassen sich z. B. nach folgenden Merkmalen unterscheiden.

sachlich	räumlich	zeitlich	funktional
▪ Waren (Trödel) ▪ Dienstleistung (Massage)	▪ im Ort (Hamburg) ▪ im Land (Sachsen) ▪ im Staat (BRD) ▪ EU	▪ Tagesmarkt ▪ Wochenmarkt (jeden Donnerstag) ▪ Jahrmarkt (Kirmes)	▪ Beschaffungsmarkt (Rohstoff: Stahl) ▪ Absatzmarkt (Produkt: Benzin) ▪ Arbeitskräftemarkt (Zweiradmechaniker)

Welchen Preis man am Markt erzielen kann, hängt letztlich entscheidend davon ab, wie viele Anbieter und Nachfrager es für das gehandelte Gut gibt.

Dabei unterscheidet man grundsätzlich die drei folgenden Marktformen:

- Monopol (ausgeschlossene Konkurrenz)
- Oligopol (beschränkte Konkurrenz)
- Polypol (vollständige Konkurrenz)

		Anbieter		
		viele	**wenige**	**einer**
Nachfrager	**viele**	**POLYPOL**	Angebots-OLIGOPOL	Angebots-MONOPOL
	wenige	Nachfrage-OLIGOPOL	zweiseitiges OLIGOPOL	beschränktes Angebots-MONOPOL
	einer	Nachfrage-MONOPOL	beschränktes Nachfrage-MONOPOL	zweiseitiges MONOPOL

Preisbildung beim Polypol

- keiner hat Einfluss auf den Preis (= Preisnehmer)
- jeder passt seine Menge dem gegebenen Preis an (= Mengenanpasser)

Preis für 1 kg Äpfel in EUR	Nachfragemenge in kg	Angebotsmenge in kg
8	100	600
6	200	450
4	300	300
2	500	100

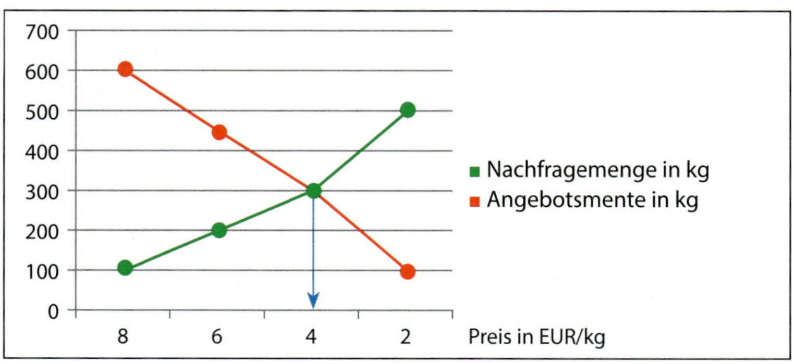

Nachfrager-Verhalten: mit steigendem Preis eines Gutes sinkt die Nachfrage nach dem Gut

Anbieter-Verhalten: mit steigendem Preis eines Gutes steigt das Angebot von dem Gut

FAZIT: Wo beide Geraden sich schneiden, liegt der Gleichgewichtspunkt (4 €/kg) – hier gilt: Angebot = Nachfrage
→ bei allen anderen Preisen wird weniger verkauft

Versuchen Sie gemeinsam mit Ihrem Sitznachbarn in einem Rollenspiel als Verkäufer und Käufer den Preis z. B. für ein gebrauchtes Smartphone zu finden.

3.3 Geld

Zu Beginn der Menschheit versorgte man sich ausschließlich durch Eigenproduktion. Im Laufe der Zeit schaffte man die Möglichkeit durch Tausch an Dinge zu gelangen, die man selbst nicht herstellen konnte. Zunächst tauschte man direkt Ware gegen Ware. Schnell entstand aber eine neue Stufe des Tausches, der mittelbare (indirekte) Tausch, bei dem man sogenannte Zwischengüter annahm. Diese brauchte man im Moment zwar nicht, konnte sie aber später gegen die Waren tauschen, die man eigentlich benötigte. Zwischengüter waren Dinge, die allgemein begehrt und wertstabil waren, wie z. B. Tiere, Felle, Edelsteine, Muscheln, Perlen o. ä.

Da diese ersten Warengelder unhandlich beim Transport, schwer teilbar oder nicht witterungsbeständig waren, wurden sie nach und nach vom Metallgeld verdrängt. Hierzu verwendete man die nicht rostenden Metalle Kupfer, Silber und Gold. Entspricht der aufgeprägte Geldwert dem Metallwert der Münze bezeichnet man diese als Kurantmünze. Ist der Metallwert geringer, spricht man von Scheidemünzen.

Da das Mitführen von vielen Münzen auf langen Reisen beschwerlich war, brachte man diese zu einer Bank und erhielt einen sogenannten Hinterlegungsschein dafür. Diese wurden teilweise auch direkt weitergegeben. Die Geburtsstunde des Papiergeldes.

http://tinyurl.com/kz27vlj

Die nächste Entwicklungsstufe des Geldes stellt das Buchgeld dar. Erstmals 1619 konnten Kaufleute in Hamburg bei ihrer Bank durch Überweisung über ihr Geld verfügen. In den Kontobüchern der Bank wurden so erstmals Zahlungen zu- oder abgeschrieben, ohne das wirklich Geld ausgetauscht wurde. Dieses Buchgeld wird auch als Giralgeld bezeichnet.

Ganz egal in welcher Form, Geld erfüllt im Wesentlichen drei Funktionen:

- Tausch- und Zahlungsmittel
- Recheneinheit
- Wertaufbewahrungsmittel

Durch welches Merkmal unterscheiden sich Kurant- und Scheidemünzen?

3.4 Inflation

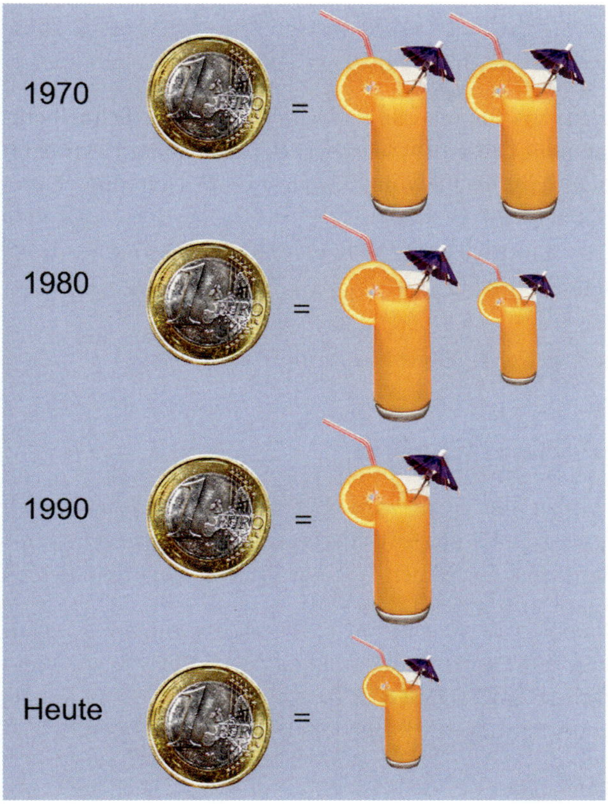

Inflation:
lat. aufblähen
Kennzeichnet einen andauernden Anstieg des Preisniveaus. Es findet eine Geldentwertung statt, da man für die gleiche Menge an Geld immer weniger Güter erhält.

Interpretieren Sie die Grafik.

Wer 1923 einen Laib Brot kaufen wollte, der musste sein Geld im Koffer zum Bäcker tragen. Das Brot kostete mehrere Millionen Mark. Die Geldentwertung schritt damals rasant voran. Kostete das Brot um 9:00 Uhr noch 500.000 Mark, konnte es um 11:00 Uhr bereits 2 Millionen Mark kosten. Diese rasanten Preissteigerungen nennt man galoppierende oder Hyperinflation. Hier musste teilweise täglich neues Geld gedruckt werden. Meist behalf man sich mit einfachen Stempeln. Das Gegenteil der galoppierenden Inflation bezeichnet man als schleichende Inflation.

„Geld regiert die Welt“. Die Macht des Geldes beruht dabei nicht auf dem **Materialwert**, da der meist sehr gering ist. Auch der **Nominalwert** lässt keine Aussage über den tatsächlichen Wert zu.

Entscheidend für den Wert des Geldes ist vielmehr der **Realwert**. Der Realwert drückt die Kaufkraft des Geldes aus.

Der Realwert ist abhängig von der Entwicklung der Preise. Es spielt nur eine geringe Rolle, wenn sich lediglich der Preis für ein Gut verändert. Wenn die Bundesregierung zum Beispiel die Mineralölsteuer

Materialwert:
Dieser Wert wird nur bei Münzen ermittelt, zum Beispiel nach Gewicht und Goldgehalt.

Nominalwert:
Der auf Münzen und Geldscheinen geprägte bzw. aufgedruckte Wert

Realwert:
Der Gegenwert in Waren oder Dienstleistungen, den man für eine bestimmte Geldmenge erhält. Zum Beispiel für 40 Cent eine Brezel.

Beispiel für eine Hyperinflation.

um 10 Cent erhöhen würde, erhöht sich dadurch der Preis für Diesel und Benzin. Diese Preiserhöhung betrifft alle Autofahrer direkt. Sie haben somit weniger Geld für andere Güter zur Verfügung. Diese Preiserhöhung wäre allerdings für einen Fußgänger oder Radfahrer bedeutungslos.

Steigen hingegen die Preise von Lebensmitteln, so wird jeder davon betroffen sein. Die Bürger haben weniger Geld zur Verfügung. Die Menge von Gütern und Dienstleistungen, die für eine bestimmte Geldmenge gekauft werden kann, ist kleiner geworden. Das Geld verliert an Kaufkraft.

Unterscheiden Sie Nominalwert und Realwert des Geldes.

3.5 Messung der Kaufkraft

Index:
Messgröße für die durchschnittliche Entwicklung der Verbraucherpreise bei den Gütern der Lebenshaltung von privaten Haushalten.

Ob Inflation vorliegt oder nicht, wird mit Hilfe des Lebenshaltungskostenindex gemessen. Diesen errechnet man auf Basis eines Warenkorbs. Steigt der **Index** über einen längeren Zeitraum spürbar, dann liegt Inflation vor.

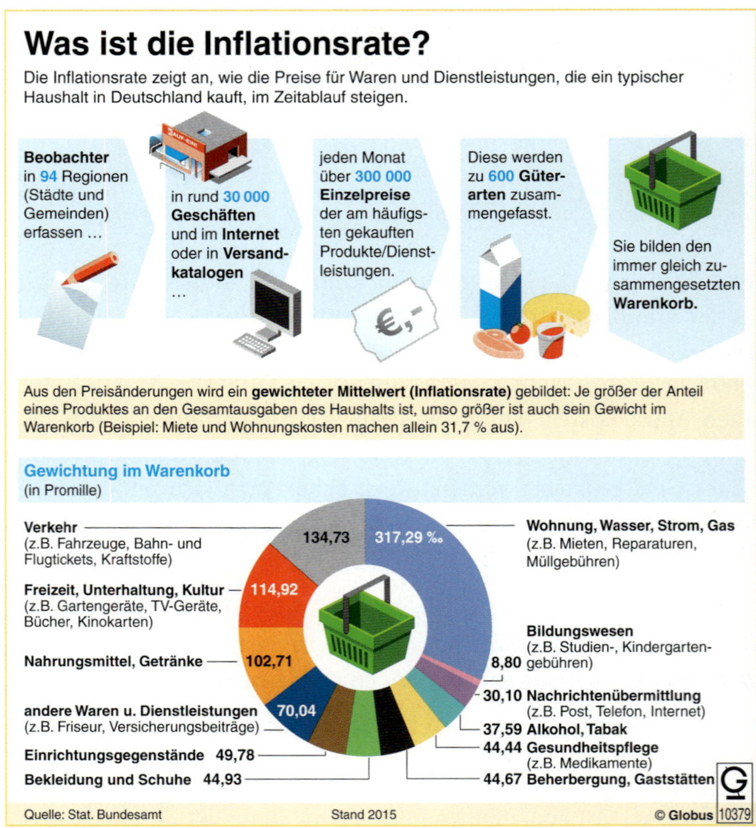

Zusammensetzung des Warenkorbs

PRESSESCHAU

Warenkorb (...) Basis für den so genannten Verbraucherpreisindex für Deutschland (VPI) ist der „Warenkorb“. Da es nicht möglich und (...) ist, die Preise, aller angebotenen Waren und Dienstleistungen zu registrieren, werden aus der Fülle des Angebots etwa 750 Posten ausgewählt. Da sich die Verbrauchergewohnheiten im Laufe der Zeit ändern, werden die Zusammensetzung und auch die Gewichtung des Warenkorbs alle fünf Jahre komplett überarbeitet. (...) Als Dienstleistungen wurden beispielsweise der Pizzaservice, das Sonnenstudio (...) neu aufgenommen, während (...) Diaprojektoren oder elektrische Schreibmaschinen (...) verschwanden.

Quelle: Süddeutsche Zeitung

> Warum wird der Warenkorb alle fünf Jahre angepasst?

Die Veränderung des Warenkorbs kann nachfolgender Grafik entnommen werden.

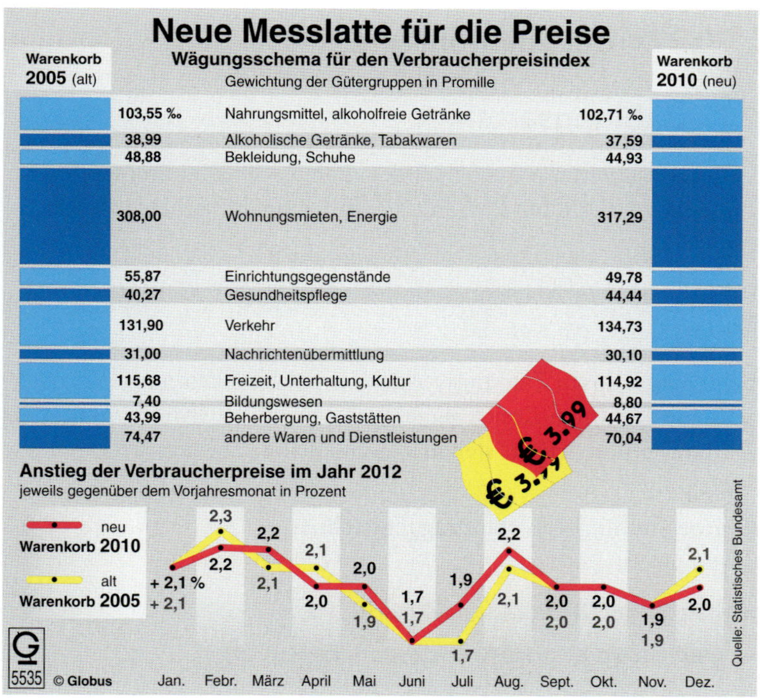

Wägungsschema:
Das Wägungsschema legt fest, welchen Anteil zum Beispiel die Mietausgaben oder andere Ausgabepositionen an den gesamten Verbrauchsausgaben der privaten Haushalte haben. Jede Position des Warenkorbs wird nach der jeweiligen Bedeutung für den privaten Haushalt gewichtet. Höhe und Struktur der Ausgaben der privaten Haushalte werden vom Statistischen Bundesamt alle fünf Jahre neu ermittelt.

> Welche Unterschiede stellen Sie zwischen dem alten und dem neuen Warenkorb fest?

3.6 Deflation

Ein stetiger Rückgang der Preise wird als Deflation bezeichnet.

PRESSESCHAU

Deflation (...) Deflation (von lateinisch deflare, hinaus blasen) ist das Gegenteil von Inflation und bedeutet ein sinkendes Preisniveau. Ökonomen sind sich einig, dass Deflation für eine Volkswirtschaft noch gefährlicher ist als Inflation. Unternehmer und Verbraucher warten dann ab, weil sie damit rechnen, dass immer alles noch billiger wird. Viele Firmen kommen in Schwierigkeiten, weil die Preise für ihre Produkte, unter Umständen auch für Aktien und Immobilien, sinken, der Nennwert ihrer Bankschulden jedoch nicht. Längere Phasen der Deflation gab es am Ende des 19. Jahrhunderts und während der Weltwirtschaftskrise ab 1929. (...)

Süddeutsche Zeitung

Warum ist Deflation für eine Volkswirtschaft gefährlicher als Inflation?

http://tinyurl.com/m85nlfy

Die Europäische Zentralbank versucht mit ihrem Instrumentarium für die Stabilität des Preisniveaus zu sorgen.

3.7 Zahlungsarten

Vor ca. 60 Jahren war es noch üblich, Löhne, Gehälter und Renten bar auszuzahlen. D. h. bei Barzahlung wird Bargeld von Hand zu Hand gereicht.

Bei halbbarer Zahlungsweise besitzt entweder der Auftraggeber oder der Empfänger ein Konto.

Beim bargeldlosen Zahlungsverkehr wird schließlich nur noch Buchgeld von Konto zu Konto verzeichnet. Damit es seine Funktion als Zahlungsmittel erfüllt, stehen verschiedene Zahlungsverfahren zur Verfügung:

- Überweisung, Dauerauftrag, Lastschrift
- Scheck
- Bankkarte, Kreditkarte, Geldkarte
- Online Bezahlverfahren (z. B. giropay, PayPal)

http://www.zahlungsverkehrsfragen.de/schecks

3.8 Girokonto

Im Spätmittelalter breitete sich von Italien aus unter Kaufleuten eine Form von kontenmäßiger Verrechnung in Europa und letztlich weltweit aus, die einen direkten Vorläufer der heutigen Girokonten darstellen. In Deutschland begann der Giroverkehr wohl in Hamburg, wo 1619 die **Hamburger Bank** gegründet wird. Das Girokonto, auch Sichtkonto genannt, ist ein von **Kreditinstituten** für Bankkunden geführtes Konto zur Abwicklung alltäglicher Bankgeschäfte bzw. des **Zahlungsverkehrs**. Zahlungen werden zu Gunsten und zu Lasten des Girokontos gebucht. Informieren Sie sich im Internet und beantworten Sie eigenständig folgende Aufgaben.

http://tinyurl.com/lygmcym

1. Erklären Sie den Begriff „Dispositionskredit".
2. Beschreiben Sie, welche finanziellen Folgen eine Überziehung des Bankkontos hat.
3. Erläutern Sie den Unterschied zwischen Zins und Tilgung.
4. Beurteilen Sie die Gefahren des Online- und Mobil-Bankings.

Zusammenfassung

Der einfache Wirtschaftskreislauf betrachtet die Güter- und Geldströme ausschließlich zwischen den Unternehmen und den Haushalten.

Im erweiterten Wirtschaftskreislauf werden zusätzlich die Wechselwirkungen durch den Staat, die Banken und das Ausland berücksichtigt.

Am Markt treffen Anbieter und Nachfrager zusammen und ermitteln den Marktpreis für ein Gut.

Je nach Anzahl von Anbieter und Nachfrager unterscheidet man drei grundsätzliche Marktformen: Monopol, Oligopol und Polypol.

Der Nominalwert des Geldes lässt normalerweise keine Aussage über den tatsächlichen Wert zu.

Entscheidend ist vielmehr der Realwert als Ausdruck für die Kaufkraft des Geldes.

Steigen die Preise auf breiter Front, so verliert das Geld an Kaufkraft. Man spricht von Inflation.

Ob Inflation vorliegt oder nicht, wird mit Hilfe des Lebenshaltungskostenindex gemessen.

Einen stetigen Rückgang der Preise bezeichnet man als Deflation.

Deflation ist gefährlicher als Inflation, weil die Verbraucher damit rechnen, dass immer alles noch billiger wird und sie sich deshalb im Konsum zurückhalten.

Wissens-Check

1. Welche Marktform ist Ihrer Meinung nach für die Verbraucher günstiger? Und welche für die Produzenten? Begründen Sie Ihre Meinung!
2. Ein Zirkus ändert für die Nachmittagsvorstellung die Eintrittspreise und notiert sich einen Monat lang die durchschnittlichen Besucherzahlen. Das Ergebnis: 12 € = 40 Besucher; 8 € = 120 Besucher; 10 € = 80 Besucher, 6 € = 160 Besucher. Zeichnen Sie die Nachfragekurve und erläutern Sie deren Verlauf.
3. Ist der Nominal- oder der Realwert des Geldes aussagekräftiger für die Preisentwicklung? Begründen Sie Ihre Entscheidung.
4. Unterscheiden Sie Inflation und Deflation.
5. Fragt man einen brasilianischen Taxifahrer „Was ist Inflation?“ so antwortet er: „Wenn es billiger wird, ein Taxi zu nehmen, als mit dem Bus zu fahren, weil das Taxi erst bei der Ankunft bezahlt werden muss, die Busfahrt hingegen schon beim Einstieg in den Bus.“ Erläutern Sie diese Aussage.
6. Der Preisindex in Deutschland ist im Jahr 2002 von 102,0 (im Jahr 2001) auf 103,4 angestiegen. Wie viel Prozent beträgt die Inflationsrate? Interpretieren Sie diese Entwicklung.

Kompetenzbereich 3: Den Betrieb aktiv mitgestalten

© anekoho – stock.adobe.com

1 Mitbestimmung im Betrieb

2 Das Betriebsverfassungsgesetz (BetrVG)

1 Mitbestimmung im Betrieb

Die Gesellschaft des 19. Jahrhunderts war eine Klassengesellschaft. Sie bestand aus der Klasse der wohlhabenden Fabrikbesitzer und der Klasse der Lohnarbeiter. Durch das Überangebot an Arbeitskräften in den Städten waren die Lebens- und Arbeitsbedingungen schlecht. Wenig Wohnraum, schlechte hygienische Verhältnisse, niedrige Löhne, lange Arbeitszeiten und unzureichende soziale Absicherung der Arbeiter waren die Folgen. Aus dieser Not heraus schlossen sich Arbeiter zusammen, um ihren Forderungen nach besseren Lebens- und Arbeitsbedingungen Nachdruck zu verleihen. Die Arbeiter erkannten schnell, dass Arbeiterbewegungen in der Lage waren, großen Druck auf die Unternehmer auszuüben. Kampfmittel waren von jeher das Niederlegen der Arbeit und die damit verbundenen finanziellen Einbußen für den Unternehmer. Es entwickelten sich bald organisierte Interessengemeinschaften: die Gewerkschaften. Ende des 19. Jahrhunderts hatten die Gewerkschaften erheblichen wirtschaftlichen und politischen Einfluss.

1.1 Tarif- und Sozialpartner

© Bergmoser + Höller Verlag AG 240 021

Auch heute noch sind Gewerkschaften Verbände, die die Interessen der Arbeitnehmer gegenüber den Arbeitgebern vertreten. Sie haben die wirtschaftliche und soziale Lage ihrer Mitglieder verbessert. Die Mitgliederzahl der Gewerkschaften wurde so groß, dass sich die Arbeitgeberseite zu Arbeitgeberverbänden zusammengeschlossen hat, um ihrerseits Interessen besser durchsetzen zu können.

Der Deutsche Gewerkschaftsbund (DGB) besteht aus acht Einzelgewerkschaften und ist mit ca. 6,4 Millionen Mitgliedern die größte Arbeitnehmerorganisation in Deutschland. Ver.di und IG Metall bilden die größten Einzelgewerkschaften.

Ver.di: Vereinte Dienstleistungsgewerkschaft
Sie vertritt die Interessen der Arbeitnehmer, die in Dienstleistungsunternehmen beschäftigt sind.

IG-Metall: Industriegewerkschaft Metall
Sie vertritt die Interessen ihrer Mitglieder aus der Metallindustrie, dem Metallhandwerk, der Textil- und Bekleidungsindustrie, der Holz- und Kunststoffindustrie

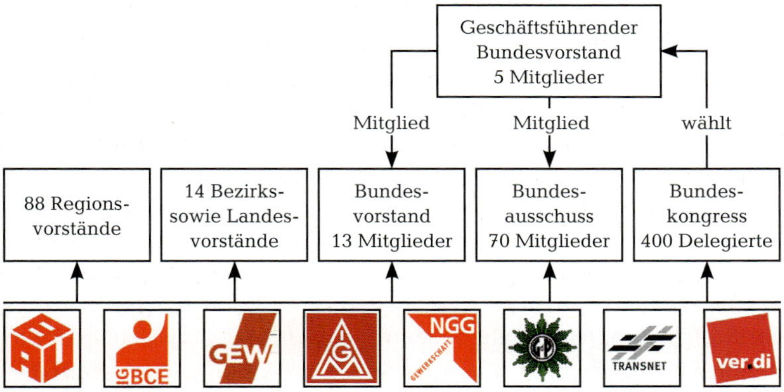

Aufbau des DGB

Die Bundesvereinigung der Deutschen Arbeitgeberverbände (BDA) ist die größte Arbeitgeberorganisation. Sie vertritt bundesweit über 1.000 Arbeitgeberverbände aus mehr als 50 unterschiedlichen Branchen. Die Unternehmer versuchen ihre Interessen den Gewerkschaften sowie dem Staat gegenüber durchzusetzen.

Die Einflussnahme auf die sozial- und wirtschaftspolitische Gesetzgebung über die entsprechenden Verbände ist ein wichtiges Ziel sowohl der Arbeitgeber- als auch der Arbeitnehmerverbände.

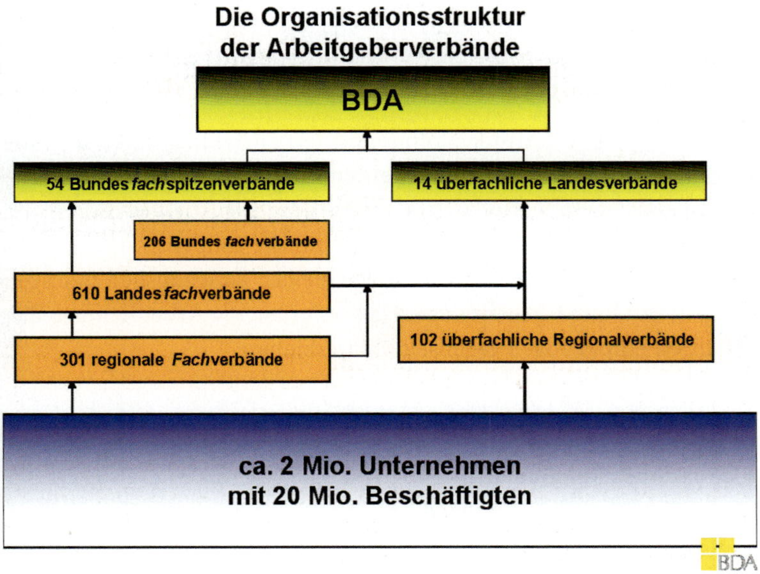

Gewerkschaften und Arbeitgeberverbände handeln als **Tarif**- bzw. Sozialpartner gemeinsam Verträge aus, welche die Arbeitsbedingungen vieler Arbeitnehmer regeln. Die Verhandlungen werden nach

Autonomie:
Selbstständigkeit, Unabhängigkeit

Kompetenzbereich 3

dem Grundsatz der Tarif-**Autonomie** selbstständig und ohne Mitwirkung des Staates geführt. Dieses Recht ist im Grundgesetz verankert.

Tarifgebiet:
Von den Tarifpartnern festgelegte Region
Dort gelten die ausgehandelten Arbeitsbedingungen.

Wirtschaftsbereiche:
zum Beispiel:
- Baugewerbe
- Chemische Industrie
- Einzelhandel

> **Art. 9 Abs. 3 GG**
> Das Recht, zur Wahrung und Förderung der Arbeits- und Wirtschaftsbedingungen Vereinigungen zu bilden, ist jedermann und für alle Berufe gewährleistet. Abreden, die dieses Recht einschränken oder zu behindern suchen, sind nichtig, hierauf gerichtete Maßnahmen sind rechtswidrig (...)

1.2 Tarifverträge

Tarifverträge gelten für alle in Gewerkschaften organisierten Arbeitnehmer im **Tarifgebiet**, meist in einem bestimmten **Wirtschaftsbereich**. Vertragspartner ist der entsprechende Arbeitgeberverband, dessen Mitglieder die ausgehandelten Veränderungen in ihren Unternehmen umsetzen.

Die meisten Arbeitgeber gewähren die vereinbarten Verbesserungen auch jenen Arbeitnehmern, die nicht in der entsprechenden Gewerkschaft organisiert sind.

Der Geltungsbereich eines Tarifvertrages kann auf Antrag eines Sozialpartners beim Bundesministerium für Arbeit und Sozialordnung ausgeweitet werden. Wird der Tarifvertrag für allgemein verbindlich erklärt, gilt er für alle Arbeitnehmer eines bestimmten Tarifgebietes und Wirtschaftsbereiches.

Arten und Inhalte von Tarifverträgen
http://arbeits-abc.de/der-tarifvertrag-arten-und-inhalte-von-tarifvertraegen/

Flächentarifvertrag

Tarifverträge legen Mindestlöhne und -arbeitsbedingungen fest, die im Betrieb nicht unterschritten werden dürfen. Mit den Flächentarifverträgen ist sichergestellt, dass gleiche Mindestarbeitsbedingungen in den verschiedenen Betrieben einer Branche und eines Tarifgebiets gelten. Damit werden für die Betriebe gleiche Ausgangsbedingungen geschaffen. Ohne Flächentarifverträge könnten die Arbeitnehmer sich mit ihren Forderungen gegenseitig unterbieten.

Mantel- oder Rahmentarifvertrag

Mantel- oder Rahmentarifverträge haben längere Zeit Gültigkeit. Sie regeln die Arbeitsbedingungen der Arbeitsverhältnisse, z. B.:

- wöchentliche Arbeitszeit
- Mehrarbeit, Schichtarbeit
- Sonn- und Feiertagsarbeit
- Zuschläge für Überstunden und Schichtarbeit

Lohn-, Gehalts- und Entgelttarifvertrag

Lohn- und **Gehalts**tarifverträge haben in der Regel ein Jahr Gültigkeit. Sie regeln die Höhe

- des Lohnes bzw. des Gehaltes und
- der Ausbildungsvergütung.

In Tarifverträgen wird festgelegt, wie sich Lohn und Gehalt zusammensetzen und welche Verfahren angewendet werden, um die Anforderungen der Arbeit zu bewerten. Weiterhin beinhalten die Tarifverträge die Grundsätze, nach denen Arbeitnehmer z. B. in eine bestimmte Gehaltsgruppe **eingruppiert** werden.

Eingruppierung:
Erfolgt nach Tätigkeit, nicht nach Qualifikation
Ein Ingenieur, der am Fließband arbeitet, wird als Bandarbeiter eingestellt und bezahlt

> Überlegen Sie, warum es Tarifverträge mit unterschiedlichen Laufzeiten gibt.

1.3 Arbeitskampf

Die Forderungen der Gewerkschaften und die Vorstellungen der Arbeitgeber stimmen oftmals nicht überein.

Sind alle Möglichkeiten der Verhandlungen zwischen den Tarif- oder Sozialpartnern erfolglos ausgeschöpft, werden die Verhandlungen für gescheitert erklärt. Ein unparteiischer Schlichter kann zwischen den Tarifpartnern vermitteln. Ist er nicht erfolgreich, kann es zu Arbeitskampfmaßnahmen kommen. Der Arbeitskampf, der meist mit einem **Warnstreik** beginnt, ist ein rechtlich zulässiges Mittel. Er gilt als letzte Maßnahme bei unlösbaren tarifpolitischen Gegensätzen.

Warnstreik:
Durch Warnstreiks kann die Arbeitnehmerseite ihren Forderungen weiteren Nachdruck verleihen. Sie sind auf wenige Stunden begrenzt. Warnstreiks sind ein wichtiges Druckmittel, um doch noch auf dem Verhandlungsweg vertretbare Ergebnisse zu erzielen

> Beschreiben Sie das Schaubild.

Kompetenzbereich 3

Die Gewerkschaften haben die Möglichkeit, ihre Mitglieder zum Streik aufzurufen. Dann stellt eine größere Zahl von Arbeitnehmern die Arbeit planmäßig und gemeinsam ein. Ziel ist es, eine Verbesserung der Lohn-, Gehalts- oder Arbeitsbedingungen zu erreichen.

Auch Auszubildende sind berechtigt, sich an kurzen, zeitlich befristeten Streiks zu beteiligen. Voraussetzung ist, dass die Gewerkschaften über deren Angelegenheiten mit der Arbeitgeberseite verhandeln.

Streikgarantie:
Im Grundgesetz und in der europäischen Sozialcharta ist das Recht zu streiken festgeschrieben (garantiert).

Das Streikrecht ist eine der Grundfreiheiten der Demokratie. Es wird durch Art. 9 Abs. 3 GG und internationale Abkommen garantiert (**Streikgarantie**).

Ohne die Möglichkeit des Streiks wären Tarifverhandlungen ein „kollektives Betteln", da die Gewerkschaften keinerlei Druckmittel hätten.

Ob gestreikt wird oder nicht, entscheiden die Mitglieder einer Gewerkschaft in einem Tarifgebiet durch die Urabstimmung. Darin stimmen sie darüber ab, ob sie bereit sind, ihre Tarifforderungen notfalls mit einem Streik durchzusetzen. Die Gewerkschaft muss das in ihrer Satzung vorgegebene Verfahren einhalten. Wenn die überwiegende Mehrheit (75 Prozent der abstimmenden Mitglieder) sich dafür ausspricht, kommt es zum Streik.

Wilde Streiks werden ohne das Einverständnis und der Beteiligung von Gewerkschaften geführt und sind unzulässig.

Heiße und kalte Aussperrung

Die Gegenmaßnahme der Arbeitgeberseite ist die Aussperrung. Bei der „heißen Aussperrung" schließen die Arbeitgeber ihre Arbeitnehmer von ihrem Arbeitsplatz aus. Sie erhalten während dieser Zeit weder Lohn noch Gehalt. Die Arbeitgeber wollen damit Druck auf die Gewerkschaft und die Arbeitnehmer ausüben und die Bereitschaft zum Streik brechen. Die Gewerkschaft gewährt ihren Mitgliedern bei einer heißen Aussperrung eine finanzielle Unterstützung. Anspruch und Höhe richten sich nach der Satzung der jeweiligen Gewerkschaft.

Kurzarbeitergeld:
Arbeitnehmer erhalten Kurzarbeitergeld, wenn aus konjunkturellen oder wirtschaftlichen Gründen die Arbeit in ihrem Betrieb ausfällt. Es soll den ausfallenden Lohn ersetzen. Kurzarbeitergeld zahlt die Agentur für Arbeit, wenn der Betrieb den Arbeitsausfall vorher schriftlich angezeigt hat.

Bei der „kalten Aussperrung" beruft sich der einzelne Arbeitgeber darauf, dass die Produktion z. B. wegen fehlender Zulieferteile oder fehlender Abnahme nicht möglich ist. Er stellt die Arbeit ein und bezahlt keinen Lohn- bzw. kein Gehalt. Kalt Ausgesperrte erhalten keine finanzielle Unterstützung von der Gewerkschaft. In bestimmten Fällen können kalt ausgesperrte Arbeitnehmer auf Antrag **Kurzarbeitergeld** erhalten.

Ein Streik bedeutet für Arbeitgeber und Gewerkschaften einen hohen finanziellen Aufwand. Dies führt dazu, dass die Tarifverhandlungen erneut aufgenommen werden. Falls ein Tarifvertrag zustande kommt, müssen in einer Urabstimmung mindestens 25 Prozent der Gewerkschaftsmitglieder das Ergebnis annehmen.

Während der Laufzeit eines Tarifvertrages herrscht Friedenspflicht. Während dieser Zeit sind Streik und Aussperrung unzulässig. Dadurch ist garantiert, dass der Arbeitsprozess ungestört ablaufen kann.

Zusammenfassung

Gewerkschaften vertreten die Interessen der Arbeitnehmer. Arbeitgeberverbände vertreten die Interessen der Arbeitgeber.

Gewerkschaften und Arbeitgeberverbände werden als Sozial- oder Tarifpartner bezeichnet. Sie können nach dem Grundsatz der Tarifautonomie Tarifverträge vereinbaren.

Kampfmittel im Arbeitskampf sind Streik auf der Arbeitnehmerseite und Aussperrung auf der Arbeitgeberseite.

Wissens-Check

1. Wozu organisieren sich Arbeitgeber und Arbeitnehmer in Verbänden?
2. Was bedeutet der Begriff „Tarifautonomie"?
3. Ein Metall verarbeitender Betrieb wird bestreikt.
   Herr Schober arbeitet in diesem Betrieb, ist aber kein Gewerkschaftsmitglied.
   a) Wie kann er sich während des Streiks verhalten?

   Der Unternehmer sperrt die Arbeitnehmer aus.
   b) Handelt es sich um eine heiße oder um eine kalte Aussperrung?
   c) Was bedeutet dies für Herrn Schober?

2 Das Betriebsverfassungsgesetz (BetrVG)

Manuela S. (20 J.), seit zwei Jahren in der Marketingabteilung eines großen Unternehmens beschäftigt, erhält von ihrem Arbeitgeber die ***ordentliche Kündigung*** *zum nächstmöglichen Termin. Der Betriebsrat erfährt erst drei Tage später davon und widerspricht der Kündigung unverzüglich. Der Arbeitgeber lässt sich davon jedoch nicht beeindrucken. Der Fall landet vor dem Arbeitsgericht.*

Ordentliche Kündigung:
Fristgerechte Kündigung
4 Wochen zum 15. des Monats oder zum Monatsende

2.1 Wahl des Betriebsrats

§ 102 BetrVG Mitbestimmung bei Kündigungen

Der Betriebsrat ist vor jeder Kündigung zu hören. Der Arbeitgeber hat ihm die Gründe für die Kündigung mitzuteilen. Eine ohne Anhörung des Betriebsrats ausgesprochene Kündigung ist unwirksam.

Kompetenzbereich 3

BetrVG:
Betriebsverfassungsgesetz

1. Lesen Sie den Inhalt des Gesetzestextes und nehmen Sie zu obengeschildertem Fall Stellung.
2. Wie wird das Arbeitsgericht Ihrer Meinung nach entscheiden?

2.2 Mitbestimmung und Demokratie

Demokratie:
Volksherrschaft
Das Volk wird durch Wahlen an der Machtausübung beteiligt.

Im Laufe der letzten 100 Jahre hat sich die Stellung der Arbeitnehmer in den Unternehmen deutlich verbessert. Durch Arbeitskämpfe und die Bildung von Arbeiterbewegungen haben sich die Arbeitnehmer bessere Arbeitsbedingungen erkämpft. Erste Anzeichen von Mitbestimmung zeigten sich bereits 1905, als Bergbaubetriebe mit mehr als 100 Arbeitnehmern verpflichtet wurden, Arbeiterausschüsse zuzulassen. Mit dem Wechsel des politischen Systems zur Demokratie der Weimarer Republik wurde 1920 das Betriebsrätegesetz eingeführt. Darin wurde festgelegt, dass in allen Betrieben mit mehr als 20 Arbeitnehmern Betriebsräte einzurichten waren. Sie konnten vor allem bei sozialen Belangen der Arbeitnehmer, aber auch bereits bei Einstellungen und Entlassungen, mitwirken.

Jede Stimme zählt.

Nach einer „Zwangspause“ der Mitbestimmung im Dritten Reich wurde sie nach dem Zweiten Weltkrieg nicht nur wieder eingeführt, sondern erheblich ausgebaut. Heute ist die Stellung der Arbeitnehmer durch eine Vielzahl von Schutzgesetzen und Verordnungen gesichert.

Beschreiben Sie stichpunktartig die Entwicklung der Mitbestimmung in Deutschland.

2.3 Zusammensetzung des Betriebsrats

Die Zahl der Betriebsratsmitglieder richtet sich nach der Zahl der wahlberechtigten Arbeitnehmer eines Betriebes.

Nach § 1 BetrVG können **Betriebsräte** gewählt werden in Unternehmen mit in der Regel mindestens fünf ständigen, wahlberechtigten Arbeitnehmern, von denen drei wählbar sind. Die Wahlen zum Betriebsrat finden alle vier Jahre statt. Wahlberechtigt sind alle Arbeitnehmer, die das 18. Lebensjahr vollendet haben.

Betriebsrat:
Interessenvertretung der Arbeitnehmer innerhalb eines Unternehmens

Wählbar sind alle Wahlberechtigten, die sechs Monate dem Betrieb angehören (§§ 7, 8 BetrVG).

Damit der Arbeitgeber unbequeme Betriebsräte oder Jugend- und Auszubildendenvertreter nicht so einfach entlassen kann, unterliegen sie einem besonderen **Kündigungsschutz**.

Kündigungsschutz nach § 15 KSchG:
„Die Kündigung eines Mitglieds eines Betriebsrats, einer Jugend- und Auszubildendenvertretung (...) ist unzulässig, es sei denn, dass Tatsachen vorliegen, die den Arbeitgeber zur Kündigung aus wichtigem Grund ohne Einhaltung einer Kündigungsfrist berechtigen."

Die Hauptaufgabe des Betriebsrates bzw. **Personalrates** besteht darin, die Interessen der Arbeitnehmer des jeweiligen Unternehmens zu vertreten. Betriebsrat und Arbeitgeber schließen hierzu **Betriebsvereinbarungen**. Die Aufgaben und Rechte des Betriebsrats regelt das Betriebsverfassungsgesetz.

Personalrat:
Arbeitnehmervertretung im öffentlichen Dienst

Betriebsvereinbarung:
Sie wird zwischen Arbeitgeber und Betriebsrat geschlossen und schriftlich niedergelegt. In ihr sind z. B. Entlohnungsverfahren, Rauchverbote sowie spezielle Schutzvorschriften festgeschrieben.

§ 74 BetrVG
Arbeitgeber und Betriebsrat sollen mindestens einmal im Monat zu einer Besprechung zusammentreten. Sie haben über strittige Fragen mit dem ernsten Willen zur Einigung zu verhandeln und Vorschläge für die Beilegung von Meinungsverschiedenheiten zu machen.

Welcher Grundsatz gilt für die Zusammenarbeit zwischen Arbeitgeber und Betriebsrat nach § 74 BetrVG?

2.4 Mitbestimmungs- und Mitwirkungsrechte

Der Betriebsrat hat Mitbestimmungs- und Mitwirkungsrechte in

- sozialen,
- personellen und
- wirtschaftlichen Angelegenheiten.

Ferner stehen ihm Informations- und Beratungsrechte zu. Die Rechte sind hinsichtlich ihres Gewichts bei Entscheidungen abgestuft:

Alles dreht sich um die Arbeit

Beim Informationsrecht handelt es sich um die schwächste Form der Beteiligungsrechte. Das Beratungsrecht besagt, dass sich der Arbeitgeber mit dem Betriebsrat in bestimmten Angelegenheiten absprechen muss. Wenn der Betriebsrat bestimmten Maßnahmen widersprechen kann, liegt ein eingeschränktes Mitbestimmungsrecht vor. Dadurch werden Entscheidungen des Arbeitgebers jedoch nicht verhindert oder unwirksam. Es entscheidet letztlich das Arbeitsgericht oder die Einigungsstelle.

Konzern:
Zusammenschluss von Unternehmen, die dadurch ihre wirtschaftliche Selbstständigkeit aufgegeben haben

> **§ 76 BetrVG Einigungsstelle**
>
> (1) Zur Beilegung von Meinungsverschiedenheiten zwischen Arbeitgeber und Betriebsrat, Gesamtbetriebsrat oder Konzernbetriebsrat ist bei Bedarf eine Einigungsstelle zu bilden ...
>
> (2) Die Einigungsstelle besteht aus einer gleichen Anzahl von Beisitzern, die vom Arbeitgeber und Betriebsrat bestellt werden, und einem unparteiischen Vorsitzenden, auf dessen Person sich beide Seiten einigen müssen ...

Beim uneingeschränkten Mitbestimmungsrecht bedürfen Entscheidungen des Arbeitgebers der Zustimmung des Betriebsrats, d. h. der Arbeitgeber ist von dessen Einverständnis abhängig.

2.5 Freistellung von Betriebsräten

In Betrieben ab 100 Mitarbeitern ist ein Betriebsrat für seine Betriebsrattätigkeit freigestellt. So muss in Betrieben ab 200 Mitarbeitern ein Betriebsrat von seiner eigentlichen Tätigkeit entbunden werden. Er hat Anspruch auf Entlastung von allen beruflichen Verpflichtungen, wenn er die Zeit für die Arbeit im und für den Betriebsrat braucht.

Persönliches Engagement ist Voraussetzung.

> **§ 37 BetrVG Ehrenamtliche Tätigkeit, Arbeitsversäumnis**
>
> (1) Die Mitglieder des Betriebsrats führen ihr Amt unentgeltlich als Ehrenamt.
>
> (2) Mitglieder des Betriebsrats sind von ihrer beruflichen Tätigkeit ohne Minderung des Arbeitsentgelts zu befreien, wenn und soweit es nach Umfang und Art des Betriebs zur ordnungsgemäßen Durchführung ihrer Aufgaben erforderlich ist ...

In Abhängigkeit der Zahl der Mitarbeiter steigt auch die Zahl der freizustellenden Betriebsräte.

Betriebsräte sind teuer und können unbequem sein. Eine daraus resultierende Folge könnte sein, dass in vielen Unternehmen kein Betriebsrat vorhanden ist.

http://tinyurl.com/mkmdzze

2.6 Das BetrVG in der Kritik

Das Betriebsverfassungsgesetz stößt bei den Gewerkschaften auf große Zustimmung. Von Seiten der Arbeitgeber- und Wirtschaftsverbände wird dieses Gesetz jedoch kritisch betrachtet.

Umstritten ist der große Aufgabenkatalog der Betriebsräte. In folgenden Bereichen können Betriebsräte und Arbeitgeber Vereinbarungen treffen:

- Bei Fragen des Umweltschutzes
- Bei der Bekämpfung rechtsextremer Tendenzen
- Bei Weiterbildungs- und Qualifizierungsmaßnahmen
- Bei Fragen der Gleichstellung von Frauen im Unternehmen

Als kritisch wird auf Seiten der Arbeitgeber das **vereinfachte Verfahren** zur Gründung eines Betriebsrats in Kleinbetrieben mit fünf bis 50 Beschäftigten eingestuft. Hierdurch soll es vor allem in den Betrieben der **New Economy** mehr Betriebsräte geben. Der Einfluss der Gewerkschaften in diesen Betrieben war in der Vergangenheit sehr gering. Darüber hinaus sind jetzt auch Leih- und Telearbeiter sowie freie Mitarbeiter wahlberechtigt.

Vereinfachte Betriebsratswahl:
Unterscheidung zwischen dem normalen- und dem vereinfachtem Wahlverfahren

New Economy:
Der Begriff steht für alle Unternehmen, die mit Internet, Handys, Software und neuen Medien zu tun haben.

> Bilden Sie Gruppen und diskutieren Sie in Ihrer Klasse die unterschiedlichen Standpunkte der Arbeitgeber und Gewerkschaften bezüglich der Gründung von Betriebsräten in Kleinbetrieben. Wählen Sie aus Ihrer Klasse zwei Moderatoren aus, die die Diskussion leiten.

Ein weiterer strittiger Punkt des Betriebsverfassungsgesetzes ist die Zahl der freigestellten Betriebsräte. Bereits ab 200 wahlberechtigten Mitarbeitern muss ein Betriebsratsmitglied von seiner beruflichen Tätigkeit freigestellt werden. Die Zahl der freigestellten Betriebsräte bei bis zu 10.000 Mitarbeitern beträgt zwölf. Pro weitere 2.000 Mitarbeiter kommt ein freigestellter Betriebsrat hinzu.

> Warum ist gerade die Regelung über die Zahl der freigestellten Betriebsräte ein besonderer Streitpunkt?

2.7 Europäische Betriebsräte

Eine **EU-Richtlinie** von 1994 schuf die Voraussetzungen dafür, dass die Arbeitnehmer auch auf europäischer Ebene mitwirken können. Sie bezieht sich auf europaweit (EU-weit) tätige Unternehmen, die mindestens 1000 Arbeitnehmer beschäftigen. Die Richtlinie schließt auch Unternehmen mit Sitz in den USA, Japan oder der Schweiz ein. Arbeitnehmer können durch europäische Betriebsräte grenzüberschreitend unterrichtet und angehört werden. Ein solcher Betriebsrat besteht aus mindestens drei Mitgliedern, wobei jedes Land, in dem das Unternehmen einen Standort hat, jeweils durch ein Mitglied vertreten sein muss.

EU-Richtlinie:
Sie gilt nicht direkt, sonder muss vom nationalen Gesetzgeber umgesetzt, d. h. in die entsprechenden Gesetze eingefügt werden.

Europäisches Recht für europäische Betriebsräte

2.8 Die Jugend- und Auszubildendenvertretung

Die Jugend- und Auszubildendenvertretung ist im Betriebsverfassungsgesetz geregelt und nimmt die besonderen Belange jugendlicher und in Ausbildung stehender Arbeitnehmer wahr. Sie ist insbesondere Ansprechpartner bei Fragen zur Berufsbildung.

Weiterhin wacht die Jugend- und Auszubildendenvertretung über die Einhaltung der für diese Arbeitnehmer geltenden

- Gesetze,
- Tarifverträge,
- **Verordnungen**,
- Betriebsvereinbarungen,
- Unfallverhütungsvorschriften.

Verordnung:
Wird von Verwaltungen aufgrund von Gesetzen erlassen

Wie in den Betriebsräten auch erhöht sich die Zahl der Jugend- und Auszubildendenvertreter in Abhängigkeit von der Zahl der Beschäftigten im Unternehmen.

§ 60 BetrVG Errichtung und Aufgabe

In Betrieben mit in der Regel mindestens fünf Arbeitnehmern, die das 18. Lebensjahr noch nicht vollendet haben (jugendliche Arbeitnehmer) oder die zu ihrer Berufsausbildung beschäftigt sind und das 25. Lebensjahr noch nicht vollendet haben, werden Jugend- und Auszubildendenvertretungen gewählt

...

§ 61 BetrVG Wahlberechtigung und Wählbarkeit

Wahlberechtigt sind alle in § 60 Abs. 1 genannten Arbeitnehmer des Betriebs.

Wählbar sind alle Arbeitnehmer des Betriebs, die das 25. Lebensjahr noch nicht vollendet haben ...

§ 64 BetrVG Zeitpunkt der Wahlen und Amtszeit

...

Die regelmäßige Amtszeit der Jugend- und Auszubildendenvertretung beträgt zwei Jahre.

1. Welche Bedingungen müssen erfüllt sein, um eine Jugend- und Auszubildendenvertretung einrichten zu dürfen?
2. Wer ist wahlberechtigt und wer wählbar?
3. Wie lange dauert die Amtszeit?

Zusammenfassung

Nach dem Zweiten Weltkrieg wurde die Mitbestimmung erheblich ausgebaut.

In Betrieben mit in der Regel mindestens fünf ständigen wahlberechtigten Arbeitnehmern können Betriebsräte gewählt werden.

Die Hauptaufgabe des Betriebsrates liegt in der Vertretung der Interessen der Arbeitnehmer.

Gesetzlich stehen dem Betriebsrat Mitwirkungs- und Mitbestimmungsrechte in sozialen, personellen und wirtschaftlichen Angelegenheiten zu.

Die EU-Richtlinie von 1994 schuf die Voraussetzungen für die Einrichtung europäischer Betriebsräte, die auch grenzüberschreitend unterrichtet und angehört werden.

Die Jugend- und Auszubildendenvertretung kann in Betrieben mit mindestens fünf Arbeitnehmern eingerichtet werden, die das 18. Lebensjahr noch nicht vollendet haben oder die zu ihrer Berufsausbildung dort beschäftigt sind und das 25. Lebensjahr noch nicht vollendet haben.

Die betriebliche Mitbestimmung ist ein Mittel der Konfliktbewältigung bei fehlender Übereinstimmung zwischen Arbeitnehmer- und Arbeitgeberinteressen.

Es besteht die Gefahr, dass durch verstärkte Mitbestimmung betriebliche Entscheidungen verzögert oder verhindert werden.

Wissens-Check

1. Bei einem Zulieferer der INFOTEC GmbH, der die Voraussetzung zur Bildung eines Betriebsrates erfüllt, soll ein Betriebsrat eingerichtet werden. Kann die Geschäftsleitung des Zulieferers dies verhindern?
2. Der Betriebsrat wurde vor der Kündigung eines Mitarbeiters angehört und widerspricht der Kündigung. Welche Folgen hat der Widerspruch des Betriebsrates?
3. Die Geschäftsleitung der INFOTEC GmbH möchte eine neue Arbeitszeitregelung einführen. Der Betriebsrat ist damit nicht einverstanden. Kann die Geschäftsleitung die neue Regelung dennoch einführen?
4. Der Betriebsrat will sich über die Gehaltsstruktur des Unternehmens informieren, um gegebenenfalls im Rahmen einer Betriebsvereinbarung eine neue Arbeitsplatzbewertung vorzuschlagen. Zu diesem Zwecke erfordert er Einsicht in die Lohn- und Gehaltslisten des Unternehmens. Ist der Betriebsrat zu dieser Einsichtnahme befugt?
5. Wegen schlechter Auftragslage ist die INFOTEC GmbH gezwungen, einen Betriebsteil stillzulegen. Dadurch müssen 40 Arbeitnehmer entlassen werden. Welches Recht des Betriebsrates kommt in diesem Fall zum Tragen?

6. Einem Betriebsratsmitglied der INFOTEC GmbH wurde aus wichtigem Grund außerordentlich gekündigt, ohne vorher den Betriebsrat einzuschalten. Das Betriebsratsmitglied klagte. Klären Sie den Sachverhalt.
7. Nennen Sie die wesentlichen Kritikpunkte der Arbeitgeber am novellierten Betriebsverfassungsgesetz.
8. In der INFOTEC GmbH stehen die Wahlen zur Jugend- und Auszubildendenvertretung an. Von insgesamt 319 Mitarbeitern sind sechs Lehrlinge unter 18 sowie eine Mitarbeiterin (Andrea), die vor einer Woche die Ausbildung beendet hat. Außerdem gibt es noch drei Jungarbeiter (ohne Ausbildungsvertrag) mit 16 Jahren. Nehmen Sie zu folgenden Aussagen Stellung und entscheiden Sie, ob diese richtig oder falsch sind.

   „Unser Vertreter muss selbst noch Lehrling sein."

   „Der neue Jugendvertreter muss darauf achten, dass die Jugendschutzbestimmungen bezüglich der Arbeitszeit besser eingehalten werden."

   „Ungelernte haben kein Stimmrecht."

   „Unser neu gewählter Jugendvertreter muss mal ein bisschen Wind machen, damit die Ausbildungsmaßnahmen noch verbessert werden."

   „Der Jugendvertreter muss sich auch für solche Mitarbeiter einsetzen, die nicht in andere Abteilungen versetzt werden wollen."

Kompetenzbereich 4: Die Rolle als Verbraucher ausüben

1 Rechts- und Geschäftsfähigkeit
2 Rechtsgeschäfte
3 Rechte und Verpflichtungen in Verträgen
4 Verbraucherschutz

1 Rechts- und Geschäftsfähigkeit

Rechte:
z. B. Eigentumsrecht, Erbrecht

Pflichten:
z. B. Steuerpflicht

Natürliche Personen:
Alle Menschen sind natürliche Personen

Kinder und Jugendliche können nicht wie die Erwachsenen für ihre Handlungen zur Verantwortung gezogen werden. Unsere Rechtsordnung überträgt jungen Menschen in abgestufter Weise ***Rechte, Pflichten*** *und Verantwortung.*

1.1 Rechtsfähigkeit

Rechtsfähigkeit bedeutet Rechte und Pflichten zu haben. Die Rechtsfähigkeit beginnt bei **natürlichen Personen** mit Vollendung der Geburt und endet mit dem Tod.

§ 1 BGB
Die Rechtsfähigkeit des Menschen beginnt mit der Vollendung der Geburt.

§ 21 BGB
Ein Verein, dessen Zweck nicht auf einen wirtschaftlichen Geschäftsbetrieb gerichtet ist, erlangt Rechtsfähigkeit durch Eintragung in das Vereinsregister des zuständigen Amtsgerichts.
Anmerkung: Vereine gelten als juristische Personen des Privatrechts.

§ 90 BGB
Sachen im Sinne des Gesetzes sind nur körperliche Gegenstände.

§ 90a BGB
Tiere sind keine Sachen. Sie werden durch besondere Gesetze geschützt.

Erläutern Sie folgende Aussagen zur Rechtsfähigkeit und geben Sie an, ob die Aussagen richtig oder falsch sind:

a) Ein drei Wochen altes Kind kann nicht steuerpflichtig sein.

b) Die Rechtsfähigkeit beginnt bei natürlichen Personen mit Vollendung der Geburt.

1.2 Geschäftsfähigkeit

© Drudl

Fall: Der Schreinerauszubildende Max (15 Jahre) kauft ohne Wissen seiner Eltern von seinen Ersparnissen einen DVD-Player für 150 Euro. Seine Schwester (6 Jahre alt) ist beim Kauf dabei. Sie kauft sich selbst eine Märchen-DVD für 5 Euro. Als die Mutter davon erfährt, ist sie entsetzt und bringt die gekauften Sachen zum Händler zurück. Der Händler weigert sich, die Sachen zurückzunehmen.

Prüfen Sie die Rechtslage anhand des folgenden Gesetzesauszugs.

§ 104 BGB
Geschäftsunfähig ist:
1. wer nicht das siebente Lebensjahr vollendet hat ...

§ 105 BGB
(1) Die Willenserklärung eines Geschäftsunfähigen ist nichtig.

§ 106 BGB
Ein Minderjähriger, der das siebente Lebensjahr vollendet hat, ist nach Maßgabe der §§ 107 bis 113 in der Geschäftsfähigkeit beschränkt.

§ 107 BGB
Der Minderjährige bedarf zu einer Willenserklärung, durch die er nicht lediglich einen rechtlichen Vorteil erlangt, der Einwilligung seines gesetzlichen Vertreters.

§ 108 BGB
Schließt der Minderjährige einen Vertrag ohne die erforderliche Einwilligung des gesetzlichen Vertreters, so hängt die Wirksamkeit des Vertrags von der Genehmigung des Vertreters ab.

Jugendliche wollen allein entscheiden, was sie sich kaufen, wie sie ihr Geld ausgeben. Das bedeutet aber noch nicht, dass sie über ihr Geld uneingeschränkt verfügen können. Ein Fünfjähriger kann als rechtsfähige Person Eigentümer eines Vermögens sein. Ob er allerdings darüber rechtswirksam verfügen kann, muss im Rahmen der Geschäftsfähigkeit beurteilt werden.

Begriff der Geschäftsfähigkeit

Geschäftsfähig ist eine Person, die ohne fremde Hilfe **Rechtsgeschäfte** wirksam vornehmen kann.

Geschäftsunfähigkeit

Nicht geschäftsfähig sind Kinder, die das siebente Lebensjahr noch nicht vollendet haben. Sie können selbst keine wirksamen Rechtsgeschäfte vornehmen, da ihre Willenserklärungen nichtig sind. Für sie handeln im Rechtsverkehr ihre Eltern.

Rechtsgeschäfte:
Dies sind alle Handlungen mit denen eine rechtliche Wirkung erzielt wird (z. B. Abschluss eines Kaufvertrags, Schenkung, Mietvertrag). Rechtsgeschäfte bedürfen einer oder mehrerer Willenserklärungen. Für die Rechtswirksamkeit z. B. eines Vertrages sind zwei übereinstimmende Willenserklärungen erforderlich. Diese können entweder ausdrücklich (schriftlich oder mündlich) oder durch schlüssiges Handeln (z. B. Einsteigen in einen Bus) erfolgen.

Beschränkte Geschäftsfähigkeit

Die beschränkte Geschäftsfähigkeit beginnt mit vollendetem siebenten Lebensjahr. Beschränkt geschäftsfähige Personen können nur im Rahmen der ihnen zur freien Verfügung überlassenen Mittel (z. B. Taschengeld) Geschäfte tätigen.

> **§ 110 BGB (Taschengeldparagraf):**
>
> Ein von dem Minderjährigen ohne Zustimmung des gesetzlichen Vertreters geschlossener Vertrag gilt als wirksam ..., wenn der Minderjährige die ... Leistung mit Mitteln bewirkt hat, die ihm zu diesem Zweck oder zur freien Verfügung von dem Vertreter ... überlassen worden sind
>
> *Beispiel: Die 11-jährige Manuela kauft sich mit ihrem Taschengeld drei Dosen Cola und fünf Tüten Chips. Manuela muss nicht die Zustimmung ihrer Eltern einholen, da sie alles mit ihrem Taschengeld bezahlt hat (§ 110 BGB).*

Wenn der beschränkt Geschäftsfähige etwas geschenkt bekommt, braucht er die Eltern normalerweise nicht zu fragen. Bei allen anderen Geschäften müssen die Eltern zustimmen. Solange die Eltern sich zum Vertrag nicht äußern, ist er schwebend unwirksam. Wenn die Eltern zustimmen, ist der Vertrag wirksam. Lehnen sie ab, kommt er nicht zustande. Der beschränkt Geschäftsfähige muss dann nichts zahlen. Er genießt damit bei solchen Verträgen einen besonderen Schutz.

Volle Geschäftsfähigkeit

Nach vollendetem 18. Lebensjahr ist man geschäftsfähig und kann voll wirksame Verträge ohne Genehmigung abschließen.

 128 031

Zusammenfassung

Bestimmte Rechte erwirbt man erst mit dem Erreichen bestimmter Altersstufen.

Die Rechtsfähigkeit ist die Fähigkeit, Träger von Rechten und Pflichten zu sein.

Die Geschäftsfähigkeit steigert sich stufenweise in Abhängigkeit vom Alter.

Mit Erreichen des 18. Lebensjahres wird die volle Geschäftsfähigkeit erlangt.

Jugendliche – und unter bestimmten Voraussetzungen auch Heranwachsende – werden nach dem Jugendstrafrecht verurteilt.

Wissens-Check

1. Analysieren Sie mit Hilfe der Gesetzesauszüge auf den vorigen Seiten die nachfolgenden Fälle:
   a) Martina (6 Jahre) ist auf „Shopping-Tour" im Laden neben dem elterlichen Haus. An einer besonders niedlichen Stoffpuppe kommt sie nicht vorbei und ersteht sie zu einem Sonderpreis von 13,50 Euro. Ihre Mutter ist nicht begeistert und verlangt von der Verkäuferin, die Stoffpuppe zurückzunehmen. Diese ist froh, den Ladenhüter endlich verkauft zu haben und will die Puppe nicht zurückhaben. Wer ist im Recht?
   b) Der fünf Jahre alte Thomas erbt von seiner Großmutter 5.000 Euro. Wird Thomas Eigentümer des Geldes?
   c) Monika (17 Jahre) erhält zum Weihnachtsfest von ihrer Tante eine Katze geschenkt. Die Eltern sind dagegen. Darf Monika die Katze behalten?
   d) Martin (14 Jahre) kauft sich von seinem Taschengeld eine neue Armbanduhr für 29,00 Euro. Handelt es sich um ein wirksames Rechtsgeschäft?

2 Rechtsgeschäfte

Stefan ist zum ersten Mal bei einer Versteigerung. Er hat sich mit Nora verabredet und winkt Ihr zu, als sie die Halle betritt. Der Auktionator wertet sein Winken als Gebot und gibt Stefan den Zuschlag für ein 84-teiliges Kaffeeservice. Seiner Erklärung hat jedoch keine rechtliche Wirkung, da der Wille nicht auf den rechtlichen Erfolg gerichtet war.

Der Auktionator hat zwar zugeschlagen, aber ...

2.1 Willenserklärungen

Zu einer Willenserklärung gehören der Wille und die Erklärung dieses Willens. In diesem Beispiel fehlt der tatsächliche Wille, es handelt sich daher nicht um eine gültige Willenserklärung.

Der Wille muss nach außen erkennbar gemacht werden. Der Wille auf verschiedene Art und Weise erklärt werden:

- **Ausdrücklich**, z. B. jemand sagt, er wolle ein Croissant kaufen
- **Stillschweigend**, d. h. durch schlüssiges (konkludentes) Handeln (jemand gibt wortlos den geforderten Kaufpreis für das Croissant)

2.2 Formen und Formvorschriften von Rechtsgeschäften

Rechtsgeschäfte können grundsätzlich formfrei abgeschlossen werden. Kaufverträge können mündlich, schriftlich oder sogar durch konkludentes Handeln abgeschlossen werden (z. B. Tanken an der Selbstbedienungstankstelle). In vielen Fällen empfiehlt sich jedoch die Schriftform, um bei Rechtsstreitigkeiten Beweise zu haben.

Bei einigen Rechtsgeschäften bestehen jedoch gesetzliche Formvorschriften:

- **Schriftform:** Schriftstück mit der eigenhändigen Unterschrift, z. B. Berufsausbildungsvertrag, Kündigung des Arbeitsvertrags, Ratenkaufvertrag
- **Öffentliche Beglaubigung:** schriftliche Erklärung mit zusätzlicher Beglaubigung der Unterschrift des Erklärenden, z. B. Antrag auf Eintragung in das Grundbuch oder Vereinsregister
- **Notarielle Beurkundung:** die Niederschrift eines Notars zu einem Vertrag oder einer Urkunde, wird den Beteiligten vorgelesen, von diesen genehmigt und in Anwesenheit des Notars eigenhändig unterzeichnet. Beispiele: Grundstückskaufvertrag, Ehevertrag, Schenkungen

2.3 Nichtigkeit und Anfechtbarkeit von Rechtsgeschäften

Bei Rechtsgeschäften muss das Gesetz beachtet werden.

Rechtsgeschäfte können von Anfang an unwirksam sein, d. h. sie sind nichtig.

Folgende Geschäfte sind nichtig:

- Geschäfte von Geschäftsunfähigen (die 5-jährige Paula kauft sich ein Sammelalbum)
- Geschäfte bei denen gegen eine Formvorschrift verstoßen wurde (die Kündigung eines Arbeitsvertrags erfolgt nur mündlich)
- Schein- oder Scherzgeschäfte (der Lehrer „verkauft“ seine Uhr im Unterricht als Beispiel)
- Geschäfte, die gegen die guten Sitten verstoßen (Wucherverträge)
- Geschäfte, die gegen ein gesetzliches Verbot verstoßen (Drogenhandel, Verkauf von gestohlener Ware)

Anfechtbare Rechtsgeschäfte sind zunächst voll gültig. Bei erfolgreicher Anfechtung sind sie rückwirkend von Anfang an unwirksam.

Mögliche Gründe sind:

Irrtum

- Erklärungsirrtum, z. B. Versprechen, Verschreiben
- Eigenschaftsirrtum bezüglich einer Person oder Sache, z. B. Echtheit eines Gemäldes
- Falsche Übermittlung, z. B. Missverständnis am Telefon
- Arglistige Täuschung, z. B. Verschweigen eines Unfalls bei Gebrauchtwagen trotz Nachfrage eine Käufers
- Widerrechtliche Drohung, z. B. Drohung mit körperlicher Gewalt zur Erzwingung einer Unterschrift.

Die Anfechtung muss in den Fällen 1 und 2 unverzüglich erfolgen, d. h. sofort, nachdem der Anfechtungsgrund bekannt wurde. In den Fällen 3 und 4 beträgt die Frist 1 Jahr ab Entdeckung der Täuschung bzw. ab Ende der Zwangslage.

Bürgerliches Gesetzbuch

§ 117 [Scheingeschäft]

(1) Wird eine Willenserklärung ... nur zum Schein abgegeben, so ist sie nichtig.

§ 119 [Anfechtbarkeit wegen Irrtums]

(1) Wer bei der Abgabe einer Willenserklärung über deren Inhalt im Irrtum war oder eine Erklärung dieses Inhalts überhaupt nicht abgeben wollte, kann die Erklärung anfechten, wenn anzunehmen ist, dass er sie bei Kenntnis der Sachlage ... nicht abgegeben haben würde.

§ 122 [Schadensersatzpflicht des Anfechtenden]

(1) Ist eine Willenserklärung ... angefochten, so hat der Erklärende ... den Schaden zu ersetzen, den der andere ... dadurch erleidet, dass er auf die Gültigkeit der Erklärung vertraut, ...

§ 121 [Anfechtbarkeit wegen Täuschung oder Drohung]

(1) Wer zur Abgabe einer Willenserklärung durch arglistige Täuschung oder widerrechtlich durch Drohung bestimmt worden ist, kann die Erklärung anfechten.

§ 118 [Sittenwidriges Rechtsgeschäft, Wucher]

(1) Ein Rechtsgeschäft, das gegen die guten Sitten verstößt, ist nichtig.

(2) Nichtig ist insbesondere ein Rechtsgeschäft, durch das jemand unter Ausbeutung der Zwangslage, der Unerfahrenheit ... der erheblichen Willensschwäche eines anderen sich ... für eine Leistung Vermögensvorteile versprechen lässt, die in einem auffälligen Missverhältnis zur Leistung stehen.

Es wird zwischen anfechtbaren und nichtigen Rechtsgeschäften unterschieden. Erklären Sie den Unterschied.

Untersuchen Sie die unten stehenden Fälle, ob nichtige oder anfechtbare Rechtsgeschäfte vorliegen, und begründen Sie Ihre Antwort.

1. Für eine Familienfeier benötigen Sie 25 Erdbeerkuchen. Auf dem Bestellschein haben Sie versehentlich 250 Stück eingetragen.
2. Zum Geburtstag bestellt W. Klein seiner Freundin einen Ring, der laut Beschreibung mit einem echten Brillanten besetzt ist. Als er sich eine Uhr kauft, zeigt er den Ring einem Juwelier. Es stellt sich heraus, dass es sich um Kristallglas handelt.
3. B. Schleper ist in einer finanziellen Klemme. Er bittet K. Groß, ihm ein Darlehen über 5.000 € zu geben. Als Groß sich weigert, droht Schleper, ihn wegen eines Verkehrsdeliktes anzuzeigen. Groß gibt daraufhin das Geld.

4 S. Hader kauft bei einer Bank Aktien. Er glaubt, dass die Aktien im Kurs steigen werden, doch leider sinkt der Wert in der nächsten Zeit ständig.

3 Rechte und Verpflichtungen in Verträgen

© Dave Vaughan

Arten, auf die ein Vertrag geschlossen werden kann.

© Dave Vaughan

In diesem Beispiel ist eine Reihe von Verträgen zustande gekommen. Beim Überlassen eines Kanisters Benzin und Zurückgeben des gefüllten Kanisters an Manuela handelt sich um einen Darlehensvertrag. Der Kauf von Benzin und einer Schachtel Pralinen an der Tankstelle ist jeweils ein Kaufvertrag. Beim unentgeltlichen Übergeben der Pralinen an Manuela liegt ein Schenkungsvertrag vor.

Verträge kommen durch zwei übereinstimmende Willenserklärungen (Antrag und Annahme) zustande.

3.1 Kaufvertrag

Der bekannteste aller Verträge ist der Kaufvertrag. Unter Anwesenden müssen Willenserklärungen sofort erfolgen. Bei schriftlichen Anträgen muss die Annahme innerhalb der üblicherweise zu erwartenden

Zeit erfolgen. Bei Anträgen auf dem Postweg sind bis zu drei Tage üblich. Bei Faxanträgen muss die Annahme am selben Tag erfolgen.

Manu möchte auf dem Wochenmarkt zwei Kilo Äpfel kaufen. An einem Stand liest Manu auf einem Preisschild „Neue Ernte eingetroffen, ein Kilo nur 1,99 Euro." Manu geht zum Verkäufer und sagt: „Für je 1,50 Euro pro Kilo nehme ich zwei Kilo." Der Verkäufer erwidert: „Geben Sie mir je 1,75 Euro und wir kommen zusammen." Manu willigt sofort ein.

Hier ist zunächst von Manu ein Antrag für einen neuen Preis gestellt worden. Der Verkäufer nahm diesen Antrag nicht an. Antrag und Annahme stimmten demnach nicht überein. Jetzt gab der Verkäufer einen neuen Antrag ab. Dieser wurde von Manu sofort angenommen. Antrag und Annahme stimmen jetzt überein. Es ist ein Vertrag zustande gekommen. Kaufverträge können meist formlos geschlossen werden.

Formlos:
Grundsätzlich gilt bei Kaufverträgen Formfreiheit. Beim Kauf von Immobilien muss aber zusätzlich ein Notar den Vertragsschluss beurkunden (= Notarielle Beurkundung).

§ 433 BGB (Vertragstypische Pflichten beim Kaufvertrag)

(1) Durch den Kaufvertrag wird der Verkäufer einer Sache verpflichtet, dem Käufer die Sache zu übergeben und das Eigentum an der Sache zu verschaffen. Der Verkäufer hat dem Käufer die Sache frei von Sach- und Rechtsmängeln zu verschaffen.

(2) Der Käufer ist verpflichtet, dem Verkäufer den vereinbarten Kaufpreis zu zahlen und die gekaufte Sache abzunehmen.

1. Begründen Sie, ob in folgenden Fällen ein rechtswirksamer Kaufvertrag abgeschlossen wurde.
   a) Rainer geht in ein Lebensmittelgeschäft, nimmt sich eine Tüte Chips und bezahlt an der Kasse.
   b) Ein Privatmann nimmt vom Briefträger ein Päckchen an, in dem sich unbestellte Ware befindet.
2. Im Alltag wird täglich eine Vielzahl weiterer Verträge geschlossen. Beschreiben Sie zusammen mit Ihrem Nachbarn weitere mögliche Verträge.

3.2 Ratenkaufvertrag

Der 18-jährige Rainer möchte sich einen gebrauchten Pkw kaufen. Leider fehlt ihm das erforderliche Kapital. Ein geschickter Verkäufer bietet ihm daraufhin an, das Auto in monatlichen Raten von 200,00 Euro innerhalb von 36 Monaten zu einem effektiven Zinssatz von 7 Prozent abzuzahlen. Rainer willigt sofort ein und fährt mit seinem neuen Auto davon.

© Dave Vaughan

Abschluss eines Ratenkaufvertrags

Kreditfinanzierte Käufe (= Ratenkaufverträge) gehören heute zum Alltag. Dies gilt insbesondere bei höherwertigen Konsumgütern wie

Autos, Stereoanlagen etc. Derartige Güter können häufig nicht sofort in voller Höhe bezahlt werden. Um Kaufanreize zu schaffen und auch kurzfristig größere Anschaffungen für jedermann zu realisieren, werden häufig Ratenlieferungsverträge vereinbart. Personen, die Anschaffungen durch einen Ratenkredit tätigen, unterliegen gesetzlichem Schutz nach § 505 BGB.

Diskutieren Sie, warum besondere gesetzliche Regelungen bei Ratenkreditverträgen erforderlich sind.

3.3 Mietvertrag und Leasing

Ein Mietvertrag ist nach § 535 BGB ein Vertrag zur zeitweiligen Gebrauchsüberlassung einer Sache gegen Entgelt.

Nach § 550 BGB gelten Mietverträge, die nach mehr als einem Jahr Laufzeit nicht schriftlich abgeschlossen wurden, für unbestimmte Zeit. Ein Mietvertrag bezieht sich nicht nur auf Wohnungen, sondern auch auf Autos oder Computer bis hin zum Smoking oder Abendkleid.

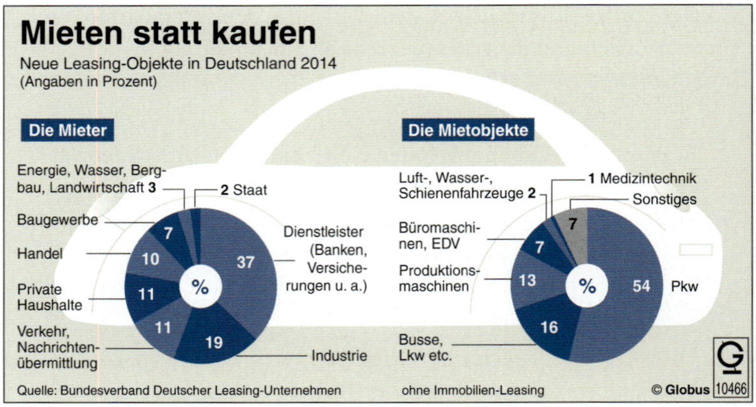

Leasing:
To lease (engl.): mieten oder vermieten

Unter **Leasing** versteht man ein für einen bestimmten Zeitraum geschlossenes miet- oder pachtähnliches Verhältnis zwischen einem Leasinggeber und einem Leasingnehmer. Bei den geleasten Wirtschaftsgütern kann es sich um Gebäude, Maschinen, Schiffe, Autos oder andere Gegenstände handeln. Der Unterschied zum Mietvertrag besteht darin, dass beim Leasing die Möglichkeit besteht, den geleasten Gegenstand am Ende der Leasingzeit zu kaufen oder gegen einen neuen Leasinggegenstand zu tauschen. Ein Leasingvertrag muss immer schriftlich abgeschlossen werden.

1. Nennen Sie die Branchen der größten Leasingnehmer.
2. Erläutern Sie, welche Produkte am häufigsten geleast werden.

Kompetenzbereich 4

3.4 Störungen bei der Erfüllung von Kaufverträgen

Falls einer der Vertragspartner seinen Verpflichtungen nicht oder nur unzureichend nachkommt, spricht man von einer Leistungsstörung.

Arten der Leistungsstörungen

Mögliche Leistungsstörungen sind der Leistungsverzug, der Annahmeverzug und Mängel an der Ware.

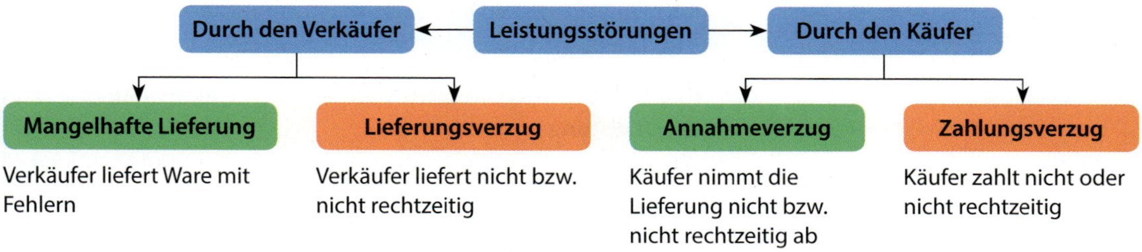

Leistungsverzug (Schuldnerverzug)

Wenn der Fälligkeitstermin (Zeitpunkt, an dem die Lieferung, Zahlung usw. zu erbringen war) überschritten ist, kann ein Leistungsverzug vorliegen. Voraussetzung ist ein Verschulden des Leistungspflichtigen, d. h. entweder Vorsatz oder Fahrlässigkeit.

Leistungsverzug		
Lieferungsverzug	Rechte des Käufers	1. Auf Lieferung bestehen 2. Lieferungs und Schadenersatz (z. B. entgangener Gewinn) 3. Lieferung ablehen (Rücktritt vom Vertrag)* 4. Rücktritt und Schadenersatz verlangen*
Zahlungsverzug	Rechte des Verkäufers	1. Zahlung verlangen (Erfüllung des Vertrags) 2. Zahlung und Schadenersatz (z. B. Verzugszins) 3. Rücktritt vom Vertrag (Ablehnung der Zahlung und Rücknahme der Ware)* 4. Rücktritt und Schadenersatz wegen Nichterfüllung verlangen* * Punkt 3 und 4 erst nach Ablauf einer Nachfrist

Annahmeverzug (Gläubigerverzug)

Ein Annahmeverzug des Käufers liegt nur vor, wenn die Lieferung fällig war und sie tatsächlich angeboten wurde.

Annahmeverzug	Rechte des Verkäufers	1. Ware einlagern und auf Abnahme klagen 2. Kosten der Einlagerung und Mehraufwendungen vom Käufer verlangen 3. Nach vorheriger Androhung Selbsthilfeverkauf (anderweitig verkaufen bzw. öffentliche Versteigerung)

§ 286 BGB Verzug des Schuldners

(1) Leistet der Schuldner auf eine Mahnung des Gläubigers nicht, die nach dem Eintritt der Fälligkeit erfolgt, so kommt er durch die Mahnung in Verzug. Der Mahnung stehen die Erhebung der Klage auf die Leistung sowie die Zustellung eines Mahnbescheids im Mahnverfahren gleich.

(2) Der Mahnung bedarf es nicht, wenn
1. für die Leistung eine Zeit nach dem Kalender bestimmt ist, ...
2. der Leistung ein Ereignis vorauszugehen hat und eine angemessene Zeit für die Leistung in der Weise bestimmt ist, dass sie sich von dem Ereignis an nach dem Kalender berechnen lässt,
3. der Schuldner die Leistung ernsthaft und endgültig verweigert ...

§ 323 BGB Rücktritt wegen nicht oder nicht vertragsgemäß erbrachter Leistung

(1) Erbringt bei einem gegenseitigen Vertrag der Schuldner eine fällige Leistung nicht oder nicht vertragsgemäß, so kann der Gläubiger, wenn er dem Schuldner erfolglos eine angemessene Frist zur Leistung oder Nacherfüllung bestimmt hat, vom Vertrag zurücktreten.

(2) Die Fristsetzung ist entbehrlich, wenn
1. der Schuldner die Leistung ernsthaft und endgültig verweigert,
2. der Schuldner die Leistung bis zu einem im Vertrag bestimmten Termin oder innerhalb einer im Vertrag bestimmten Frist nicht bewirkt, obwohl die termin- oder fristgerechte Leistung nach einer Mitteilung des Gläubigers an den Schuldner vor Vertragsschluss oder auf Grund anderer den Vertragsabschluss begleitenden Umstände für den Gläubiger wesentlich ist, oder
3. im Falle einer nicht vertragsgemäß erbrachten Leistung besondere Umstände vorliegen, die unter Abwägung der beiderseitigen Interessen den sofortigen Rücktritt rechtfertigen.

(3) Kommt nach der Art der Pflichtverletzung eine Fristsetzung nicht in Betracht, so tritt an deren Stelle eine Abmahnung.

(4) Der Gläubiger kann bereits vor dem Eintritt der Fälligkeit der Leistung zurücktreten, wenn offensichtlich ist, dass die Voraussetzungen des Rücktritts eintreten werden.

1. Die bestellte Ware wird nicht geliefert. Erläutern Sie die Rechte des Käufers.
2. Erläutern Sie die Art der vorliegenden Störung und angemessene Handlungsweisen.
   a) Heinz Becker bestellt am 20. Juni neue Fenster mit dem Liefertemin 30. August. Auch am 15. September sind die Fenster noch nicht eingetroffen.
   b) Zum 40. Geburtstag bestellt A. Schleper ein exotisches Buffet beim Partyservice Schlenz. Termin: Samstag, 23. September 11:00 Uhr. Um 11:30 Uhr erfährt er telefonisch, dass der Auftrag vergessen wurde.

c) Sie verkaufen einem Bekannten Ihr gebrauchtes Fahrrad. Die Zahlung des Kaufpreises wird für Dienstag der nächsten Woche vereinbart. Am Freitag hat der Bekannte noch immer nichts von sich hören lassen.
d) Am 15. März ist die Lieferung der neuen Küche vereinbart. Zur festgelegten Uhrzeit ist allerdings niemand zu Hause.

Mangelhafte Lieferung

Der Verkäufer ist verpflichtet Ware in einwandfreiem Zustand zu liefern. Hat die Ware Mängel, trägt der Verkäufer die Verantwortung.

Mögliche Mängel sind:

Mängelursachen

Art
- Falsche Lieferung, andere Sache wird geliefert

Beschaffenheit
- Ware ist mangelhaft, beschädigt;
- Ware ist nicht vertragsgemäß verwendbar;
- Ware ist nicht für die gewöhnliche Verwendung geeignet;
- Eigenschaften laut Verkäufer, Werbung fehlen

Montage
- unsachgemäße Montage
- mangelhafte Montage

Menge
- Zu wenig wird geliefert

§ 434 BGB Sachmangel

(1) Die Sache ist frei von Sachmängeln, wenn sie bei Gefahrübergang die vereinbarte Beschaffenheit hat. Soweit die Beschaffenheit nicht vereinbart ist, ist die Sache frei von Sachmängeln,
1. wenn sie sich für die nach dem Vertrag vorausgesetzte Verwendung eignet, sonst
2. wenn sie sich für die gewöhnliche Verwendung eignet und eine Beschaffenheit aufweist, die bei Sachen der gleichen Art üblich ist und die der Käufer nach der Art der Sache erwarten kann. Zu der Beschaffenheit nach Satz 2 Nr. 2 gehören auch Eigenschaften, die der Käufer nach den öffentlichen Äußerungen des Verkäufers, des Herstellers ... oder seines Gehilfen insbesondere in der Werbung oder bei der Kennzeichnung über bestimmte Eigenschaften der Sache erwarten kann.

Bestimmen Sie jeweils die Art des Mangels, der bei den Waren vorliegt:

1. Das neue E-Bike hat an der Felge deutliche Gebrauchsspuren.
2. Die Feuerwehr kauft Schutzanzüge für Ölunfälle. Alle Anzüge reißen bei Belastung am Rücken auf.
3. Ihr neuer Wagen rostet schon nach einem Jahr auf dem Dach.
4. Sie kaufen im Möbeldiscounter ein Regal. Die Bauanleitung ist jedoch missverständlich.
5. Sie haben 2 Spiele für die Playstation bestellt. Sie erhalten jedoch zwei Spiele für die NES.
6. Bei einem in der Werbung als wasserdicht beschriebenen Handy beschlägt nach einem kurzen Regenguss das Display von innen.

Gesetzliche Gewährleistungsansprüche

Das geht über die gesetzliche Gewährleistung von 24 Monaten weit hinaus.

Nach der Rüge eines Mangels hat der Käufer verschiedene Rechte, bzw. Gewährleistungsansprüche. Das vorrangige Gewährleistungsrecht ist die Nacherfüllung.

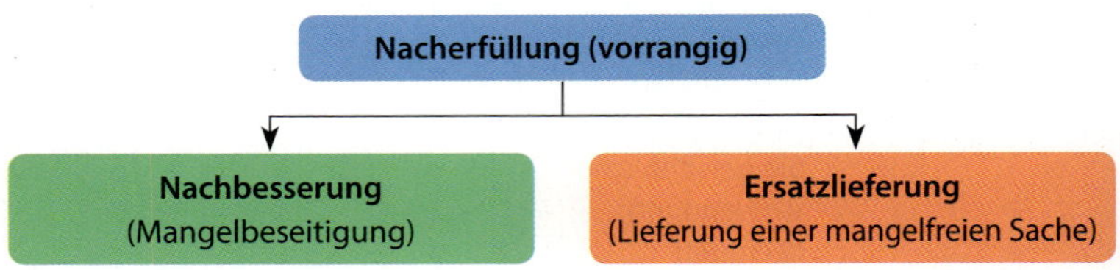

Bei Scheitern oder Verweigerung der Nacherfüllung können nachrangige Gewährleistungsansprüche geltend gemacht werden.

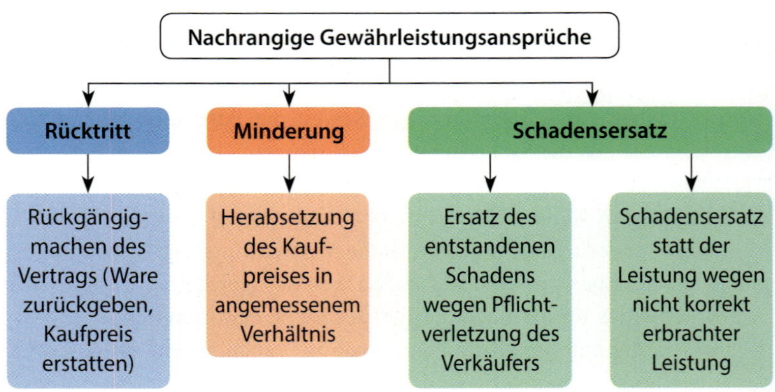

Für Rücktritt und Schadenersatz muss zunächst eine Frist zur Leistung bzw. Nacherfüllung durch den Käufer gesetzt werden. Die Fristsetzung kann entfallen, wenn

- der Verkäufer Ersatzlieferung und Nachbesserung verweigert,
- die Nacherfüllung fehlschlägt (Nachbesserung: zwei erfolglose Versuche),

- die Nacherfüllung unzumutbar ist,
- besondere Umstände vorliegen, die einen sofortigen Rücktritt rechtfertigen.

§ 437 BGB Rechte des Käufers bei Mängeln

Ist die Sache mangelhaft, kann der Käufer, wenn die Voraussetzungen der folgenden Vorschriften vorliegen und soweit nicht ein anderes bestimmt ist,
nach § 439 Nacherfüllung verlangen,
... von dem Vertrag zurücktreten oder ... den Kaufpreis mindern und
... Schadensersatz oder ... Ersatz vergeblicher Aufwendungen verlangen.

§ 476 BGB Beweislastumkehr

Zeigt sich innerhalb von sechs Monaten seit Gefahrübergang ein Sachmangel, so wird vermutet, dass die Sache bereits bei Gefahrübergang mangelhaft war, es sei denn, diese Vermutung ist mit der Art der Sache oder des Mangels unvereinbar.

1. Unterbreiten Sie jeweils einen Vorschlag, welchen Anspruch der Käufer geltend machen sollte. Begründen Sie Ihre Entscheidung.
   a) Herr Seibert stellt fest, dass in seinem neuen Urlaubsroman die letzten Seiten fehlen.
   b) Frau Stürmann wäscht ihre neue Bluse („garantiert farbecht“) zusammen mit anderen Wäschestücken. Die Bluse färbt ab und verdirbt auch die anderen Kleidungsstücke.
   c) Herr Dietrich kauft ein gebrauchtes Auto von Schröder. Der versichert, dass der Wagen wie neu, generalüberholt und unfallfrei sei. Dies wird auch im Vertrag festgehalten. Einen Monat später erfährt Dietrich von Klein, dem Ersteigentümer, dass das Auto bereits in zwei Unfälle verwickelt war, was Schröder auch bekannt sei.

Zusammenfassung

Verträge kommen durch zwei übereinstimmende Willenserklärungen zustande.

Mit dem Zustandekommen eines Vertrages gehen die Vertragspartner unterschiedliche Rechte und Pflichten ein.

Der bekannteste aller Verträge ist der Kaufvertrag.

Ratenzahlungen werden angeboten, um Kaufanreize zu schaffen und auch kurzfristig größere Anschaffungen für jedermann realisierbar zu machen.

Leasing ist ein für einen bestimmten Zeitraum geschlossenes miet- oder pachtähnliches Verhältnis.

Leasing hat sich in Deutschland auch für private Haushalte zu einem üblichen Kreditersatz entwickelt.

Wissens-Check

1. Nennen Sie die Unterschiede zwischen Mietvertrag und Leasingvertrag.
2. Begründen Sie, ob in folgenden Fällen ein rechtswirksamer Kaufvertrag zustande bzw. nicht zustande gekommen ist.
   a) Ein Kunde bestellt aufgrund einer detaillierten Werbeanzeige in der Tageszeitung. Der Verkäufer nimmt die Bestellung an.
   b) Ein Kaufmann bestellt Ware zum bisherigen Preis, der Verkäufer liefert die Ware zum erhöhten Neupreis.
3. Die EMULTEC GmbH erhält folgendes Fax der Mair OHG: „Wir liefern Dichtungsringe mit 10 % Rabatt. Bestellen Sie jetzt." Zwei Tage später bestellt der Einkäufer der EMULTEC GmbH die Dichtungsringe. Mair OHG teilt daraufhin mit, dass sie nicht mehr liefern könne, da schon alles ausverkauft sei. Die EMULTEC GmbH besteht auf die Lieferung. Beurteilen Sie die Rechtslage des Falls.

4 Verbraucherschutz

Kinder und Jugendliche geraten immer häufiger in die Schuldenfalle

Was tun, wenn der Weihnachtsmann nicht hilft? Diskutieren Sie im Klassenverband über Auswege aus der Schuldenfalle.

4.1 Problem Schuldenfalle

Verschuldung:
Verschuldung liegt vor, wenn ein Mensch Schulden hat, unabhängig davon, wie groß die mit diesen Schulden verbundene Belastung ist.

Für den Erwerb einer Vielzahl von Produkten sind viele Jugendliche bereit, Schulden zu machen. Diese Problematik wird noch verschärft durch den erleichterten Einkauf im Internet oder über EC- bzw. Kreditkarten. Dies kann von der **Verschuldung** bis hin zur **Überschuldung** führen. Vor allem Handys gehören für viele Schülerinnen und Schüler zum Alltag. Dabei sehen viele Jugendliche nicht die finanziellen Probleme, die dies mit sich bringen kann.

Häufig spielt der Nachahmungseffekt eine große Rolle. Viele Jugendliche fühlen sich einer Art Gruppenzwang ausgesetzt, der dazu führt, dass sie ihr Handy unkritisch und unkontrolliert einsetzen. Dieser sorglose Umgang wird durch Werbestrategien der Handyhersteller noch unterstützt. Da meist die Eltern für die Schulden ihrer minderjährigen Kinder aufkommen müssen, fehlt die persönliche Betroffenheit der minderjährigen Schuldner. Bei den über 18-jährigen Schuldnern beginnt die Lohnpfändung dann oft mit dem ersten selbstverdienten Geld. Viele **Jugendliche haben Schulden** und ihre Zahl steigt weiter an. Ein **SCHUFA**-Eintrag kann die Folge sein.

1. Diskutieren Sie mögliche Ursachen dieser Entwicklung im Klassenverband.
2. Planen Sie Ihr monatliches Budget. Sie finden weitere Informationen und eine geeignete Excel-Tabelle auf der Internetseite: http://www.schuldnerberatung-sh.de/index.php?id=38

Überschuldung:
Von Überschuldung spricht man, wenn nach Abzug der Ausgaben für den Lebensbedarf der Rest nicht ausreicht, um Zahlungsverpflichtungen zu erfüllen.

Schulden der Jugendlichen:
- 850.000 Jugendliche sind verschuldet.
- 250.000 Jugendliche sind überschuldet.
- 20 % der Überschuldeten sind unter 20 Jahre alt.
- 20 % aller 14 bis 21-Jährigen sind bereits überschuldet.
- 33 % der Schulden werden bereits vor dem 20. Lebensjahr gemacht.
- 10 % der 11 bis 15-Jährigen haben Schulden bei Banken.

SCHUFA:
Schutzgemeinschaft für allgemeine Kreditsicherung
Aufgabe der SCHUFA ist es, ihren Vertragspartnern Informationen über potenzielle Kreditnehmer zu geben, um die Kreditgeber vor Verlusten im Kreditgeschäft zu schützen.

4.2 Schuldnerberatung

Die **Schuldnerberatungsstellen** stehen bei Überschuldungsproblemen von Familien oder Einzelpersonen für Beratungen und Hilfestellungen kostenlos zur Verfügung. Die Schuldnerberatung sucht vor allem nach den Ursachen von Überschuldung und versucht, das Verhalten der Betroffenen dauerhaft positiv zu verändern. Diese Stellen zeigen Auswege aus der Schuldenproblematik auf und entwickeln gemeinsam mit den Betroffenen oder deren Angehörigen Entschuldungsstrategien, um sich wirtschaftlich zu sanieren. Diese Aufgabe wird meist von gemeinnützigen Organisationen übernommen.

Um der Schuldenfalle zu entkommen, empfehlen die Schuldnerberatungsstellen Prepaid-Handys. Die Kosten für solche Handys sind zwar höher, aber das Guthaben, das abtelefoniert werden kann, ist schon von vornherein festgelegt. Bei Handy-Verträgen hingegen zeigt erst die Telefonrechnung die wahren Ausgaben.

1. Erläutern Sie die Aufgaben von Schuldnerberatungsstellen.
2. Suchen Sie im Internet oder im Branchenbuch nach einer Schuldnerberatungsstelle in Ihrer Nähe.

www.schuldnerberatung-saar.de

Schuldnerberatungsstellen:
Im Saarland:
- Arbeiterwohlfahrt
- Caritas
- Deutsches Rotes Kreuz

4.3 Rechtsnormen zum direkten Schutz des Verbrauchers

Allgemeine Geschäftsbedingungen (§§ 305–310 BGB)

Kleingedrucktes: Der Teufel liegt im Detail.

Eine grundlegende Voraussetzung für eine funktionierende Marktwirtschaft ist die Vertragsfreiheit. Diese beinhaltet auch die Vereinbarung „vorformulierter Vertragsbedingungen". Diese vereinfachen den Vertragsabschluss vor allem für den Unternehmer. Er muss nicht jeden Vertrag mit seinem Kunden in allen Details neu aushandeln, sondern der Kunde stimmt bei Vertragsschluss automatisch zu. Voraussetzung ist, dass er ausdrücklich darauf hingewiesen wurde und der Kunde ausreichend Zeit hatte, von den Bedingungen Kenntnis zu nehmen. Hierin liegt aber die Gefahr, dass der Kunde durch das sogenannte „Kleingedruckte" vom Verkäufer benachteiligt werden könnte.

AGB:
Allgemeine Geschäftsbedingungen

So ist zum Beispiel folgende Vertragsbedingung unzulässig: Ein Kunde kauft einen Staubsauger. Nach sieben Monaten ist der Motor defekt. Der Elektrohändler lehnt eine Reparatur im Rahmen der Garantie ab, da in den **AGB** eine Garantiefrist von vier Monaten festgelegt ist. Dies verstößt gegen Bestimmungen im Bürgerlichen Gesetzbuch, die eine Gewährleistungsfrist von zwei Jahren vorsehen.

> Nennen Sie die Voraussetzung, damit die AGB Bestandteil eines Kaufvertrags werden.

Verbraucherdarlehensvertrag (§ 491 BGB)

Kredit:
lat. creditum = auf Treu und Glauben

Verbraucher, die ein Auto durch einen **Kredit** finanzieren oder den Kaufpreis in Raten begleichen, fallen unter den Schutz des BGB.

Heutzutage spielen Raten- oder Kreditkäufe eine immer größere Rolle. Bei teureren Konsumgütern kann deren Preis meist nicht sofort in voller Höhe beglichen werden.

Ein Kreditvertrag wird wirksam, wenn der Verbraucher ihn nicht innerhalb von zwei Wochen schriftlich widerruft (§ 355, § 495 BGB). Das Widerrufsrecht erlischt spätestens sechs Monate nach Vertragsabschluss, wenn der Verbraucher über sein Widerrufsrecht ordnungsgemäß belehrt wurde.

„Machen Sie sich über die Raten kein Sorgen, das schaffen Sie schon."

Verbraucherinformationsgesetz (VIG)

Das Verbraucherinformationsgesetz (VIG) gibt den Verbrauchern ein umfassendes Auskunftsrecht. Verbraucher können bei Behörden anfragen, was Kontrollen von z. B. Lebensmitteln oder Kosmetika ergeben haben. Verbraucher bekommen innerhalb von vier Wochen Auskunft. Der Antrag der Verbraucher muss schriftlich erfolgen und ist meist gebührenpflichtig.

Versicherungsvertragsgesetz (VVG)

Das Gesetz über den Versicherungsvertrag regelt Rechte und Pflichten von Versicherer und Versicherungsnehmer. Es dient vor allem dem Schutz der Versicherungsnehmer. Drei wesentliche Inhalte:

- Widerruf des Vertrages innerhalb von 14 Tagen bzw. 30 Tagen bei Lebensversicherungen
- Umfassende Beratungs- und Informationspflicht mit Dokumentation des Beratungsgesprächs
- Vertragsbestimmungen müssen vor Vertragsabschluss bekannt sein

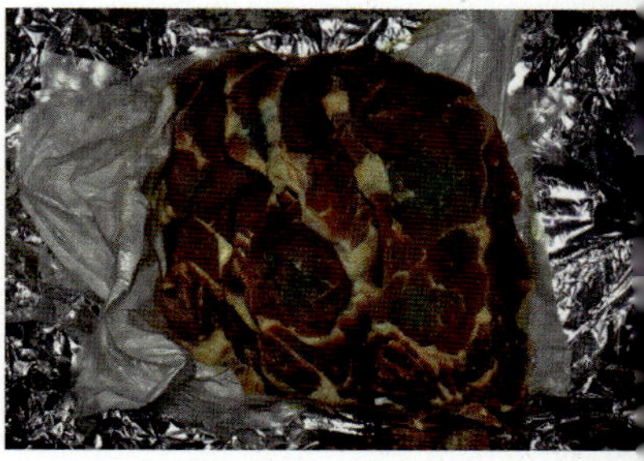

Gammelfleisch soll es künftig nicht mehr geben.

Verbraucherschutz bei Fernabsatzgeschäften

§ 7 UWG wurde um das Verbot unerwünschter Telefonwerbung erweitert. Verstöße stellen eine Ordnungswidrigkeit dar und werden von der Bundesnetzagentur verfolgt, wenn der Verbraucher diese Anrufe über eine Verbraucherzentrale meldet. Verstöße können mit bis zu 50.000,00 Euro Geldbuße geahndet werden. Verboten sind Werbeanrufe ohne Einwilligung des Verbrauchers sowie nach § 102 **TKG** das Unterdrücken der Telefonnummer.

TKG:
Telekommunikationsgesetz

Insolvenzordnung (InsO)

Die Insolvenzordnung ermöglicht es zahlungsunfähigen Privatpersonen, in den „Verbraucherkonkurs“ zu gehen. Ziel ist die völlige Schuldenfreiheit. Stellt z. B. ein Gericht fest, dass der Schuldner Restschuldbefreiung erlangt, wenn er in der Wohlverhaltensphase allen Verpflichtungen nachgekommen ist, wird der Schuldner schuldenfrei. Die Wohlverhaltensphase beträgt in der Regel sechs Jahre. Während dieser Zeit muss der Schuldner einem bescheidenen Lebenswandel nachgehen. Nach Eröffnung des Insolvenzverfahrens werden dann regelmäßige Tilgungsbeträge im Rahmen des Verteilungsplanes an die Gläubiger weitergeleitet. Vorteil hierbei ist, dass der Schuldner schuldenfrei wird und die Gläubiger zumindest einen Teil ihrer Forderungen erhalten.

Widerruf von Haustürgeschäften und ähnlichen Geschäften (§ 312 BGB)

Die gesetzliche Regelung über den Widerruf von Haustürgeschäften und ähnlichen Geschäften soll eine Benachteiligung des Konsumenten bei Barzahlungskäufen verhindern.

Der Widerruf muss nicht begründet werden und kann schriftlich oder durch Rücksendung der Sache innerhalb von zwei Wochen erklärt werden. Die rechtzeitige Absendung genügt zur Fristwahrung. Die Möglichkeit des Widerrufs muss bei Vertragsschluss gesondert unterschrieben werden.

Bagatellgeschäfte:
Kaufverträge, bei denen der Kaufpreis sofort bezahlt wird und 40 Euro nicht übersteigt.

Das Gesetz findet keine Anwendung bei Versicherungsverträgen, Vertretern, die der Kunde selbst bestellt hat, bei notariell beurkundeten Verträgen sowie bei **Bagatellgeschäften**.

> Ein Zeitschriftenverkäufer verkauft Anita ein Abonnement an der Haustür. Am nächsten Tag bereut Anita ihre Entscheidung und möchte das Abonnement kündigen. Beurteilen Sie die Rechtslage des Falls.

© Schellenberger

Waren müssen ausgezeichnet werden.

Preisangabenverordnung (PAngV)

Wer Konsumenten Waren anbietet, hat die Preise so anzugeben, wie sie einschließlich Umsatzsteuer und sonstigen Preisbestandteilen (außer Rabatten) zu zahlen sind (§ 11 PAngV). Mit den Preisen sind auch die üblichen Verkaufs- oder Leistungseinheiten und die Gütebezeichnungen anzugeben (§ 11 PAngV).

Waren, die in Schaufenstern und Schaukästen oder Verkaufsständen ausgestellt werden, sind mit Preisschildern oder Beschriftungen zu versehen. Diese Preisangaben sind – mit **Ausnahmen** – an den Waren selbst oder den Behältnissen bzw. Regalen anzubringen.

> Diskutieren Sie in Partnerarbeit den Zweck der Preisauszeichnungsverordnung.

Ausnahmen von der Preisauszeichnungspflicht:
- Kunstgegenstände
- Sammlerstücke und Antiquitäten; Waren, die in Werbevorführungen angeboten werden
- Blumen und Pflanzen, die unmittelbar vom Freiland oder Treibhaus verkauft werden

Gesetz über die Haftung für fehlerhafte Produkte (ProdHaftG)

Angenommen, durch einen Kurzschluss in einem Mikrowellengerät wird ein Zimmerbrand verursacht. In diesem Fall regelt das Produkthaftungsgesetz, wer für den Schaden aufkommt. Nach dem Produkthaftungsgesetz werden nur durch das Produkt verursachte Schäden, nicht aber das fehlerhafte Produkt selbst ersetzt. Derjenige, der ein fehlerhaftes Produkt ausliefert, haftet für verursachte Personen- und Sachschäden.

© Dave Vaughan

Hier haftet der Hersteller.

Ausgenommen von der Haftung sind landwirtschaftliche Produkte (§ 2 ProdHaftG). Voraussetzung ist nicht, dass den Auslieferer ein Verschulden trifft. Eine Ware, die bereits vor einem Jahr hergestellt wurde, bisher auf Lager lag und jetzt erst an den Kunden ausgeliefert wird, muss dem derzeitigen technischen und wissenschaftlichen Know-how entsprechen.

> Nennen Sie die wesentlichen Bestimmungen des Produkthaftungsgesetzes.

Schutz vor Abo- und Kostenfallen im Internet

Unternehmen müssen bei Bestellungen über das Internet klar kenntlich machen, was ihre Leistung kostet. Der Verbraucher muss alle für den Vertragsschluss wesentlichen Informationen verständlich nachvollziehen können. Der Verbraucher muss seinen Willen zum Vertragsschluss durch einen Klick auf eine Schaltfläche mit der Beschriftung „zahlungspflichtig bestellen“ oder Ähnlichem zum Ausdruck bringen. Mit dieser Regelung soll ausgeschlossen werden, dass Verbraucher eine Bestellung im Internet ausführen, ohne sich darüber im Klaren zu sein, dass diese Leistung kostenpflichtig ist.

Verbraucherinformation und -beratung

Der Verbraucher sieht sich heute einer unübersehbaren Menge an Angeboten gegenüber. Sie werden ihm in oft verlockender Verpackung meist zur Selbstbedienung angeboten. Dabei ist die Verbraucherinformation und -beratung oft unzureichend. Deshalb helfen Verbraucherschutzverbände und Verbraucherzeitschriften dem Verbraucher, indem sie

- Preis- und Leistungsvergleiche (Tests) durchführen, auswerten und veröffentlichen,
- über Verbraucherrechte informieren,
- leichtgläubige Konsumenten vor „Verkäufertricks“ und **„Konsumentenfallen“** warnen.

Konsumentenfallen:
Das Internet stellt zunehmend eine Gefahr für Verbraucher dar. Durch unbedachtes „Klicken“ oder Ausfüllen von Anmeldeformularen ohne sorgfältiges Lesen der AGB besteht z. B. die Gefahr in sog. Abofallen zu geraten. Hierbei handelt es sich um ein angeblich abgeschlossenes Abonnement, welches der Internetnutzer dann unbewusst online abschließt. Zu überhöhten Preisen wird dann versucht, über Mahnschreiben, Inkassounternehmen und sogar mithilfe dubioser Rechtsanwälte den Abo-Betrag einzufordern.

Verbraucherzentralen

Verbraucherzentralen sind eingetragene Vereine, die sich in den Bundesländern um Verbraucherschutz und Verbraucherinformation kümmern. Die Verbraucherzentralen bemühen sich um eine verbraucherorientierte Gesetzgebung und klären den Verbraucher durch Informationsveranstaltungen, Broschüren, Testzeitschriften und Beratungen auf. Sie unterhalten in vielen Städten Beratungsstellen, beraten aber auch telefonisch und geben Tipps. Sie sammeln Material, z. B. Reklamationen von ihren Mitgliedern, schreiben die betreffenden Firmen an und gewähren Rechtsschutz.

www.vz-saar.de/home

Stiftung Warentest
test
SEHR GUT (1,4)

Stiftung Warentest

Auf Beschluss des Bundestages wurde 1964 die Stiftung Warentest mit Sitz in Berlin gegründet. Sie lässt aufgrund von Prüfprogrammen durch Fachinstitute vergleichende Tests von Waren und Dienstleistungen, wie z. B. Versicherungen oder Urlaubspauschalreisen, durchführen oder testet selbst. Die Ergebnisse werden monatlich veröffentlicht und in Jahrbüchern zusammengefasst.

> Nennen Sie die Aufgaben, die die Verbraucherzentralen und die Stiftung Warentest erfüllen.

4.4 Alltägliche Bankgeschäfte

http://www.verbraucherbildung.de/materialkopass/unterrichtsmaterial/bankgeschaefte-und-kreditwesen

Im Spätmittelalter breitete sich von Italien aus unter Kaufleuten eine Form von kontenmäßiger Verrechnung in Europa und letztlich weltweit aus, die einen direkten Vorläufer der heutigen Girokonten darstellen. In Deutschland begann der Giroverkehr wohl in Hamburg, wo 1619 die Hamburger Bank gegründet wird. Das Girokonto, auch Sichtkonto genannt, ist ein von Kreditinstituten für Bankkunden geführtes Konto zur Abwicklung alltäglicher Bankgeschäfte bzw. des Zahlungsverkehrs. Zahlungen werden zu Gunsten und zu Lasten des Girokontos gebucht. Informieren Sie sich im Internet und beantworten Sie eigenständig folgende Aufgaben.

> 1 Erklären Sie den Begriff „Dispositionskredit".
> 2. Beschreiben Sie, welche finanziellen Folgen eine Überziehung des Bankkontos hat.
> 3. Erläutern Sie den Unterschied zwischen Zins und Tilgung.
> 4. Beurteilen Sie die Gefahren des Online- und Mobil-Bankings.

Zusammenfassung

Die Schuldnerberatung hilft bei Überschuldungsproblemen von Familien oder Einzelpersonen.

Verbraucherschutz umfasst alle Maßnahmen, die den Konsumenten schützen.

Die Allgemeinen Geschäftsbedingungen vereinfachen den Vertragsabschluss vor allem für den Unternehmer.

Bei Anschaffungen durch Kredit- oder Ratenfinanzierung greift der Schutz des BGB.

Die Insolvenzordnung ermöglicht es zahlungsunfähigen Privatpersonen, in den sogenannten „Verbraucherkonkurs" zu gehen.

Die gesetzlichen Regelungen über den Widerruf von Haustürgeschäften sollen eine Benachteiligung des Konsumenten bei Barzahlungskäufen verhindern.

Nach der Preisangabenverordnung sind die Preise so anzugeben, wie sie einschließlich Umsatzsteuer und sonstigen Preisbestandteilen zu zahlen sind.

Das Produkthaftungsgesetz regelt den Ersatz für Folgeschäden, die durch den Ge- und Verbrauch eines Produktes entstehen.

Verbraucherzentralen sind eingetragene Vereine, die sich um Verbraucherschutz und Verbraucherinformation bemühen.

Die Stiftung Warentest lässt vergleichende Tests von Waren und Dienstleistungen durchführen oder testet selbst.

Wissens-Check

1. Nennen Sie den besonderen Schutz für Verbraucher bei einer Kreditfinanzierung.
2. Erläutern Sie den Zweck der Allgemeinen Geschäftsbedingungen.
3. Erläutern Sie den Zweck der Insolvenzordnung.

Kompetenzbereich 5: Einkommen und Absicherung planen

1 Entlohnung der Arbeit
2 Finanzierung der staatlichen Aufgaben
3 Transferleistungen des Staates
4 Prinzipien sozialer Sicherung
5 Grundlagen des gesetzlichen Sozialversicherungssystems
6 Notwendigkeit privater Vorsorge
7 Individualisierung zum Schutz vor allgemeinen Risiken
8 Sparen und Anlegen
9 Verschuldung und Überschuldung

1 Entlohnung der Arbeit

Lohn, Gehalt oder Entgelt sind allgemeine Bezeichnungen für die Vergütung nicht selbstständiger Arbeit. Aber das monatlich zur Verfügung stehende Geld kann auch aus anderen Einkommen stammen.

1.1 Lohnformen

Bei der Entlohnung der Arbeit lassen sich verschiedene Formen unterscheiden:

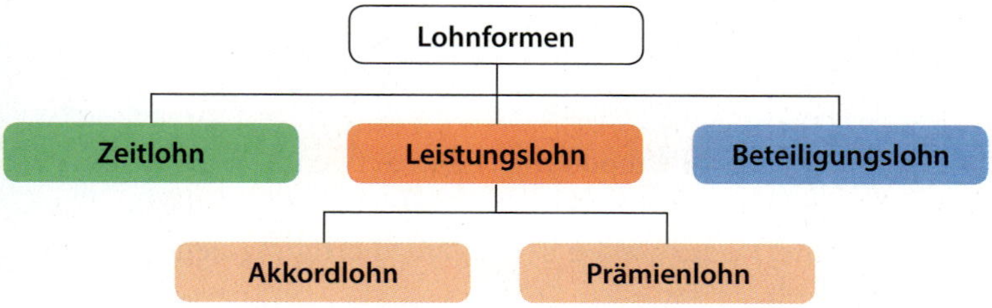

Wird der Arbeitnehmer für die im Betrieb aufgewandte Arbeitszeit bezahlt, spricht man von Zeitlohn. Vor allem Stundenlöhne, Monatslöhne und feste Gehälter sind üblich.

© alphaspirit – stock.adobe.com

Dieser junge Mann ist mit seinem Lohn zufrieden.

Vor- und Nachteile des Zeitlohns		
Betroffene	Vorteile	Nachteile
Arbeitnehmer	▪ Klare, einfache Lohnabrechnung ▪ Leicht errechenbarer Verdienst ▪ Weniger Stress	▪ Mehr Leistung führt nicht zu höherem Lohn, daher kein unmittelbarer Leistungsanreiz ▪ Leistungsstarke Arbeitnehmer empfinden den Lohn als ungerecht, das leistungsschwache gleich viel Lohn erhalten
Arbeitgeber	▪ Geringere Ausschussquote ▪ Schonende Behandlung von Geräten, Maschinen Werkzeugen usw.	▪ Leistungskontrollen sind schwierig ▪ Keine genaue Vorausplanung der Arbeitnehmerleistung möglich

Beim Leistungslohn wird der Arbeitnehmer entsprechend der Arbeitsleistung bezahlt, entweder als Akkordlohn oder als Prämienlohn. Beim Akkordlohn ist die Höhe des Lohnes von der erbrachten Leistung abhängig. Es lassen sich verschiedene Arten des Akkordlohnes unterscheiden.

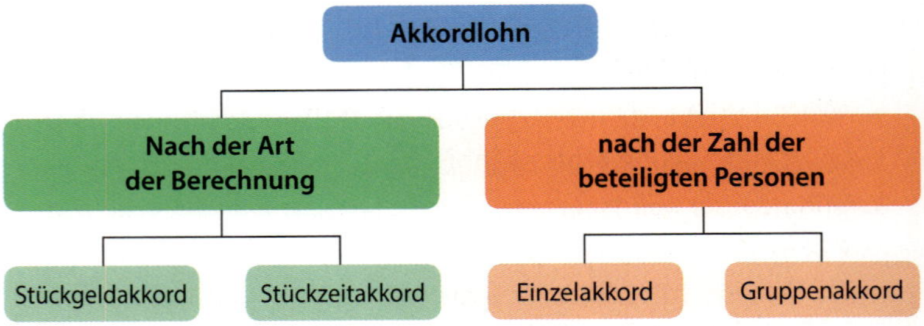

Der sogenannte Akkordrichtsatz, also der Lohn bei durchschnittlicher Arbeitsleistung, besteht aus einem garantierten Mindestlohn und einem prozentualen Akkordzuschlag. Der Arbeitnehmer bekommt den Mindestlohn auch dann bezahlt, wenn er seine Arbeit nicht in vorgegebener Zeit ableistet, z. B. weil er nach einer Krankheit noch nicht wieder voll leistungsfähig ist.

Je nach Berechnungsmethode wird dann auf den Akkordrichtsatz ein Aufschlag entweder nach gefertigter Stückzahl (Stückgeldakkord, immer seltener) oder wegen schnellerer Fertigungszeit (Stückzeitakkord) gezahlt.

Beim Gruppenakkord wird für eine Gruppe von Arbeitern, ein Team oder eine Kolonne Akkordbezahlung vereinbart. Die Entlohnung ist abhängig vom Erfolg der Gruppe.

Vor- und Nachteile des Akkordlohns		
Betroffene	Vorteile	Nachteile
Arbeitnehmer	▪ Leistungsanreiz durch hohe Entlohnung ▪ Entlohnung entspricht der tatsächlichen Leistung	▪ Gefahr durch Gesundheitsschäden ▪ Dauerstress ▪ Monotone Arbeit
Arbeitgeber	▪ Hohe Arbeitsleistung der Beschäftigten ▪ Kaum Leistungskontrollen nötig ▪ Ausnützung der Maschinenkapazitäten, kaum Leerlauf	▪ Mehr Arbeitsunfälle ▪ Qualitätsmängel durch schlechte Arbeit ▪ Qualitätskontrollen nötig ▪ Materialverbrauch höher, da weniger Sorgfalt aufgewendet wird ▪ Rascher Verschleiß der Betriebsmittel

Sogenannte Prämienlöhne setzen sich aus einem Grundlohn und einer zusätzlichen Prämie zusammen, die z. B. bei besonderer Schnelligkeit oder Qualität gezahlt wird. Bei Beteiligungslöhnen wird der Grundlohn durch eine Erfolgsbeteiligung aufgestockt. Diese kann direkt ausgezahlt werden, aber auch andere Formen wie Firmenanteile z. B. Aktien sind als Erfolgsbeteiligung üblich.

1. Bei welcher Arbeit ist es sinnvoll, Zeitlöhne zu zahlen, bei welcher Akkordlöhne?
2. Welche Merkmale muss eine Arbeit erfüllen, damit man überhaupt Akkordlohn zahlen kann?
3. Erklären Sie den Unterschied zwischen Einzel- und Gruppenakkord.
4. Nennen Sie 2 Beispiele für Arbeiten, bei denen Gruppenakkord in Frage kommt. Begründen Sie Ihre Wahl.
5. Stellen Sie sich vor, Sie wären der Firmenbesitzer. Würden Sie Ihre Beschäftigten am Gewinn des Unternehmens beteiligen? Begründen Sie Ihre Antwort.

1.2 Lohnabrechnung

Aus der monatlichen Lohn- oder Gehaltsabrechnung kann ein Arbeitnehmer viele Informationen über seine Entlohnung erhalten.

Berechnung des Bruttolohns

Den gesamten vereinbarten Lohn zwischen Arbeitnehmer und Arbeitgeber bezeichnet man als Bruttolohn.

Bruttolohnermittlung			
Bruttolohn =	**Grundlohn**	■ Vertraglich vereinbart ■ Tariflich geregelt	} Zeillohn Akkordlohn Prämienlohn
	+ Zulagen	■ Gefahrenzulage ■ Schmutzzulage ■ Erschwerniszulage usw.	
	+ Zuschläge	■ Überstundenzuschlag ■ Nachtarbeitszuschlag usw.	■ Feiertagszuschlag/ Sonntagszuschlag
	+ vL-Anteil	Eventuell Arbeitgeberanteil an den vermögenswirksamen Leistungen	

Der Arbeitgeber führt vom Bruttolohn die gesetzlichen Abzüge direkt an die zuständigen Stellen ab, die Steuern ans Finanzamt und die Sozialversicherungsbeiträge an die Krankenversicherung, welche an die Sozialversicherungsträger verteilt. Der verbleibende Betrag ist der Nettolohn.

Berechnung des auszuzahlenden Lohns		
Bruttolohn		
– gesetzliche Lohnabzüge	Lohnsteuer	Entsprechend der Lohnsteuertabelle
	Kirchensteuer, Saarland	9 % der Lohnsteuer
	Solidaritätszuschlag	5,5 % der Lohnsteuer
	Sozialversicherungsbeiträge	Rentenversicherung, Arbeitslosenversicherung, Krankenversicherung, Pflegeversicherung
= Nettolohn		
– vL	Vermögenswirksame Leistungen einschließlich Arbeitgeberanteil	
– Lohnpfändungen	Falls gerichtlich angeordnet, an den Gläubiger auszuzahlen	
= auszuzahlender Lohn		

Beispiel einer Lohnabrechnung

Lohn-/Gehaltsabrechnung für: Klaus Thaler				Häberle GmbH Schillerstraße 5 76543 Althausen
Zeitraum: 01.–28.02.				
Gehalt/Lohn:	Arb.-Stunden:	142	à 14,00 €	1.988,00 €
	Überstunden:	12	à 14,00 €	168,00 €
	Überstundenzuschlag:		à 3,50 €	42,00 €
	vL. Arbeitgeberanteil			20,00 €
Bruttolohn:				2.218,00 €
Abzüge:	Lohnsteuer (Klasse I)			258,00 €
	Kirchensteuer (ev.)			23,22 €
	Solidaritätszuschlag			14,19 €
Sozialversicherungs-beiträge – Arbeit-nehmeranteil:	Krankenversicherung			181,88 €
	Arbeitslosenversicherung			33,27 €
	Rentenversicherung			207,38 €
	Pflegeversicherung			31,61 €
Summe Abzüge:				746, 97 €
Nettolohn:				1.471,03 €
	vL			39,88 €
Auszahlungsbetrag:				1.428,57 €

1. Wie setzt sich der Bruttolohn in der oben abgebildeten Lohnabrechnung zusammen und welche Abzüge werden vorgenommen?
2. Berechnen Sie den prozentualen Anteil des Nettolohns am Bruttolohn.

Auszug aus einer Monatslohnsteuertabelle

Lohn/ Gehalt bis €	Steuer-klasse	Lohn-steuer	ohne Kinderfreibetrag		Kinderfreibetrag					
					0,5		1,0		1,5	
			SolZ	KSt	SolZ	KSt	SolZ	KSt	SolZ	KSt
2.217,00	I	258,00	14,19	20,64	9,86	14,34	4,88	8,43	–	3,15
	II	228,08	–	–	8,31	12,09	–	6,32	–	1,56
	III	59,16	–	4,73	–	0,85	–	–	–	–
	IV	258,00	14,19	20,64	11,99	17,44	9,86	14,34	7,79	11,34
	V	501,33	27,57	40,10						
	VI	534,16	29,37	42,73	keine Berücksichtigung von Kinderfreibeträgen in StKl V und VI					
2.220,00	I	258,66	14,22	20,69	9,90	14,40	5,00	8,48	–	3,19
	II	228,75	–	–	8,35	12,14	–	6,36	–	1,59
	III	59,66	–	4,77	–	0,89	–	–	–	–
	IV	258,66	14,22	20,69	12,03	17,50	9,90	14,40	7,83	11,39
	V	502,16	27,61	40,17						
	VI	535,16	29,43	42,81	keine Berücksichtigung von Kinderfreibeträgen in StKl V und VI					

1. Recherchieren sie im Internet: Unter welchen Bedingungen versteuert man seinen Lohn nach einer bestimmten Steuerklasse?
2. Was versteht man unter dem „Kinderfreibetrag“? Überprüfen Sie, ob der Kinderfreibetrag eine gerechte Art der Steuerentlastung darstellt?

2 Finanzierung der staatlichen Aufgaben

Der Staat hat eine Vielzahl von Aufgaben zu erfüllen. Um die Aufgaben zu finanzieren, benötigt der Staat viel Geld, welches er auf unterschiedliche Weise einnimmt.

2.1 Aufgaben des Staates

Deutschland ist ein föderalistisch aufgebauter Bundesstaat. Bund, Länder und Gemeinden haben jeweils viele verschiedene Aufgaben zu erfüllen.

Verteilung wichtiger staatlicher Aufgaben

Bund	Länder	Gemeinden	EU
Außenpolitik Verteidigung Wissenschaft und Forschung	Bildungswesen (Schulen und Hochschulen) Polizei Justiz	Sozialhilfe Sport Müllabfuhr Wasserversorgung	Europäische Zollunion Wettbewerbsregeln für Binnenmarkt Währungspolitik für Eurozone

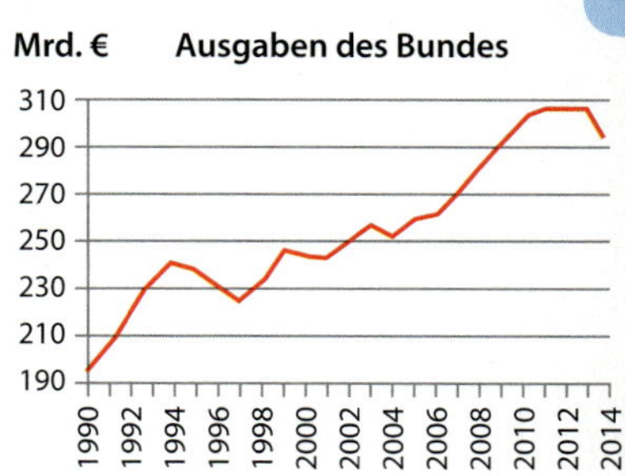

1. Sammeln Sie Beispiele für die Aufgabenverteilung zwischen Bund, Ländern und Gemeinden.
2. Der drittgrößte Ausgabenposten beim Bund ist die „Bundesschuld". Was bedeutet das? Welches Problem sehen sie dabei?

2.2 Steuern, Gebühren, Beiträge, Kredite

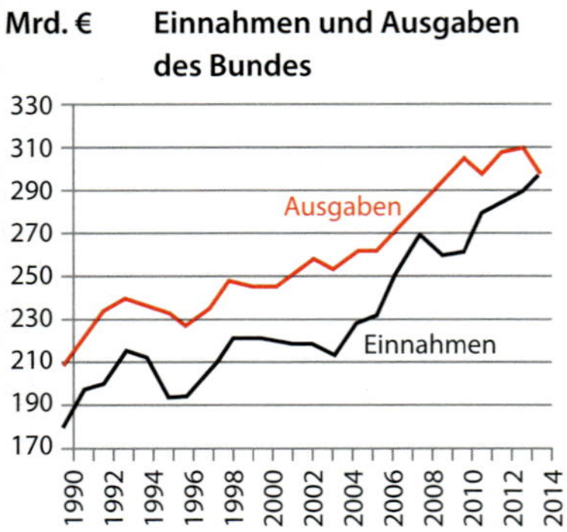

Der Staat nimmt sein Geld nur zu einem kleinen Teil aus Zinsen und Einnahmen aus wirtschaftlicher Tätigkeit ein. Hauptsächliche Einnahmequellen des Staates sind die öffentlichen Abgaben (Steuern, Gebühren und Beiträge), die er von seinen Einwohnern erhebt.

Steuern sind Zwangsabgaben, die nur vom Staat erhoben werden. Ein Anspruch der Steuerzahler auf eine konkrete Gegenleistung besteht nicht. Gebühren sind Zahlungen für eine bestimmte Gegenleistung des Staates, z. B. Parkgebühr, Müllabfuhrgebühr, Wasser- und Abwassergebühr. Beispiele für Beiträge sind Erschließungsbeiträge oder Beiträge zur gesetzlichen Sozialversicherung.

Einteilung der Steuern		
Erhebungsart	Direkte Steuern	Erhebeung erfolgt unmittelbar als Steuer (z. B. Lohnsteuer, Grundsteuer)
	Indirekte Steuern	Steuern sind in Güterpreisen enthalten (z. B. Mehrwertsteuer, Tabaksteuer)
Steuerempfänger	Bundessteuern	Stehen dem Bund zu (z. B. Mineralölsteuer)
	Landessteuern	Stehen den Ländern zu (z. B. Kfz-Steuer)
	Gemeindesteuern	Stehen den Gemeinden zu (z. B. Grundsteuer)
	Gemeinschaftssteuern	Bund, Länder, Gemeinden und EU erhalten jeweils bestimmte Anteile (z. B. Einkommensteuern)
Steuergegenstand	Besitzsteuern	Besteuerung von Einkommen und Vermögen (z. B. Einkommensteuer, Erbschaftsteuer)
	Verkehrssteuern	Besteuerung wirtschaftlicher Vorgänge (z. B. Grunderwerbssteuer, Börsenumsatzsteuer)
	Verbrauchssteuern	Besteuerung von Verbrauch (z. B. Tabaksteuer)

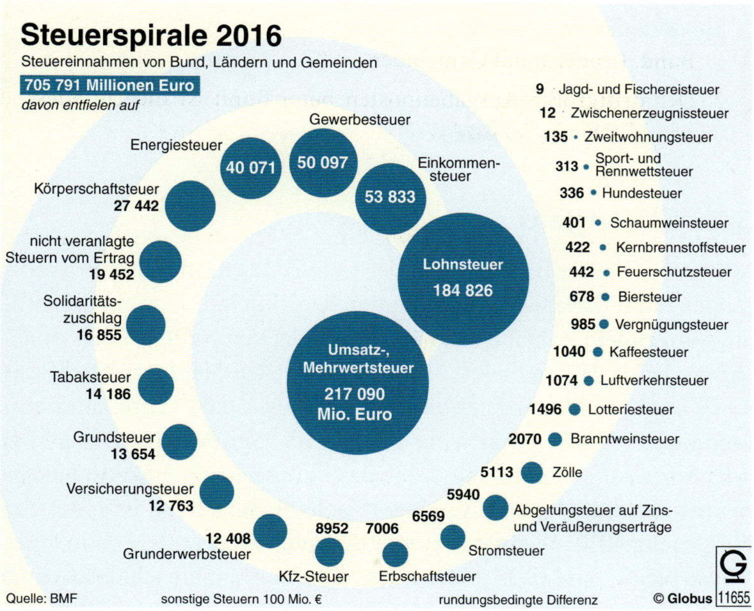

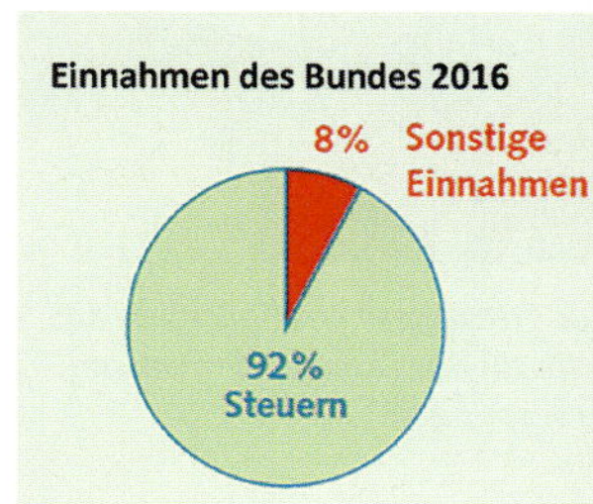

> Ordnen Sie die in der Steuerspirale aufgeführten Steuern den Steuerarten in obiger Steuereinteilung zu.

Reichen die Einnahmen zur Deckung der Ausgaben nicht aus, muss der Staat zur Finanzierung seiner Aufgaben Kredite aufnehmen.

3 Transferleistungen des Staates

In der Bundesrepublik Deutschland gibt es ein weitgespanntes soziales Netz für alle Bürger. Nahezu jeder kommt im Laufe seines Lebens in den Genuss staatlicher Hilfe.

3.1 Kindergeld

Wer Kinder hat und in Deutschland wohnt, bekommt Kindergeld. Bei der Agentur für Arbeit wird es beantragt und monatlich ausbezahlt.

- Für die ersten beiden Kinder erhalten die Eltern jeweils 192 Euro, für das dritte Kind 198 Euro, für das vierte Kind sogar 223 Euro (Stand 2017), ab 2018: 1. + 2. Kind = 194 Euro, 3. Kind = 200 Euro, 4. Kind = 225 Euro.
- Im Normalfall wird es bis zum 18. Lebensjahr bezahlt. Bei längerem Schulbesuch oder Studium bis zum 25. Lebensjahr. Es gelten aber Einkommensgrenzen der Kinder.

Bei Studium und Ausbildung zahlt der Staat bis zum 25. Lebensjahr Kindergeld

> Eine Familie hat 3 Kinder.
>
> Wie viel Kindergeld hat der Staat (nach heutigem Stand, ohne Zinsen) für alle 3 Kinder insgesamt bezahlt, bis sie 18 Jahre alt sind? Bevor Sie rechnen, schätzen Sie!

3.2 Elterngeld

*Das **Elterngeld** ermöglicht es, das erste Jahr des Kindes gemeinsam zu verbringen*

Mütter oder Väter können nach der Geburt des Kindes ihre Erwerbstätigkeit unterbrechen. Sie bekommen dann ein Jahr lang ein monatliches **Elterngeld** in Höhe von 65–67 % des letzten Nettogehaltes desjenigen, der zu Hause bleibt. Mindestens werden 300 Euro, höchstens 1.800 Euro pro Monat geleistet. Wer mehr als 250.000 Euro Jahreseinkommen verdient, erhält kein Elterngeld. Wer Arbeitslosengeld II oder Sozialhilfe bezieht, muss sich das Elterngeld als Einkommen anrechnen lassen. Dadurch verringert sich die Sozialhilfe bzw. das Arbeitslosengeld II. Wenn der zweite Elternteil zwei weitere Monate zu Hause bleibt, wird es 14 Monate gezahlt. Eltern, die nach der Geburt des Kindes in Teilzeit arbeiten, können die Bezugszeit des Elterngeldes verlängern („Elterngeld plus").

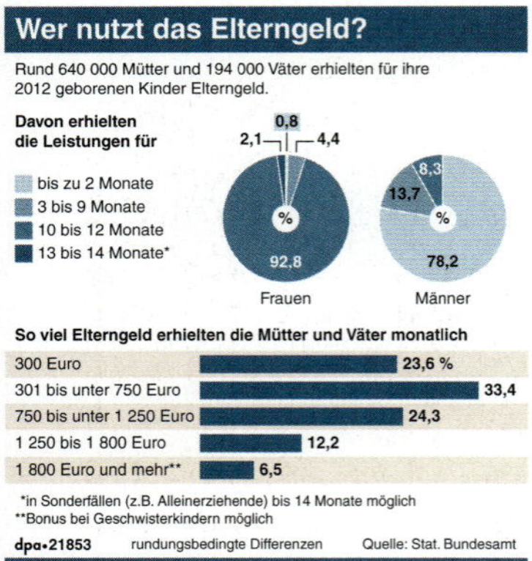

Kindergeld plus Elterngeld

Kindergeld und Elterngeld werden gleichzeitig und unabhängig voneinander ausbezahlt.

3.3 Ausbildungsförderung (BAföG)

Jeder soll die Chance haben, eine Ausbildung zu erhalten, die seinen Neigungen entspricht. Die finanziellen Möglichkeiten der Eltern sollen dabei kein Hindernis sein. So können bereits Schüler ab der 10. Klasse und Studenten gefördert werden.

BAföG:
Abkürzung für Bundesausbildungsförderungsgesetz

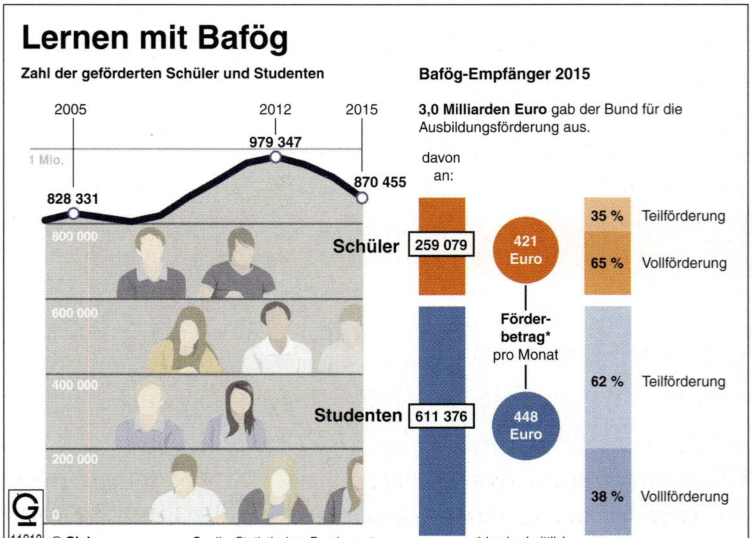

- Der Höchstbetrag liegt bei 735 Euro (Stand 2017) pro Monat.
- Studierende bekommen einen Teil als Zuschuss, der andere Teil muss nach dem Studium zurückgezahlt werden.
- Je nach Höhe des eigenen Einkommens oder das der Eltern verringert sich die Förderung.

Meister BAföG

Nicht nur Studierende, auch Berufstätige mit einer abgeschlossenen Berufsausbildung, erhalten staatliche Unterstützung für die Fortbildung. Zum Beispiel Handwerker, die eine Meisterprüfung ablegen wollen, gehören zu den Berechtigten. Die Förderung wird sowohl für Teilzeit- als auch für Vollzeitmaßnahmen gewährt.

„Meister BAföG" (umgangssprachlich)
Amtlich: Aufstiegsfortbildungsförderungsgesetz

30,5 Prozent des gesamten Maßnahmebeitrages werden als rückzahlungsfreier Zuschuss gewährt, 69,5 Prozent als Darlehen. Weitere Informationen erhält man bei z. B. bei der Industrie- und Handelskammer oder bei der Handwerkskammer.

3.4 Wohngeld

Für manche Bürger ist die Miete für eine angemessene Wohnung einfach zu hoch. Besonders in Großstädten sind die Wohnungspreise meist höher als auf dem Land. Wenn die Mietkosten die Leistungsfähigkeit eines Haushalts übersteigen, hilft ein staatlicher Zuschuss.

Die Höhe des Wohngeldes ist vom Familieneinkommen, der Zahl der Kinder, besonders aber von den örtlichen Mietpreisen abhängig. Natürlich wird nur normaler Wohnraum bezuschusst. Unangemessenen Luxus fördert der Staat nicht.

© fotolia.com

Wenn die Miete zu hoch ist, hilft der Staat.

3.5 Vermögensbildung

Oft zahlt der Arbeitgeber auf Grund tarifvertraglicher Vereinbarungen zusätzlich zum Gehalt **vermögenswirksame Leistungen**. Wenn der Arbeitgeber diesen Betrag für den Arbeitnehmer vermögenswirksam anlegt, erhält er eine Arbeitnehmer-Sparzulage von bis zu 20 Prozent. Diese Zulage gilt jedoch nur für mittlere und geringe Einkommen.

Vermögenswirksame Leistungen:
Zusätzlicher Entgeltbestandteil, der aber nicht ausbezahlt wird, sondern angelegt werden muss.

Es gibt viele Möglichkeiten, vermögenswirksam zu sparen. Sie können zum Beispiel einzahlen in:

- einen Bausparvertrag
- einen **Investmentfond**
- einen Wertpapier-Sparvertrag

Investmentfond:
Sammlung von verschiedenen Anlagen, um so das Risiko geringer zu halten.

Die Laufzeit solcher Verträge beträgt meist mehrere Jahre. Nach dieser Zeit steht das angesparte Vermögen inklusive Arbeitnehmerzulage zur freien Verfügung. Dazu kommen die sonst üblichen Zinsen oder Wertsteigerungen.

3.6 Sozialhilfe

Fürsorge:
Der Staat leistet Hilfe ohne Vorleistung oder Gegenleistung.

Wer in Deutschland in Not gerät, weil er zum Beispiel vorübergehend voll erwerbsgemindert ist, soll dennoch ein menschenwürdiges Leben führen können. Dafür sorgt die Sozialhilfe. Dies ist eine **Fürsorge**leistung des Staates.

Allerdings sind die Hürden für den Bezug von Sozialhilfe recht hoch. Zunächst muss das eigene Vermögen und das des Ehepartners bis auf einen geringen Betrag verbraucht werden. Eigenes Einkommen wird ganz oder teilweise angerechnet. Wenn Kinder dazu in der Lage sind, müssen sie ihre Eltern unterstützen. Wer Arbeitslosengeld II (Grundsicherung für Arbeitssuchende) beziehen kann, erhält keine Sozialhilfe.

Der Regelsatz für den notwendigen Lebensbedarf entspricht dem Regelsatz des Arbeitslosengeldes II. Zusätzlich werden die Kosten für Unterkunft und Heizung erstattet.

3.7 Grundsicherung

Die Grundsicherung erhalten mittellose Personen mit gewöhnlichem Aufenthalt in der Bundesrepublik Deutschland,

- die das 65. Lebensjahr vollendet haben oder
- die das 18. Lebensjahr vollendet und unabhängig von der jeweiligen Lage des Arbeitsmarktes aus medizinischen Gründen dauerhaft voll erwerbsgemindert sind.

§ 19 Sozialgesetzbuch XII

(2) Grundsicherung im Alter und bei Erwerbsminderung ist (...) Personen zu leisten (...), sofern sie ihren notwendigen Lebensunterhalt nicht oder nicht ausreichend aus eigenen Kräften und Mitteln, insbesondere aus ihrem Einkommen und Vermögen, beschaffen können.

Diese Personen erhalten wie Empfänger der Sozialhilfe oder des Arbeitslosengeldes II einen Regelsatz pro Monat zuzüglich den Kosten für Unterkunft und Heizung einer angemessenen Wohnung. Bei Behinderung oder Erkrankung sind Zulagen möglich. Es gibt Personen, die nur eine sehr geringe Rente beziehen. Sie können sich diese durch die Grundsicherung im Alter „aufstocken" lassen. Das Sozialamt zahlt dann den Differenzbetrag zwischen dem Rentenbetrag und dem Betrag, der durch die Grundsicherung im Alter maximal geleistet würde.

Wer Grundsicherung beziehen könnte, hat möglicherweise Unterhaltsansprüche gegenüber seinen Kindern oder seinen Eltern. Keine Grundsicherung kann bezogen werden, wenn die Kinder oder Eltern finanzielle Unterstützung leisten können. Der Gesetzgeber sieht dies aber erst ab einem jährlichen Gesamteinkommen von 100.000 Euro vor.

4 Prinzipen sozialer Sicherung

Jeder Mensch ist im Laufe seines Lebens sozialen Risiken ausgesetzt. Um soziale Härten bei dem Einzelnen zu vermeiden und eine gewisse Sicherheit zu garantieren hat die Politik die Aufgabe diese Risiken abzumildern und ihre finanziellen Folgen im bestimmten Maße auf die Gemeinschaft zu verteilen. Allerdings spielt auch die individuelle Vorsorge eine immer größere Rolle.

4.1 Solidaritätsprinzip

Das Solidaritätsprinzip ist die Basis der gesetzlichen Sozialversicherung. Es besagt, dass die Gemeinschaft der Versicherten jedem Mitglied gemeinschaftlich (solidarisch) hilft. Es gilt der Grundsatz: „Einer für alle, alle für einen."

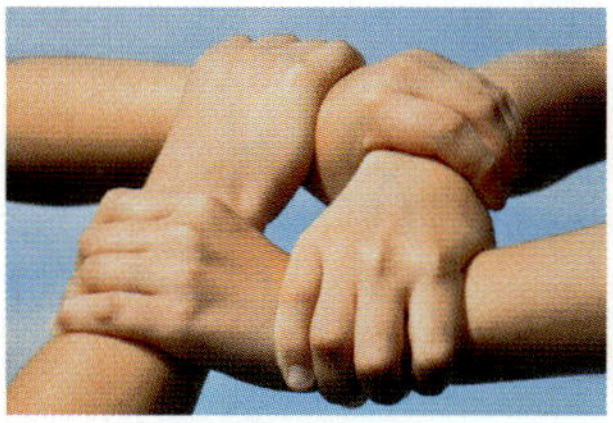

Solidaritätsprinzip:
Einer für alle, alle für einen

4.2 Äquivalenzprinzip

In der privaten Krankenversicherung gilt das Äquivalenzprinzip. Die Höhe des Beitrags hängt vom individuellen Risiko und gewünschten Leistungsspektrum des Versicherten ab. Hier gilt der Grundsatz: „Je mehr, desto mehr". Während beim Solidarsystem jeder einen Beitrag zahlt, damit alle gleichermaßen gut versorgt werden können, versichert sich innerhalb der PKV jeder gegen sein eigenes Risiko.

4.3 Subsidiaritätsprinzip

Das Subsidiaritätsprinzip hat die Entfaltung der individuellen Fähigkeiten, der Selbstverantwortung und Selbstbestimmung zum Ziel. Nur, wenn die Möglichkeiten des Einzelnen bzw. einer kleinen Gruppe nicht ausreichen die Aufgaben zu lösen, sollen staatliche Institutionen eingreifen. Hilfe zur Selbsthilfe hat Vorrang vor einer direkten Aufgabenübernahme durch den Staat.

5 Grundlagen des gesetzlichen Sozialversicherungssystems

Die gesetzliche Sozialversicherung stellt einen weitreichenden Schutz insbesondere für Arbeitnehmer dar und ist der wichtigste Bereich der sozialen Sicherung. Die Sozialversicherung besteht aus den fünf Sparten: Krankenversicherung, Rentenversicherung, Arbeitsförderung, Unfallversicherung und Pflegeversicherung.

5.1 Geschichtliche Entwicklung und Bedeutung der Sozialversicherung

Die soziale Sicherheit war in früheren Zeiten durch die Familie garantiert. Die Kinder wurden aufgezogen und ausgebildet. Sie arbeiteten und sorgten dann später für die Alten. Auch bei Krankheit oder einem Unfall musste die Familie einspringen.

Ursprung der Sozialversicherung

Otto von Bismarck, Reichskanzler 1871–1890

Mitte des 19. Jahrhunderts schlossen sich Arbeiter zu Organisationen zusammen. Sie wollten als Gemeinschaft den Arbeitgebern gegenübertreten und ihre Interessen durchsetzen. Vor dem Hintergrund dieser politischen Entwicklung erließ Kaiser Wilhelm I. im Jahr 1881 die „Kaiserliche Botschaft".

Er forderte darin den deutschen Reichstag auf, Gesetze zum Schutze der Arbeiter im Falle von Krankheit (1883), Unfall (1884), Invalidität und Alter (1889) zu beschließen. Dies wird als die Geburtsstunde der deutschen Sozialversicherung angesehen. Reichskanzler, und damit Regierungschef, war zu dieser Zeit Graf Otto von Bismarck. Unter seiner Regie entstand in Deutschland die damals weltweit vorbildliche Sozialversicherung.

Zu Beginn der Weltwirtschaftskrise mit der hohen Arbeitslosigkeit wurde im Jahre 1927 die Arbeitslosenversicherung eingeführt.

Seit 1995 gilt in Deutschland die Pflichtmitgliedschaft in der Pflegeversicherung.

Die damaligen Leistungen

Tatsächlich war das deutsche Sozialversicherungssystem damals wegweisend für Europa und die Welt. Die Leistungen waren jedoch verglichen mit der heutigen Zeit eher bescheiden.

- Krankengeld ab dem 3. Tag, 50 % des Lohnes bis zu 26 Wochen
- Unfallrente ab der 14. Woche
- Altersrenten ab dem 70. Lebensjahr
- Arbeitslosengeld anfangs 1 Reichsmark pro Tag

Die Entwicklung in Deutschland seit 1949

Solidarität:
Prinzip der gegenseitigen Hilfe. Ohne sie kann die Familie, der Freundeskreis oder eine staatliche Gemeinschaft nicht existieren.

Das Grundgesetz von 1949 legt in Artikel 20 fest, dass die Bundesrepublik Deutschland ein „demokratischer und sozialer Bundesstaat" ist. Dieses so genannte Sozialstaatsgebot ist gesetzliche Verpflichtung für die Politik. Der Staat sorgt ganz allgemein für den Ausgleich zwischen den sozial Schwachen und den sozial Starken. Außerdem sichert er die Existenzgrundlage seiner Bürger.

Die Sozialversicherung ist heute eine auf dem **Solidaritätsprinzip** beruhende Pflichtversicherung, die nach dem Grundsatz der Selbstverwaltung aufgebaut ist und unter staatlicher Aufsicht steht. Der Sozialstaat ist eine Mischform aus Versicherung, Versorgung und Fürsorge.

Die 5 Säulen der gesetzlichen Sozialversicherung

Alle Berufstätigen sind normalerweise in der Sozialversicherung pflichtversichert. Der Arbeitgeber meldet sie dort an und beschafft in der Regel auch den **Sozialversicherungsausweis**. Der Arbeitnehmeranteil zur Sozialversicherung wird sofort vom Lohn abgezogen. Den anderen Teil zahlt der Arbeitgeber, ohne dass dies auf der Gehaltsabrechnung erkennbar ist. Die Unfallversicherung wird vom Arbeitgeber alleine bezahlt. Für Beamte, Selbstständige und Freiberufler gelten besondere Regelungen. Leistungen aus der Sozialversicherung erhalten nur deren Mitglieder, teilweise auch deren Ehepartner und Kinder. Die Mitglieder bekommen die Leistungen aber nur dann, wenn sie **Vorsorge** leisten.

Sozialversicherungsausweis:
Er wird von den Trägern der Rentenversicherung ausgestellt. In bestimmten Branchen wird er mit einem Foto versehen und muss bei der Arbeit mitgeführt werden. Er ist ein wirksames Instrument im Kampf gegen die Schwarzarbeit.

Vorsorge:
Nur wer Vorsorge geleistet hat, also innerhalb der Solidargemeinschaft Beiträge entrichtet hat, kann mit Versicherungsleistungen rechnen.

Diese 5 Säulen sorgen für eine elementare Sicherung eines jeden Bürgers.

5.2 Krankenversicherung

Die gesetzliche Krankenversicherung sichert in Deutschland den Großteil der Bevölkerung für den Krankheitsfall ab. Niemand muss sich damit um die teilweise sehr hohen Kosten für ärztliche Leistungen, einen Krankenhausaufenthalt und Medikamente Sorgen machen. Dieser wertvolle Krankenversicherungsschutz besteht nicht in allen Industriestaaten.

Die gesetzliche Krankenversicherung kommt nicht für Leistungen auf, die nach einem Arbeitsunfall oder als Folge einer Berufskrankheit erforderlich sind. Dann ist man über die Unfallversicherung abgesichert.

Träger der gesetzlichen Krankenversicherung

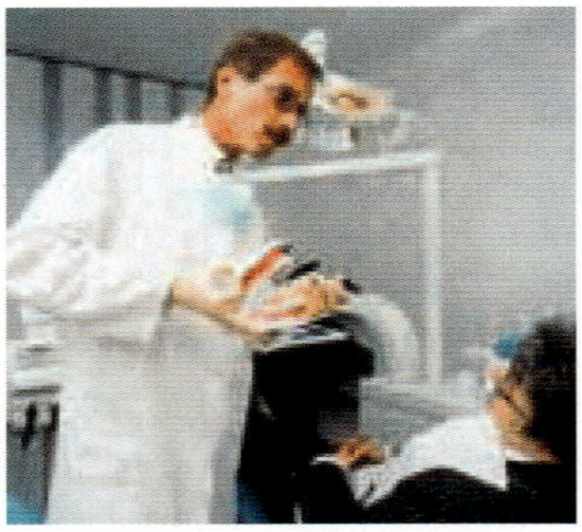

Der Patient kann sich aussuchen, wo er sich versichert.

Die Krankenkassen sorgen für die finanzielle Abwicklung im Krankheitsfall. Jeder kann sich selbst die Krankenkasse aussuchen, bei der er krankenversichert und damit auch pflegeversichert sein will. Wichtige Kriterien für die Wahl der Krankenkasse sind: Erreichbarkeit am Wohnort und Umfang der Serviceleistungen. Die gewählte Krankenkasse kann den Versicherten nicht ablehnen. Anders als in einer Privatversicherung darf die Krankenkasse einen Antragsteller auch dann nicht ablehnen, wenn bereits Vorerkrankungen bekannt sind.

Der Gesundheitsfonds

Im System des seit 2009 bestehenden Gesundheitsfonds gilt für alle Krankenkassen ein einheitlicher Beitragssatz. Die Beiträge fließen zunächst in den Gesundheitsfonds. Je nach Zusammensetzung (z. B. Alter, Geschlecht, Gesundheitszustand der Mitglieder) der einzelnen Krankenkassen erhalten diese aus dem Gesundheitsfonds unterschiedlich hohe Finanzmittel. Die einzelnen Krankenkassen können am Jahresende Zusatzbeiträge von ihren Mitgliedern verlangen bzw. an sie Rückerstattungen leisten. Der Gesundheitsfonds ist politisch noch umstritten

Höhere Beiträge zur Krankenversicherung für Extremsportler?

Die Leistungen der gesetzlichen Krankenversicherung

Generell werden alle medizinisch notwendigen Maßnahmen zur Wiederherstellung der Gesundheit bezahlt. Hinzu kommen:

- Krankengeld: Normalerweise zahlt der Arbeitgeber im Krankheitsfall für sechs Wochen das Entgelt weiter. Anschließend zahlt die Krankenkasse 70 Prozent des regelmäßig erzielten Bruttoarbeitsentgelts, für höchstens 78 Wochen innerhalb von drei Jahren.
- Mutterschaftsgeld für sechs Wochen vor und acht Wochen nach der Geburt, maximal 13 Euro je Kalendertag. Der Arbeitgeber zahlt für die Zeit der Schutzfrist den Differenzbetrag zum Nettolohn dazu.

1. Durch Risiko-Sportarten entstehen viele Unfälle. Die Kosten werden durch die gesetzliche Krankenversicherung und damit durch Ihre Beiträge bezahlt. Halten Sie dies für richtig, oder sollten sich solche Sportler extra versichern?
2. Es ist statistisch nachgewiesen, dass Raucher ein erhöhtes Gesundheitsrisiko haben. Sollten in Zukunft Raucher höhere Krankenkassenbeiträge zahlen? Bisher übernehmen auch Nichtraucher durch ihre Beiträge die Krankheitskosten der Raucher.

Wer ist versichert?

Alle Arbeitnehmer sind pflichtversichert. Arbeitnehmer, deren Verdienst über einer bestimmten Grenze liegt, und Selbstständige können sich auch privat versichern.

In der gesetzlichen Krankenversicherung sind im Rahmen der Familienhilfe Ehepartner (wenn sie nicht selbst arbeiten) und Kinder bis zu bestimmten Alters- und Einkommensgrenzen mitversichert.

Was kostet die Krankenversicherung?

Der monatliche Beitrag hängt vom Bruttoeinkommen, vom allgemeinen Beitragssatz sowie vom gewählten Tarif ab. Vom persönlichen Beitrag zahlt der Arbeitnehmer zunächst 0,9 Prozent selbst. Den Rest zahlen Arbeitnehmer und -geber jeweils zur Hälfte bis zur **Beitragsbemessungsgrenze**. Sie wird jährlich angepasst. Wenn das Einkommen über diese Grenze hinausgeht, steigt der Krankenkassenbeitrag nicht mehr. Wer eine „Selbstbeteiligung" mit seiner Kasse vereinbart hat, kann von ihr eine Prämie in Form einer Rückerstattung erhalten.

Beitragsbemessungsgrenze: Ab dieser Grenze steigen die Beiträge zur Sozialversicherung, auch bei höherem Einkommen, nicht mehr an. Der Betrag wird in der Regel jährlich neu festgelegt. Er ist für die Kranken- und Rentenversicherung unterschiedlich hoch.

Recherchieren Sie im Internet, wie hoch die diesjährige Beitragsbemessungsgrenze für die Beiträge zur Krankenversicherung ist. Ermitteln Sie auch die Höhe der Pflichtversicherungsgrenze.

Die Probleme der Krankenversicherung

Die Gesamtausgaben der Krankenkassen werden immer höher. Das hat verschiedene Ursachen:

- Heute können Kranke geheilt werden, für die es früher keine Behandlungsmöglichkeit gab (Organtransplantation, Krebsbehandlung).
- Die Arzneimittelforschung wird teurer und aufwändiger, was sich in den Preisen für Arzneimittel niederschlägt.
- Die Lebenserwartung unserer Bevölkerung steigt; im Alter braucht man mehr ärztliche Hilfe.
- In Deutschland gehen die Menschen häufig zum Arzt (18 Besuche/Jahr; Schweden: drei Besuche/Jahr).

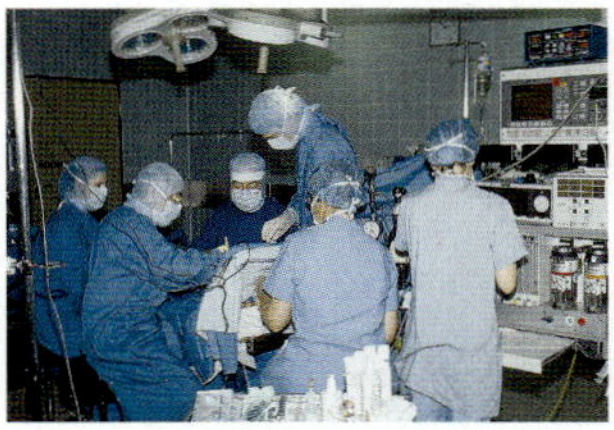

Jeden Patienten optimal zu behandeln ist teuer.

Die Sozialpolitik hat die Aufgabe, die notwendige medizinische Versorgung zu sichern. Allerdings sollen die Beiträge für die Krankenkassen nicht weiter steigen.

1. Welche weiteren Ursachen sehen Sie für die steigenden Ausgaben im Gesundheitswesen?
2. Was kann der Einzelne tun, damit die Ausgaben gesenkt werden?
3. In der Kfz-Versicherung gibt es einen „Schadensfreiheitsrabatt" für unfallfreies Fahren. Wie beurteilen Sie eine ähnliche Lösung in der Krankenversicherung („Wer nicht zum Arzt geht, zahlt weniger")?

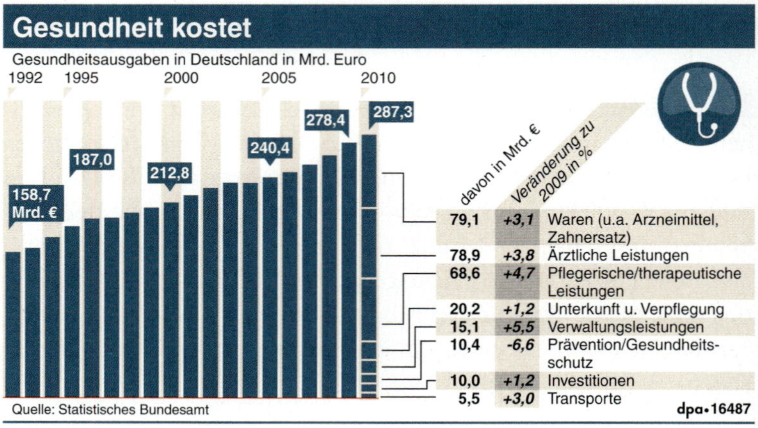

Mit jedem Jahr steigen die Ausgaben für die Gesundheit

5.3 Rentenversicherung

Demografische Veränderungen: Entwicklung der Bevölkerung nach Zahl, Geburten, Alter, Lebenserwartung usw.

Soziale Sicherheit ist untrennbar mit der Rentenversicherung verbunden. Sie sorgt seit vielen Jahrzehnten dafür, dass die Versicherten auch im Alter finanziell versorgt sind. Durch die Entwicklung der letzten Jahre steht die gesetzliche Rentenversicherung vor drei großen Herausforderungen.

- Sie muss dafür sorgen, dass die Beitragshöhe nicht weiter steigt.
- Sie muss sich auf die bereits eingetretenen und in Zukunft zu erwartenden demografischen Veränderungen einstellen.
- Sie muss in der Lage sein, den Generationenvertrag der Entwicklung anzupassen.

Generationenvertrag: Prinzip, durch das sich die Generationen unterstützen

Träger der Rentenversicherung: Die Deutsche Rentenversicherung. Sie entstand aus der Zusammenlegung der Bundesversicherungsanstalt für Angestellte (BfA) in Berlin und der Landesversicherungsanstalten

Die deutsche Rentenversicherung ist im Umlageverfahren organisiert: Die Beiträge, die vom Bruttolohn einbehalten und an den **Träger der Rentenversicherung** überwiesen werden, werden sofort als Rente an die Rentner ausgezahlt. Wenn die Zahl der Arbeitsplätze zurückgeht, sinken die Einnahmen der Rentenversicherung und damit das Geld, das für die Rentner zur Verfügung steht. Auf der anderen Seite steigen bei einer Lohnerhöhung in einer großen Branche auch die Einnahmen der Rentenversicherung.

Alle Arbeitnehmer sind in der gesetzlichen Rentenversicherung pflichtversichert. Für Beamte, Selbstständige, Künstler und Landwirte gelten besondere Bestimmungen.

Um eine Rente zu bekommen, müssen – wie bei jeder anderen Versicherung auch — vorher Beiträge gezahlt worden sein.

Altersrente und Rente wegen Erwerbsminderung

Die Altersrente beginnt im Normalfall mit dem vollendeten 65. Lebensjahr. In den Jahren 2012 bis 2029 wird der Beginn schrittweise auf 67 Jahre erhöht.

Schwerbehinderte und Bergleute können auch früher die Altersrente beziehen.

Auch **teilweise**- oder **volle** Erwerbsminderung kann zu einem vorzeitigen Rentenbezug führen. (Die Begriffe „erwerbsunfähig/berufsunfähig" werden umgangssprachlich noch verwendet, entsprechen aber nicht der gesetzlichen Definition.)

Teilweise Erwerbsminderung:
Versicherte, die wegen Krankheit oder Behinderung auf nicht absehbare Zeit außerstande sind, mindestens sechs Stunden täglich erwerbstätig zu sein.

Volle Erwerbsminderung:
Voll erwerbsgemindert ist ein Versicherter, der wegen Krankheit oder Behinderung auf nicht absehbare Zeit nicht in der Lage ist, unter den üblichen Bedingungen des allgemeinen Arbeitsmarktes mindestens drei Stunden täglich erwerbstätig zu sein.

Renten im Todesfall

Durch diese Renten erhalten die Hinterbliebenen eines Rentenberechtigten einen Ersatz für den entgangenen Unterhalt.

- **Witwen/Witwerrente:** Hinterbliebene erhalten nach dem Tod des Ehepartners einen Teil der Rente des/r Verstorbenen.
- **Rentensplitting:** Ehegatten in einer Neu-Ehe können sich zu einer eigenständigen Sicherung entscheiden. Die von ihnen in der Ehezeit erworbenen Rentenansprüche werden als gemeinschaftliche Lebensleistung betrachtet. Später fließen die Renten aus dieser Zeit beiden Partnern je zur Hälfte zu.
- **Waisenrente:** Waisen erhalten einen Anteil der Rente des verstorbenen Elternteils. Diese Waisenrente verringert sich bei eigenem Einkommen und wird höchstens bis zum 27. Lebensjahr bezahlt.

Die Rente ihres Mannes wird zum größten Teil an sie weiterbezahlt.

Die Rentenberechnung

Grundsätzlich ist man erst nach einer **Wartezeit** von fünf Jahren rentenberechtigt. Die Höhe einer späteren Rente hängt von unterschiedlichen Faktoren ab:

Wartezeit:
Zeit, die jemand der Versicherung angehören muss, um einen Anspruch auf die Versicherungsleistung zu haben

- **Höhe der Beitragszahlungen**

Wer während seines Arbeitslebens gut verdient und deswegen auch hohe monatliche Beiträge an die Rentenversicherung zahlt, erhält später eine höhere Rente.

- **Dauer der Beitragszahlungen**

Je länger man in die Rentenversicherung einbezahlt, desto höher ist später die Rente.

- **Zusätzliche rentensteigernde Zeiten**

Das sind Zeiträume, in denen die Versicherten keine Beiträge entrichten konnten, die aber dennoch rentenwirksam sind.

© Krier

Die Erziehung von Kindern wirkt sich rentensteigernd aus.

Zu diesen Zeiten gehören z. B.:

- Kindererziehungszeiten
- Zeiten der Arbeitslosigkeit
- Zeiten der schulischen Ausbildung

Sie werden jedoch nur bis zu bestimmten Höchstgrenzen angerechnet.

Rentenanpassung

Die Renten sollen sich so entwickeln, wie die Bruttolöhne der aktiv Beschäftigten im Vorjahr gestiegen sind. Eine Rentenkürzung ist gesetzlich ausgeschlossen.

Der Beitragssatz zur Rentenversicherung

Der Beitragssatz zur Rentenversicherung wird jährlich festgelegt und bezieht sich auf den Bruttolohn. Der Betrag wird vom Bruttolohn abgezogen. Der Arbeitgeber zahlt die Hälfte der Beiträge. Auch in der Rentenversicherung gibt es eine Beitragsbemessungsgrenze.

> Ermitteln Sie den aktuellen Beitragssatz und die Beitragsbemessungsgrenze zur Rentenversicherung im Internet.

Probleme der Rentenversicherung

Geburtenrate:
Zahl der lebend Geborenen pro tausend Einwohner

Bundeszuschuss:
Ein Teil der Rentenausgaben werden aus Steuermitteln (z. B. Ökosteuer) bezahlt.
Im Jahr 2010 betrug der Bundeszuschuss 80,8 Mrd. Euro.

Die Deutschen werden immer älter und damit steigen die Anzahl der Rentner und die Rentenbezugsdauer. Außerdem gehen die Menschen heute früher in Rente und beziehen daher länger Rente. Gleichzeitig ging durch die weiterhin niedrige **Geburtenrate** die Zahl der Personen im erwerbsfähigen Alter zurück und damit auch die Zahl der Beitragszahler. Dadurch ist der Beitragssatz immer mehr angestiegen.

Zusätzlich zahlt der Staat einen **Bundeszuschuss**.

> Es gibt die Meinung, dass Ehepaare, die keine Kinder bekommen haben, später eine geringere Rente bekommen sollen, als Ehepaare, die Kinder erzogen haben. Wie beurteilen Sie diesen Vorschlag?

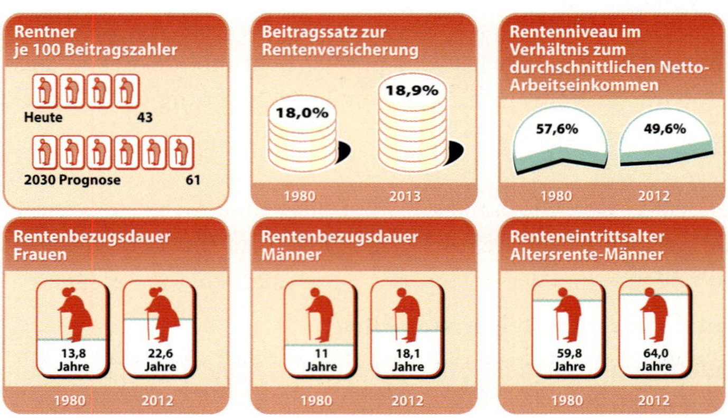

© W. Herzig

Kompetenzbereich 5

5.4 Arbeitsförderung (Arbeitslosenversicherung)

Arbeitslosigkeit kann jeden Arbeitnehmer treffen – vom Firmenmanager bis zum Hilfsarbeiter. Die Arbeitslosigkeit kann schwer wiegende Probleme für den Einzelnen und die Gesellschaft nach sich ziehen. Arbeitslosigkeit entsteht dann, wenn das Angebot an Arbeitskräften die Nachfrage übersteigt.

Arbeitsförderung:
So wird die Arbeitslosenversicherung seit 1998 offiziell bezeichnet. Sie ist ein eigenständiger Zweig der Sozialversicherung. Ihr obliegen speziell die Arbeitsplatzsicherung und finanzielle Leistungen an Arbeitslose. Träger ist die Bundesagentur für Arbeit mit Sitz in Nürnberg. Örtlich zuständige Dienststellen sind die Agenturen für Arbeit.

Häufige Formen der Arbeitslosigkeit sind:

- Konjunkturelle Arbeitslosigkeit: Zeitweise fehlt die Nachfrage nach Gütern und Dienstleistungen.
- Strukturelle Arbeitslosigkeit: Durch technologische Veränderungen (z. B. bessere Maschinen) bedingt sinkt der Bedarf an Arbeitskräften.
- Mismatch-Arbeitslosigkeit: Die Merkmale der Arbeitslosen entsprechen nicht den Anforderungen der offenen Stellen.
- Saisonale Arbeitslosigkeit: Jahreszeitlich bedingt werden weniger Arbeitskräfte benötigt (Baugewerbe, Gastronomie).
- Friktionelle Arbeitslosigkeit: Sie tritt auf, wenn Arbeitskräfte kündigen oder entlassen werden und kurzfristig bis zum Antritt der neuen Stelle nicht beschäftigt sind.

1. Stellen Sie dar, in welchen Branchen es in der Vergangenheit strukturelle Arbeitslosigkeit gab.
2. Erläutern Sie, welche Form der Arbeitslosigkeit sich aus der dargestellten Situation ergeben kann.

Arbeitslosigkeit – Folgen für den Einzelnen

Arbeitslosigkeit ist nicht nur eine Belastung in materieller Hinsicht. Auch gesundheitliche Probleme können die Folge sein. Bei vielen Arbeitslosen treten **psychosoziale** und **psychosomatische** Symptome auf.

Psychosozial:
Seelische Probleme aufgrund der sozialen Situation

Psychosomatisch:
Unverarbeitete seelische Probleme äußern sich körperlich

Arbeitslose Menschen – besonders Langzeitarbeitslose – zeigen oft

- körperliche Inaktivität,
- geistige Trägheit,
- seelische Instabilität, z. B. Depressionen,
- geringe Kontaktfähigkeit und Selbstachtung.

Arbeitslosenquote

Ein Ziel der Wirtschaftspolitik ist Vollbeschäftigung. Sie gilt als erreicht bei einer **Arbeitslosenquote** von ca. 3–4 Prozent. In Deutschland lag die Arbeitslosenquote in den vergangenen Jahren stets über dieser Quote.

Arbeitslosenquote:
Prozentanteil der Arbeitslosen an den abhängigen Erwerbspersonen. Sie ist das Maß für die Höhe des Beschäftigungsstandes in einer Volkswirtschaft

Diskutieren Sie zunächst in Partnerarbeit, wie sich die Arbeitslosigkeit in den nächsten Jahren entwickeln könnte.

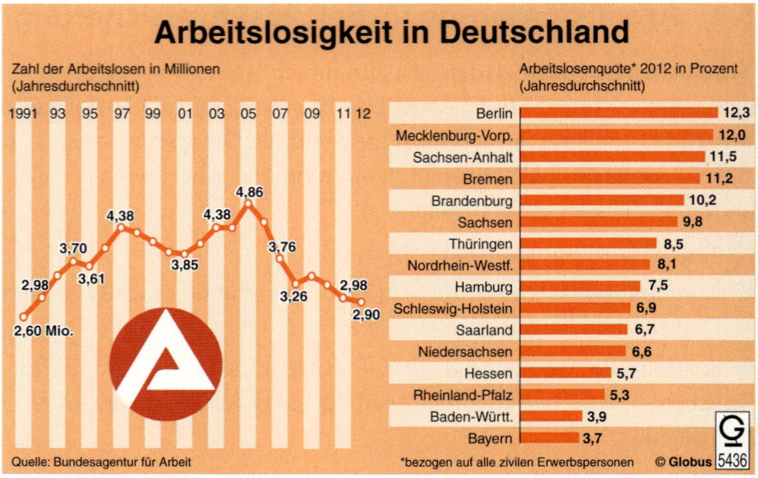

Die Agentur für Arbeit

Die Arbeitsmarktpolitik bündelt alle Maßnahmen zur Beeinflussung des Arbeitsmarktes, vor allem zur Bekämpfung der Arbeitslosigkeit. In Deutschland ist die Bundesagentur für Arbeit (BA/Nürnberg) für die Umsetzung der arbeitsmarktpolitischen Maßnahmen zuständig.

Wichtige Aufgaben und Leistungen der BA:

- Arbeitsvermittlung und -beratung
- Förderung beruflicher Wiedereingliederung und der Aufnahme einer selbstständigen Tätigkeit
- Förderung der Berufsausbildung
- Weiterbildung
- Berufliche Eingliederung Behinderter
- Mobilitätshilfen
- Finanzielle Absicherung (Arbeitslosengeld, Kurzarbeitergeld, Unterhalts- u. Übergangsgeld)

Alle Maßnahmen der Arbeitsförderung sind darauf gerichtet,

- einen hohen Beschäftigungsstand zu gewährleisten,
- die Beschäftigungsstruktur laufend zu verbessern,
- die berufliche Eingliederung körperlich oder geistig Behinderter und älterer Arbeitnehmer zu fördern,
- nachteilige Folgen, die sich für die Erwerbstätigen aus der technischen Entwicklung oder aus wirtschaftlichen Strukturwandlungen ergeben, zu vermeiden oder zu beseitigen.

Zur Erfüllung dieser Maßnahmen hat sie **wichtige Aufgaben und Leistungen** zu erbringen.

Jeder Bürger hat das Recht auf freie Berufswahl, aber nicht immer findet sich auch ein Arbeitsplatz in dem erlernten Beruf. Die Aufgabe der Agenturen für Arbeit *(frühere Bezeichnung: Arbeitsamt)* ist es, die Erwerbschancen von Arbeitslosen zu verbessern und durch Beratung die Stellensuche am Arbeitsmarkt zu erleichtern. Diese Maßnahmen sind jedoch vergeblich, wenn der oder die Arbeitslose selbst die gebotenen Chancen nicht nutzt. Diejenigen, die von der Solidarität einer großen Gemeinschaft profitieren, müssen ihren Anteil dazu beitragen, damit das soziale Netz keine „soziale Hängematte“ wird.

Hilfen der Agentur für Arbeit

Was tun, wenn aber trotz aller Bemühungen ein Arbeitsplatz nicht zu finden ist? Wichtig ist: Sofort bei der Agentur für Arbeit melden. Denn erst von diesem Tag an kann die Agentur aktiv werden. Ab dann werden Leistungen frühestens fällig.

Das Arbeitslosengeld

Angaben für Alleinstehende mit eigenem Haushalt pro Monat

Arbeitslosengeld I

Leistung für Personen, die in den vergangenen 2 Jahren vor der Arbeitslosigkeit mindestens **12 Monate versicherungspflichtig beschäftigt waren** (Regelanwartschaftszeit) und sich arbeitslos gemeldet haben

Dauer des Bezugs*

bis 49-Jährige:	6 bis 12 Monate
50- bis 54-Jährige:	6 bis 15 Monate
55- bis 57-Jährige:	6 bis 18 Monate
ab 58-Jährige:	6 bis 24 Monate

Höhe des Arbeitslosengeldes

- 60 % des errechneten letzten Nettogehalts**
- eigenes Nebeneinkommen wird berücksichtigt***, eigenes Vermögen nicht

Zusätzliche Leistungen

- keine; bei Bedarf kann zusätzlich ein Antrag auf Arbeitslosengeld II gestellt werden

*je nach Dauer der Einzahlung in die Arbeitslosenversicherung in den vergangenen 5 Jahren
**berücksichtigt werden Gehälter der letzten 12 Monate
***jeweils abzgl. eines bzw. mehrerer Freibeträge; beim ALG I ist eine Tätigkeit unter 15 Stunden wöchentlich erlaubt

Arbeitslosengeld II („Hartz IV")

Grundsicherung für erwerbsfähige Personen im Alter von mindestens 15 Jahren bis zur gesetzlich festgelegten Altersgrenze (zwischen 65 u. 67 Jahren), die ihren **Lebensunterhalt nicht aus eigener Kraft und eigenen Mitteln** decken können

Höhe des Regelsatzes

- 409 Euro
- eigenes Einkommen und Vermögen werden bei der Höhe der Leistung mit berücksichtigt***

Zusätzliche Leistungen

- Übernahme der Kosten für Unterkunft und Heizung soweit angemessen
- eventuell Einmalleistungen als Darlehen oder Geld-/Sachleistung für Wohnungs-, Bekleidungserstausstattung und/oder Kosten für medizinische/therapeutische Geräte
- eventuell Mehrbedarf für besondere Lebenslagen (z. B. Alleinerziehende)

Quelle: Bundesagentur für Arbeit Stand Februar 2017 © Globus 11591

Weiterhin sozialversichert

Auch während einer Arbeitslosigkeit geht der Sozialversicherungsschutz nicht verloren: Die Bundesagentur für Arbeit zahlt für den Arbeitslosen Beiträge zur Renten-, Kranken- und Pflegeversicherung. Die Zeiten der Arbeitslosigkeit zählen bei der späteren Rente mit, allerdings in vermindertem Umfang.

Kurzarbeitergeld

Wenn die Aufträge in den Unternehmen zurückgehen, wollen sie häufig nicht sofort Personal entlassen. Die Fachkräfte müssten erst wieder gesucht werden, falls die Lage der Unternehmen sich wieder bessert. Weiterhin will der Staat Arbeitslosigkeit vermeiden.

Hier hilft das Kurzarbeitergeld der Arbeitsagentur. Es ist ein Zuschuss zum verringerten Arbeitsentgelt, das entsteht, weil die regelmäßige betriebsübliche wöchentliche Arbeitszeit der Arbeitnehmer verkürzt wurde. Kurzarbeitergeld wird auch häufig bei einem saisonalen Rückgang der Beschäftigung gezahlt.

Der Beitragssatz für die Arbeitsförderung

Wie bei der Rentenversicherung zahlt auch hier der Arbeitgeber die Hälfte der Beiträge. Der Beitragssatz bezieht sich auf den Bruttolohn. Die Beitragsbemessungsgrenze entspricht jener der Rentenversicherung.

> Ermitteln Sie den aktuellen Beitragssatz und die Beitragsbemessungsgrenze für die Arbeitsförderung im Internet.

5.5 Unfallversicherung

Wegeunfall:
Im Sinne der Unfallversicherung ist dies jeder Unfall, der sich auf dem direkten Weg zur oder von der Arbeit ereignet. Fahrgemeinschaften sind auch dann versichert, wenn sich dadurch Umwege ergeben.

Berufskrankheit:
Dies ist eine Krankheit, die ausschließlich oder stark überwiegend durch berufliche Tätigkeit oder anlässlich der Ausübung des Berufs durch schädigende Stoffe oder bestimmte Arbeiten verursacht wurde.

Die gesetzliche Unfallversicherung sichert gegen die Folgen von Arbeitsunfällen, **Wegeunfällen** und **Berufskrankheite**n ab. Jeder der in einem Arbeits- oder Ausbildungsverhältnis steht, ist über den Arbeitgeber automatisch versichert.

Die gefährlichsten Berufe: Ausfalltage pro Jahr und Mitarbeiter als Folge von Berufsunfällen

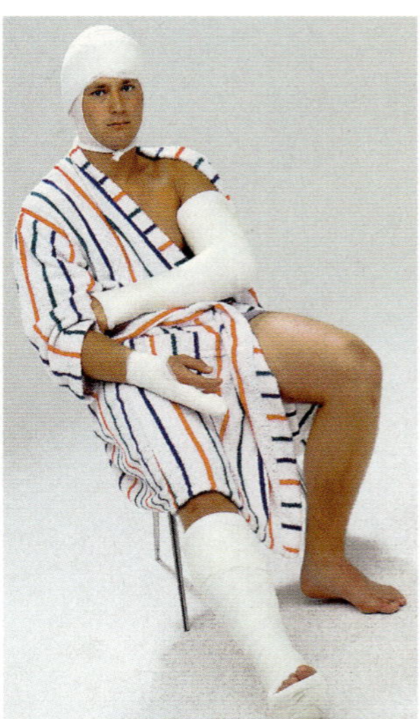

© MEV Verlag GmbH

Nach einem Arbeitsunfall ist man ordentlich versichert

Die Kosten der Unfallversicherung

Die Beiträge zur Unfallversicherung werden vom Arbeitgeber alleine übernommen. Sie hängen vor allem von der Unfallhäufigkeit der Branche ab. Der Beitragssatz bezieht sich auf die Lohnsumme des Betriebes. In der Baubranche, z. B. bei Gerüstbauern oder Dachdeckern, ist die Gefahr eines Unfalls höher als in einer Bank oder Versicherung.

Die Leistungen der Unfallversicherung

- Heilbehandlung: Kostenübernahme für die ärztliche Behandlung sowie für Aufenthalte im Krankenhaus.

- Verletztengeld: Während der Arbeitsunfähigkeit 80 Prozent des Bruttoentgelts, aber erst, wenn die Lohnfortzahlung des Arbeitgebers ausgelaufen ist.
- Berufsförderung: Leistungen zur Umschulung.
- Verletztenrente: wird gezahlt, wenn sich die Erwerbsfähigkeit vermindert.
- Hinterbliebenen und Waisenrente: Sollte ein Ehepartner durch einen Arbeitsunfall oder eine Berufskrankheit sterben, zahlt die Unfallversicherung eine Hinterbliebenenrente. Kinder unter 18 Jahren erhalten eine Waisenrente.

PRESSESCHAU

Auf dem Weg zur Arbeit ist jeder unfallversichert.

Problematisch wird's, wenn man einen kleinen Umweg einlegt. Angesichts der erheblichen finanziellen Auswirkungen wird oft gestritten, ob ein Unfall tatsächlich ein Arbeitsunfall ist, oder vielmehr ein „normaler" Unfall, für den die Krankenkasse gerade stehen muss. In der vergangenen Woche beschäftigte sich das Bundessozialgericht in Kassel mit einem entsprechenden Streitfall. Dabei ging es um einen Mopedfahrer, der auf dem Heimweg von der Arbeit Geld bei der Bank abholen wollte. Dafür nahm er einen Umweg von gerade 100 Metern in Kauf. Um diese Distanz lag der Geldautomat vom eigentlichen Arbeitsweg entfernt. Und gerade auf dieser Ministrecke verunglückte der Zweiradfahrer schwer.

Kein Arbeitsunfall, urteilte der Zweite Senat (AZ: B 2 U 40/02 R). Schließlich habe der Mann aus privaten Gründen seinen unmittelbaren Arbeitsweg verlassen.

Also am besten morgens direkt zum Chef und abends ohne Umwege nach Hause.

Frankfurter Allgemeine Sonntagszeitung

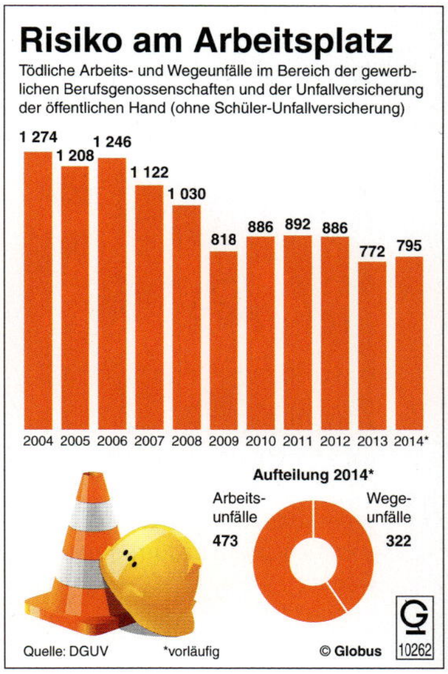

1. Ist die Zahl der Arbeitsunfälle in Deutschland steigend oder rückläufig?
2. Warum zahlt die Berufsgenossenschaft auch sehr teure Reha-Maßnahmen?
3. Welches Gericht ist für Streitfälle im Rahmen der Sozialversicherung zuständig?

Träger der Unfallversicherung sind die Berufsgenossenschaften. Es gibt gewerbliche und landwirtschaftliche Berufsgenossenschaften, sowie für den öffentlichen Dienst Gemeindeunfallversicherungsverbände bzw. Unfallkassen der Länder.

Da die Berufsgenossenschaften bei Arbeitsunfällen zahlen müssen, sind sie besonders an der Arbeitssicherheit im Betrieb interessiert:

- Sie erlassen Sicherheitsvorschriften
- Sie führen Schulungen durch
- Sie kontrollieren in den Betrieben

Nennen Sie drei Vorschriften zur Arbeitssicherheit, die speziell für die Branche Ihres Ausbildungsbetriebes gelten.

Unfallversichert in der Berufsschule

Alle Schüler sind in der Berufsschule und auf dem Schulweg unfallversichert. Allerdings nicht durch die Berufsgenossenschaft des Betriebes, sondern durch die Unfallkasse Saarland.

5.6 Pflegeversicherung

Jeder kann in die Situation kommen, pflegebedürftig zu werden

Der medizinische Fortschritt macht es möglich: Die Menschen leben immer länger. Längere Lebenserwartung bedeutet aber auch mehr Pflegefälle. Viele Menschen sind gegen Ende ihres Lebens pflegebedürftig und auf fremde Hilfe angewiesen. Aber selbst eine gute Rente reicht nicht immer aus für die Bezahlung der Unterbringung in einem Pflegeheim. Früher mussten dann die Sozialhilfe oder die Kinder mit finanziellen Leistungen einspringen.

Nicht behindert zu sein ist wahrlich kein Verdienst, sondern ein Geschenk, das jedem von uns jederzeit genommen werden kann.

Richard von Weizsäcker

Interpretieren Sie die Aussage Richard von Weizsäckers in Bezug auf den Umgang mit Behinderten und Pflegebedürftigen.

Die Leistungen der Pflegeversicherung

Pflegegrade:

Pflegegrad 1:
Geringe Beeinträchtigung der Selbstständigkeit
Pflegegrad 2:
Erhebliche Beeinträchtigung der Selbstständigkeit
Pflegegrad 3:
Schwere Beeinträchtigung der Selbstständigkeit
Pflegegrad 4:
Schwerste Beeinträchtigung der Selbstständigkeit
Pflegegrad 5:
Schwere Beeinträchtigung der Selbstständigkeit mit besonderen Anforderungen an die pflegerische Versorgung

Als fünfte Säule der Sozialversicherung sieht die Pflegeversicherung Leistungen unterschiedlicher Art für Pflegebedürftige vor.

Die Kosten der täglich erforderlichen Hilfeleistungen bei der Körperpflege, der Ernährung oder der Mobilität werden von der Pflegeversicherung nach Pauschalsätzen übernommen.

Manchmal wird die häusliche Pflege ganz oder teilweise auch von nahen Angehörigen übernommen. In diesem Fall kann der Pflegebedürftige ein Pflegegeld beantragen, mit dem die Angehörigen entschädigt werden. Um die Höhe der Leistungen zu bestimmen, werden die pflegebedürftigen Personen nach einem medizinischen Gutachten fünf **Pflegegrade**n (bis 2016: drei Pflegestufen) zugeordnet. Die Pflegeversicherung leistet auch Zuzahlungen für technische Hilfsmittel wie z. B. Pflegebetten oder Gehwagen. Zu pflegebedingten Umbaumaßnahmen in der Wohnung können Zuschüsse gezahlt werden.

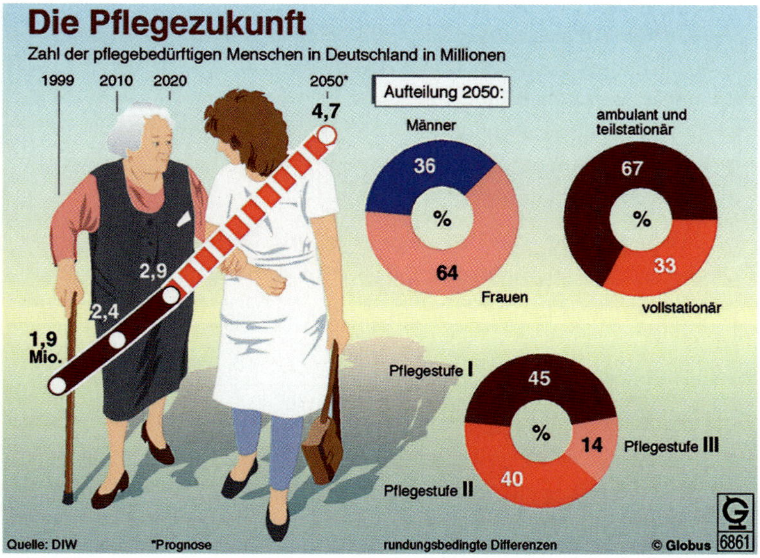

Träger der Pflegeversicherung sind die Pflegekassen, die bei den Krankenkassen errichtet sind.

Der Beitrag zur Pflegeversicherung

Mitglied einer Pflegeversicherung wird man automatisch durch die Mitgliedschaft in einer Krankenversicherung. Das gilt auch für Rentner oder mitversicherte Familienangehörige.

Der Beitrag zur Pflegeversicherung wird vom Bruttolohn abgezogen. Arbeitgeber und Arbeitnehmer zahlen jeweils die Hälfte. Kinderlose zahlen ab dem 23. Lebensjahr zusätzlich 0,25 Prozentpunkte mehr. Die Beitragsbemessungsgrenze ist so hoch wie die der Krankenversicherung.

> Ermitteln Sie den aktuellen Beitragssatz und die Beitragsbemessungsgrenze für die Pflegeversicherung im Internet.

Zusammenfassung

Jeder Arbeitnehmer wird vom Arbeitgeber bei der Krankenkasse und den Sozialversicherungen angemeldet.

Die Beiträge für die Sozialversicherung werden direkt vom Lohn abgezogen.

Die Beiträge werden vom Arbeitgeber und Arbeitnehmer je ungefähr zur Hälfte bezahlt. Bei der Krankenkasse zahlt der Arbeitnehmer 0,9 Prozent mehr als der Arbeitgeber. Bi der Pflegeversicherung zahlen Kinderlose ab einem Alter von 23 Jahre geringfügig höhere Beiträge. Die Unfallversicherung zahlt der Arbeitgeber alleine.

Die Probleme der Sozialversicherung sind entstanden durch:

- wachsende Kosten des Gesundheitssystems
- steigende Zahl von Rentnern
- höhere Lebenserwartung,
- hohe Arbeitslosenquote
- geringe Geburtenrate

In Zukunft werden die Leistungen der Sozialversicherung geringer. Das bedeutet für den Einzelnen, dass er in gewissem Maße selbst vorsorgen muss.

Wissens-Check

1. Nennen Sie fünf Leistungen der gesetzlichen Krankenversicherung.
2. Erklären Sie den Begriff „Beitragsbemessungsgrenze“.
3. Nennen Sie drei Gründe für das stetige Ansteigen der Krankenversicherungsbeiträge.
4. Welche Aufgaben haben die Berufsgenossenschaften im Bereich der Arbeitssicherheit?
5. Was versteht man unter dem Begriff Lohnnebenkosten? Wie hoch sind sie im Durchschnitt in Prozent vom Bruttolohn?
6. Warum wird die Höhe der Renten in Zukunft wahrscheinlich deutlich geringer sein als heute?

6 Notwendigkeit privater Vorsorge

Unsere Gesellschaft kann nur existieren, wenn die Eltern für ihre Kinder sorgen, materiell und durch ihre Erziehung. Später benötigen die Eltern, wenn sie alt sind und nicht mehr arbeiten können, die Unterstützung ihrer Kinder. Diese Übereinkunft nennt man Generationenvertrag. Dieses Prinzip, übertragen auf den Sozialstaat, funktionierte bislang in Deutschland für alle Beteiligten zufriedenstellend. Mehr und mehr gerät dieses Prinzip in die Diskussion. Ist eine private Vorsorge unumgänglich?

6.1 Generationenvertrag und demografischer Wandel

Der Generationenvertrag ist kein Vertrag im rechtlichen Sinne, sondern ein langjähriges Prinzip durch das sich die Generationen gegenseitig unterstützen.

Die Bevölkerungsentwicklung in Deutschland

Wie bei den meisten europäischen Nachbarn auch sterben in Deutschland mehr Personen als Neugeborene hinzukommen. Nur die Zuwanderung von Ausländern hat bisher verhindert, dass die Bevölkerungszahl in Deutschland zurückgegangen ist. Der Anteil der Jüngeren und der Anteil der Älteren verändert sich merklich.

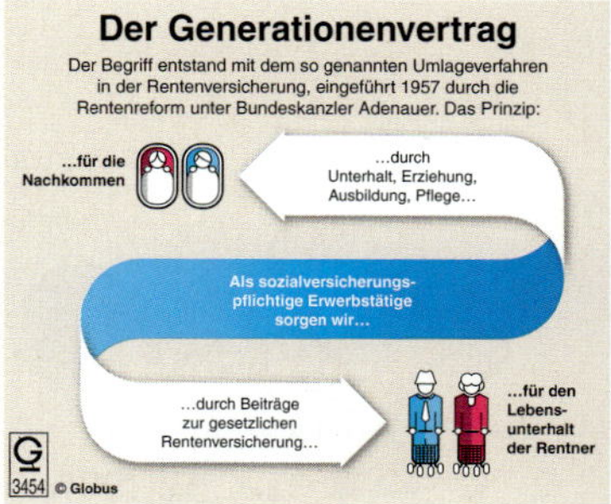

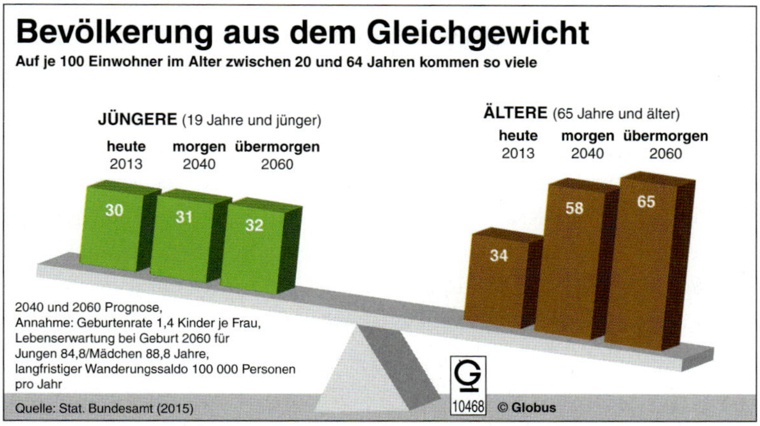

Beim Geburtenrückgang handelt es sich um einen Trend, der seit etwa 100 Jahren zu beobachten ist. Er hat sich allerdings seit Mitte der 60er Jahre erheblich verstärkt.

1. Welche Gründe können dazu geführt haben, dass die Geburtenzahl in den letzten 30 Jahren so gesunken ist?
2. Diskutieren Sie die Folgen, die eine sinkende Bevölkerungszahl in Deutschland haben kann, für Mieten und Grundstückskosten, Schulen und Lehrkräfte, Altenheime und Pflegeberufe.

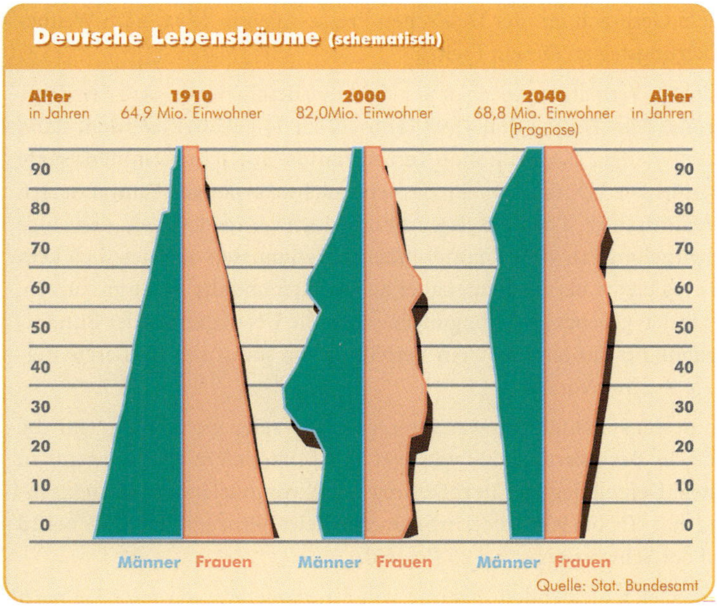

Die Alterspyramide der Bevölkerung Deutschlands zeigte 1910 einen idealen Aufbau. Die ursprüngliche Pyramidenform hat sich als Folge fallender Geburtenraten und zunehmender Lebenserwartung im Verlauf des 20. Jahrhunderts deutlich verändert. Schätzungen gehen davon aus, dass die Gesamtbevölkerung Deutschlands von 82,2 Mio. (im Jahr 2016) bis 2050 kontinuierlich auf rund 75 Millionen absinken wird. Je nach Höhe der Zuwanderung können es auch nur 68 Millionen sein.

Folgenreicher als die Gesamtzahl der Bevölkerung ist im Hinblick auf die soziale Sicherung deren altersmäßige Zusammensetzung. Die Zahl der aktiv Erwerbstätigen wird geringer werden, die Zahl der Rentenempfänger wird demgegenüber steigen. Ähnlich werden die Auswirkungen für die Krankenkassen sein. Auf der einen Seite wird es zahlreiche Rentner mit hohen Leistungsansprüchen und geringen Beiträgen geben. Auf der anderen Seite wird die Zahl der jungen Menschen mit hohen Beiträgen und geringen Leistungsansprüchen abnehmen, wodurch die Einnahmen der Krankenkassen sinken.

Erläutern und bewerten Sie die Aussage der Karikatur.

Lösungsansätze in einer sich wandelnden Gesellschaft

PRESSESCHAU

UN-Experte: Nur Zuwanderung kann Rente sichern

New York (dpa) – Nur massive Zuwanderung kann nach Ansicht des UN-Bevölkerungsexperten Joseph Chamie langfristig das Rentensystem in Deutschland sichern.

„Um zu vermeiden, dass das Heer der Berufstätigen weiter schrumpft, sind mindestens 487.000 Zuwanderer im Jahr erforderlich", sagte er in einem Gespräch mit der Deutschen Presse-Agentur (dpa) zum Weltbevölkerungstag an diesem Freitag.

Solle das Verhältnis zwischen der Zahl der Beschäftigten und der Rentner auf dem Niveau von 1995 (von 4,4 zu 1) gehalten werden, dann müssten sogar 3,6 Millionen **Immigranten** pro Jahr kommen, sagte Chamie. Die UN räumen ein, dass ein solcher Strom von Einwanderern unrealistisch ist. Theoretisch würde er jedoch vermeiden, dass zu wenige Arbeitnehmer zu viele Rentner miternähren müssen oder letztlich kein Ausweg bleibt, als das Rentenalter zu erhöhen und die Rente zu kürzen. Unter den gegebenen Bedingungen sagen die UN-Experten der Bundesrepublik für das Jahr 2050 ein Verhältnis von statistisch 1,8 Beschäftigten je Rentner voraus.

Immigrant:
Person, die in ein Land einwandert. Ein Emigrant wandert aus seinem Land aus.

Mindestens 344.000 Einwanderer pro Jahr seien notwendig, um die deutsche Bevölkerungszahl von jetzt 82,5 Millionen in etwa konstant zu halten. Derzeit liegt der Bevölkerungsanteil von Ausländern in Deutschland laut UN bei 9 Prozent, in Schweden bei 11 Prozent, den USA bei 13 und der Schweiz sogar bei 25 Prozent.

Ohne gleich bleibenden Zustrom von Einwanderern würden 2050 nach UN-Berechnungen nur noch 65 Millionen Menschen in der Bundesrepublik leben.

Süddeutsche Zeitung

1. Wie viele Ausländer leben derzeit in Deutschland?
2. Der Bevölkerungsexperte erklärt, dass mehr Menschen zuwandern müssten, damit sie in die Rentenversicherung einbezahlen. Welche Voraussetzung auf dem Arbeitsmarkt muss dazu aber vorher erfüllt sein?
3. Diskutieren Sie in der Klasse, welche Eigenschaften Zuwanderer haben sollten in Bezug auf
   - Berufsausbildung
   - Alter
   - Herkunftsland
   - Familienstand
   - Sprachkenntnisse

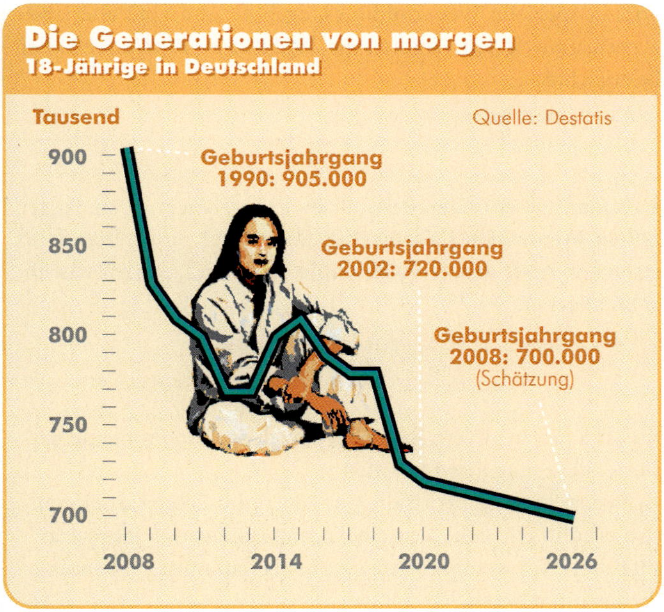

© Drudl

Jetzt schon steht fest, wie viele Jugendliche in den nächsten Jahren in die Schulen oder auf den Arbeitsmarkt kommen werden.

PRESSESCHAU

Deutschland vergreist

Die Senioren sind auf dem Vormarsch. Im Jahr 2050 wird jeder dritte Bundesbürger älter als 60 Jahre sein.

Die Politik muss daher schleunigst die Sozialsysteme demografiefest machen. Wie das gehen könnte, hat das Statistische Bundesamt in seiner jüngsten Bevölkerungsvorausberechnung schon mal skizziert: Die Wiesbadener Statistiker schätzen, dass ein höheres Renteneintrittsalter einigen Druck aus der Sozialversicherung lässt. Werfen die Deutschen erst mit durchschnittlich 65 Jahren das berufliche Handtuch, kämen auf 100 Personen im Erwerbsalter im Jahr 2050 nur 54 Rentner – statt 78.

© Claus

In Deutschland wird es zukünftig immer mehr Senioren geben.

© MEV Verlag GmbH

Familien mit mehreren Kindern werden seltener.

Bei einem tatsächlichen Renteneintrittsalter von 67 Jahren müssten 2050 besagte 100 Erwerbsfähige sogar nur für 47 Ruheständler aufkommen. Die Berechnungen bestätigen viele Experten, die schon seit langem ein Ende der großzügigen Frühverrentungspraxis und eine Verlängerung des Arbeitslebens fordern.

Ältere Belegschaften. Auch die Unternehmen sind gefragt. Sie müssen dafür sorgen, dass in die Jahre gekommene Mitarbeiter länger produktiv bleiben. Denn die Alten werden bald die stärkste Fraktion am Arbeitsmarkt sein: Im Jahr 2020 stellt die Gruppe der 50- bis 64-Jährigen mit fast 20 Millionen Menschen rund 40 Prozent der Menschen im erwerbsfähigen Alter.

Daher schlagen viele Fachleute vor, dass die älteren Kollegen noch stärker in den Blick der Personalplanungen rücken sollten. Beispielsweise könnten spezielle Weiterbildungsangebote und eine altersspezifische Arbeitsumwelt den Senioren die Tätigkeit im Büro oder in der Werkhalle erleichtern.

Frankfurter Allgemeine Zeitung

„Weniger Kinder, später in den Beruf, früher raus, länger leben, länger Rente zahlen: Wenn man das nebeneinander legt, muss man kein Mathematiker sein, da reicht Volksschule Sauerland, um zu wissen: Das kann nicht gehen."

(ehemaliger) Arbeitsminister Franz Müntefering (31.01.2006)

1. Diskutieren Sie, inwiefern folgende Vorschläge die Probleme der Rentenversicherung lösen könnten:
   a) Nicht das Renteneintrittsalter, sondern die Lebensarbeitszeit wird erhöht. Die volle Rente bekommt nur, wer 45 Jahre gearbeitet hat. Wer weniger Jahre gearbeitet hat, muss prozentuale Abzüge hinnehmen.
   b) Der Beitrag zur Rentenversicherung wird auf 19 % festgesetzt. Es herrscht das strenge Umlageverfahren: Nur das Geld, das eingeht, kann als Rente ausbezahlt werden.
   c) Jeder Deutsche erhält in Zukunft eine geringe Grundrente, die das reine Überleben sichert. Alles andere muss er sich im Laufe seines Arbeitslebens ersparen.
2. Diskutieren Sie in der Klasse die Aussage des ehemaligen Arbeitsministers.

6.2 Private Vorsorge zur sozialen Sicherheit

Die Ausgaben des Staates für die soziale Sicherung werden so hoch, dass darunter andere wichtige Investitionen bspw. für Bildung, Forschung, Ausbau des Straßennetzes und der Verkehrswege verringert werden müssen. Die Leistungsfähigkeit des Staates ist begrenzt. Er kann nicht für alle Wechselfälle im Leben des Einzelnen sorgen. Die Eigeninitiative ist notwenig.

Riester Rente

Es ist damit zu rechnen, dass in Zukunft die Rente nicht mehr in der gewohnten Höhe zur Verfügung steht. Unter dem Begriff **„Riester-Rente“** wurde deswegen eine staatlich geförderte, freiwillige, betriebliche und private Altersvorsorge eingeführt. Jeder, der in jungen Jahren Geld spart für eine spätere Rentenaufbesserung, erhält zusätzliche Prämien vom Staat. Die Riesterrente ist in den letzten Jahren zunehmend in die Kritik geraten.

Riester-Rente:
Benannt nach einem früheren Bundesminister für Arbeit und Soziales. Er führte die staatliche Förderung privater Renten ein.

Recherchieren Sie Vorteile und Probleme beim „Riestern“ als Altersvorsorge.

Absicherung im Alter durch Immobilien

Ein Eigenheim oder eine Eigentumswohnung ist nicht nur im Alter eine solide Absicherung. Auch in jungen Jahren wohnt es sich sehr beruhigend in den eigenen vier Wänden. Keine Mietkündigungen drohen und an Stelle der Mietzahlungen schafft man sich ein kleines Vermögen.

PRESSESCHAU

Mit Kind und Kegel in das eigene Häuschen

Bauen ist billig wie nie. Niedrige Zinsen und Eigenheimzulage erleichtern die Finanzierung. Doch das lohnt sich nur für den, der die Schulden schnell abbezahlt.

Geschafft! Nicko Berger hat gerade den Kaufvertrag unterschrieben. „Die Kinder sollen einen Garten haben und nicht in der Stadt aufwachsen.“ Deshalb zieht der 44-jährige Ingenieur nun mit Frau Hanni sowie Kiri und Mike aus der Vier-Zimmer-Wohnung in den Grüngürtel von Regensburg. Hanni fährt nun zwar länger zu ihrer Arbeitsstelle. Doch das zählte für das Doppelverdiener-Paar nicht. „Der kleine, ruhige Ort war entscheidend“, sagt Nicko. Alles in allem kostet das 400.000 Euro. Kein Pappenstiel, doch da das Paar 150.000 Euro Eigenkapital mitbringt, einen mit 60 % einbezahlten und zugeteilten Bausparvertrag von 100.000 Euro hat, sind Kredite kein großes Problem. Ein Teil kommt von der Kreditanstalt für Wiederaufbau (KfW), ein anderer Teil von einer örtlichen Bank.

Ihr Ziel ist, die Kredite so schnell wie möglich abzubezahlen. „Wir wollen nicht ewig hoch verschuldet sein“, sagt Nicko. Daher sieht der Vertrag jährliche Sondertilgungen von 5.000 Euro vor. Außerdem vereinbarte Familie Berger eine laufende Tilgung von 3,5 Prozent für die ersten zehn Jahre. Standardmäßig sieht die Bank häufig nur ein Prozent Tilgung vor. Das sei „irrsinnig gering“, urteilt Stefan Jokl vom Verband der privaten Bausparkassen. Die Gefahr: Wenn der Vertrag so weiterläuft, zahlen die Schuldner auch noch in 30 oder 35 Jahren ihr Darlehen ab, also im Ruhestand. Das sollten Käufer vermeiden. Im Rentenalter sei mit einem Einkommensverlust von 30 bis 40 Prozent zu rechnen. Den könne der Eigenheimbesitzer durch mietfreies Wohnen auffangen. Spätestens bis zur Rente sollte daher das eigene Häuschen abbezahlt sein.

Frankfurter Allgemeine Sonntagszeitung

1. Wie viel Geld muss sich Familie Berger insgesamt leihen?
2. Bis zu welchem Zeitpunkt sollten die Kredite getilgt sein?
3. Informieren Sie sich, wie hoch der Zinssatz für Immobilienkredite derzeit ist.

Lebensversicherung als Polster für sich und die Angehörigen

Das eigene Haus, die ideale Absicherung für das Alter

Bei der **Kapital bildenden Lebensversicherung** wird nicht nur das Todesfallrisiko abgesichert, sondern gleichzeitig auch Kapital zur Altersvorsorge angespart. Stirbt der Versicherungsnehmer während der Laufzeit, so erhalten die Hinterbliebenen die vertraglich vereinbarte Versicherungssumme; erlebt er das Vertragsende, wird das Kapital (also die Versicherungssumme, Zinsen und Überschussanteil) nach Ablauf der Vertragszeit an den Versicherten ausgezahlt. Das kann je nach Vereinbarung einmal in einer Summe erfolgen oder als monatliche Rente bis ans Lebensende oder bis zu einem bestimmten Alter. In den letzten Jahren sind die Renditen der Kapitallebensversicherungen erheblich gesunken und somit mehr und mehr unattraktiv für eine Altersvorsorge geworden.

Den Abschluss einer Lebensversicherung sollte man sich genau überlegen. Auf jeden Fall sollte man verschiedene Angebote prüfen. Eine Kündigung dieses langfristigen Vertrages ist meist nur mit hohen Verlusten möglich. Informieren Sie sich in einer Verbraucherschutzzentrale oder im Internet über verschiedene Angebote.

7 Individualversicherung zum Schutz vor allgemeinen Risiken

Der Staat kann unmöglich alle Risiken des Lebens absichern. Darum muss sich jeder selbst kümmern und entscheiden, was ihm wichtig ist. Die Bundesbürger legen sehr viel Wert auf die Absicherung privater Risiken. Um sich finanziell abzusichern, besitzen über drei Viertel der Haushalte eine Hausratversicherung und mehr als zwei Drittel eine private Haftpflicht. Auch die Alters- und Hinterbliebenenvorsorge wird immer wichtiger. Die Kosten für juristische Streitereien sind noch bei gut 45 Prozent per Versicherung abgedeckt. Eine Unfallversicherung findet sich in über 40 Prozent der Haushalte, eine private Krankenversicherung dagegen nur etwa in jedem zehnten.
Individualversicherungen werden in die Zweige ***Personenversicherung, Vermögensversicherung*** *und* ***Sachversicherung*** *eingeteilt.*

Personenversicherung:
Deckt die Risiken, die in der Person des Versicherten liegen

Vermögensversicherung:
Schützt den Versicherten vor Vermögenseinbußen bei Schäden, die er zu verantworten hat

Sachversicherung:
Deckt den Schaden bei Verlust oder Beschädigung einer Sache des Versicherten

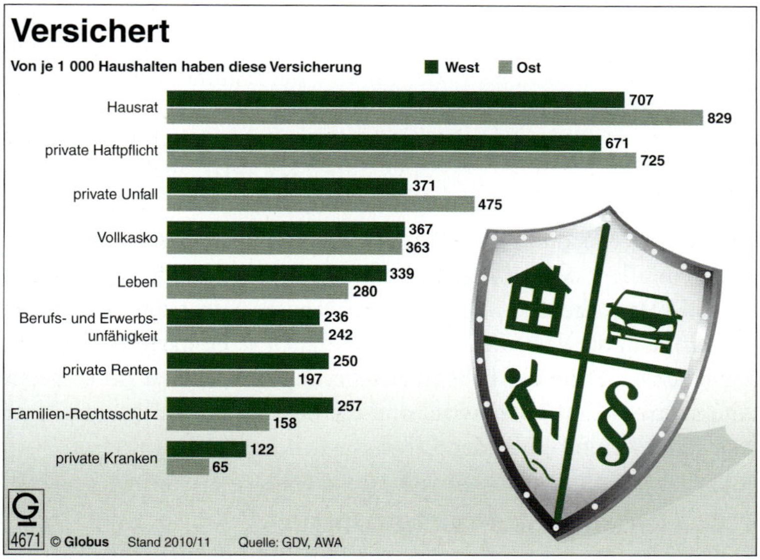

7.1 Berufsunfähigkeitsversicherung

Bei Erkrankungen wird der Lohn noch eine bestimmte Zeit vom Arbeitgeber gezahlt. Ist man dann immer noch arbeitsunfähig, zahlt die Krankenkasse für einen gewissen Zeitraum weiter, aber weniger als den vorherigen Lohn. Bald ist man ohne Einkommen. Wenn dann noch eine Familie zu versorgen ist, steht man schnell vor dem Nichts.

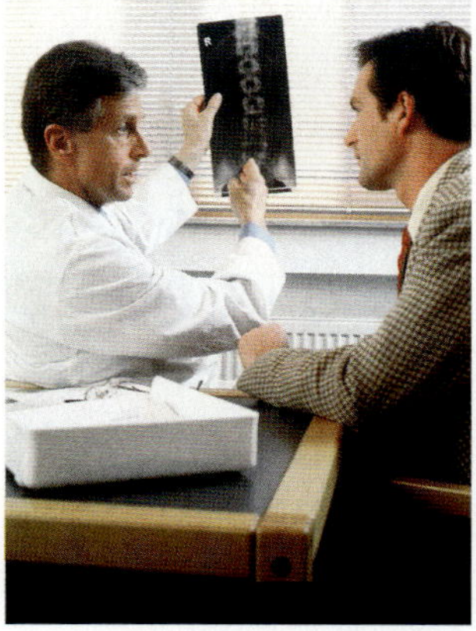
© dpa

Bei Erwerbsminderung in jungen Jahren ist die staatliche Rente nur gering

Wie lange und in welcher Höhe zahlen der Arbeitgeber und die Krankenkasse den Lohn bei Arbeitsunfähigkeit durch Krankheit? Recherchieren Sie bei Ihrer Krankenkasse oder im Internet.

Bei Erwerbsminderung zahlt die gesetzliche Rentenversicherung unter bestimmten Voraussetzungen eine Rente. Deren Höhe richtet sich nach den bisherigen Beitragszahlungen. In jungen Jahren wird man also nur mit einer äußerst geringen Rente rechnen können. Mit dem Abschluss einer Berufsunfähigkeitsversicherung schützt man sich gegen die finanziellen Folgen einer Berufsunfähigkeit. Im Versicherungsfall wird ohne weitere Beitragszahlungen eine Rente in der vereinbarten Höhe gezahlt.

7.2 Private Unfallversicherung

Die gesetzliche Unfallversicherung tritt in Kraft, sofern einem Arbeitnehmer im beruflichen Bereich etwas zustößt. Dagegen zahlt die private Unfallversicherung unabhängig davon, wo und wann ein Unfall passiert ist. Sie zahlt in der Regel einen einmaligen Betrag aus, dessen Höhe von der vereinbarten Versicherungssumme und vom Grad der Invalidität abhängt. Die allermeisten Berufsunfähigkeiten jedoch werden durch Krankheiten und nicht durch private Unfälle verursacht. Hier hilft nur die Berufsunfähigkeitsversicherung. Somit sollte die private Unfallversicherung nur als Ergänzung bei erhöhtem privatem Unfallrisiko und nicht als Ersatz für eine Berufsunfähigkeitsversicherung angesehen werden.

7.3 Risikolebensversicherung

Mit dieser Versicherung werden die Hinterbliebenen abgesichert. Sie dient vor allem der Abtragung finanzieller Verpflichtungen wie zum Beispiel Hypotheken- oder Ratenzahlungen. Stirbt die versicherte Person, zahlt die Versicherung die vertraglich vereinbarte Summe aus. Da bei dieser Form der Lebensversicherung kein Kapital zur späteren Altersvorsorge aufgebaut wird, sind die Beiträge wesentlich günstiger als bei der Kapital bildenden Lebensversicherung.

Bei Sachbeschädigung an fremdem Eigentum hilft eine private Haftpflichtversicherung

7.4 Haftpflichtversicherung

Die private Haftpflichtversicherung ist eine der wichtigsten Versicherungen überhaupt. Für den Schaden, den man anderen Menschen zufügt, haftet man mit dem gesamten Vermögen und bis zur Pfändungsgrenze auch mit dem Gehalt – im Extremfall für den Rest des Lebens. Die Haftpflichtversicherung ist daher für jeden ein Muss. Sie deckt die alltäglichen Risiken des Privatlebens ab. Mitversichert ist automatisch die ganze Familie. Der Versicherungsschutz für Kinder in Schul- oder Berufsausbildung gilt maximal bis zum Alter von 26 Jahren. Unverheiratete Partner, die zusammen wohnen, können eine gemeinsame Haftpflichtversicherung abschließen.

7.5 Hausratversicherung

Wer in der eigenen Wohnung lebt, egal ob als Mieter oder Eigentümer, benötigt eine Hausratversicherung. Sie sollte dem Neuwert des Hausrates entsprechen. Die Hausratversicherung leistet Ersatz, wenn durch Feuer, Einbruch, Raub, **Vandalismus**, Leitungswasser, Sturm oder Hagel Schäden entstehen.

Vandalismus:
Mutwillige, sinnlose Verwüstung, z. B. einer Wohnungseinrichtung.

Zusammenfassung

Fast alle Deutschen werden im Laufe ihres Lebens in irgendeiner Form durch den Staat finanziell unterstützt, z. B. durch:
- Kindergeld
- Elterngeld
- BAföG, Meister-BAföG
- Wohngeld
- Sparzulagen zur Vermögensbildung (Bausparverträge)
- Sozialhilfe

Die Absicherung der normalen Risiken des Lebens muss jeder selbst übernehmen.

Empfehlenswerte Versicherungen sind:
- Haftpflichtversicherung, um Schadenersatzansprüche abzudecken
- Berufsunfähigkeitsversicherung oder auch Lebensversicherung, wenn Angehörige zu versorgen sind
- Hausratversicherung, um Verluste am Hausrat durch Diebstahl, Brand, Wasser abzudecken

Wissens-Check

1. Welche Hilfe bietet der Staat an, die gesetzliche Rente aufzubessern?
2. Nennen Sie vier staatliche Geldleistungen an die Bürger außerhalb der Sozialversicherung.
3. Nennen Sie vier private Versicherungen, die zwar nicht Pflicht, aber empfehlenswert sind.

8 Sparen und Anlegen

Der Industrielle Henry Ford sagte: „Reich wird man nicht mit dem Geld, was man verdient, sondern mit dem, das man nicht ausgibt.“ Die Bundesbürger geben ca. 10 % ihres verfügbaren Einkommens nicht für Konsumzwecke aus, sondern legen es in Spar- und Anlageformen an. Würde man alles Ersparte der Deutschen in Gold umgerechnet in einen Güterzug laden, hätte dieser eine Länge von fast 40 Kilometer.

Von je 100 Befragten nennen als ihr Sparziel:	
Reise, Urlaub	41
Rücklagen für alle Fälle	34
Rücklagen fürs Alter	29
Kein bestimmter Zweck	24
Haus, Wohnung	23
Möbel, Hauhaltsgeräte	21
Auto	21
Zukunft der Kinder	16
Kleidung	13
(Weiter-) Bildung	8
Sport, Hobby	7

8.1 Motive und Ziele des Sparens

Die meisten Deutschen sparen Geld an, um sich damit Konsumwünsche zu erfüllen (Zwecksparen). Der Konsum ist also nur zeitlich verschoben, um sich später eine größere Ausgabe leisten zu können.

Alle drei Ziele lassen sich kaum gleichzeitig erreichen. So ist ein hoher Zinsertrag in der Regel nur durch höheres Anlagerisiko zu erreichen.

Daneben ist das Sparen, um Rücklagen für unvorhersehbare Fälle, für die Zukunft der Kinder und das Alter zu bilden, ein Hauptbeweggrund fürs Sparen (Vorsorgesparen).

Bei der Wahl der Anlageform werden drei Anlageziele beachtet.

- Sicherheit: Ist dieser Aspekt nicht gewährleistet, besteht die Gefahr, das Ersparte ganz oder teilweise zu verlieren.
- Verfügbarkeit: Bei manchen Spar- und Anlageformen kann der Geldanleger für längere Zeit nicht über das Ersparte verfügen.
- Rendite: Je nach Spar- und Anlageform ergibt sich der Ertrag aus Zinsen oder Dividenden und Kursgewinnen, abzüglich der Kosten.

$$\textbf{Rentabilität (Rendite)} = \frac{\textbf{Ertrag x 100}}{\textbf{eingesetztes Kapital}}$$

1. Erklären Sie die Begriffe „Konsumquote" und „Sparquote".
2. Diskutieren Sie in der Gruppe, was für junge Sparer das wichtigste Anlageziel ist.
3. Sie legen 1.500 € an. Nach einem Jahr erhalten sie 1.630 € zurück. Ermitteln Sie die Rendite.

8.2 Sparformen

Die beliebtesten Sparformen sind Sparbuch, Tagesgeld und Festgeld, Bausparen, Versicherungssparen und Wertpapiersparen. In einer Phase mit niedrigen Zinsen fällt es zunehmends schwer, Geld rentabel anzusparen.

Sparbuch

Sparbücher sind populär, weil sie keine Gebühren kosten, weil sie einfach in der Handhabung sind und weil man mit ihnen auch kleinste Beträge anlegen kann.

Nach dem Einlagensicherungsgesetz sind Private Einlagen bei Banken und Bausparkassen bis 100.000 € geschützt.

Es gibt mehrere Varianten des Sparbuchs: Bei Spareinlagen mit gesetzlicher Kündigungsfrist ist die Verzinsung sehr gering; dafür können aber bis zu 2.000 € je Kalendermonat ohne Kündigung abgehoben werden. Größere Beträge müssen drei Monate vorher gekündigt werden oder man muss einen Vorschusszins (Strafzins oder Zinsabschlag) in Kauf nehmen. Bei Spareinlagen mit längeren Kündigungsfristen gilt einfach ausgedrückt: je länger die Kündigungsfrist, desto höher ist die Verzinsung. Üblich sind 12-, 24- bis 48-monatige Fristen.

Beim Zuwachssparen wird ein fester Betrag (ab ca. 2.000 €) angelegt. Jedes Jahr steigt die Verzinsung bis zu einem Höchstsatz an.

Bei Prämiensparen zahlt man einen festen Betrag monatlich auf das Sparbuch ein und bekommt neben der Verzinsung noch eine Prämie.

Bausparen

Das eigentliche Ziel des Bausparens ist es, einen Anspruch auf ein zinsgünstiges Bauspardarlehen in der Zukunft zu erwerben. Der Zinssatz des Darlehens wird schon beim Abschluss für die gesamte Laufzeit des Bausparvertrages festgelegt. Das angesparte Geld wird zwar auch verzinst, jedoch sind die Guthabenzinsen nicht hoch. Das angesparte Geld kann nach der Zuteilung des Bausparvertrages (z. B. nach 7 Jahren) auch ohne Baudarlehen ausgezahlt werden. Da jedoch schon beim Abschluss meist eine Provision fällig wird, lohnt sich Bausparen meist nur für den, der später das Baudarlehen auch in Anspruch nimmt.

Zinseszinseffekt: Je höher die Verzinsung ist und je länger die Anlagedauer, desto stärker wirkt der Zinseszinseffekt.

Wachstum einer Anlage bei unterschiedlichen Zinssätzen

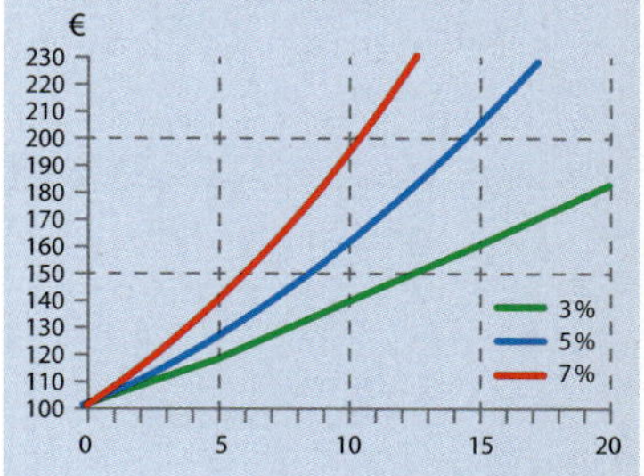

Quelle: EMO-info

Tagesgeld

Tagesgeldkonten können bei fast allen Banken gebührenfrei eröffnet werden. Das auf dem Tagesgeldkonto gesparte Geld wird mit einem variablen Zinssatz verzinst. Die Verzinsung ist in der Regel jedoch höher als beim Sparbuch. Das Geld kann jederzeit ohne Kündigungsfrist oder Abschläge abgehoben werden und ist somit täglich verfügbar.

Festgeld (Termineinlagen)

Für größere Geldbeträge (ab 5.000 €), die nicht langfristig angelegt werden sollen, eignet sich das sogenannte Festgeld. Das Geld wird auf Laufzeiten zwischen 1 Monat und einem Jahr fest angelegt und ist dann erst nach Ablauf wieder frei.

Versicherungssparen

Versicherungssparen wird gerne zur Altersvorsorge genutzt (Vorsorgesparen), meist in Form von Kapitallebens- und Zusatzrentenversicherungen. Die Versicherungssummen werden bei Eintritt des Versicherungsfalles, spätestens nach Ablauf der vorher vereinbarten Vertragszeit, inklusive Zinsen und eventueller Gewinnanteile, ausbezahlt.

Die Kapitallebensversicherung ist eine Lebensversicherung, bei der man im Überlebensfall nach Ablauf eine bestimmte Summe ausgezahlt bekommt. Allerdings sind die Renditen dieser Versicherungen in den letzten Jahren stark gesunken. Als Altersvorsorge sind diese Versicherungen somit nur bedingt geeignet.

Wer schon früh anfängt in eine Zusatzrentenversicherung einzuzahlen, kann auch mit kleinen monatlichen Beiträgen eine hohe private Rentenzahlung im Alter erzielen.

Bei der sogenannten Riesterrente fördert der Staat unter bestimmten Bedingungen dieses Vorsorgesparen.

1. Sie legen 5.000 € für 5 Jahre an. Ermitteln Sie den Wertzuwachs bei einem Zinssatz von 1,5 %, 3 % und 5 %, wenn die Zinsen jährlich dem angelegten Geld gutgeschrieben werden (Zinseszinseffekt).
2. Informieren Sie sich bei der Verbraucherzentrale vor Ort über verschiedene Wege des Vorsorgesparens.
3. Unter welchen Bedingungen wird die Riesterrente staatlich gefördert? In welcher Höhe?
4. Diskutieren Sie in der Gruppe: Für welche Bevölkerungsgruppen ist die Riesterrente eine rentable Altersvorsorge, für welche nicht.

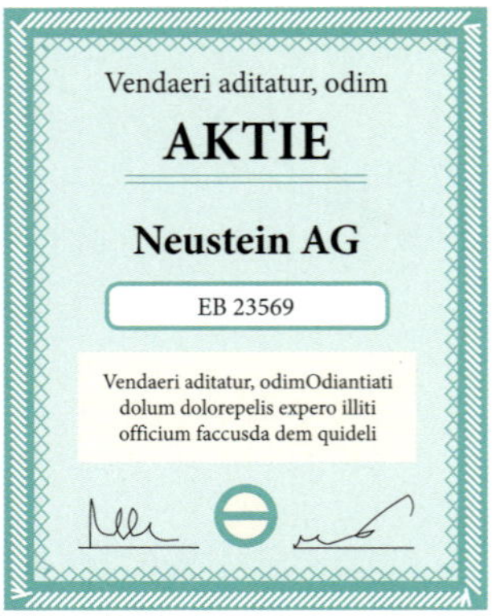

Mögliche Struktur eines Investmentfonts

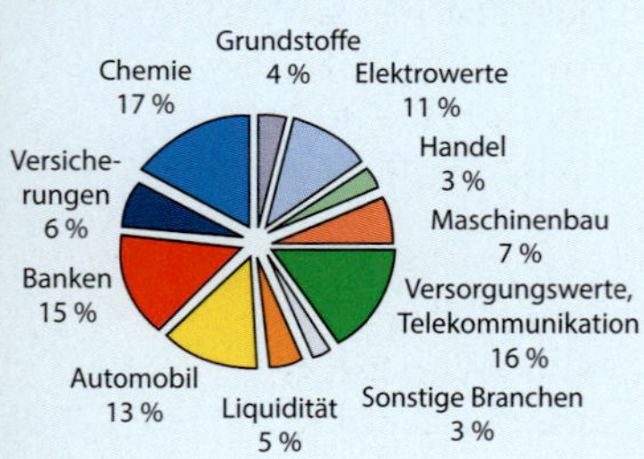

Wertpapiersparen

Ein Wertpapier ist eine Urkunde, die dem Besitzer bestimmte Rechte an einem Unternehmen einräumt. „Wertpapier" wird als Oberbegriff für verschiedene Möglichkeiten in der Finanzwelt genutzt. Neben Aktien werden zum Beispiel auch Anleihen, Optionsscheine, Zertifikate und Anteile an Investmentfonds als Wertpapiere bezeichnet. Der Begriff stammt noch aus der Zeit, in der z. B. Aktien noch als Urkunden auf echtem Papier gedruckt wurden. Heute findet der Wertpapierhandel nur noch elektronisch statt. Wertpapiere werden an der Börse gehandelt und können zum aktuellen Tageskurs (Kurs =Preis) ge- und verkauft werden.

Aktien sind Unternehmensanteile. Bei einer positiven Entwicklung des Unternehmens kann der Aktionär durch Gewinnausschüttung (Dividende) und durch Anstieg des Aktienkurses profitieren. Beim Verkauf kann man das investierte Geld mit hoher Rendite vermehren. Allerdings ist das Risiko des Geldverlustes z. B. durch Kursrückgang groß. Wer mit Aktien sein Geld vermehren will, muss also ständig die Kursschwankungen im Auge behalten.

Bei Investmentfonds kauft man sich bei einer Gesellschaft ein, die mit einer breiten Palette an Aktien handelt. Wenn der Kurs einer der Aktien einbricht, ist so nicht das ganze investierte Geld weg, da es noch anteilig in vielen anderen Aktien angelegt ist. Aktienfonds eignen sich für Anleger, die ihr Geld mit begrenztem Risiko in Aktien anlegen wollen, aber sich nicht laufend um die Marktentwicklung kümmern wollen.

1. Welche Unternehmen geben Wertpapiere aus und warum?
2. Recherchieren Sie, wie der Staat z. B. das Bausparen fördert.

9 Verschuldung und Überschuldung

Reichen Ersparnisse für Anschaffungen nicht aus, dann muss man entweder drauf verzichten oder mit einen Kredit aufnehmen. Wenn jedoch das monatliches Einkommen nicht mehr ausreicht, neben der Lebenshaltungskosten und Rechnungen die fälligen Raten zu bezahlen, ist man überschuldet.

Zum Schutz der Verbraucher sind Kreditverträge durch das Bürgerliche Gesetzbuch (BGB) klar geregelt. So sind Kreditgeber verpflichtet, den effektiven Jahreszins anzugeben (Zinssatz unter Berücksichtigung aller anfallenden Kosten). Dem Darlehensnehmer ist es damit besser möglich, verschiedene Angebote zu vergleichen.

Informieren Sie sich im Bürgerlichen Gesetzbuch § 491 ff., welche Regelungen eines Kreditvertrages noch vorgeschrieben sind.

Überschuldung

Wer zu sorglos seine Anschaffungen durch Kredite finanziert, gerät in Gefahr, sich zu überschulden.

Bei Rückzahlungsschwierigkeiten ist ein offenes Gespräch mit den Kreditgebern und eine Beratung durch die Schuldnerberatungsstelle der erste Schritt aus der Verschuldung.

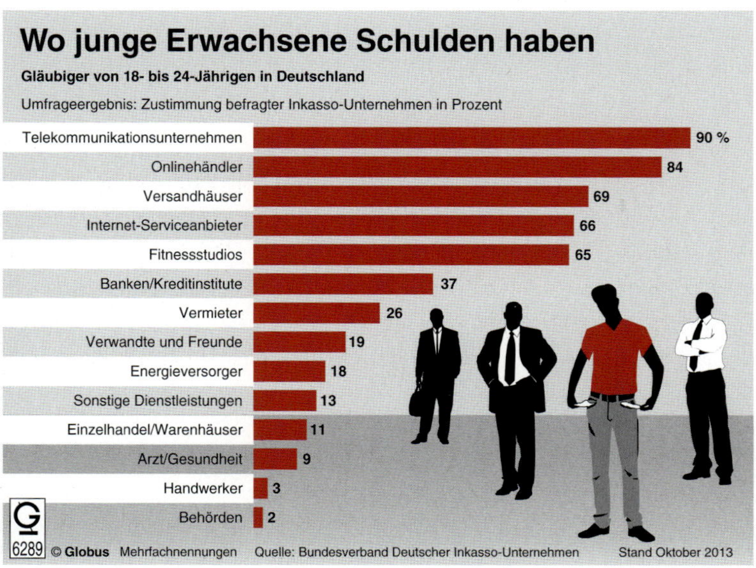

Das sogenannte Verbraucherinsolvenzverfahren bietet seit 1999 überschuldeten Privatpersonen die Chance auf einen wirtschaftlichen Neuanfang. Das Verfahren gliedert sich in drei Stufen:

Wichtig Vorschriften für Verbraucherdarlehensverträge (für Kredite über mehr als 200 € von gewerblichen Kreditgebern an Privatleute) (BGB §§ 491 ff.):

- Schriftliche Form des Kreditvertrages
- Mindestangaben
  - Nettokreditbetrag (ausgezahlter Betrag)
  - Gesamtkreditbetrag (Summe **aller** Teilzahlungen einschließlich Zinsen und Kosten)
  - Sollzinssatz: Jahressinssatz (p. a.) oder Monatszinssatz (p. m.)
  - Effektiver Jahreszins
  - Zu bestellende Sicherheiten (z. B. Gehaltsabrechnung, Bürgschaft usw.)
- Widerrufsrecht innerhalb von zwei Wochen

Zunächst gibt es einen außergerichtlichen Einigungsversuch mit allen Gläubigern. Scheitert der außergerichtliche Einigungsversuch, gibt es unter bestimmten Voraussetzungen die Möglichkeit, das Verfahren auch gegen den Willen einer Minderheit der Gläubiger fortzuführen.

In der dritten Stufe muss sich der Schuldner dann sechs Jahre lang „wohl verhalten". Von seinem Einkommen bleibt ihm nur der nicht pfändbare Teil, der Rest muss zur Schuldentilgung eingesetzt werden. Zudem hat der Schuldner bestimmte Informations- und Mitwirkungspflichten. Im Falle von Arbeitslosigkeit ist er verpflichtet, sich um zumutbare Arbeit zu bemühen. Bewährt sich der Schuldner über diese Zeit, wird ihm die Restschuld erlassen.

Kompetenzbereich 6: Entscheidungen in der sozialen Marktwirtschaft treffen

1 Kennzeichen der sozialen Marktwirtschaft
2 Betriebliche Ziele
3 Rechtsformen der Unternehmen
4 Existenzgründung: Wege in die Selbstständigkeit

1 Kennzeichen der sozialen Marktwirtschaft

Interpretieren Sie die nebenstehende Karikatur.

© Dave Vaughan

1.1 Freie Marktwirtschaft und Planwirtschaft

Die freie Marktwirtschaft

Markt:
Ort, an dem Angebot und Nachfrage aufeinander treffen

Sämtliche wirtschaftlichen Entscheidungen werden von den Bürgern weitgehend allein getroffen. Der **Markt** bestimmt durch das Zusammentreffen von Angebot und Nachfrage, welche und wie viel Güter produziert werden. Die Unternehmen sind dabei auf Gewinnmaximierung aus, wodurch ein Wettbewerb unter den Unternehmen entbrennt. Jeder möchte den größten Profit machen. Die Nachfrage bestimmt, was und wie viel angeboten wird, worauf die Unternehmer ihr Angebot abstimmen. Die Unternehmer erhalten diese notwendigen Informationen über die Preise, die sich am Markt bilden (Markt-Preis-Mechanismus). Der Markt gilt dabei als Abstimmungsmechanismus für alle Arten von angebotenen und nachgefragten Gütern, Dienstleistungen, Kapitalien und Arbeitsleistungen. Die freie Marktwirtschaft gibt es in reiner Form, in der der Staat überhaupt nicht in den Wirtschaftsablauf eingreift, nicht. Zusammenfassend kann die freie Marktwirtschaft folgendermaßen charakterisiert werden:

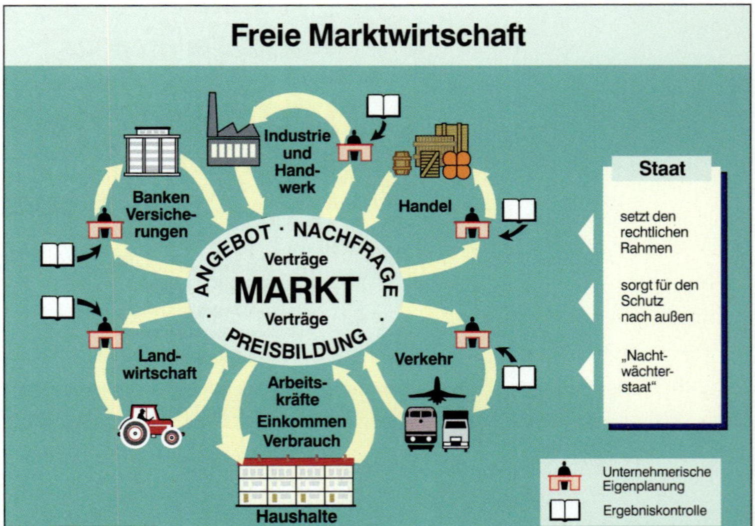

200 260 © Erich Schmidt Verlag

Die Plan- oder Zentralverwaltungswirtschaft

Eiserner Vorhang:
Dieser „Vorhang“ war meist für die Bewohner des Ostteils undurchlässig.

Die Planwirtschaft, auch Zentralverwaltungswirtschaft, hat seit dem Fall des „eisernen Vorhangs“ weltweit an Bedeutung verloren. Diese

Kompetenzbereich 6

Wirtschaftsform existiert nur noch in wenigen Ländern wie zum Beispiel in Nord-Korea oder Kuba. Die Grundlagen dieser Wirtschaftsordnung bildet die Verstaatlichung der Produktionsmittel sowie die zentrale Planung und Steuerung der Wirtschaft durch den Staat. Eine zentrale Planbehörde setzt die Preise und Löhne fest, lenkt die Arbeitskräfte dorthin, wo sie gebraucht werden, und kontrolliert die Verteilung der Güter. Oberstes Ziel dieser Wirtschaftsordnung ist die Erfüllung des Plans.

Zentralverwaltungswirtschaft ist nur möglich, wenn ein Staat ausreichend Macht hat, sie durchzusetzen. Das Grundgesetz der Bundesrepublik Deutschland schreibt zwar keine konkrete Wirtschaftsordnung vor, doch gibt es im Grundgesetz zahlreiche Artikel, die eine Planwirtschaft ausschließen.

Die Planwirtschaft sieht sich einigen Problemen gegenüber:

- Wie wird die Produktion auf zukünftige Bedürfnisse der Bevölkerung abgestimmt?
- Wie werden die arbeitenden Menschen so motiviert, dass Planziele erfüllt werden?
- Wie wird eine übermäßige Bürokratisierung verhindert?

Bisherige Versuche einer Gesamtplanwirtschaft sind misslungen.

1.2 Spannungsverhältnis zwischen Staat und Markt

Die soziale Marktwirtschaft

1948 wird zusammen mit der Währungsunion in den drei Westzonen die Soziale Marktwirtschaft eingeführt. „Wohlstand für alle" lautet der Grundsatz der vom damaligen Bundeskanzler **Ludwig Erhard** geprägten Wirtschaftspolitik. Hierbei handelt es sich um ein Wirtschaftsmodell, das – im Gegensatz zur freien Marktwirtschaft – dem Staat eine Regulierungs- und Kontrollfunktion im wirtschaftlichen Bereich zuweist. Dadurch sollen die Mängel der freien Marktwirtschaft ausgeglichen, aber gleichzeitig ihre Vorteile gewahrt bleiben. Hierbei entsteht ein Spannungsverhältnis zwischen Staat und Markt. Es geht um die Frage, inwieweit der Staat in den Markt eingreifen darf, um das freie Spiel von Angebot und Nachfrage zu beeinflussen. Im Allgemeinen gilt das Prinzip, dass die wirtschaftliche Freiheit vom Staat nur so weit eingeschränkt werden darf, dass unsoziale Auswirkungen vermieden werden und „Wohlstand für alle" geschaffen wird. Die staatlichen Aufgaben umfassen:

Ludwig Erhard

- Schutz des freien Wettbewerbs durch Verhinderung von Wettbewerbsbeschränkungen
- Einkommens-, Vermögens- und Steuerpolitik, z. B. **progressive** Besteuerung des Einkommens

- Konjunktur- und Strukturpolitik, z. B. Subventionen für strukturell schwache Regionen
- Sozialpolitik, z. B. Sozialversicherung, Arbeitsschutzgesetze, Sozialleistungen

Inwieweit die Konzeption der sozialen Marktwirtschaft noch für die gegenwärtig vorherrschende Wirtschaftsordnung zutrifft, ist zumindest umstritten. Viele der aktuellen wirtschaftspolitischen Probleme (wie z. B. Arbeitslosigkeit oder Staatsverschuldung) stellen die sozialen Komponenten des Wirtschaftssystems zunehmend in Frage.

> Erläutern Sie den wesentlichen Unterschied zwischen der freien und der sozialen Marktwirtschaft.

Das Menschenbild und die Prinzipien der sozialen Marktwirtschaft

Die soziale Marktwirtschaft geht von einem selbstverantwortlichen Menschen aus, der sein Leben selbst in die Hand nimmt. Die folgenden vier Prinzipien prägen die soziale Marktwirtschaft.

Individualprinzip

Jeder Mensch handelt selbstverantwortlich. Hierzu muss ihm der Staat die entsprechenden Freiräume gewähren. Dieses Prinzip leitet sich aus dem Recht auf freie Entfaltung der Persönlichkeit und dem Recht auf Eigentum ab.

Sozialprinzip

Jeder Mensch hat das Seine zum Gemeinwohl beizutragen. Das heißt, dass die Menschen füreinander einstehen sollen.

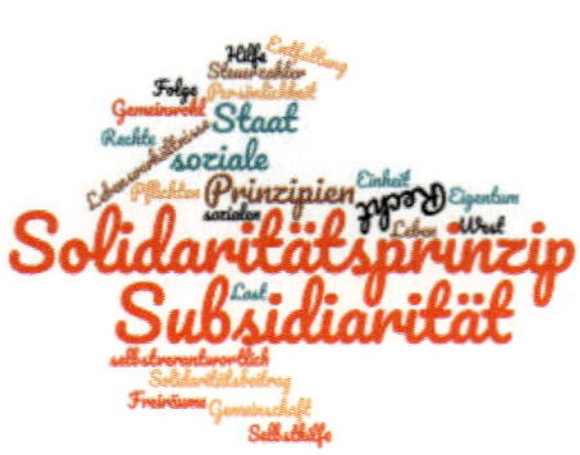

Subsidiaritätsprinzip

Nur wenn der Mensch sich nicht selbst helfen kann, tritt der Staat für ihn ein. Der Staat gewährt Hilfe zur Selbsthilfe. Hierzu gehört beispielsweise die Sozialhilfe.

Solidaritätsprinzip

Jeder Mensch hat nach diesem Prinzip Rechte und Pflichten gegenüber der Gemeinschaft („Einer trage des anderen Last.“). Ein Beispiel hierfür ist der Solidaritätsbeitrag, der als Folge der deutschen Wiedervereinigung von jedem Steuerzahler zur Finanzierung der Einheit erhoben wird. Hierdurch sollen einheitliche Lebensverhältnisse in Ost und West herbeigeführt werden.

1. Die soziale Marktwirtschaft ist von bestimmten Prinzipien geprägt. Welches Prinzip verbirgt sich hinter dem Ausspruch „Einer für alle, alle für einen"?
2. Erläutern Sie kurz den Inhalt des Subsidiaritätsprinzips.

Rechtliche Regelungen zur sozialen Marktwirtschaft

Das Grundgesetz schreibt der Bundesrepublik Deutschland die soziale Marktwirtschaft nicht als einzig mögliche Wirtschaftsordnung vor. Lediglich einzelne Bestimmungen fordern die Wirtschaftspolitik auf, sich an bestimmte Regeln zu halten. Artikel 20 GG verpflichtet den Staat zu einem Mindestmaß an sozialen Standards. Jeder Bürger hat somit das Recht auf eine soziale Grundsicherung. Dieser Sozialgedanke findet sich in der sozialen Marktwirtschaft in den Sozialleistungen wieder.

Folgende Bestimmungen zur Wirtschaftsordnung lassen sich aus dem Grundgesetz ableiten:

Rechtliche Bestimmungen im Grundgesetz	Die Elemente der sozialen Marktwirtschaft
Freie Persönlichkeitsentfaltung **(Art. 2 Abs. 1)**	Konsum- und Handelsfreiheit, Gewerbefreiheit, Vertragsfreiheit
Vereinigungsfreiheit **(Art. 9 Abs. 1)**	Möglichkeit freier Unternehmenszusammenschlüsse
Koalitionsrecht **(Art. 9 Abs. 3)**	Tarifverhandlungen durch Interessensvertretungen von Arbeitnehmern und Arbeitgebern
Recht auf Freizügigkeit **(Art. 11 Abs. 1)**	Niederlassungsfreiheit
Freiheit der Berufswahl **(Art. 12 Abs. 1 Satz 1)**	Freie Wahl von Beruf, Arbeitsplatz und Ausbildungsstätte
Sozialstaatsklausel **(Art. 20 Abs. 1)**	Der Staat fängt sozial Schwache mit einem Netz sozialer Leistungen auf
Eigentumsgarantie **(Art. 14 Abs. 1 Satz 1)**	Investitions- und Produktionsfreiheit

1.3 Bedeutung von Markt und Wettbewerb für Verbraucher und Volkswirtschaft

In einer Marktwirtschaft sind Angebot und Nachfrage dem freien Spiel der Marktkräfte ausgesetzt. Bei diesem Spiel gewinnt nur derjenige, der sich in der stärkeren Position befindet. Dies bedeutet, dass die Unternehmen einen Vorsprung an Marktinformationen und einen größeren Einfluss auf Politik und Wirtschaft anstreben müssen. Ferner streben Unternehmen danach, durch **Kooperationen** oder

Kooperation:
Zusammenarbeit von zwei oder mehreren Unternehmen

Fusion:
Verschmelzung von zwei oder mehreren Unternehmen zu einer wirtschaftlichen Einheit

© Bainlow-pic – stock.adobe.com

Fusionen ihre Macht auszubauen. Der Verbraucher kann sich meist nur den vorgegebenen Marktbedingungen anpassen.

Das einzig wirksame Mittel des Verbrauchers liegt in diesen Fällen nur in der Konsumzurückhaltung oder im Konsumverzicht. Dies funktioniert allerdings nur, wenn es sich um nicht lebensnotwendige Güter handelt. Ansonsten hilft nur ein gesunder funktionierender Wettbewerb, bei dem sich die Wettbewerber untereinander selbst kontrollieren.

Damit der Verbraucher den Marktkräften nicht hilflos ausgeliefert ist, wurden Gesetze zu seinem Schutz geschaffen:

GBW:
Gesetz gegen Wettbewerbsbeschränkung

Kartell:
Vertragsmäßige Zusammenschlüsse selbstständiger Unternehmungen. Hier finden z.T. Preisabsprachen zu Lasten der Verbraucher statt.

- Verbraucherschutzbestimmungen im BGB
- Das GWB, um den freien Wettbewerb zu garantieren. Demnach sind Kartelle grundsätzlich verboten. Grundgedanke des Gesetzes ist, dass ein freier Wettbewerb den größten Nutzen für die Wirtschaft und den Verbraucher hat.
- Das UWG als wichtigste wettbewerbsrechtliche Regelung. Es soll den Verbraucher vor dem wettbewerbswidrigen Verhalten einzelner Waren- und Dienstleistungsanbieter schützen.

> **§ 1 UWG:**
> Dieses Gesetz dient dem Schutz der Mitbewerber, der Verbraucherinnen und der Verbraucher sowie der sonstigen Marktteilnehmer vor unlauterem Wettbewerb. Es schützt zugleich das Interesse der Allgemeinheit an einem unverfälschten Wettbewerb.

- Seit 2009 wurde der Verbraucherschutz im UWG um das Verbot unerwünschter Telefonwerbung erweitert. Verstöße stellen eine Ordnungswidrigkeit dar und werden von der Bundesnetzagentur verfolgt, wenn der Verbraucher diese Anrufe meldet. Damit kann unerwünschte Telefonwerbung mit bis zu 50.000 Euro Geldbuße geahndet werden.

Verbrauchsgüterkauf:
Eine Privatperson (Verbraucher) kauft von einem Unternehmer eine bewegliche Sache (§ 474 I, S. 1 BGB)

- Beim **Verbrauchsgüterkauf** wird nach § 476 BGB zugunsten des Käufers gesetzlich festgestellt, dass ein Mangel an einer Kaufsache bereits beim Kauf bestand (Beweislastumkehr). Dies gilt für die ersten sechs Monate nach dem Kauf.

Unlauter ist Werbung z. B. dann, wenn sie:

- Falsche Vergleiche mit Mitbewerbern anstellt,
  (Beispiel: „Wäscht weißer als das Waschmittel XYZ.“)
- Irreführend ist,
  (Beispiel: Preis vorher 3 € jetzt nur noch 1 €. Preis vorher wurde frei erfunden.)
- Lockvogelwerbung darstellt.
  (Beispiel: Sonderangebote locken Kunden ins Geschäft; tatsächlich gibt es nur eine geringe Zahl reduzierter Artikel, die sofort ausverkauft sind.)

A. Kolb liest in der Zeitung folgende Werbeanzeige eines Supermarktes: „1 Pfund Kaffee der Marke Fibo für nur 1,99 €". Eine halbe Stunde später ist Frau Kolb in dem Geschäft; allerdings vergeblich. Die vorhandenen 30 Packungen Kaffee waren bereits verkauft.

Begründen Sie einen möglichen Verstoß gegen das UWG!

Auch entsprechende Institutionen wie das Bundeskartellamt zusammen mit den Landeskartellbehörden schützen den Wettbewerb.

PRESSESCHAU

Aldi und Lidl werden teurer

Kartellamt verbietet Supermarkt-Preiskrieg

München. Bonn – Das Bundeskartellamt hat am Freitag den Handelsriesen Aldi-Nord und Lidl untersagt, bestimmte Grundnahrungsmittel wie Butter oder Reis dauerhaft unter dem **Einstandspreis** zu verkaufen. Der Präsident der Behörde (...) begründete die Entscheidung mit dem Kartellgesetz, das allenfalls befristete Sonderangebote unter Einstandspreisen zulasse. Dauerhafte Niedrigpreis-Verkäufe würden zwar den Verbrauchern kurzfristig bescheidene Vorteile bringen, längerfristig aber einen wirksamen Wettbewerb im Lebensmittel-Einzelhandel zerstören ...

Süddeutsche Zeitung

Einstandspreis:
Preis, der aus der Summe aller Kosten ermittelt wird, die entstehen, bis das Produkt den Kunden erreicht hat. Dazu gehören neben dem Produktpreis die Fracht- und Verpackungskosten, Zölle etc.

Erklären Sie, warum das Kartellamt eine für den Verbraucher günstige Niedrigpreispolitik verboten hat?

Um Marktmacht zu erlangen, sind manche Unternehmen sehr kreativ und scheuen keine Kosten. Wie obiger Zeitungsartikel zeigt, haben Handelsriesen versucht, durch Anbieten von Grundnahrungsmitteln unterhalb der eigenen **Selbstkosten**, Kunden anzulocken und Wettbewerber, die sich das nicht leisten konnten, aus dem Feld zu schlagen. Hier kann nur noch der Staat helfen.

Selbstkosten:
Summe der Kosten, die für die Herstellung sowie für den Vertrieb und die Verwaltung in einem Unternehmen anfallen

Zusammenfassung

In der reinen Form der freien Marktwirtschaft greift der Staat nicht in den Wirtschaftsablauf ein.

Der Markt bestimmt durch das Zusammentreffen von Angebot und Nachfrage, was und wie viel produziert wird.

Die Grundlagen der Zentralverwaltungswirtschaft bilden die Verstaatlichung sowie die zentrale Planung und Steuerung der Wirtschaft durch den Staat.

Planwirtschaft ist nur möglich, wenn ein Staat ausreichend Macht hat, sie durchzusetzen.

Die soziale Marktwirtschaft versucht, die Mängel der freien Marktwirtschaft auszugleichen, aber gleichzeitig ihre Vorteile sicherzustellen.

Die soziale Marktwirtschaft verfolgt folgende Prinzipien: Individualprinzip, Sozialprinzip, Subsidiaritätsprinzip, Solidaritätsprinzip.

Unternehmen streben danach ihre Marktmacht auszubauen, z. B. durch Kooperationen oder Fusionen.

Der Verbraucher kann sich nur den vorgegebenen Marktbedingungen anpassen.

Der Staat schützt den Wettbewerb mit Gesetzen und Institutionen.

Wissens-Check

1. Grenzen Sie die freie Marktwirtschaft von der Planwirtschaft ab.
2. Welche Gründe führten zur Entstehung der sozialen Marktwirtschaft?
3. Erläutern Sie kurz die Rolle des Staates in der sozialen Marktwirtschaft.
4. Nennen und erläutern Sie die Prinzipien der sozialen Marktwirtschaft.
5. Martin bekommt eine CD ins Haus geschickt, ohne dass er sie bestellt hat. Verstößt dies gegen das UWG?
6. Begründen Sie die Notwendigkeit des Verbraucherschutzes in der sozialen Marktwirtschaft.

2 Betriebliche Ziele

© Tijana – fotolia.com

„Der Langsamste, der sein Ziel nicht aus dem Auge verliert, geht immer geschwinder als jene, die ohne Ziel umherirren.“

G. E. Lessing

Beim wirtschaftlichen Handeln verfolgt der Mensch bestimmte Ziele. Diese Ziele versucht er zu erreichen, indem er vernünftig (rational) handelt.

2.1 Ökonomisches Prinzip

Wirtschaftssubjekte können nach zwei Prinzipien handeln. Zum einen können sie nach dem Maximalprinzip handeln. Darunter versteht man, mit vorhandenen Mitteln (meist Geld) möglichst viel zu erhalten (z. B. Lebensmittel). Zum anderen können Wirtschaftssubjekte nach dem Minimalprinzip handeln. Hierunter versteht man, ein gegebenes Ziel (z. B. den Kauf von Lebensmitteln für eine Woche) mit möglichst wenig Mitteln (z. B. Geld) zu erreichen. Beide Prinzipien zusammen bezeichnet man als **ökonomisches Prinzip** (Wirtschaftlichkeitsprinzip). Diesem Prinzip liegt die Vorstellung zu Grunde, dass der Mensch rational handelt.

Wirtschaftssubjekte:
Alle wirtschaftlich Handelnden wie private Haushalte, Unternehmen oder der Staat

Ökonomisches Prinzip:
Minimal- und Maximalprinzip

Kritik am klassischen ökonomischen Prinzip

Das ökonomische Prinzip lässt keine Aussagen über Ziele oder Motive des wirtschaftlich Handelnden zu. Ein Unternehmen kann beispielsweise nach diesem Prinzip handeln, um den Gewinn zu maximieren oder um wirtschaftliche Macht zu erlangen. Es kann sich aber auch zum Ziel setzen, die nachgefragten Güter mit möglichst wenig finanziellem Aufwand zu produzieren (z. B.: Zeitungen in Gewerkschften, Kirchen oder Verbänden/ADAC). Das ökonomische Prinzip zeigt aber lediglich die Art der Durchführung auf. Das Ziel, welches damit verfolgt werden soll, bleibt hingegen unklar.

1. Nennen Sie das Prinzip nachdem die Schülerin Maria handelt, wenn sie in einem Billigdiscounter Kleidung einkauft.
2. Welche der folgenden Aussagen trifft auf das ökonomische Prinzip zu:
   a) Mit gegebenen Mitteln ist ein maximaler Nutzen anzustreben.
   b) Mit geringsten Mitteln ist der höchste Nutzen anzustreben.
   c) Das ökonomische Prinzip ist undurchführbar.

2.2 Allgemeinwohl und wirtschaftliche Ziele

Die Zielverwirklichung aller Wirtschaftssubjekte stößt an ihre Grenzen, sobald sie den Interessen des Gemeinwohls entgegensteht. Zum Nutzen der Allgemeinheit kann sogar Eigentum enteignet werden. Beispielsweise können Abfälle nicht umweltschädlich entsorgt werden, um damit Kosten zu sparen.

Ob es für alle immer nur bergauf geht?

Art. 14 GG

(2) Eigentum verpflichtet. Sein Gebrauch soll zugleich dem Wohle der Allgemeinheit dienen.

(3) Eine Enteignung ist nur zum Wohle der Allgemeinheit zulässig. Sie darf nur durch Gesetz oder auf Grund eines Gesetzes erfolgen, das Art und Ausmaß der Entschädigung regelt. Die Entschädigung ist unter gerechter Abwägung der Interessen der Allgemeinheit und der Beteiligten zu bestimmen.

Benötigt z. B. eine Gemeinde eine Umgehungsstraße, so könnte im Interesse des Allgemeinwohls das Land von Landwirten gegen eine entsprechende Entschädigung enteignet werden.

Zusammenfassung

Jedes Wirtschaftssubjekt in einer Marktwirtschaft verfolgt Ziele.

Zur Erklärung wirtschaftlichen Handelns geht man davon aus, dass der Mensch rational (wirtschaftlich vernünftig) handelt.

Dem ökonomischen Prinzip liegt das Menschenbild des rational handelnden Menschen zugrunde.

Wirtschaftssubjekte sind die privaten Haushalte, Unternehmen und die öffentlichen Haushalte.

Die Zielverwirklichung der Wirtschaftssubjekte wird durch das Gemeinwohl eingeschränkt.

Wissens-Check

Nennen Sie die ökonomischen Prinzipien, die in den folgenden Fällen vorliegen:

a) In der Konstruktionsabteilung einer Automobilfabrik wird erreicht, dass bei gleicher PS-Zahl und unveränderten Beschleunigungswerten der Benzinverbrauch eines bestimmten Typs um 10 Prozent gesenkt wird.

b) Zur Unterstützung der Landwirtschaft kauft eine staatliche Vorratsstelle Pfirsiche auf, um einen Preisverfall zu verhindern. Die aufgekauften Pfirsiche werden vernichtet.

c) In einer Möbelfabrik, die Bücherwände herstellt, war ein Unternehmensberater tätig. Aufgrund einer von ihm vorgeschlagenen Änderung des Fertigungsablaufs war es möglich, ohne zusätzliche Investitionen und ohne zusätzliches Personal die Produktion um 6 Prozent zu erhöhen.

3 Rechtsformen der Unternehmen

Der Computerhandel von Max Mayr hat sich in den letzten zwei Jahren so gut entwickelt, dass er die Geschäfte nicht mehr alleine bewältigen kann. Er stellt deswegen einen Einzelhandelskaufmann für die Buchführung und die sonstigen Verwaltungsarbeiten ein. Außerdem treten seine Kunden immer mehr mit Systemberatungswünschen an ihn heran, die er nur teilweise befriedigen kann. Er nimmt deshalb das Angebot des Freundes Herbert Müller, der in einem EDV-Beratungsunternehmen arbeitet, an. Dieser schlägt vor, sich im gleichen Verhältnis wie Max Mayr am Unternehmen zu beteiligen.

1. Nennen Sie mit Hilfe der Informationen auf den folgenden Seiten die Unternehmensform, um die es sich bei der Computerhandlung handelt.
2. Erläutern Sie anschließend, welche Unternehmensform nach Aufnahme des Freundes Müller empfehlenswert wäre.

Firma:
Name des Kaufmanns, unter dem er seine Handelsgeschäfte betreibt, die Unterschrift abgibt, klagen und verklagt werden kann. Zulässig sind folgende Firmenarten:
1. Personenfirma: Besteht aus einem oder mehreren Personennamen, z. B. Hans Mair e. K.
2. Sachfirma: Der Name leitet sich aus dem Gegenstand des Unternehmens ab, z. B. BMW AG.
3. Phantasiefirma: Zulässig ist jeder Name, sofern er im Zusammenhang mit dem Unternehmen steht, z. B. Adidas AG.
4. Gemischte Firma: Name setzt sich aus dem Personennamen und Gegenstand des Unternehmens zusammen, z. B. Müller Polstermöbel KG.

3.1 Einzelunternehmen

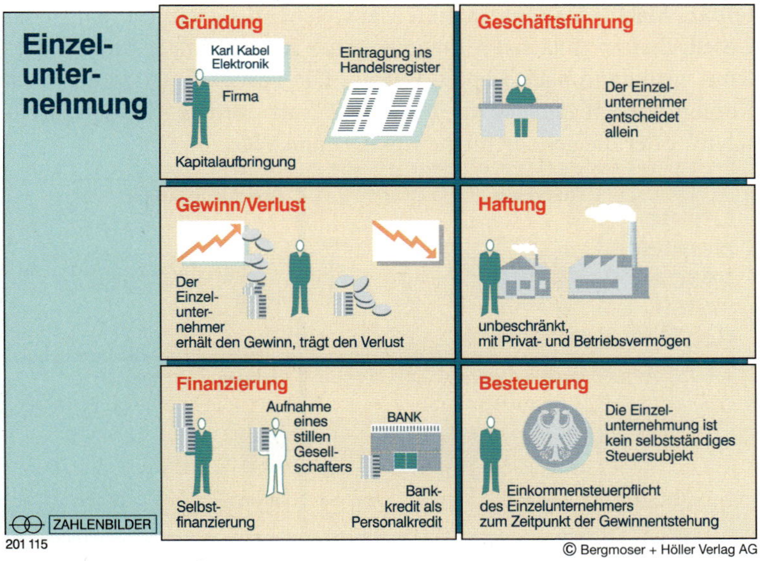

Der Einzelunternehmer hat das alleinige Recht zur Geschäftsführung. Er kann allein und somit schnell Entscheidungen fällen. Die Haftung bezieht sich auf sein gesamtes Geschäfts- und Privatvermögen. Da er allein das **Eigenkapital** in das Unternehmen einbringt, hat er auch allein Anspruch auf den Gewinn. Dafür muss er aber auch Verluste alleine tragen. Die **Firma** trägt den Zusatz e. K., e. Kfm. bzw. e. Kffr. für „eingetragener Kaufmann" bzw. „eingetragene Kauffrau".

Eigenkapitel:
Von den Unternehmern für das Unternehmen zur Verfügung gestellte finanzielle Mittel

3.2 Personengesellschaften

Um eine Personengesellschaft zu gründen sind mindestens zwei Personen erforderlich, die einen Gesellschaftsvertrag schließen.

In der Gesellschaft des bürgerlichen Rechts (GbR) sind alle Gesellschafter, wenn nichts anderes vereinbart wurde, gemeinschaftlich Geschäftsführer. Für sämtliche Schulden haften alle Gesellschafter persönlich, **unbeschränkt** und mit ihrem gesamten Vermögen. Gewinne oder Verluste werden, sofern nichts anderes im Gesellschaftsvertrag vereinbart ist, nach Köpfen verteilt. Die GbR hat keine Firma. Ein Zusatz ist nicht erforderlich. Genauso leicht wie die GbR gegrün-

Unbeschränkt:
Haftung mit Privat- und Geschäftsvermögen

det werden kann, kann sie auch wieder aufgelöst werden. Beispiele für GbRs sind Wohn- oder Fahrgemeinschaften.

Bei der offenen Handelsgesellschaft (OHG) ist eine Kapitaleinlage erforderlich. Wenn der Gesellschaftsvertrag nichts anderes regelt, ist jeder Gesellschafter allein zur Geschäftsführung berechtigt. Außergewöhnliche Handlungen wie der Verkauf des Unternehmens oder die Aufnahme hoher Kredite sind aber von der Zustimmung aller Gesellschafter abhängig. Die Gesellschafter haften mit ihrem gesamten Geschäfts- und Privatvermögen, unbeschränkt, **solidarisch** und **unmittelbar**. Macht das Unternehmen ausreichend Gewinn, erhält jeder Gesellschafter zunächst 4 Prozent seiner Kapitaleinlage, der Restgewinn wird dann nach Köpfen verteilt. Die Verluste werden nur nach Köpfen verteilt. Die Firma hat den Zusatz „offene Handelsgesellschaft" oder die gebräuchliche Abkürzung OHG.

Solidarisch:
Jeder Gesellschafter haftet unabhängig von der Höhe seiner Einlage für alle Schulden der Gesellschaft.

Unmittelbar:
Jeder Gläubiger kann sich an jeden einzelnen Gesellschafter zur Einforderung der Schuld wenden.

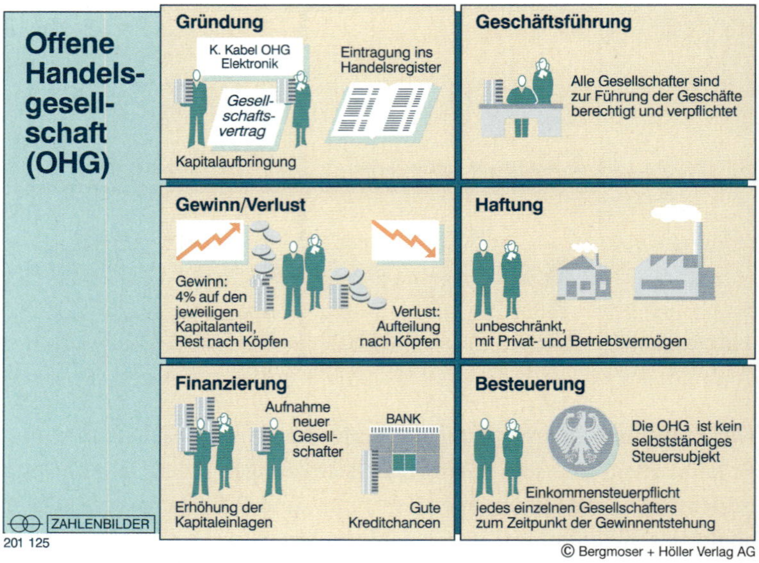

© Bergmoser + Höller Verlag AG

Bei der Kommanditgesellschaft (KG) ist wie bei der OHG eine Kapitaleinlage erforderlich. Bei der Gründung wird ein Gesellschaftsvertrag abgeschlossen, in dem vereinbart wird, wer **Vollhafter** (Komplementär) und wer **Teilhafter** (Kommanditist) ist. Der Vollhafter haftet mit seinem gesamten Vermögen und der Teilhafter nur mit seiner Kapitaleinlage. Der Vollhafter ist allein für die Geschäftsführung verantwortlich. Der Teilhafter kann nur bei außergewöhnlichen Rechtsgeschäften wie Unternehmensauflösung oder Verkauf von wesentlichen Unternehmensteilen widersprechen. Ihm steht außerdem ein Informationsrecht zu und er hat Anspruch auf Einsicht in die Geschäftsbücher. Die gesetzliche Gewinnverteilung regelt, dass jedem Gesellschafter zunächst 4 Prozent seiner Kapitaleinlage zustehen, der Rest soll im angemessenen Verhältnis z. B. in Abhängigkeit von den Kapitaleinlagen verteilt werden. Die Verluste werden in angemessenem Verhältnis aufgeteilt. Die Firma hat den Zusatz „Kommanditgesellschaft" oder die gebräuchliche Abkürzung KG.

Vollhafter:
Der Vollhafter haftet mit seinem gesamten Vermögen.

Teilhafter:
Der Teilhafter haftet nur mit seiner Kapitaleinlage.

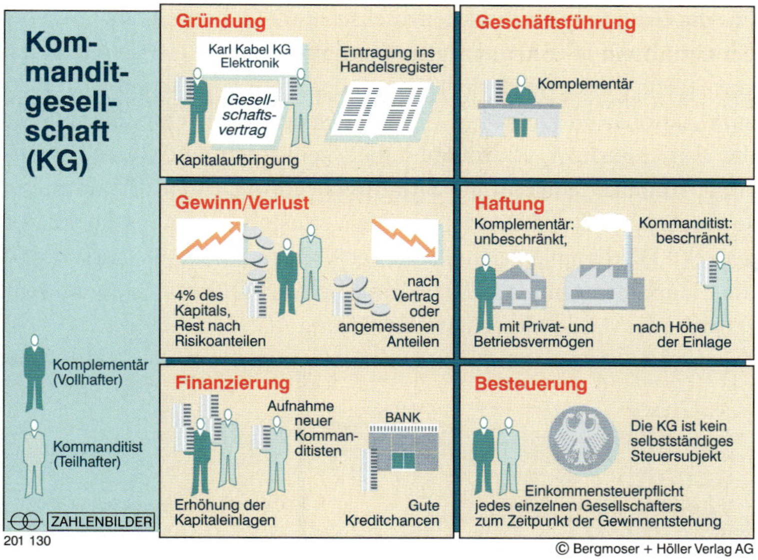

© Bergmoser + Höller Verlag AG

3.3 Kapitalgesellschaften

Die Gesellschaft mit beschränkter Haftung (GmbH) ist in Deutschland weit verbreitet. Die Gesellschaft kann von einer oder mehreren Personen gegründet werden. Um Rechtskraft zu erlangen muss die GmbH ins **Handelsregister** eingetragen werden. Zur Gründung ist ein Stammkapital von 25.000 Euro notwendig. Jeder Gesellschafter haftet dabei nur bis zu seiner Einlage. Organe der GmbH sind die Geschäftsführung, der Aufsichtsrat und die Gesellschafterversammlung.

Der Gewinn verteilt sich nach den Geschäftsanteilen. Die Verluste werden aus Rücklagen oder Geschäftsanteilen getilgt. Die Firma hat den Zusatz „Gesellschaft mit beschränkter Haftung" oder die gebräuchliche Abkürzung GmbH. Eine spezielle Variante stellt die **„Mini-GMBH"** dar.

Handelsregister:
Beim örtlichen Amtsgericht geführtes Verzeichnis aller Kaufleute. Es gibt zwei Abteilungen. In Abteilung A werden alle Einzelunternehmen und Personengesellschaften und in Abteilung B alle Kapitalgesellschaften eingetragen.

„Mini-GmbH":
Es ist eine Sonderform der GmbH, die auch nur mit dem Gesellschaftsvermögen haftet. Anders als bei der GmbH kann die Unternehmergesellschaft schon mit einem Stammkapital ab 1 Euro gegründet werden.

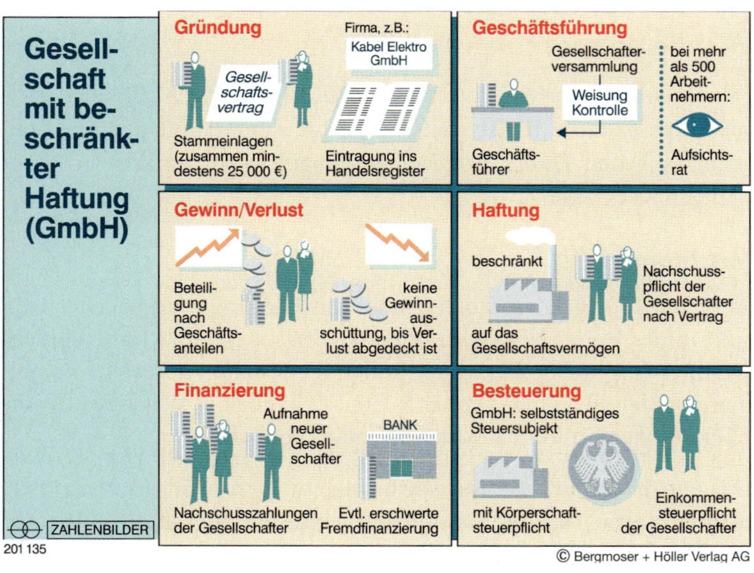

© Bergmoser + Höller Verlag AG

Grundkapital:
Mindestkapital, das bei Gründung einer Aktiengesellschaft vorhanden sein muss

Dividende:
Die Dividende ist der Gewinn, der anteilig für eine Aktie von der Aktiengesellschaft an den Aktionär ausgeschüttet wird.

Für die Gründung einer Aktiengesellschaft (AG) benötigt man wie bei der GmbH ein oder mehrere Personen. Weiterhin ist ein Grundkapital von 50.000 Euro erforderlich. Durch den Kauf von Aktien wird man zum Aktionär und haftet als Eigentümer der Unternehmung in Höhe des Aktienbesitzes. Aktionäre haben kein Recht auf Geschäftsführung, sondern lediglich ein Stimmrecht in der Hauptversammlung sowie Anspruch auf Dividende. Die Verluste werden aus Rücklagen gedeckt. Die Organe der AG sind der Vorstand, der Aufsichtsrat und die Hauptversammlung. Die Firma hat den Zusatz „Aktiengesellschaft" oder die gebräuchliche Abkürzung AG.

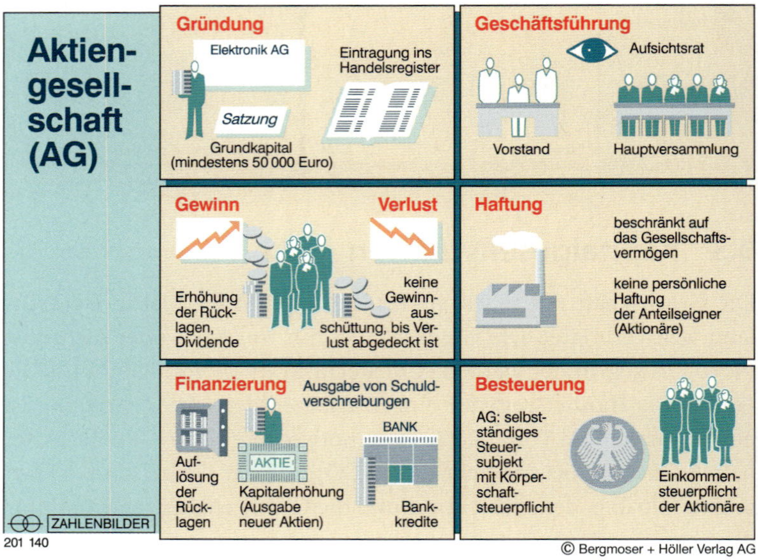

© Bergmoser + Höller Verlag AG

Vergleichen Sie anhand selbstgewählter Merkmale (Kriterien) eine Kapitalgesellschaft mit einer Personengesellschaft.

Weitere Unternehmensformen

Genossenschaften (e. G.) verfolgen den Zweck, ihre Mitglieder wirtschaftlich zu fördern. Ein Beispiel hierfür ist eine Einkaufsgenossenschaft, die den Zweck hat, Mengenrabatte beim Einkauf größerer Mengen zu erzielen.

Mischformen:

Europäische Gesellschaft – Societas Europaea (SE)
Diese Rechtsform erleichtert es Unternehmen, im Europäischen Wirtschaftsraum grenzüberschreitend tätig zu werden. In der Rechtsform der SE kann das Unternehmen europaweit als **ein** Unternehmen auftreten und muss dort keine eigenständigen Tochterunternehmen mehr gründen.

Aufgrund der großen Unterschiede im Haftungs- und Steuerrecht sind in der Praxis Kombinationen aus Personen- und Kapitalgesellschaften entstanden. Hierdurch sollen die jeweiligen Vorteile kombiniert werden. Bei einer GmbH & Co. KG handelt es sich z. B. um eine KG mit einer GmbH als Komplementär (Vollhafter).

Das europäische Zusammenwachsen geht auch nicht an den Unternehmensformen vorbei. So soll künftig eine Europäische AG für einen europaweit einheitlichen rechtlichen Rahmen sorgen.

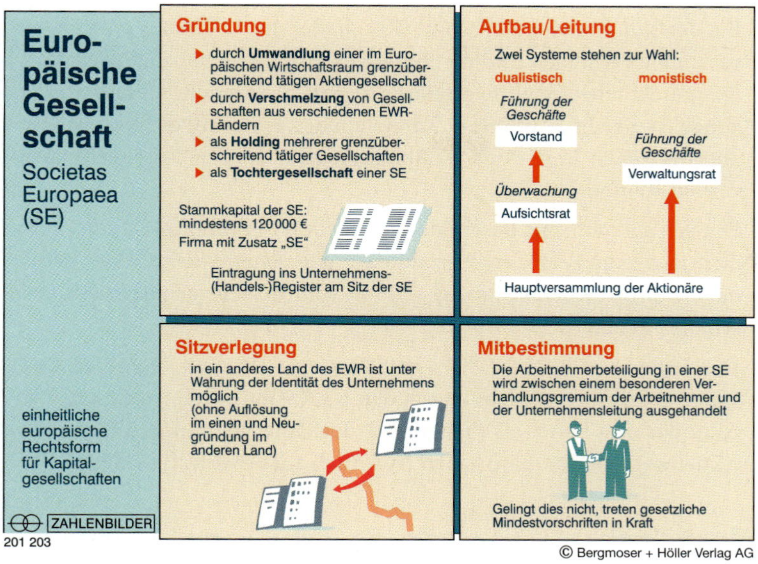

PRESSESCHAU

EU-Staaten einigen sich über Europäische Aktiengesellschaft

... Grenzüberschreitend tätigen Unternehmen wird zukünftig eine einheitliche europäische Unternehmensform zur Verfügung stehen; sie brauchen nicht länger mit unterschiedlichen nationalen Rechtsformen zu agieren. Dies stärkt europäische Unternehmen im globalen Wettbewerb und damit den Wirtschaftsstandort Europa ...

BMA-Pressestelle Berlin

1. Nennen Sie die Faktoren, die heutzutage vor allem die Wahl der Rechtsform bestimmen.
2. Begründen Sie, warum die Einzelunternehmung zahlenmäßig am häufigsten vertreten ist.
3. Beurteilen Sie die Einrichtung einer Europäischen Aktiengesellschaft.

Zusammenfassung

Der Einzelunternehmer hat das alleinige Recht zur Geschäftsführung. Er kann allein und somit schnell Entscheidungen fällen, haftet aber auch alleine.

Um eine Personengesellschaft zu gründen, sind mindestens zwei Personen erforderlich, die einen Gesellschaftsvertrag schließen.

Bei der offenen Handelsgesellschaft (OHG) haften die Gesellschafter mit ihrem gesamten Geschäfts- und Privatvermögen unbeschränkt, solidarisch und unmittelbar. Macht das Unternehmen Gewinn, erhält jeder Gesellschafter zunächst vier Prozent seiner Kapitaleinlage, der Restgewinn wird dann nach Köpfen verteilt.

Bei der Kommanditgesellschaft (KG) haftet der Vollhafter mit seinem gesamten Vermögen und der Teilhafter nur mit seiner Kapitaleinlage. Die gesetzliche Gewinnverteilung regelt, dass jedem Gesellschafter zunächst vier Prozent seiner Kapitaleinlage zustehen, der Rest soll im angemessenen Verhältnis in Abhängigkeit von den Kapitaleinlagen verteilt werden.

Die Gesellschaft mit beschränkter Haftung (GmbH) kann von einer oder mehreren Personen gegründet werden. Jeder Gesellschafter haftet dabei nur bis zu seiner Einlage. Der Gewinn verteilt sich nach den Geschäftsanteilen.

Die Aktiengesellschaft (AG) kann auch von ein oder mehreren Personen gegründet werden. Durch den Kauf von Aktien wird man zum Aktionär und haftet als Eigentümer der Unternehmung in Höhe des Aktienwertes. Aktionäre haben Anspruch auf Gewinn (Dividende).

Wissens-Check

1. Herr Otto Ford möchte sich mit einer kleinen Reparaturwerkstatt selbstständig machen. Leider weiß er noch nicht, welche Rechtsform er wählen sollte und wie er die neue Firma benennen könnte. Skizieren Sie die rechtlich zulässigen Vorschläge für Herrn Ford!
2. Stellen Sie in einer geeigneten Tabelle jede Unternehmensform dar, indem Sie folgende Kriterien berücksichtigen:
   - Geschäftsführung
   - Gesellschafter/Mitglieder/Kapitalgeber
   - Kapitalausstattung (Mindestkapital)
   - Haftung (Haftungsbeschränkung).
3. Die drei Gesellschafter der EMULTEC OHG machen einen Jahresgewinn von 167.000 Euro. Das Anfangskapital von Hans sen. beträgt 300.000 Euro; Hans jun. hat ein Anfangskapital von 350.000 Euro und der dritte Gesellschafter Konrad 450.000 Euro. Der Jahresgewinn soll nach der gesetzlichen Vorschrift verteilt werden. Berechnen Sie die Gewinnverteilung zwischen den drei Gesellschaftern.
4. Stellen Sie dar, wie sich eine OHG von einer AG hinsichtlich der Haftung der Gesellschafter unterscheidet.

4 Existenzgründung: Wege in die Selbstständigkeit

Die Möglichkeiten, sich selbstständig zu machen, sind vielfältig. Möchte der Gründer eigene Ideen verwirklichen, handelt es sich um eine Neugründung.

PRESSESCHAU

www.Jugend gründet.de

Das Ziel von „Jugend gründet" ist es, junge Menschen für das Thema Unternehmertum/Entrepreneurship zu interessieren. Warum? Im globalen Wettbewerb ist es nicht mehr genug, das Gleiche einfach nur besser zu machen. Wenn die Wirtschaft mit den Veränderungen Schritt halten will, wächst die Notwendigkeit des kreativen Denkens an jeder Stelle des Arbeitsprozesses. Unternehmer, aber auch die Beschäftigten, müssen Initiative entwickeln, Ideen in die Tat umsetzen und Verantwortung übernehmen. All das sind unternehmerische Eigenschaften im positiven Sinn, so genannte Entrepreneureigenschaften, und die können bei „Jugend gründet" trainiert werden.

Bundeszentrale für politische Bildung 2015

www.jugend-gruendet.de

Fast 90 % aller Existenzgründungen im Jahre 2015 waren Neugründungen, 10 % waren Pacht, Kauf oder Erbfolge. Mehr als die Hälfte der Neugründungen wurde von Einzelpersonen unternommen, die ohne Mitarbeiter begonnen haben.

Bei einer Betriebsübernahme führt der neue Besitzer die Geschäfte des bereits bestehenden Unternehmens weiter. Das „Franchise-System" ermöglicht es dem Existenzgründer, in ein bereits funktionierendes Geschäftsmodell einzusteigen (z. B. SUBWAY eat fresh).

Diskutieren Sie die möglichen Vor- und die möglichen Nachteile einer Neugründung im Vergleich zu einem „Franchise-Unternehmen".

4.1 Persönliche Voraussetzungen

Neben der fachlichen Qualifikation muss der Unternehmensgründer sich selbstkritisch fragen, ob er die „Unternehmer-Persönlichkeit" ist. Die folgenden Eigenschaften dienen einer ersten Orientierung:

- Leistungsmotivation
- Kreativität
- Eigeninitiative
- Realismus
- Durchhaltevermögen
- Stressresistenz

Häufig verbunden sind diese Grundvoraussetzungen mit einem – zumindest in den Anfangsjahren – geringeren persönlichen Einkommen. Auch der Urlaub und die tägliche Freizeit können weniger werden.

Nennen Sie Argumente, die für oder die gegen eine eigene Existenzgründung sprechen könnten.

4.2 Wirtschaftliche Aspekte

Ohne ein ausreichendendes Startkapital sollte der Schritt in die Eigenständigkeit nicht unternommen werden. Banken, Sparkassen und die entsprechenden Kammern bieten hierzu gute Informationen und Beratungen an. Auch die Standortwahl ist gründlich zu bedenken. Nur so ist es gewährleistet, dass das Produkt die Kunden findet und das

Unternehmen Arbeitskräfte anstellen kann. Ein großes Autohaus wird in einem kleinen Dorf, weit von einer großen Stadt entfernt, nicht ideal angesiedelt sein. Ein Überblick über die Wettbewerbssituation ist ebenfalls erforderlich.

Geschäftsplanung

Ein Geschäftsplan/Businessplan ist mit eine Grundvoraussetzung zur Existenzgründung. Folgende Kriterien sollte ein Geschäftsplan enthalten:

- Formulierung der Geschäftsidee
- Beschreibung der Produktidee und des Wettbewerbs
- Wahl der Rechtsform
- Standortwahl
- Überlegungen zu Kunden und Marktchancen
- Marketingformen und Kapitalbedarf
- Möglichkeiten der Finanzierung

http://www.gruenden.saarland.de/1196.htm

Erstellen Sie einen möglichen Geschäftsplan für ein fiktives Unternehmen. Sie können sich dabei an die Erfahrungen aus Ihrem Ausbildungsberuf anlehnen.

Recherchieren Sie im Internet, welche staatlichen Hilfen es für Ihre Planung geben könnte. (http://www.existenzgruender.de/DE/Weg-in-die-Selbstaendigkeit/Finanzierung/Foerderprogramme/Wichtige-Foerderprogramme/inhalt.html)

4.3 Rechtliche Bedingungen

Die Meisterprüfung ist für viele Existenzgründungen Voraussetzung. Neben dem Nachweis der vollen Geschäftsfähigkeit gibt es Branchen, die eine behördliche Zulassung benötigen.

So gibt es besondere Vorschriften für den Handel mit Waffen und Munition. In § 22 Waffengesetz (WaffG) sind diese detailliert beschrieben. Die Genehmigung zum Handel mit Waffen und Munition wird nur erteilt, wenn mindestens folgende Voraussetzungen erfüllt sind:

- Ablegung einer Fachkundeprüfung
- Vorlage eines Führungszeugnisses mit Vermerk der Zuverlässigkeit

Diskutieren Sie, für welche Berufe es Ihrer Meinung nach besondere behördliche Voraussetzungen geben sollte.

Kompetenzbereich 1:
In unserer Gesellschaft leben und handeln

© Benjamin Haas – fotolia.com

© Ulf Kläning

1 Technischer Fortschritt
2 Verantwortungsvoller Umgang mit digitalen Medien
3 Vielfalt in der Gesellschaft
4 Formen des Zusammenlebens

1 Technischer Fortschritt

Der technische Fortschritt fordert ständige berufliche Qualifikation und lebenslanges Lernen. Diese sind notwendig für einen nachhaltigen Erfolg auf dem Arbeitsmarkt. Technologischer Wandel, veränderte Betriebsorganisation, Globalisierung und Veränderungen in der Form der Arbeitsverhältnisse erfordern neue Berufsbilder und stellen hohe Anforderungen an Flexibilität und Mobilität. Sowohl die Unternehmen als auch der einzelne Mitarbeiter sind hier gefordert.

1.1 Technologischer Wandel

Technologie:
Wissen über die Eigenschaften und Einsatzbedingungen der Technik

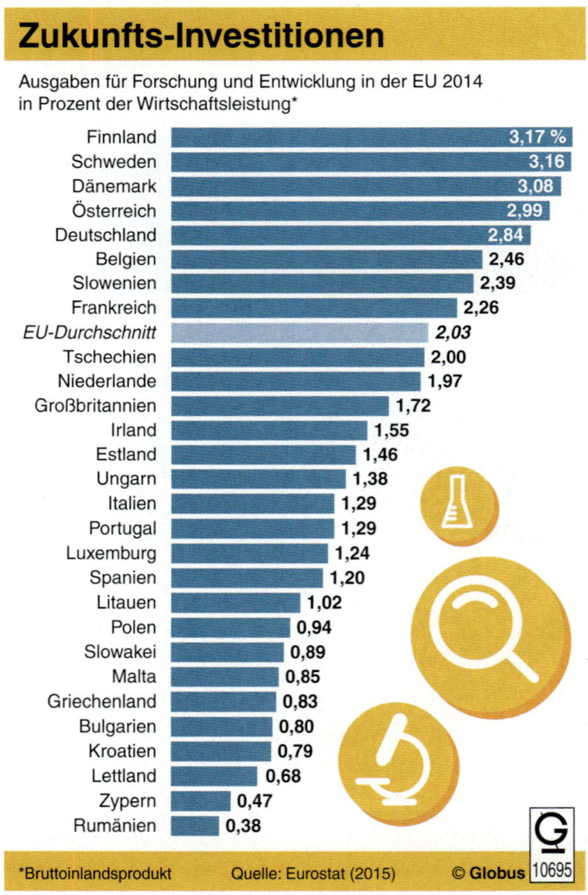

Rationalisierung:
Ersatz veralteter Verfahren durch zweckmäßige Vereinheitlichung bzw. Straffung

Technisierung:
Auf Maschinen und technische Mittel gestützte Produktion

Nennen Sie Gemeinsamkeiten der Länder mit geringen Ausgaben für Forschung und Entwicklung

Mitte der 70er Jahre hat in hoch entwickelten Industrieländern ein **Rationalisierung**s- und **Technisierung**sschub eingesetzt. Das Angebot der Produzenten und die Nachfrage der Verbraucher ändern sich immer schneller. Die Betriebe müssen in kürzester Zeit auf die veränderte Marktsituation reagieren. Zusätzlich müssen neue und zukunftsträchtige Produkte technisch und qualitativ hochwertig sein und zu günstigen Preisen hergestellt werden, um weltweit im Vergleich mit Produkten anderer Unternehmen konkurrieren zu können. Der technologische Wandel hat sich in folgenden Bereichen rasch vollzogen:

- Informations- und Kommunikationstechnik
- Mikroelektronik, Prozessortechnik
- Gen- und Biotechnologie
- **Nanotechologie**

Nanotechnologie:
Molekulartechnologie

Nanometer:
nm (millionstel Millimeter)

Technisch hoch entwickelte Produkte (z. B. Smartphone, Computer, Tablet-PC) ermöglichen einen ständigen Datenaustausch. Sie verschaffen direkten Zugang zum Internet.

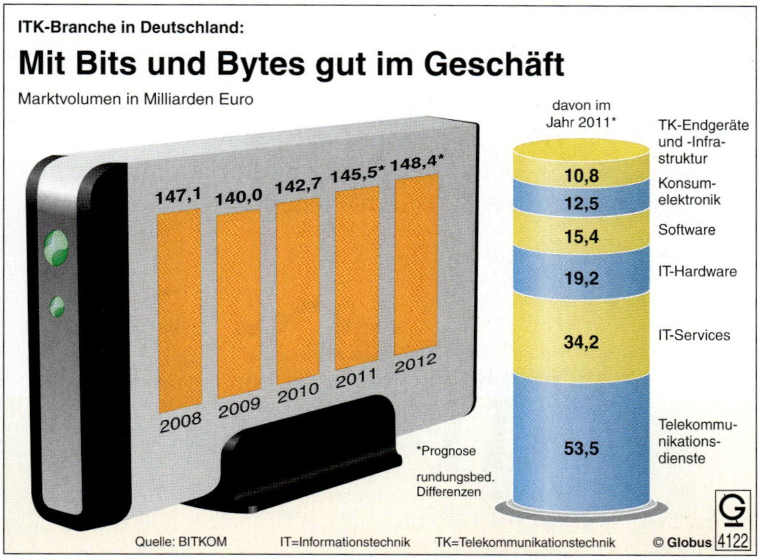

Kettenantrieb aus Silikon in Nanotechnologie.

Kleiner als der Durchmesser eines Haares ist der Abstand der einzelnen Kettenglieder.

Der Austausch von Informationen kann z. B. durch das Internet zu jeder Zeit und von jedem Ort der Welt aus schneller und besser erfolgen. Dies hat große Veränderungen in Gesellschaft und Wirtschaft zur Folge. Die Hauptaufgabe der Technik ist nicht mehr ausschließlich die industrielle Produktion von Gütern. Die Technik dient mittlerweile in hohem Maße dem Transport von Informationen.

Weltweit kann man via Internet einkaufen, mit Wertpapieren handeln, Konferenzen planen und abhalten. Ärzteteams sind in der Lage, sich während einer Operation von verschiedenen Orten der Erde aus zu unterstützen. Unwetterwarnungen sind präzise und in Sekundenschnelle verfügbar.

Fachleute sprechen bereits von einer vierten industriellen Revolution. Die Industriegesellschaft wandelt sich zu einer Informations- und Kommunikationsgesellschaft. Der technologische Wandel fordert zunehmend veränderte berufliche Fähigkeiten und hoch qualifizierte Mitarbeiter.

1.2 Vier Stufen der Industriellen Revolution

Die industrielle Revolution ist ein fortlaufender Prozess, der gegen Ende des 18. Jahrhunderts in England begann. Jede weitere Stufe brachte enorme technische und soziale Umwälzungen für die Gesellschaft mit sich. Heute leben wir in einer Welt, die sich so schnell verändert, dass sich die Menschen vergangener Jahrhunderte dies niemals hätten vorstellen können. Es scheint so, dass das Tempo der Veränderung weiter zunimmt.

Die erste Stufe der industriellen Revolution war geprägt von der Mechanisierung der menschlichen Arbeit. Erfindungen wie die Dampfmaschine und der mechanische Webstuhl Ende des 18. Jahrhunderts führte dazu, dass die Arbeit zunehmend in Fabriken verlagert wurde.

Mit Aufkommen der Elektrizität und der arbeitsteiligen Massenproduktion zum Beginn des 20. Jahrhunderts startete die zweite Stufe. Durch sie konnten jetzt Konsumgüter günstiger für nahezu jeden angeboten werden.

Der Einsatz der aufkommenden Computertechnologie in den siebziger Jahren des 20. Jahrhunderts und die damit verbundene Automatisierung läutete die dritte Stufe der industriellen Revolution ein.

Industrie 4.0 – Die nächste Revolution

https://www.youtube.com/watch?v=OJ75gXTOARE

Industrie 4.0 – Deutschlands vierte industrielle Revolution

https://www.youtube.com/watch?v=RVsK0RCjGkw

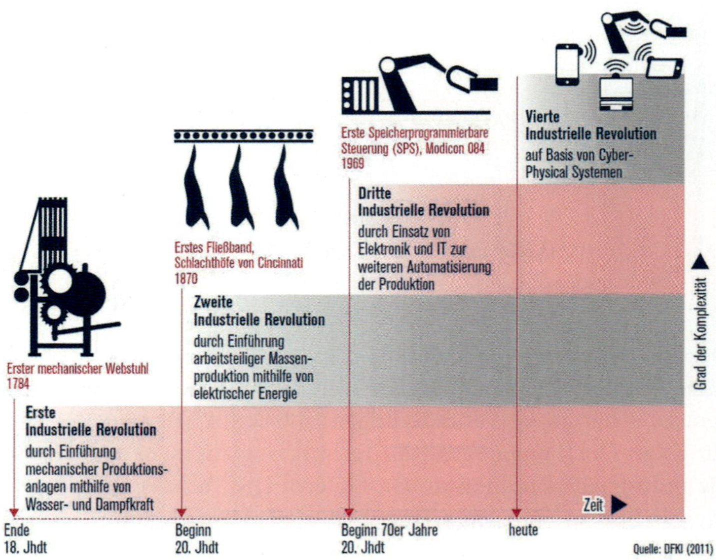

Die gegenwärtig stattfindende vierte Stufe der industriellen Revolution wird auch mit dem Begriff **Industrie 4.0** bezeichnet. Kennzeichnend hierfür sind vor allen neue Formen der Zusammenarbeit, die erst durch das Internet ermöglicht wurden. Dies hat natürlich auch direkten Einfluss auf die Produktionsmethoden. Alle an der Produktion Beteiligten (Mensch und Maschine) stehen durch die digitale Vernetzung über alle Ebenen hinweg in ständigem Kontakt und können so miteinander kommunizieren. Man spricht in diesem Zusammenhang vom sogenannten Cyber Physical Produktion System (CPPS).

1.3 Betriebsorganisatorischer Wandel

Die rasante Entwicklung der Informations- und Kommunikationstechnologien zwingt Unternehmen, sich auf immer neue Marktanforderungen einzustellen. Die Unternehmensstruktur und -organisation passen sich der Entwicklung auf den Weltmärkten an.

Formen veränderter Betriebsorganisation

Auf Dauer wird sich nur die teamorientierte, lernende Organisation behaupten können. Sie begreift Veränderung als permanente Herausforderung und Chance. Kreativität und Eigenverantwortung der Mitarbeiter sind gefordert. Um die Arbeit innerhalb eines Betriebes zu beschleunigen und zu verbessern, müssen **Hierarchien** aufgelöst werden.

Vorschlagswesen

Die Mitarbeiter eines Unternehmens können Vorschläge zur Verbesserung von technischen Einrichtungen und des Arbeitsablaufes im Betrieb machen. Wenn Vorschläge umgesetzt werden, erhält der Mitarbeiter eine Prämie oder wird sogar befördert.

Hierarchie:
Rangfolge innerhalb des Betriebes

Ziel ist es, die Produktivität des Unternehmens zu steigern.

Unser Kopf ist rund, damit das Denken die Richtung wechseln kann (Volksweisheit).

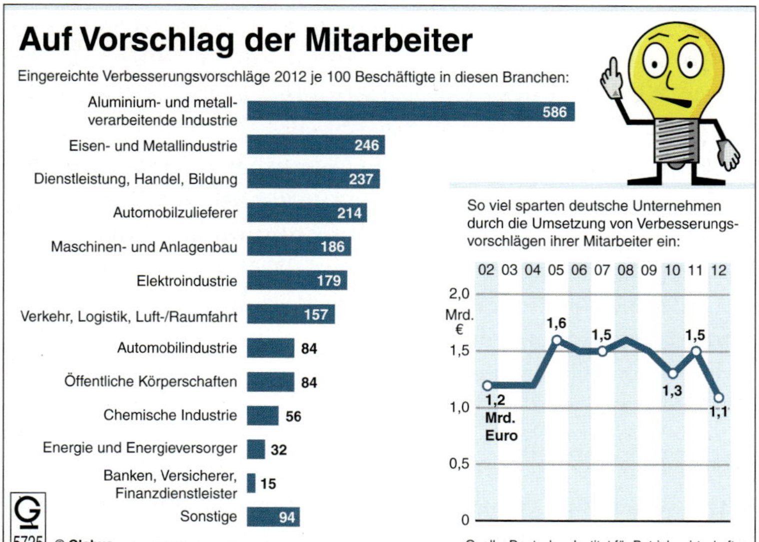

Notieren Sie die Gemeinsamkeiten der Branchen, in denen eine hohe Zahl von Verbesserungsvorschlägen eingereicht wurde.

Outsourcing

Betriebsaufgaben werden aus dem eigenen Betrieb ausgelagert und fremden Betrieben übertragen. Bestimmte Schritte im laufenden Produktionsprozess eines Betriebes werden ganz oder teilweise von Zulieferbetrieben übernommen.

Lean-Production

Dies ist eine aus Japan stammende Unternehmensphilosophie. Die Arbeitsgänge in der Produktion werden immer wieder hinterfragt und überprüft. Ziel ist, alle überflüssigen Kosten abzubauen und einen optimalen Produktionsablauf zu schaffen. Die Verschlankung der Verwaltung und Unternehmensführung nennt man Lean-Management.

Just-in-time

Just-in-time (engl.):
„Exakt in der Zeit", frei übersetzt „auf Abruf"

PRESSESCHAU

Von der Straße abhängig

Es geschah vor ein paar Tagen im Bayerischen Wald. Lkw von Zulieferern auf dem Weg zum BMW-Werk Regensburg blieben irgendwo auf halber Strecke im Schnee stecken und kamen erst mit ein paar Stunden Verspätung ans Ziel. Schnell gab es im Werk einen Lieferengpass, den man jedoch rasch auffangen konnte. Schlimmer lief es Mitte der Woche bei Ford: Weil schwere Lastwagen aus Luxemburg, Belgien und Teilen Frankreichs wegen der starken Schneefälle nicht fahren durften, fehlten im Saarlouiser Ford-Werk Instrumententafeln, Sitze und Heizungen. Folge: Einige hundert Fahrzeuge konnten nicht gebaut werden – die Bänder standen still.

SZ vom 22.12.2010

Just-in-time: Das richtige Teil zur richtigen Zeit am richtigen Ort

Die Grundidee dieses in japanischen Unternehmen entwickelten Verfahrens ist es, die Materialbeschaffung an die Fertigung anzupassen. Zur Produktion benötigtes Material soll genau in dem Moment geliefert werden, in dem es gebraucht wird. Dadurch sollen die Lagerbestände und somit die Kosten reduziert werden. Just-in-time-Verfahren sind vor allem in der Großserienfertigung weit entwickelt, z. B. in der Automobilindustrie.

Folgen des Wandels

Einerseits erhoffen sich die Menschen, dass der technologische und betriebsorganisatorische Wandel die Arbeitsbedingungen verbessert und das Leben erleichtert. Andererseits besteht die Gefahr, dass immer wirkungsvollere Produktionsverfahren die Arbeitsplätze der Menschen gefährden. Hiervon sind besonders geringqualifizierte Arbeitnehmer betroffen.

Zusammenfassung

Der Wandel zur Informations- und Kommunikationsgesellschaft wird als dritte industrielle Revolution bezeichnet. Die vierte Stufe der industriellen Revolution (Industrie 4.0) ist gekennzeichnet durch die digitale Vernetzung aller Beteiligten (Mensch und Maschine).

Die veränderte Betriebsorganisation zeigt sich z. B. durch Outsourcing, Lean-Production und Just-in-Time-Verfahren. Um kostengünstiger produzieren zu können, werden Arbeitsplätze ins Ausland verlagert oder abgebaut.

Wissens-Check

1. Nennen Sie die vier Stufen der industriellen Revolution sowie deren Merkmale.
2. Nennen Sie Gründe für den betriebsorganisatorischen Wandel.

2 Verantwortungsvoller Umgang mit digitalen Medien

Wer sich im ersten Leben nicht so mag, erschafft sich zumindest im Internet ein neues zweites Leben. Genau das wird möglich in der Onlinewelt von diversen mmorpg (mulitmediaonlineroleplayinggame).

© dpa/ZB

Wer bin ich?

Die so genannten Neuen Medien bestimmen immer mehr unsere Alltagswelt. Rund um die Uhr ist jeder per Smartphone erreichbar oder teilt wie nebenbei Information aus. Stundenlang werden fremde Welten erobert mit künstlich geschaffenen Identitäten, z. B. in dem mmorpgs World of Warcraft (WoW) und League of Legends (LoL).

Allen voran ermöglicht das Internet eine weltweite Vernetzung und Kommunikation, wie wir sie vor 15 Jahren noch nicht erträumt hätten. Welche Auswirkungen wird dieser veränderte Mediengebrauch haben? Für viele, vor allem junge Leute, ist die Benutzung modernster Medien alltäglich und selbstverständlich, einigen verschließt sich der Umgang deutlich oder wirkt eher abschreckend auf sie. Viele sprechen schon von der „digitalen Revolution", deren Auswirkungen ähnlich umwälzend sein könnten, wie die der industriellen Revolution im 19. Jahrhundert. Der Begriff des **„Informationszeitalters"** beschreibt diese Veränderungen treffend.

Informationszeitalter: Allgegenwärtige und umfangreiche Information der Menschen im globalen Rahmen

2.1 Das Internet als Informationsmedium

Während das Fernsehen immer noch als das Leitmedium angesehen werden kann, haben die traditionellen Printmedien stark an Zuspruch verloren. Die gesamte Medienwelt befindet sich in einem bedeutenden Umbruch. Wie die Medienwelt der Zukunft aussehen könnte, darüber streiten die Experten.

Zensur:
Staatliche Kontrolle der Medien

Das Internet bietet eine Vielzahl von Möglichkeiten, sich zeitnah, umfassend und standortunabhängig die neuesten Informationen zu beschaffen. Die Kommunikation von Experten in vielen Bereichen – vom Gesundheitswesen bis zu Hilfestellung bei konkreten technischen Anwendungen – ist schnell und umfassend möglich. Kritische Foren von Bloggern oder Online-Portale können helfen, kritischen, unterdrückten Meinungen in Diktaturen un**zensiert** weltweit Gehör zu verschaffen.

Es gibt Szenarien, dass in wenigen Jahren die traditionellen auf Papier gedruckten Zeitungen ganz verschwunden sein werden. Aus dieser Entwicklung ergeben sich weitreichende Probleme: Die Medien können ihre Aufgaben in der Gesellschaft nur noch eingeschränkt wahrnehmen. Kritischer Journalismus kann durch die „Umsonst-Kultur“ im Internet nicht mehr die gleichen Funktionen erfüllen, wie in der herkömmlichen Medienlandschaft.

PRESSESCHAU

Printmedien wird es auch in ferner Zukunft noch geben: als Statussymbole und für Nostalgiker. Bis dahin schrumpft die breite Masse der Gewohnheitsnutzer, die morgens ihre Tageszeitung lesen, langsam aber stetig. Denn die meisten Menschen bleiben Zeit ihres Lebens dem Medium treu, an das sie sich in der Jugend gewöhnt haben. Die Verlage müssen ihre Marken so gut es geht in die **Onlinewelt** überführen und dort neue Alleinstellungsmerkmale aufbauen, um all jene anzusprechen, die im Internetzeitalter ohne bedrucktes Papier aufgewachsen sind.

Quelle: www.goldmedia.com, Zugriff: 22.09.2015

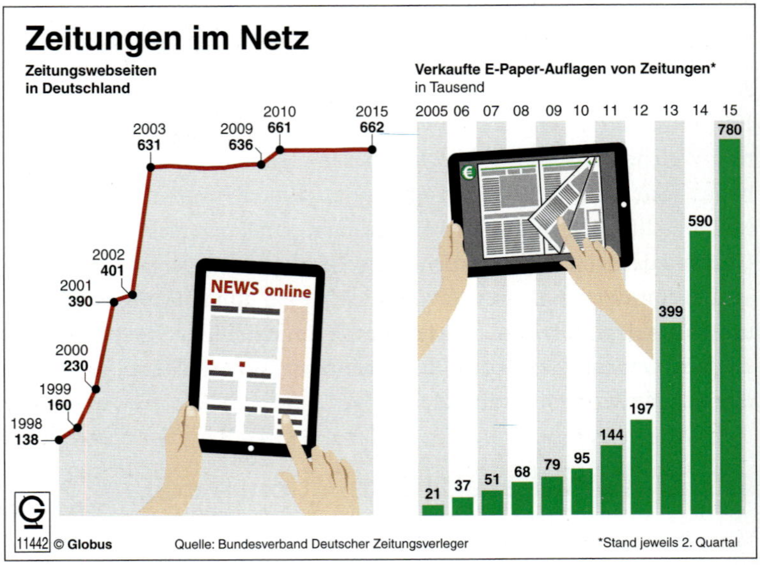

Arbeiten Sie die Gefahren und die Chancen heraus, die die veränderte Medienwelt mit sich bringt.

Erfolgreiche Online-Plattformen wie die der **Zeit** oder des **Spiegels** zeigen, dass eine Verknüpfung der digitalen und der analogen Darbietung durchaus eine große Leserschaft finden und Erfolg haben können. Die Entwicklung in diesem Segment ist so rasant, dass langfristige Prognosen kaum zu treffen sind.

Die Zeit, Der Spiegel:
Zwei der traditionsreichsten deutschen Wochenzeitungen; beide aus Hamburg

2.2 Mediennutzung

Die Veränderungen in der Medienlandschaft bringen nicht nur Umwälzungen im publizistischen Bereich mit sich, sondern greifen tief in das Leben der Menschen ein und verändern das Freizeitverhalten vollkommen. So werden vielerlei neue Problemlagen geschaffen.

Der Umgang junger Leute mit Medien ist ein dauerhaftes Thema. Dies umso mehr, weil immer komplexere Spiele Handlungen der realen Welt abbilden. Viele Probleme in der Schule und Erziehung werden häufig in Zusammenhang gebracht mit der Mediennutzung Jugendlicher.

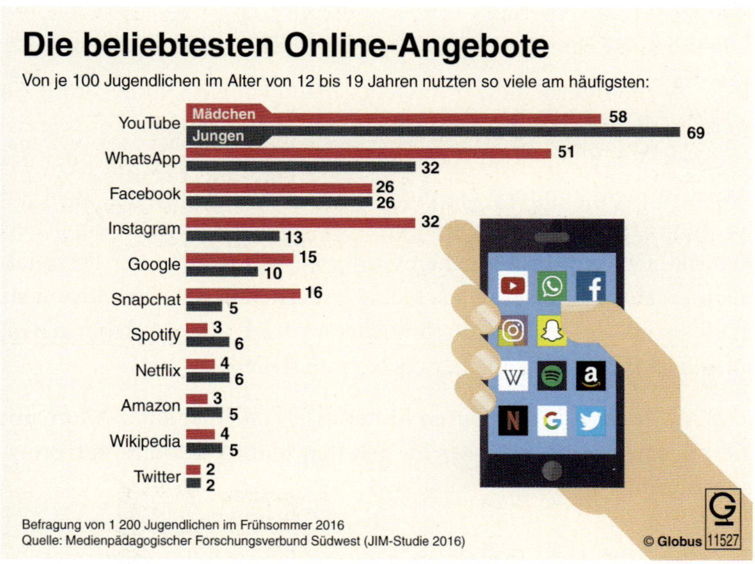

Seit den achtziger Jahren des letzten Jahrhunderts erfolgte ein außerordentlicher Wandel des Medienangebots. Zunächst veränderte sich durch das aufkommende Privatfernsehen die Fernsehwelt stark, gefolgt von einer rasanten technischen und inhaltlichen Entwicklung von World Wide Web und Handy. Verschiedene Anbieter, das Radio, Fernsehen oder Tageszeitung sind inzwischen Multimediaprodukte. Der Nutzer kann über zahlreiche Kanäle auf die Inhalte zugreifen. Überall und immer kann mit den verschiedensten Endgeräten (z. B. Smartphone) konsumiert werden. Vom Fußballergebnis, über die Börseninformation bis zum Pornobildchen ist alles permanent verfügbar. Auch TV-Serien und fast alle Musikstücke können, z. B. über YouTube und Spotify, jederzeit „ge**streamt**" werden. Ging es erst den Zeitungen und Zeitschriften an den Kragen, wird auch das traditio-

Streaming:
Übertragung und Wiedergabe von Video- und Audiodaten über ein Netzwerk. Den Vorgang der Datenübertragung selbst nennt man Streaming.

Kompetenzbereich 1

nelle Fernsehen mit seinen festgelegten Programmen nicht verschont bleiben. Die neuen Multimediageräte und immer schnellere Internetzugänge ermöglichen eine immer flexiblere Mediennutzung die nicht Orts- und Zeitgebunden ist.

Auch Soziale Netzwerke haben sich zu einem beliebten Zeitvertreib im Internet entwickelt. Facebook ist der Vorreiter und in Deutschland Marktführer. WhatsApp ist die beliebteste Nachrichten-App auf modernen Smartphones. Die Kurznachrichten-App löste weitgehend die SMS ab.

1. Nennen Sie Ihnen bekannte soziale Netzwerke.
2. Erstellen Sie einen tabellarischen Tagesablauf, in dem Sie ihre gewöhnliche Nutzung von Medien auflisten. Analysieren Sie die Gründe Ihrer Mediennutzung.

Viele Jugendliche flüchten sich in die virtuelle Welt des Internets und suchen dort Bestätigung. Kommunikation ist dabei alles, um mit Freunden zu chatten und E-mails zu schreiben.

Jeder zweite Internetnutzer in Deutschland hat ein Online-Profil. So werden oft leichtfertig persönliche Daten, Gedanken und Fotos preisgegeben. Vor allem abfällige Bemerkungen über die Arbeit oder das Arbeitsumfeld kommen bei potenziellen Arbeitgebern gar nicht gut an. Sehr Privates wie beispielsweise Partybilder werten Personalchefs kritisch. Generell durchsuchen Großunternehmen bei der Personalauswahl eher das Internet als kleine Unternehmen. Dabei nutzen sie auch soziale Netzwerke. Verbraucherschützer warnen daher davor, allzu leichtfertig Persönliches ins Netz zu stellen.

Wer im Internet keine Spuren hinterlassen möchte, kann Anonymisierungsdienste nutzen oder im privaten Modus des Internet-Browsers surfen.

Stellen Sie dar, wie Ihre Daten im Netz missbräuchlich genutzt werden können.

2.3 Medien und Sucht

Studien belegen, dass mittlerweile viele (ca. 15 Prozent) zumeist junge Menschen, die die Nutzungsdauer ihrer Medien nicht mehr mit freiem Willen kontrollieren können. Man spricht hierbei vom Internet-Abhängigkeits-Syndrom oder einfach von Internetabhängigkeit.

Entzugserscheinungen, wie bei einer Alkoholsucht, treten auf, wenn Mediennutzung aufgegeben oder verringert werden soll. Der unwiderstehliche Lockruf der virtuellen Welt führt bei diesen Personen zu Fluchtverhalten und Vernachlässigung der täglichen Aufgaben und sozialen Kontakte. Die virtuelle Welt hat mehr Anziehungskraft als die reale. Dies belegen auch Untersuchungen der Gehirnaktivitäten bei Suchtkranken. Die körperlichen Mechanismen bei einem Computerspiel unterliegen den gleichen Funktionsprinzipien wie bei einem Alkoholrausch. Bei beiden wird das Belohnungssystem des Gehirns aktiviert und führt dazu, sich weitere positive Gefühle verschaffen zu wollen.

Doch wo wird die Grenze zwischen Lust und Sucht überschritten? Was für den einen gefährlich ist, muss für den andern noch gar nichts bedeuten.

PRESSESCHAU

Prof. Dr. Jürgen Fritz, geb. 1944, lehrt Spiel- und Interaktionspädagogik an der Fachhochschule Köln.

... Wer mit dem Spiel klar kommt und die Spielanforderungen erfüllen kann, erfährt ein Gefühl der Selbstwirksamkeit. Das fehlt vielen Jugendlichen im Alltag. Außerdem: Der Erfolg im Spiel ist nur einen Mausklick weit entfernt. Die Spieler erleben Spannung und genießen ihre Erfolge. Kurzfristige Misserfolge stacheln die Anstrengungsbereitschaft an und münden schließlich wieder in Erfolgserlebnisse ein. In der realen Welt ist es wesentlich schwieriger, befriedigende Erfolge zu haben ...

Sie müssten eher komplementär genutzt werden. D. h. der Computerspieler sollte seine Hobbys beibehalten und seine sozialen Kontakte nicht vernachlässigen. Wenn ich meine Freundschaften pflege, den Draht zu meiner Familie halte und mich dann zusätzlich an den Computer setze, sind die Auswirkungen in der Regel unproblematisch. Der Aufenthalt in der virtuellen Spielwelt sollte den in der realen Welt nicht ersetzen, sondern sinnvoll ergänzen ...

Quelle: Magazin des Kölner Stadt-Anzeigers, Nr. 256, S. 9.

Beurteilen Sie, ob die Kernaussagen von Prof. Fritz Ihrer Lebenserfahrung entsprechen.

2.4 Medien und Gewalt

Meine „Angst schlägt so langsam in Wut um. Ich fresse die ganze Wut in mich hinein, um sie irgendwann auf einmal rauszulassen, und mich an all den Arschl**hern zu rächen, die mir mein Leben versaut haben ... Für die, die es noch nicht genau verstanden haben: Ja, es geht hier um Amoklauf! Ich weiß nicht, woran ich bin, ich weiß nicht mehr weiter, bitte helft mir.“

Brief des Attentäters aus Emsdetten an eine Beratungsstelle (Internetveröffentlichung o. A.)

Erfurt, Emsdetten, Winnenden sind nur drei der Städte, die einen Amoklauf erleben mussten. Und immer wieder bemüht die Suche nach den Gründen eine Antwort: Killerspiele.

„Ego-Shooter"-Computerspiel zum Zeitvertreib

Ego-Shooter:
Kategorie der Computerspiele, bei der der Spieler aus der Egoperspektive agiert und mit verschiedenen Waffen Gegner bekämpft, z. B. Call of Duty (CoD) oder Counter-Strike (CS).

Diese Frage wird in der öffentlichen Diskussion spätestens seit dem Amoklauf von Robert S. in Erfurt immer wieder aufgegriffen. Dies führte sogar zu einer Veränderung des Jugendschutzgesetzes. Die Ansichten über die Gründe von Gewalt unter Jugendlichen und die Wirkung von Computerspielen gehen aber nach wie vor auseinander.

PRESSESCHAU

... Wenn du Fußgänger überfährst, spritzt das Blut auf den Asphalt. Überrolle sie mehrfach, um sicherzugehen, dass sie tot sind. Du musst Druck auf deine Klienten ausüben, damit sie ihren Anteil an die Familie abführen. Die Druckanzeige rechts oben im Bildschirm hilft dir, den richtigen Folterlevel zu finden, bei dem dein Opfer das Geld rausrückt. Du kannst auch beliebige Passanten durch Verbrennen, Erwürgen oder Schläge mit dem Hammer exekutieren. Drücke V oder F8, um die Exekution zu beginnen, sobald du neben einem verletzten Gegner stehst. Wenn du die Passantin von hinten mit einer Klavierseite strangulierst, kannst du ihr Röcheln hören. Das Brechen des Genicks wird durch ein feuchtes Knirschen angezeigt. Gut gemacht. Du erhältst weitere Respektpunkte in *Der Pate*."

Quelle: Jörg Lau in: www.zeit.de, Zugriff: 10.03.2017

Diskutieren Sie die Wirkung solcher Spiele auf Kinder und Jugendliche.

2.5 Cyber-Mobbing

Mobbing:
Psychoterror – ständiges bzw. wiederholtes und regelmäßiges schikanieren, quälen und seelisches Verletzen, beispielsweise in der Schule oder am Arbeitsplatz

Mobbing und Gewalt sind ernst zu nehmende Themen, denn Betroffene leiden unter anderem an Kopf-, Bauchschmerzen und Schlafstörungen, geringem Selbstvertrauen und Rückzugsverhalten. Beim Mobbing gibt es auf der Seite der Opfer keine großen Unterschiede zwischen den Geschlechtern.

Cyber-Mobbing:
Mobbing im Internet durch die Verbreitung falscher Tatsachen, demütigender Fotos oder Gewaltandrohung

Der unbeschwerte Umgang mit Daten und Fotos birgt die Gefahr von psychischer Gewalt. **„Cyber-Mobbing"** unter Schülern ist in Deutschland sehr verbreitet; das zeigt eine repräsentative Studie der Techniker Krankenkasse. Mehr als jeder dritte Jugendliche war schon einmal Opfer einer Internetmobbing-Attacke oder von direkten Drohungen per Handy. Jeder Zehnte gibt zu, selber Täter gewesen zu sein. An erster Stelle stehen Drohungen und Beleidigungen, gefolgt von übler Nachrede, Identitätsmissbrauch und Weitergabe von privaten E-Mails oder Fotos. Anders als beim direkten Mobbing bleibt der Täter beim Internetmobbing oft anonym.

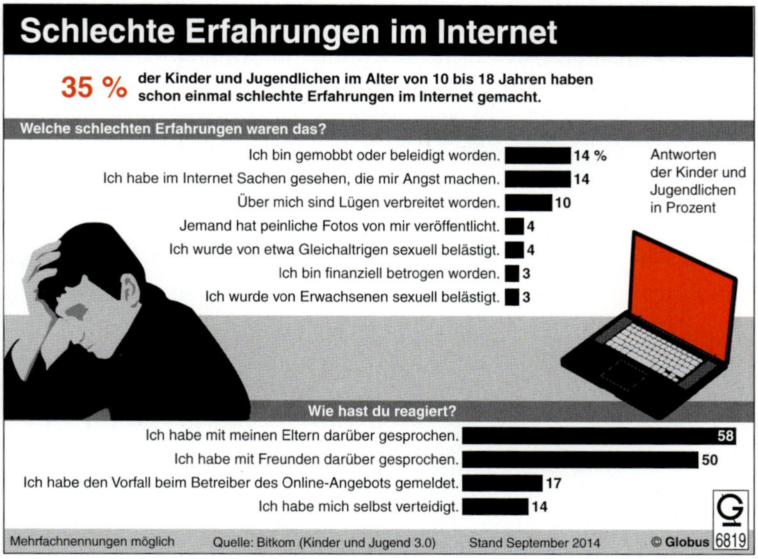

PRESSESCHAU

Mobbing auf dem virtuellen Schulhof

Viele Jugendliche werden im Internet schikaniert. Im Netz sind die Täter oft besonders rücksichtslos. Und Gemeinheiten verbreiten sich schnell. Doch es gibt Möglichkeiten, sich gegen sogenanntes Cybermobbing zu wehren.

Berlin (dpa) Neun Prozent aller weiblichen Jugendlichen und sieben Prozent aller Jungs sind in Deutschland schon Opfer von Cybermobbing geworden. Das geht aus der JIM-Studie 2016 (Jugend, Information, (Multi-) Media) des Medienpädagogischen Forschungsverbundes Südwest hervor. Cybermobbing kann in vielen verschiedenen Formen auftreten: das können fiese Bilder auf Snapchat sein, gemeine Kommentare auf Instagram, gefälschte Profile auf Facebook oder demütigende Videos in Whatsapp.

Gefährlich ist diese Art des Mobbings vor allem wegen der vervielfachenden Wirkung des Netzes und weil es so schwierig ist, die Inhalte zu löschen, erklärt Uwe Leest vom Bündnis gegen Cybermobbing. Gemeine Inhalte verbreiteten sich rasant und könnten jederzeit und überall gespeichert, verändert und weitergeleitet werden. Ein weiteres Problem sei, dass die Anonymität zu einer niedrigen Hemmschwelle führe. Auch seien sich viele Täter der Folgen ihres Handelns nicht bewusst, da sie diese nicht direkt mitbekämen. „Die Tränen sind nicht sichtbar. Dadurch fehlt der psychologische Reflex aufzuhören, wenn das Opfer am Boden liegt“, sagt Leest.

Saarbrücker Zeitung vom 08.02.2017

www.you-fair.de

Ein Projekt des Landesjugendring Saar gegen „Hetze im Netz“. Die Webseite soll über „Trolle, Shitstorms, Cybermobbing und Hate Speech“ aufklären. Auf der Webseite werden unter anderem gängige Formen von Cybermobbing beschrieben. Betroffene erfahren, was sie tun können, um sich gegen Cybermobbing zu wehren.

2.6 Medien und Macht

Seit den neunziger Jahren des vorigen Jahrhunderts hat sich die digitale Welt elementar verändert. Wie schon geschildert ist für viele ein Leben ohne Internet nicht mehr vorstellbar. Dabei sind wir ange-

Google

... erklärt Ihnen die Welt.

© slasnyi – fotolia.com

Immer und überall mit allem verbunden

wiesen auf Suchmaschinen, um die schier unbegrenzte Datenflut ordnen zu können und die für uns relevanten Informationen zu erhalten. Große Firmen haben durch geniale Ideen eine fast marktbeherrschende Stellung erlangt. Microsoft kontrolliert mit Windows den Betriebssystemmarkt. Im Bereich der Internetsuche herrscht Google. Es steht zu befürchten, dass diese Vormachtstellung von Google eine Gefahr für die Informationsfreiheit darstellt. Durch das weitreichende Wissen über das Nutzerverhalten steht die Freiheit der Bürgerinnen und Bürger in ihrer informellen Selbstbestimmung auf dem Spiel.

Erörtern Sie weitere Gefahren im Umgang mit der Datensicherheit im Internet.

Weitere Datensammler sind die sozialen Netzwerke. Von google+ bis zum größten Anbieter Facebook. Wer sich dort nicht beteiligt, hat schnell das Gefühl, den Anschluss zu verlieren.

Aber: Das Gedächtnis des Netzes ist groß. Es vergisst nichts.

PRESSESCHAU

... Facebook-Gründer Mark Zuckerberg will die vier etablierten Kommunikationsformen der digitalen Zeit zusammenführen: E-Mail, SMS, Instant Messages und die Nachrichten, die man sich bei Facebook schreibt. Was soll der Vorteil sein? Alle elektronische Kommunikation zwischen zwei Menschen, egal, von welchem Gerät aus, liefe dann an einer Stelle zusammen. Nichts ginge mehr verloren. Jeder bekäme jede Nachricht unverzüglich. Es entstünden umfassende Konversationen.

... Aus täglich vier Milliarden Nachrichten via Facebook könnten zehn oder zwanzig Milliarden werden. Proportional dazu kann die auf Facebook konzentrierte Aufmerksamkeit der Menschen noch einmal sprunghaft zunehmen – und damit die Chance auf weitere Werbemilliarden ...

Dann lassen Menschen jegliche elektronische Kommunikation über Facebook laufen, lagern künftig dort auch die schriftlichen Hinterlassenschaften jener Menschen, die sich bisher bewusst ganz oder teilweise fernhalten. Und sie werden es nicht kontrollieren können. Ob ihre Mails über Facebook laufen oder nicht, liegt in der Hand ihrer Korrespondenzpartner, und wer das nicht will, müsste seinen Freunden und Kollegen verbieten, E-Mails über Facebook zu leiten.

Quelle: www.zeit.de, Zugriff: 21.08.2015

1. Soziale Netzwerke – Datenkraken oder traumhafte Kommunikationsmöglichkeiten? Analysieren Sie die Möglichkeiten dieser Technologie.
2. Diskutieren Sie, wie Sie selbst mit Ihren persönlichen digitalen Daten umgehen.

Zusammenfassung

Die digitalen Innovationen führen zu einer drastischen Veränderung der Informationskultur und bieten Möglichkeiten des spontanen Austausches in vielen Bereichen (Gesundheitswesen, Technik, Politik, Freizeit). Der Begriff des „Informationszeitalters" ist für die Beschreibung dieser Epoche gängig.

Die Neuen Medien bieten neben ihrer positiven Nutzungsmöglichkeit vielfältige Gefahren (Online-Sucht, Spielsucht).

Die weltweite Kommunikation kann zugleich zu Machtkonzentration und auch zu umfassender Kontrolle führen.

Wissens-Check

1. Welche positiven und welche negativen Möglichkeiten bietet die Entwicklung zur Informationsgesellschaft?
2. Was versteht man unter dem Begriff „Cybermobbing"?

3 Vielfalt in der Gesellschaft

Die gegenwärtige Gesellschaft in Deutschland wird in den Medien oft als eine reine Spaßgesellschaft dargestellt. Bedeutet dies, dass alles, was wir tun, Spaß machen muss? Oder vielleicht, dass nichts mehr, v. a. von Jugendlichen, ernst genommen wird?

3.1 Wertewandel

Der jüngeren Generation fehlt es nicht nur einfach an Respekt. Ihr Verhalten ist vielmehr eine Folge der gesamtgesellschaftlichen Veränderungen der letzten Jahrzehnte. Die traditionellen **Werte** und Ideale, die in den vergangenen Jahrhunderten vermittelt wurden und als sichere Basis für ein richtiges Verhalten in der Gesellschaft galten, verlieren zunehmend an Bedeutung.

Werte:
Vorstellungen, welche in einer Gesellschaft allgemein als wünschenswert anerkannt sind und den Menschen Orientierung verleihen.

Viele Menschen handeln heute scheinbar nach dem Motto: Ich glaube an nichts und kann alles machen! Neue Wertvorstellungen dienen als Ersatz für abgelegte Ideale früherer Generationen. Dieser Trend lässt sich auch in entsprechenden Werbebotschaften erkennen. Z. B. „Geiz ist geil" – hier wird eine eigentlich negativ belegte Charaktereigenschaft zum Lebensmotto erhoben.

Traditionelle Werte

Exemplarisch kann man traditionelle Werte zum Beispiel unterscheiden in:

moralische Werte	religiöse Werte
■ Aufrichtigkeit ■ Gerechtigkeit ■ Treue ■ Ehrlichkeit ■ Güte ■ Rücksicht	■ Gottesfurcht ■ Nächstenliebe ■ Demut
politische Werte	**ästhetische Werte**
■ Toleranz ■ Freiheit ■ Gleichheit ■ Solidarität	■ Kunst ■ Schönheit
materielle Werte	**kulturelle Werte**
■ Wohlstand ■ Kapital ■ Konsum	■ Umgangsformen ■ Sitten ■ Pünktlichkeit

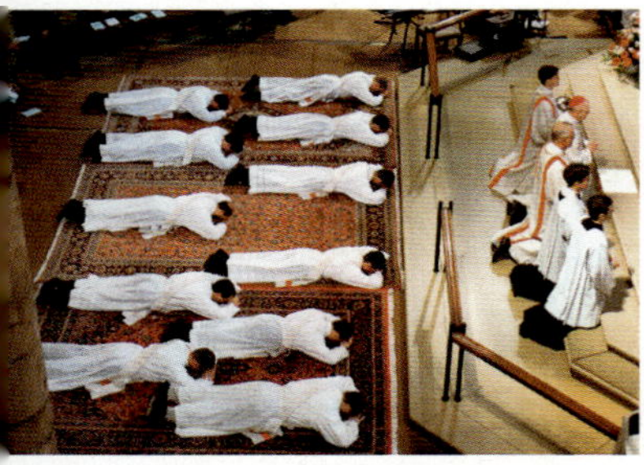

Priesterweihe: Als Zeichen der Demut strecken sich die Weihekandidaten flach auf den Boden aus und rufen alle Heiligen des Himmels als Fürsprecher an.

In allen europäischen Ländern hat die gesellschaftliche Entwicklung der letzten sechs Jahrzehnte zu Veränderungen in allen Lebensbereichen geführt. Zunehmender Wohlstand, große soziale Sicherheit, die Ausweitung der persönlichen Freiheiten und der schnelle technische Fortschritt haben dazu geführt, dass sich der Alltag grundsätzlich verändert hat.

„Neue" Werte

Ein Leben ohne permanente Erreichbarkeit und Information ist für die meisten Jugendlichen nicht mehr vorstellbar. Leider sind Handy und Internet für einige zum einzigen Freizeitinhalt geworden.

- Individualität und Selbstverwirklichung

als neu entstandene Werte bedeuten, dass der einzelne heute vielmehr im Mittelpunkt steht und nicht eine traditionelle Gruppe. Neue Gemeinschaftsformen entstehen und eine Vielfalt von Lebensformen ersetzen Uniformität und Einheitlichkeit

Die beiden von Personalleitern stets geforderten Erfolgsprinzipien

- Flexibilität und Mobilität

bedeuten offen zu sein für Veränderungen, seine Arbeit anzupassen und weiterzuentwickeln. Aber auch bereit zu sein, wenn nötig Überstunden zu machen oder neue Aufgaben zu übernehmen. Falls nötig auch den Wohnsitz zu wechseln.

- Teamfähigkeit

besagt nicht nur mit Kollegen persönlich gut auszukommen, sondern **konstruktiv** mit ihnen zusammen arbeiten zu können. Das heißt, eigene Vorschläge einzubringen und zu verfolgen – allerdings nicht um jeden Preis. Gegebenenfalls müssen diese für den Erfolg des Teams

Konstruktiv:
aufbauend, den sinnvollen Aufbau fördernd, entwickelnd

verworfen werden. Wichtigste Grundlage für die nötige Kritikfähigkeit ist dabei der respektvolle Umgang miteinander.

© dpa/Pressefoto ULMER

Die Fußballnationalmannschaft bei der Europameisterschaft 2016

Werte und Gewalt bei Jugendlichen

Die Werte und Lebenseinstellungen von Jugendlichen sind laut der 16. **Shell-Jugendstudie** von 2010 weiterhin pragmatisch: Der persönliche Erfolg in einer Leistungs- und Konsumgesellschaft ist für Jugendliche von großer Wichtigkeit. Leistung ist jedoch nicht alles: Auch wenn Fleiß und Ehrgeiz für 60 Prozent der Jugendlichen hoch im Kurs stehen, darf der Spaß nicht zu kurz kommen: 57 Prozent wollen ihr Leben intensiv genießen.

Shell-Jugendstudie:
Empirische Untersuchung der Einstellungen, Werte, Gewohnheiten und des Sozialverhaltens von Jugendlichen in Deutschland, die vom Mineralölkonzern Shell seit 1953 herausgegeben wird.

Nicht alle Jugendlichen sind optimistisch und mit ihrer Lebenssituation zufrieden. Zwar nehmen die Freizeit und die Freiheiten zu, aber gleichzeitig sinkt die Bereitschaft Verantwortung zu übernehmen.

Viele Städte wirken immer steriler und es bleibt nur noch wenig Raum für direkte Erlebnisse. Bleibt das persönliche Vorankommen dann hinter den Erwartungen zurück, kann sich die Enttäuschung in Wut wandeln. Und der Schritt zur Gewalt scheint vorprogrammiert.

3.2 Rollenvielfalt und Rollenerwartungen

Das Leben wäre eintönig, wenn die Menschen jeweils nur einer Gruppe angehörten. Die Verschiedenartigkeit der Anforderungen an den Einzelnen in den unterschiedlichen Situationen hat ihren besonderen Reiz.

© fotolia.com

Ist Katharinas Verhalten in allen Gruppen gleich? Zeigen Sie Unterschiede auf.

Rollenvielfalt

Die Menschen sind Mitglieder verschiedener Gruppen. Dort haben sie bestimmte Aufgaben zu erfüllen und es werden unterschiedliche Erwartungen daran geknüpft. Der Sozialwissenschaftler spricht von Rollen, die in den Gruppen übernommen werden. In der Familie, der wichtigsten sozialen Primärgruppe, gibt es unterschiedliche Rollen zu erfüllen. Folgende Rollenausprägungen sind denkbar:

© Dave Vaughan

Vaterrolle

- Materielle Sorge für die Familie
- Erziehung der Kinder
- Verpflichtung gegenüber dem Ehepartner
- Pflege der Kinder

© Dave Vaughan

Mutterrolle

- Erziehung der Kinder
- Verpflichtung gegenüber dem Ehepartner
- Emotionelle Stütze für die Kinder
- Pflege der Kinder

Rolle des Kindes

- Gehorsam gegenüber den Eltern
- Geschwisterrolle

Die Rollen von Vater und Mutter haben sich im Laufe der Zeit immer mehr angeglichen. Das liegt zum großen Teil daran, dass die Rolle des Ernährers immer häufiger auf beide Elternteile übergegangen ist. Hat in früheren Zeiten der Mann die bestimmende Rolle in der Familie gehabt, so ist dies heutzutage einem partnerschaftlichen Rollenverständnis gewichen.

Rollenerwartungen

Je nach der persönlichen Stellung in einer Gruppe (Gruppenposition) sind die Erwartungen an die Gruppenmitglieder unterschiedlich. Die Aufgaben eines Vereinspräsidenten sind andere als die eines einfachen Mitgliedes. Dementsprechend werden auch andere Erwartungen an die unterschiedlichen Rolleninhaber gestellt.

Je nach Intensität/Stärke der Erwartung unterscheidet man zwischen

- Muss-Erwartungen
- Soll-Erwartungen
- Kann-Erwartungen

Muss-Erwartungen sind rechtlich vorgeschrieben. Der Arzt ist verpflichtet Unfallhilfe zu leisten.

Soll-Erwartungen beruhen auf üblichen Verhaltensweisen. Es gibt Ärzte, die in normaler Kleidung ihre Sprechstunden halten. Andere Ärzte tragen einen weißen Arzt-Kittel, weil das so üblich ist.

Kann-Erwartungen: Weil ein bekannter Arzt viel Geld verdienen kann, geht man davon aus, dass er in einem luxuriösen Haus wohnt und in seiner Freizeit gut gekleidet ist.

Notarzt im Einsatz: Eile ist geboten

3.3 Rollenkonflikte und Lösungsmöglichkeiten

Die Gruppen erwarten von ihren Mitgliedern, dass sie ihren Rollen gerecht werden. Verstößt ein Mitglied dagegen, muss es mit **Sanktionen rechnen**.

Sanktion:
Zwangsmaßnahme

Es können Mitglieder aus einer Gruppe ausgeschlossen, Vereinspräsidenten abgesetzt oder Schüler mit einem Verweis bestraft werden.

Da der Mensch mehreren Gruppen angehört, kann es zum „Rollenkonflikt“ kommen.

Zwischen zwei Rollentypen wird unterschieden:

- **Inter**rollenkonflikt und
- **Intra**rollenkonflikt

Interrollenkonflikt

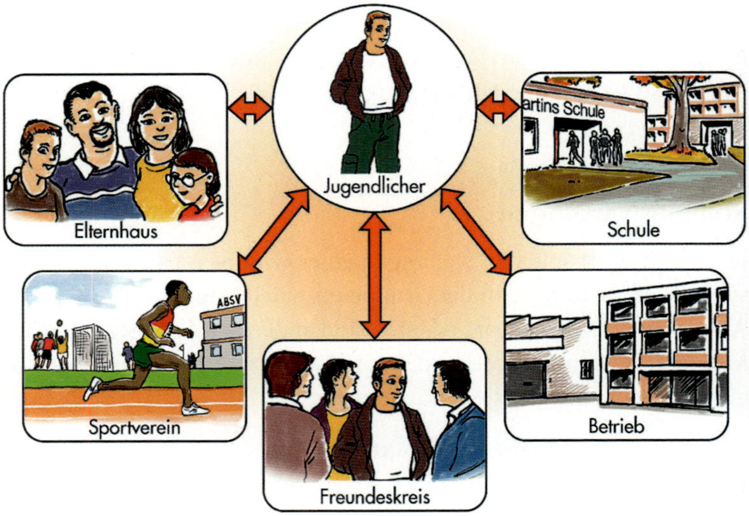

In den jeweiligen Gruppen wird Unterschiedliches erwartet

Die Erwartungen an ein Gruppenmitglied können sehr unterschiedlich sein. Im Elternhaus wird von dem Jugendlichen erwartet, dass er sich den Eltern unterordnet und gehorcht.

Als Klassensprecher soll er energisch gegenüber der Schulleitung und den Lehrern die Interessen seiner Mitschüler durchsetzen.

Wenn er noch Vorsitzender der örtlichen Parteijugendgruppe ist, muss er dort über anstehende Aktivitäten verantwortlich entscheiden.

Dabei muss er sich gegenüber Minderheitsinteressen durchsetzen.

Diese, aus verschiedenen Rollen entstehenden Erwartungen, widersprechen sich. Die Soziologen sprechen deshalb von einem Interrollenkonflikt.

Intrarollenkonflikt

Wenn von einem Rolleninhaber unterschiedliches Verhalten in einer bestimmten Rolle erwartet wird, kann es ebenfalls zu Konflikten kommen

Ein Azubi erwartet von seinem Ausbilder etwas anderes als der Geschäftsinhaber. Während der Azubi Hilfe und Verständnis in allen Situationen für sich beansprucht, kann der Geschäftsführer Wert auf äußerste Disziplin legen. Der Ausbilder soll beiden Interessen gerecht werden, was nicht immer möglich ist.

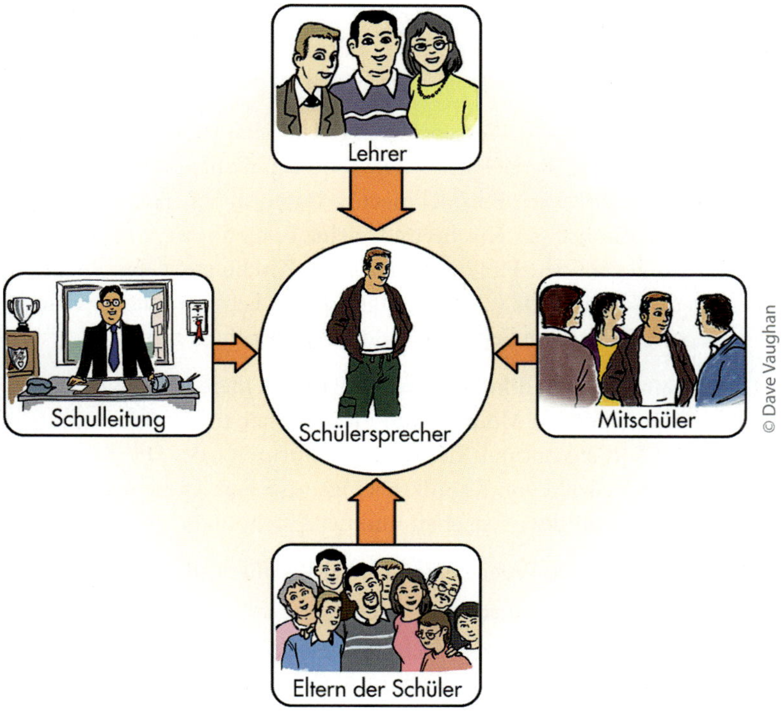

Die Erwartungen an den Jugendlichen sind unterschiedlich

Die Rolle des Schülersprechers birgt ebenfalls Intrarollenkonflikte in sich. Die Erwartungen, die seine Mitschüler an ihn stellen, sind andere als die der Lehrkräfte. Wenn seine Mitschüler während des Unterrichts essen wollen, erwarten sie, dass der Schülersprecher dies beim Lehrer durchsetzt. Der Lehrer kann gleichzeitig erwarten, dass der Schülersprecher seinen Klassenkameraden deutlich macht, dass essen während der Stunden nicht zulässig ist.

Bei unterschiedlichen Erwartungen an seine Rolle muss der Schülersprecher eine Entscheidung treffen, um den Konflikt zu lösen.

Solche Konflikte, die in der Rolle begründet liegen, heißen Intrarollenkonflikte.

1. In welchen Rollenkonflikten haben Sie sich schon befunden?
2. Waren es „Interrollenkonflikte“ oder „Intrarollenkonflikte“?
3. Wie haben Sie die Probleme gelöst?

Möglichkeiten und Modelle der Konfliktlösung

Eine Gesellschaft ohne Konflikte gibt es nicht. Ohne Konflikte gäbe es weniger Veränderungen in Gesellschaften, sozialer Wandel fände nur bedingt statt. Nicht der Konflikt ist gut oder schlecht, sondern die Form der Konfliktaustragung.

Ursache für die meisten Konflikte ist die Vielzahl unterschiedlicher Interessen (**Interessenkonflikt**). Konflikte in der am besten bekannten und von den meisten Menschen erlebten Primärgruppe – der Familie – belegen dies.

Wertekonflikt:
Dies sind Konflikte über verschieden moralische/religiöse Auffassungen (z. B. ja oder nein zur Todesstrafe).

Auch unterschiedliche Wertvorstellungen können zu Konflikten führen (**Wertekonflikt**). Die viel diskutierte Problematik über den Schwangerschaftsabbruch ist ein Beispiel hierfür. Dabei stehen sich die Positionen der katholischen Kirche und vieler Frauenbewegungen unversöhnlich gegenüber. Für die katholische Kirche steht das Recht auf Leben im Vordergrund („Tötung ungeborenen Lebens"), für die Frauenbewegung die Rechte der Frau („Mein Bauch gehört mir").

Zur Lösung der Konflikte stehen den Parteien mehrere Möglichkeiten offen. Die folgenden Modelle sind nicht immer eindeutig anwendbar. In der Realität kommen häufig Mischformen vor. Die Soziologie kennt eine Vielzahl von Konfliktlösungsmodellen. Diese wurden zum Teil von der Politikwissenschaft und der Psychologie übernommen.

Man kann drei grundlegende Modelle der Konfliktlösung unterscheiden:

- Konfliktregelung durch Macht/Zwang;
- Konfliktregelung durch bestimmte Verfahrensweisen (Auslosen; Stimmenmehrheit)
- Konfliktregelung durch Kompromiss/Übereinkunft

Beispiele:

Der 17-jährige Sven möchte ein moderneres Smartphone. Dazu braucht er Geld. Sein Vater ist dagegen, weil Sven bereits ein Smartphone besitzt. Sven hat schon 400 € gespart, ihm fehlen noch 200 €. Weil Sven bald einen Sparvertrag ausgezahlt bekommt, leiht der Vater ihm bis dorthin 200 €.

Die Schüler einer Abschlussklasse planen ihre Abschlussfahrt. Fünf Ziele werden immer wieder genannt: Rom, Paris, London, Brüssel und Berlin. Sie lassen das Los entscheiden.

Ein Biergarten hat immer Mühe, zur Sperrstunde seine letzten Gäste zum Aufbruch zu bewegen. Da dies die Anwohner in ihrer Ruhe stört, melden sie den Fall dem Ordnungsamt.

1. Welchen Konfliktregelungsmodellen würden Sie die Beispiele zuordnen?
2. Welche Möglichkeit schlagen Sie für das zweite Beispiel vor? Warum?
3. Wie könnte man die Probleme anders lösen?
4. Welche Lösungen halten Sie für die besten?

Einige Konflikte ließen sich vermeiden. In vielen Fällen wäre es hilfreich, wenn sich die Konfliktparteien gegenseitig vorurteilsfrei hören würden. Häufig liegt der Grund für Auseinandersetzungen darin, dass man die Argumente der Gegenseite nicht richtig zur Kenntnis genommen hat.

Bei Gegenargumenten sollte man prüfen, ob man sie respektieren und akzeptieren kann. Dabei kann es sehr hilfreich sein, sich in die Lage des anderen zu versetzen. Mit etwas Großzügigkeit und Toleranz lassen sich einige Konflikte vermeiden. Der größte Feind der Toleranz sind Vorurteile. Bei Problemen, die kompliziert zu beurteilen sind, neigen viele Menschen zu einfachen Antworten. Dies führt unweigerlich zu Fehlbeurteilungen und falschen Schlussfolgerungen.

Häufig sind Vorurteile bei Aussagen über bestimmte Volksgruppen und Randgruppen in der Gesellschaft zu hören:

„Die Arbeitslosen sind Drückeberger. Wer Arbeit will, findet immer eine."

„Alle Deutschen sind Rassisten."

Diese Vorurteile sind ebenso falsch wie die heute häufig zu hörende Meinung über die Jugendlichen:

„Die Jugend von heute wird immer dummer und fauler. Sie will nichts mehr arbeiten und nur Spaß haben. Früher war das alles anders."

Dass dieses Vorurteil fest verwurzelt ist, zeigt der Ausspruch von **Sokrates:**

„Unsere Jugend liebt den Luxus. Sie hat schlechte Manieren, missachtet die Autorität und hat kein Respekt vor dem Alter."

Sokrates: Griechischer Philosoph, 470–399 vor Christus

Die schlechteste und untauglichste Form der Konfliktlösung ist die Gewaltanwendung.

Sie wird im privaten Bereich und auch in zwischenstaatlichen Auseinandersetzungen (Kriegen) eingesetzt.

Gewalt kann sowohl physisch (körperlich) als auch psychisch (seelisch) ausgeübt werden. In der Familie kann der Vater sein Kind schlagen oder seelisch unter Druck setzen, um einen (Rollen-)Konflikt zu lösen. Beide Methoden der Gewaltanwendung sind untauglich. Mag es vielleicht auch zum schnellen Ende des Konflikts führen, dem Kind würde Schaden zugefügt.

Gewaltanwendung in der Schule durch die Lehrkräfte ist nicht mehr erlaubt. Die Anwendung körperlicher Gewalt („Prügelstrafe") war in vergangenen Zeiten aber durchaus als **„Zuchtmittel"** der Lehrer üblich.

Zuchtmittel der Lehrer:
§ 32 (3) saarländisches Schulordnungsgesetz: Körperliche Züchtigung und entwürdigende Maßnahmen sind nicht zulässig.

In jüngerer Zeit ist es an Schulen zu verheerenden Gewaltanwendungen von Schülerseite gekommen. Schüler haben in Erfurt, Freising, Winnenden und Ansbach wahllos Mitschüler und Lehrkräfte getötet oder schwer verletzt. Was auch immer die Gründe der Schüler gewesen sein mögen: Sie haben jegliche Hoffnung auf eine Konfliktlösung zunichte gemacht.

Zusammenfassung

Traditionelle Werte und Ideale sind nicht mehr so gefragt. Neue Werte, wie z. B. Individualität und Selbstverwirklichung, gewinnen zunehmend an Bedeutung.

Von Personalleitern wird Flexibilität und Mobilität sowie Teamfähigkeit gefordert.

Für Jugendliche in der heutigen Leistungs- und Konsumgesellschaft ist persönlicher Erfolg wichtig. Dabei darf Spaß und das Leben genießen nicht zu kurz kommen.

Im täglichen Leben übernimmt der mündige Bürger verschiedene Rollen (Schüler, Spielführer, Parteimitglied).

An diese Rollen werden unterschiedliche Erwartungen geknüpft (Muss-, Kann-, Soll-Erwartungen).

Dabei kann es zu Interrollenkonflikten und Intrarollenkonflikten kommen.

(Rollen-)Konflikte können durch Macht/Zwang, Los/Stimmenmehrheit oder Kompromiss/Übereinkunft gelöst werden.

Wissens-Check

1. Nenne traditionelle und „Neue" Werte.
2. Was versteht man unter Flexibilität und Mobilität sowie Teamfähigkeit in der Arbeitswelt?
3. Was sind soziale Rollen?
4. Welche Rollenerwartungen kennen Sie?
5. Worin besteht der Unterschied zwischen Interrollenkonflikten und Intrarollenkonflikten?
6. Nennen Sie Möglichkeiten der Konfliktlösung.

Wirtschaftswunderzeit: Bezeichnung für den rasanten wirtschaftlichen Aufstieg der Wirtschaft in Westdeutschland nach dem Zweiten Weltkrieg

3.4 Integration von Menschen mit Migrationshintergrund

Integration wird von dem lateinischen Begriff „integrare" abgeleitet, der „wiederherstellen" bedeutet. Je mehr Menschen in einer Gruppe integriert sind oder sich integriert fühlen, desto besser funktioniert die Gruppe. Die seit einigen Jahren geführte Integrationsdebatte bezieht sich fast ausschließlich auf die Integration von Menschen mit Migrationshintergrund in die „deutsche" Gesellschaft.

In der sogenannten **Wirtschaftswunderzeit** wurden zahlreiche Arbeitskräfte benötigt. Die Wirtschaft versuchte deshalb **„Gastarbeiter"** aus Italien, Jugoslawien und später auch aus der Türkei anzuwerben, damit sie in Deutschland arbeiteten. Die Integration dieser Menschen hielt man für unnötig, da zunächst politisch geplant wurde, dass sie nur solange in Deutschland verbleiben sollten, bis genügend deutsche Arbeitskräfte zur Verfügung ständen.

Gastarbeiter:
Menschen, die aufgrund des Anwerbeabkommens ab 1957 aus dem Ausland zum Arbeiten nach Deutschland kamen

In den 1970er-Jahren zeigte sich, dass die meisten der ehemaligen Gastarbeiter nicht vorhatten, in ihre Heimatländer zurückzukehren und dass sie hier in Deutschland zum Teil nach ihren Sitten und Gebräuchen auf Dauer leben wollten.

Ein Großteil der deutschen Bevölkerung war der Meinung, dass sich die Gastarbeiter anpassen oder in ihr Heimatland zurückkehren sollten. Erst zur Jahrtausendwende begann eine intensive Integrationsdebatte, die bis heute anhält.

Die Politik hat jahrelang darauf bestanden, dass Deutschland kein Einwanderungsland sei. Noch bis in die 90er Jahre gab es kaum Integrationsangebote in den großen Städten, obwohl Sozialarbeiter, Lehrer und Polizisten bereits über Problemviertel in Berlin, Köln und vielen Ruhrgebietsstädten berichteten. Erst zur Jahrtausendwende begann eine intensive Integrationsdebatte, die bis heute anhält. Laut statistischem Bundesamt werden folgende Personengruppen als „Menschen mit Migrationshintergrund" bezeichnet:

- zugewanderte Ausländer
- in Deutschland geborene Ausländer
- eingebürgerte Ausländer
- Spätaussiedler
- Kinder mit zumindest einem Elternteil, der eines der genannten Merkmale erfüllt.

1. Bedingt durch die politischen Situationen in Syrien und einigen afrikanischen Staaten (Bürgerkrieg, Lebenssituation etc.) haben viele Menschen die Flucht ergriffen. Informieren Sie sich im Internet über die aktuellen Flüchtlingszahlen in die BRD.
2. Erörtern Sie die Probleme, die sich innerhalb der EU hinsichtlich der Verteilung der Flüchtlinge ergeben (Internet Recherche).
3. Art. 16 a GG (Asylrecht) sieht keine zahlenmäßige Begrenzung für Asyl vor. Diskutieren Sie mögliche Auswirkungen für Städte und Gemeinden.
4. Diskutieren Sie, welche Gründe für Sie ausschlaggebend sein könnten Ihre Heimat zu verlassen.
5. Recherchieren Sie, wie viele Menschen mit Migrationshintergrund aktuell in Deutschland leben.

Immer wieder gibt es heftige Diskussionen über schlecht integrierte und integrationsunwillige Migranten in Deutschland. Obwohl sich, laut einer Bertelsmannstudie von 2009, nur etwa 8 Prozent der Migranten nicht integrieren wollen und sich nur etwa 15 Prozent der Menschen mit Zuwanderungsgeschichte nicht integriert fühlen, sehen das etwa 70 Prozent der Deutschen anders. Vorurteile von dem kriminellen, bildungsfernen und islamistischen Ausländer halten sich hartnäckig. Dabei haben etwa 60 Prozent der Deutschen kaum oder gar keinen Kontakt mit Migranten.

Integrationsunterstützung und Integrationsprogramme des Bundes

Das Bundesamt für Migration und Flüchtlinge (BAMF) unterstützt Projekte zur sozialen und gesellschaftlichen Integration von Ausländern. Bei der Förderung unterscheidet das Bundesamt zwischen altersunabhängigen und jugendspezifischen Maßnahmen.

Schwerpunkte der Arbeit und der Projekte sind die Ausbildung von Netzwerken, Stadtteilintegrationen, Frauenarbeit, Freizeit- und Sportmöglichkeiten für Jugendliche. Ziel dieser gesamten Projekte ist es, Sprachbarrieren abzubauen und das gegenseitige Verständnis zu fördern. Das Bundesamt für Migration und Flüchtlinge hat festgestellt, dass Vorurteile stark abnehmen, wenn man persönlichen positiven Kontakt zu Menschen mit Migrationshintergrund hat. Des weiteren steigt die Bereitschaft zur Integration mit dem Bildungsniveau der Migranten. Ein großer Betätigungsbereich der Politik ist die Verbesserung der Arbeitsmarktchancen von Migranten.

Integrationsmaßnahmen und -angebote im Saarland

Mit Hilfe von Integrationslotsen (ILO) soll die Integration von Menschen mit Migrationshintergrund im Saarland eingeleitet und beschleunigt werden. Die Migrationsberatung für Erwachsene (MBE) ist unter anderem im Umgang mit Behörden behilflich und bei Fragen des kulturellen Lebens in Deutschland. Migranten im Alter von 12 bis 27 Jahren werden vom Jugendmigrationsdienst (JMD) beraten.

http://www.saarland.de/integration.htm

Webseite des Saarlandes zu „Flüchtlingen"

Personen, denen ein Aufenthalt von mehr als einem Jahr im Saarland gestattet ist, haben ein Anspruch auf einen Integrationskurs. Dieser besteht aus einem Sprachkurs (600–900 Stunden) und einem 60-stündigen Orientierungskurs. Dabei soll die deutsche Sprache gefördert und Wissen über Deutschland vermittelt werden. Beide enden mit einem Abschlusstest.

Für Flüchtlinge und Asylsuchende besteht die Möglichkeit, ihren Berufsabschluss anerkennen zu lassen. Hierbei werden die Antragsteller von der saarländischen „Servicestelle zur Erschließung ausländischer Qualifikationen" beraten und begleitet.

1. Recherchieren Sie im Internet, ob es in Ihrer Stadt oder Region spezielle Integrationsangebote gibt.
2. Beurteilen Sie die Wirksamkeit von Integrationsprogrammen.

Zusammenfassung

Seit den fünfziger Jahren sind Gastarbeiter in der Bundesrepublik angeworben worden.

Das Bundesamt für Migration und Flüchtlinge unterstützt Projekte zur Integration von Ausländern. Es werden verstärkt Bemühungen unternommen, die Integration zu fördern.

Ziel dieser Projekte ist es, Sprachbarrieren abzubauen und das gegenseitige Verständnis zu fördern.

Das Saarland bietet eine Reihe von Beratungsmöglichkeiten sowie Integrationskurse an.

Flüchtlinge und Asylsuchende können ihren Berufsabschluss in Deutschland anerkennen lassen.

Wissens-Check

1. Nennen Sie die Gründe dafür, dass Gastarbeiter von der Bundesrepublik in der Wirtschaftswunderzeit angeworben wurden.
2. Nennen Sie die Integrationsangebote für Flüchtlinge und Asylsuchende im Saarland.
3. Diskutieren Sie die Notwendigkeit von Integrationsprogrammen.

4 Formen des Zusammenlebens

Bauernfamilie im 19. Jahrhundert

Viele Menschen leben in Familien. Sie ist die Primärgruppe, in der die Menschen ihre erste Sozialisation erfahren.

Im Gemeinwesen werden der Familie verschiedene Aufgaben zugedacht. Die folgenden Merkmale sind nicht ausschließlich auf Familien beschränkt. Es gibt andere Lebensgemeinschaften, die die gleichen Leistungen erbringen. Wenn diese Merkmale hier Familien zugeschrieben werden, so ist darin keine Wertung zu sehen. Die Familie ist jedoch die am häufigsten praktizierte Lebensgemeinschaft.

4.1 Rollen- und Funktionswandel der Familie

Familien erfüllen eine Vielzahl wichtiger Aufgaben für ihre Mitglieder und für die Gesellschaft. Diese Aufgaben beziehen sich auf die persönliche, die familiäre und die gesellschaftliche Ebene. Im Verlaufe des familiären Zusammenlebens sind diese Aufgaben verschieden stark ausgeprägt.

Die gesellschaftlichen Aufgaben der Familie lassen sich drei Bereichen zuordnen:

- Sorge für die Erhaltung der Gesellschaft/Reproduktion von Nachkommen
- Erziehung der Kinder (Sozialisation)
- Befriedigung menschlicher Grundbedürfnisse

Heute sind wichtige Aufgaben der Familie auf den Staat übergegangen. Andererseits sind Aufgaben des Staates auf die Familien verlagert worden.

1. Welche Aufgaben der Familie hat der Staat übernommen?
2. Welche Aufgaben hat die Familie vom Staat übernommen?
3. Kann man von einem „Funktionsverlust der Familie“ sprechen?

Reproduktion

Eine bedeutende Aufgabe der Familie ist die Reproduktion, das heißt die Zeugung neuer Familien- und Gesellschaftsmitglieder. Auch heute halten ca. 50 % der Bevölkerung Ehen mit Kindern für glücklicher. Dennoch geht die Zahl der Ehen mit Kindern ständig zurück. Das wird in Zukunft auch Auswirkungen auf den Arbeitsmarkt und die Rentenkassen haben.

© J. Schröder

Selbst moderne Familien mit zwei Kindern werden weniger

Der Verzicht auf Kinder wird von manchen Ehepaaren damit erklärt, dass Kinder Zeit und Geld kosten. Generell nimmt die Größe der Familie mit zunehmender Erwerbstätigkeit der Frauen ab.

Die Familiengröße nimmt mit zunehmendem Ausbildungsabschluss der Frauen ab. Frauen, die nach dem 26. Lebensjahr heiraten, haben im Durchschnitt weniger Kinder. Die Familiengrößen sind im Freistaat Bayern und in Niedersachsen am höchsten. In den **Stadtstaaten** – insbesondere in Berlin – sind sie am niedrigsten. Familien auf dem Lande haben generell mehr Kinder als solche in der Stadt.

Stadtstaaten:
Berlin, Bremen, Hamburg

In den vergangenen Jahren ist die Geburtenrate bei Familien mit geringem und mittlerem Einkommen gesunken. Dennoch sind Familien von Arbeitern und Landwirten im Durchschnitt größer als die von Angestellten und Beamten. Die Kinderzahl von Familien mit Migrationshintergrund und religiös gesinnten Ehepartnern ist größer als die einer **durchschnittlichen Familie**.

Durchschnittsfamilie:
Die durchschnittliche Zahl der Kinder betrug bei Ehepaaren 1,72 und bei Lebensgemeinschaften 1,43.

1. Warum hat die Anzahl der Kinder eine wesentliche Bedeutung für die Erhaltung des Staates?
2. Sollten Frauen zu Gunsten von Kindern auf eine Berufstätigkeit verzichten? Begründen Ihre Meinung.

Erziehung und Erziehungsstile

Neugeborene und kleine Kinder können nicht alleine überleben: Zunächst bedürfen sie der Pflege, später müssen sie erzogen werden.

Unter Erziehung versteht man soziale Handlungen, durch die die Eltern versuchen, die Persönlichkeitsentwicklung ihrer Kinder zu beeinflussen.

© Dave Vaughan

Die Erziehung ist immer an bestimmten Zielen, Idealen, Leitbildern und Normen ausgerichtet. War die Erziehung früher an Strenge und Gehorsam ausgerichtet (autoritärer Erziehungsstil), so hat sich dies im Laufe der Zeit zu Toleranz und Verständnis geändert (partnerschaftlich/demokratischer Stil).

Die Eltern verfügen über verschiedene Arten von Erziehungsmitteln. Eine nicht repräsentative Umfrage unter Eltern im Saarland ergab, dass erzieherische Maßnahmen in folgender Reihenfolge bevorzugt werden:

- Beispiel, Vorbild sein
- Ideal der Mitte, ausgewogene Erziehung
- verständnisvolle Erziehungsgestaltung
- erklären, argumentieren, beraten
- gemeinsame Aktivitäten mit den Kindern, Anregung der Kinder zu Aktivitäten
- Konsequenz, Festigkeit, Stetigkeit, Ruhe
- Bestätigung
- Härte, Strenge, Strafe

Befriedigung menschlicher Grundbedürfnisse

Die Erhaltung der innerfamiliären Harmonie ist eine weitere wichtige Aufgabe der Familie. Die Familienmitglieder unterstützen sich bei der Verarbeitung von außen kommender Belastungen. Der Abbau von Stress ist in der Familie leichter möglich, hier findet der Mensch Unterstützung bei Krankheit und im Alter.

Menschliche Grundbedürfnisse:
Hierzu zählen u. a.

- Nahrung
- Kleidung
- Sicherheit
- Vertrauen
- Anerkennung
- Zuwendung

1. Welche Gründe sprechen für die Gründung einer Familie?
2. Warum hat die Familie Ihrer Meinung nach eine Zukunft?
3. Was spricht für einen toleranten Erziehungsstil?
4. Was spricht für einen autoritären Erziehungsstil?

4.2 Rechtsstellung der Familie

Die Stellung von Ehe und Familie im Grundgesetz

Obwohl sich durch die gesellschaftliche Entwicklung weitere Formen des Zusammenlebens ergeben haben, bleibt die Ehe und Familie die häufigste Form der **Lebensgemeinschaft**. Sie wird im Grundgesetz und in den Verfassungen der Bundesländer hervorgehoben und unterstützt.

Lebensgemeinschaft:
Laut einer Erhebung des Statistischen Bundesamtes gab es 2015 in Deutschland rund 18 Mio. Ehepaare und gut 2,9 Mio. nichteheliche Lebensgemeinschaften.
In der Shellstudie 2010 waren 92 % der Jugendlichen der Meinung, dass ein gutes Familienleben wichtig sei.

Art. 6 GG
(1) Ehe und Familie stehen unter dem besonderen Schutz der staatlichen Ordnung.

Art. 22 Verfassung des Saarlandes
Ehe und Familie genießen den besonderen Schutz und die Förderung des Staates.

Der verfassungsmäßige Schutz von Ehe und Familie wird in unterschiedlichen Rechtsbereichen deutlich. Ehepaare genießen unter anderem Vorteile

- im Steuerrecht (z. B. günstigere Lohnsteuerklasse/**Ehegattensplitting**)
- in der gesetzlichen Kranken- und Pflegeversicherung durch die Mitversicherung des nicht berufstätigen Ehegatten und der Kinder
- in der gesetzlichen Rentenversicherung durch die Witwen-/Witwerrente

Ehegattensplitting:
Das gesamte Einkommen in einer Ehe wird auf den Ehemann und die Ehefrau in gleicher Höhe aufgeteilt. Damit ergibt sich häufig ein geringerer Steuersatz für die beiden Hälften als der Steuersatz für das gesamte Einkommen. Insbesondere bei Ehen mit nur einem berufstätigen Ehegatten wirkt sich das Ehegattensplitting steuermindern aus. Das Ehegattensplitting begünstigt auch kinderlose Ehen.

1. Aus welchem Grund unterstützt der Staat die Lebensform „Ehe“?
2. Diskutieren Sie darüber, ob andere Lebensformen (z. B. nichteheliche Lebensgemeinschaften, gleichgeschlechtliche Lebenspartnerschaften) ebenso staatliche Unterstützung erhalten sollten!
3. Halten Sie die steuerliche Begünstigung einer kinderlosen Ehe für gerechtfertigt? Begründen Sie ihre Meinung.

Rechtsbeziehungen in Ehe und Familie

Die Eheschließung zieht durch das Familienrecht im Bürgerlichen Gesetzbuch eine Reihe von Wirkungen nach sich.

Wenn z. B. Jan Treu und Laura Fröhlich heiraten, werden sich die beiden über einen **Ehenamen** Gedanken machen.

Ehenamen:
Die Vielfalt der Ehenamen ist durch eine Entscheidung des Bundesverfassungsgerichtes entstanden. Es hat in einem Normenkontrollverfahren die ehemalige Bevorzugung des Geburtsnamens des Ehemannes für verfassungswidrig erklärt.

Die Eheleute sollen einen gemeinsamen Familien- bzw. Ehenamen tragen. Diese Vorschrift ist nicht zwingend. Ehemann und Ehefrau können auch ihren Geburtsnamen beibehalten. Alle ihre Kinder erhalten als Geburtsnamen den Namen des Vaters oder der Mutter. Hier müssen sich die Eheleute entscheiden.

Ein Ehepartner, dessen Geburtsname nicht Familienname wurde, kann dem gewählten Familiennamen seinen Geburtsnamen voranstellen oder anfügen. Die Kinder aus einer solchen Ehe bekommen den Familiennamen.

Laura Fröhlich und Jan Treu hatten folgende Möglichkeiten:

Laura Fröhlich und Jan Fröhlich
Laura Fröhlich und Jan Fröhlich-Treu oder Jan Treu-Fröhlich
Kinder: .... Fröhlich)
Laura Treu und Jan Treu
Laura Treu-Fröhlich oder Laura Fröhlich-Treu und Jan Treu
(Kinder: .... Treu)
Laura Fröhlich und Jan Treu
(Kinder: entweder alle .....Treu oder alle .... Fröhlich)

Wie viele Schüler/innen möchten im Falle einer Eheschließung ihren Geburtsnamen auf irgendeine Art beibehalten? Erhebung in der Klasse.

Auch die standesamtliche Ehe wird auf Lebenszeit geschlossen. Die **Beendigung der Ehe** ist aber möglich. Die Eheleute sind einander zur ehelichen Lebensgemeinschaft verpflichtet. Sie tragen für einander Verantwortung. Die Ehe wird zwar vom Staat unterstützt, die Eheleute müssen jedoch für einander sorgen, den Lebensunterhalt tragen. Der Arbeitsverdienst oder das Vermögen der Ehepartner dienen der ehe-

Beendigung der Ehe:
Sie kann durch eine Scheidung, eine Aufhebung der Ehe (z. B. bei widerrechtlich erzwungener Eheschließung) oder durch den Tod eines Ehepartners erfolgen.

lichen Lebensgemeinschaft. Was aber, wenn ein Ehepartner den Haushalt führt und die Kindererziehung übernommen hat? In diesem Fall hat er durch die Haushaltsführung die Unterhaltspflicht erfüllt.

§ 1360 a BGB

(1) Der angemessene Unterhalt der Familie umfasst alles, was nach den Verhältnissen der Ehegatten erforderlich ist, um die Kosten des Haushalts zu bestreiten und die persönlichen Bedürfnisse der Ehegatten und den Lebensbedarf der gemeinsam unterhaltsberechtigten Kinder zu befriedigen.

130 245 © Bergmoser + Höller Verlag AG

Die Ehepartner besitzen häufig vor der Eheschließung schon ein Vermögen oder Vermögensgegenstände. Wem dieses Vermögen in der Ehe gehört, richtet sich nach der Art des Güterstandes. Wenn die Eheleute nichts vereinbaren, leben sie im gesetzlichen Güterstand, der so genannten Zugewinngemeinschaft. Während der Ehe ist dieser Güterstand fast identisch mit dem **vertraglichen Güterstand** der Gütertrennung. Das heißt:

Vertraglicher Güterstand:
Wenn den Eheleuten die Regelungen des gesetzlich vorgeschriebenen Güterstandes nicht gefallen, können sie bei einem Notar einen so genannten Ehevertrag abschließen. In ihm wird der Güterstand festgelegt. Es gibt zwei Typen: Gütergemeinschaft und Gütertrennung.

- Vermögen, das ein Ehepartner in die Ehe gebracht hat, bleibt sein bzw. ihr Vermögen
- Vermögen, das ein Ehepartner während der Ehe erwirbt, gehört ihm bzw. ihr

Die Zugewinngemeinschaft unterscheidet sich von der Gütertrennung. Dies zeigt sich, wenn die Ehe beendet wird. In der Zugewinngemeinschaft muss der Vermögenszuwachs, der Zugewinn, der beiden Eheleute ausgeglichen werden.

Beispiel: Laura hat in der Ehe einen Vermögenszuwachs von 50.000 €, Jan von 10.000 €. Im Falle einer Scheidung hätte Jan einen Anspruch auf Zugewinnausgleich in Höhe von 20.000 € an Laura.

> Ist es gerecht, dass bei einer Scheidung jener Ehepartner, der weniger Vermögenszuwachs während der Ehe hatte, einen Zugewinnausgleich vom anderen erhält?
>
> Begründen Sie Ihre Meinung.

Will ein Ehepartner in einer Zugewinngemeinschaft über sein gesamtes Vermögen verfügen, muss der andere Ehepartner einwilligen.

Beispiel: Jan verwendet sein ganzes Vermögen zum Kauf eines Sportwagens. Hier muss die Ehefrau ihre Zustimmung geben.

Dies gilt auch, wenn ein Ehepartner einen Haushaltsgegenstand, der ihm gehört, verkauft. Häufig müssen solche Haushaltsgegenstände ersetzt werden, weil sie alt und wertlos wurden. Der Ersatzgegenstand gehört dann auch jenem Ehepartner, der Eigentümer des ehemaligen Haushaltsgegenstandes war.

Beispiel: Laura verkauft ihre Waschmaschine. Zu diesem Geschäft muss ihr Ehemann einwilligen. Wenn Lauras Waschmaschine ersetzt werden muss, wird sie auch Eigentümerin der neuen Waschmaschine.

> Ist es sinnvoll, dass beim Verkauf von Haushaltsgegenständen der Ehepartner, dem der Gegenstand gehört, den anderen Ehepartner fragen muss?
>
> Begründen Sie Ihre Meinung.

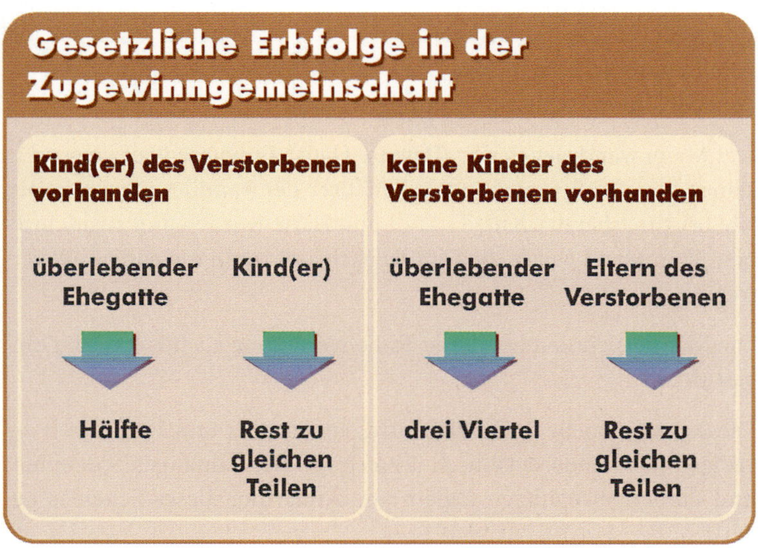

© Dave Vaughan

Kinder in der gesetzlichen Erbfolge:
Sie gelten als Erben der ersten Ordnung. An die Stelle verstorbener Kinder treten deren Kinder.

Eltern in der gesetzlichen Erbfolge:
Sie gelten als Erben der zweiten Ordnung. Anstelle verstorbener Eltern treten deren Kinder, also die Geschwister des Verstorbenen.

Testament:
Ein so genanntes eigenhändiges Testament muss eigenhändig geschrieben und unterschrieben werden, so dass es gültig ist. Das so genannte öffentliche Testament wird mit Hilfe eines Notars errichtet.

Wenn ein Ehepartner verstirbt, endet die Ehe. Das Erbrecht verschafft dem überlebenden Ehepartner einen besonderen Erbanteil. Dieser erhält die Hälfte der Erbschaft, wenn die Eheleute im gesetzlichen Güterstand lebten. Die andere Hälfte fällt zu gleichen Teilen an die **Kinder**. Hatte der verstorbene Ehepartner keine Kinder, bekommt der anderen Ehepartner drei Viertel der Erbschaft. Den Rest erhalten die **Eltern** des Verstorbenen.

In der Gütertrennung bekommt der überlebende Ehepartner mindestens ein Viertel und höchstens die Hälfte der Erbschaft. Mit einem **Testament** legen die Ehepartner häufig den überlebenden Ehepartner als Alleinerben fest. Das Testament hat Vorrang vor den gesetzlichen Regelungen.

Ist es gerecht, dass in einer Ehe mit Kindern der überlebende Ehegatte weniger erhält als in einer kinderlosen Ehe?

4.3 Veränderte Geschlechterrollen

Die Familie steht als Keimzelle im Zentrum der Gesellschaft. Dies hat zur Folge, dass sie von gesellschaftlichen Entwicklungen beeinflusst wird. Dabei kann sich die innere Struktur der Familie verändern.

Die Familienmitglieder übernehmen je nach Alter und Geschlecht bestimmte Rollen in der Familie: Ehepartner, Mutter, Kind, Bruder, Schwester usw. Diesen Rollen sind unterschiedliche Rechte und Pflichten zugeordnet.

Nach der traditionellen Rollenverteilung war der Frau in erster Linie die Rolle der Ehepartnerin, Hausfrau und Mutter zugedacht. Sie galt als passiv, erduldend, sensibel, emotional und musste offen für alle Familienprobleme sein. Das Umsorgen der anderen Familienmitglieder sollte im Mittelpunkt ihres Lebens stehen.

Der Mann war dagegen der „Herr im Haus“. Er wurde überwiegend in seiner Berufsrolle gesehen, als Ernährer der Familie. Eigenschaften wie Leistungsbereitschaft, Tatkraft und Härte wurden ihm zugeschrieben. Vom Mann wurde die Familie nach außen hin verteidigt und vertreten.

Die Männer wurden bei dieser Rollenverteilung als höherwertig eingestuft.

Dieses traditionelle Rollenbild wurde in den 60er und 70er Jahren des vorigen Jahrhunderts kritisch hinterfragt. Die damaligen Studenten- und Frauenbewegungen haben eine Änderung dieses Schemas bewirkt.

Herausforderungen an Familie und Gesellschaft

Heutzutage werden nur noch wenige Eigenschaften und Fähigkeiten einem bestimmten Geschlecht zugeordnet. Zärtlichkeit, Kinderliebe, Empfindsamkeit werden als gleich wichtig für Männer und Frauen genannt.

Das traditionelle Familienbild wirkt dennoch nach. Es erschwert den Frauen die Entfaltung im Beruf und führt zu unterschiedlichen Aufstiegsmöglichkeiten zwischen Männern und Frauen. Die emanzipierte Frau wird von der Gesellschaft nicht nur positiv bewertet.

Der Mann, der als „Hausmann" Aufgaben in der Familie übernimmt, wird in der Gesellschaft häufig belächelt.

1. Welche Vorteile bietet die traditionelle Rollenaufteilung in der Familie?
2. Kann die Kindererziehung bei der modernen Rollenaufteilung leiden?
3. Warum bezeichnen einige Menschen moderne Frauen als „Emanzen" und Hausmänner als „Weicheier"?

Vereinbarkeit von Beruf und Familie

Bei vielen Mitbürgern herrscht die Meinung vor, dass die Berufstätigkeit beider Elternteile negative Auswirkungen auf die Familie habe.

© Krier

Familien mit drei oder mehr Kindern sind selten geworden.

Beklagt wird, dass die Eltern zu wenig daheim sind. Sie würden an Überarbeitung leiden und hätten zu wenig Zeit für die Familie. Negativ könne sich besonders Nacht-, Schicht- und Feiertagsarbeit auswirken.

Fest steht, dass sich bei gleitender Arbeitszeit die Familienbelange mit dem Beruf am besten vereinbaren lassen.

Für das Familienleben ist es von großer Bedeutung, ob die erwerbstätigen Familienmitglieder mit ihrem Beruf zufrieden sind. Negativ ist es, wenn sie erschöpft, verärgert, gestresst oder gereizt nach Hause zurückkommen. Dann erleben sie Kinderbetreuung als zusätzliche Belastung.

Umgekehrt wirkt sich das Familienklima auf das berufliche Engagement aus. Ein gutes Familienklima fördert die berufliche Leistung.

1. Nennen Sie Gründe, die gegen die Vereinbarkeit von Beruf und Familie sprechen.
2. Welche Gründe sprechen dafür?
3. Wie würden Sie sich entscheiden? Warum?

Kinder als Armutsrisiko

Familien mit mehreren Kindern sind häufig finanziell schlechter gestellt als Kleinfamilien. Viele große Familien sind auf die Hilfe des Staates angewiesen.

Der Staat zahlt Kindergeld und unterstützt Familien, die unter dem Existenzminimum leben müssen. Kinder aus sozial schwachen Familien können Leistungen für Bildung und Teilhabe erhalten. Diese Leistungen werden umgangssprachlich als **Bildungspaket** bezeichnet.

Bildungspaket:
Ersetzt werden z. B. die Kosten für Mittagsverpflegung in Hort oder Schule, Ausflüge und Klassenfahrten, sowie Schulbedarf und Nachhilfeunterricht, Sport- und Kulturangebote

In vielen deutschen Städten und Gemeinden mangelt es an großen, kostengünstigen Wohnungen. Zudem stoßen Mehrkindfamilien bei Vermietern mitunter auf Vorbehalte. Deshalb muss sich ein Teil dieser Familien mit teueren und zu kleinen Wohnungen abfinden. Sozialwohnungen sind gerade in großen Gemeinden nicht immer ausreichend vorhanden. Durch die hohe Miete bedingt, fehlt es an Geld für Freizeitaktivitäten, Urlaub und Bildung.

Mehrere Kinder zu betreuen hat häufig zur Folge, dass nur ein Elternteil berufstätig sein kann. Dies bedeutet einen weiteren Verlust an verfügbarem Einkommen und kann zu **Armut** führen.

Armut:
Als arm gilt, wer mit weniger als der Hälfte des durchschnittlichen Pro-Kopf-Einkommens leben muss. Diesen Personen steht in der Regel Sozialhilfe zu.

> Nenne zwei Argumente, warum der Staat die Großfamilie stärker fördern sollte?

4.4 Neue Formen der Partnerschaft und des Zusammenlebens

Wohngemeinschaft (WG) in den 1970er- Jahren

© Fischl

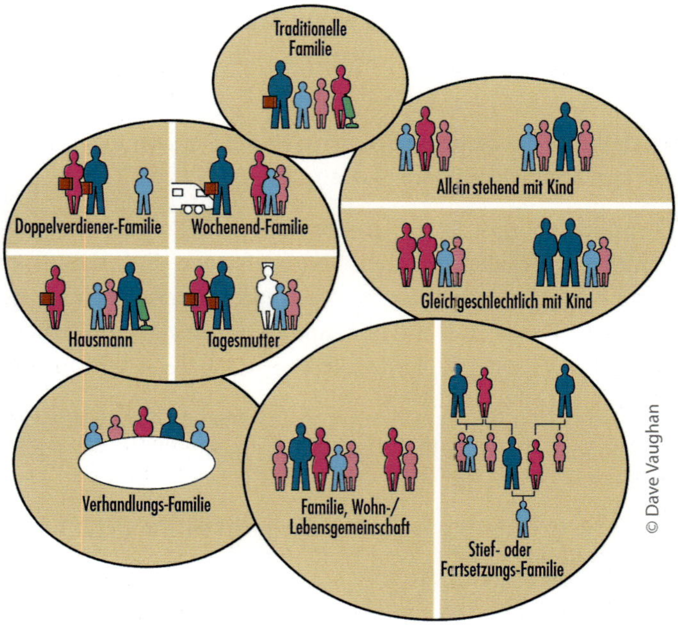

© Dave Vaughan

Neue Formen des Zusammenlebens setzen sich immer mehr durch

1. Welche Vor- oder Nachteile sehen Sie in diesen Lebensformen für die Kinder?
2. Welche für die Erwachsenen?

Begründen Sie Ihre Meinung

In den 1960er- und 1970er-Jahren haben sich junge Menschen zuweilen in Wohngemeinschaften zusammengeschlossen. Hier wollten sie ihre politischen Ideen schmieden und umsetzen. Das „freie Leben“ und die „freie Sexualität“ standen dabei im Vordergrund. Wohngemeinschaften junger Leute gibt es auch heute noch. Dabei steht jetzt aber im Vordergrund, für eine bestimmte Zeit einen preiswerten Wohnraum zu haben. Es sind Zweckgemeinschaften, die innere Bindung dieser Gemeinschaften ist nicht so intensiv ausgeprägt.

Gleichgeschlechtliche Lebensgemeinschaft

Neben der klassischen Ehe gibt es heutzutage weitere, staatlich anerkannte Möglichkeiten des Zusammenlebens.

Nachdem Bündnis 90/Die Grünen, FDP und SPD im Juni 2017 die Öffnung der Ehe für gleichgeschlechtliche Paare zur Bedingungen für eine Koalition nach der Bundestagswahl 2017 gemacht hatten, wurde das Gesetz bei der letzten Bundestagssitzung vor der Sommerpause am 30. Juni 2017 geändert.

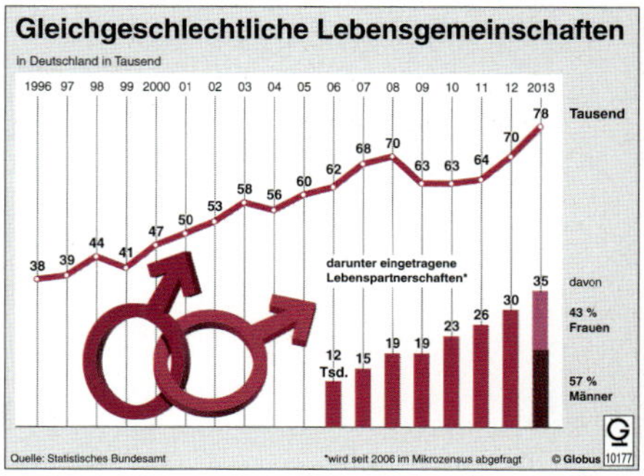

Am 7. Juli 2017 ließ auch der Bundesrat das vom Bundestag beschlossene Gesetz passieren. Es handelt sich um ein Einspruchsgesetz; die bayerische Staatsregierung erklärte, auf eine Anrufung des Vermittlungsausschusses zu verzichten. Anschließend wird das Gesetz ausgefertigt und vom Bundespräsidenten verkündet. (Nach Wiki)

1. Welche Gründe sprechen für, welche gegen die staatliche Aufwertung gleichgeschlechtlicher Lebensgemeinschaften?
2. Sollten gleichgeschlechtliche Lebensgemeinschaften Kinder adoptieren dürfen? Begründen Sie Ihre Meinung.
3. Wie beurteilen Sie die zurückhaltende Position vieler Menschen zu dieser Regelung?

Zusammenfassung

Die meisten Menschen leben in Familien. Diese helfen den Kindern, in die Gesellschaft hineinzuwachsen (Primärsozialisation).

Im Laufe der Zeit hat sich die Familie von der Großfamilie (Großeltern, Eltern, Kinder) zur Kleinfamilie (Vater, Mutter, ein bis zwei Kinder) entwickelt.

Entsprechend haben sich die Aufgaben in der Familie verändert. Ernährer/Verdiener sind häufig Vater und Mutter. Die Aufgaben im Haushalt und die Kindererziehung werden von beiden Elternteilen getragen.

Die Erziehungsstile haben sich verändert: Vom strengen, autoritären Erziehungsstil wurde zum vorbildhaften, liberalen Erziehungsstil gewechselt.

Das Grundgesetz und die saarländische Verfassung schützen ausdrücklich Ehe und Familie.

Das Namensrecht des BGB ermöglicht den Eheleuten mehrere Kombinationsmöglichkeiten.

Durch die Eheschließung sind sich die Ehepartner zum gegenseitigen Unterhalt verpflichtet.

Die Vermögensverhältnisse in einer Ehe richten sich nach dem Güterstand.

Der gesetzliche Güterstand heißt Zugewinngemeinschaft.

Die vertraglichen Güterstände sind die Gütergemeinschaft und die Gütertrennung.

Wird die Ehe geschieden, so findet in der Zugewinngemeinschaft ein Vermögensausgleich statt.

Das gesetzliche Erbrecht sieht für den überlebenden Ehepartner einen Erbanteil vor.

Die Vereinbarkeit von Beruf und Familie ist weiterhin problematisch. Sie kann sich negativ auf die Kinder auswirken (Stress, Zeitmangel).

Viele Kinder können Armut in die Familie bringen.

Die rechtliche Position gleichgeschlechtlicher Partnerschaften wurde verbessert. Eine Gleichstellung mit der Familie hat nicht stattgefunden.

Wissens-Check

1. Die Aufgaben der Familie haben sich im Laufe der Zeit geändert. Nennen sie Beispiele.
2. Nennen sie Vor- und Nachteile verschiedener Erziehungsstile.
3. Situation: Sigrun Kurz und Johannes Müller heiraten.
   a) Bei der Eheschließung möchte Sigrun die Ehe zunächst für die Dauer von zehn Jahren schließen. Eine Verlängerung könnte sich ja noch anschließen. Was wird der Standesbeamte zu dieser Idee sagen?
   b) Welche Namenskombinationen sind für die beiden Eheleute denkbar?
   c) Die beiden Ehepartner vereinbaren keinen Güterstand. In welchem Güterstand leben sie dann?
4. Welche Probleme bei der Vereinbarkeit von Beruf und Familie kennen Sie?
5. Warum können Kinder ein Armutsrisiko sein?
6. Warum sind gleichgeschlechtliche Lebensgemeinschaft und Ehe vor dem Gesetz nicht vollständig gleichgestellt?
7. Mit welchen Maßnahmen schützt der Staat Ehe und Familie?

Kompetenzbereich 2: Die Entwicklung der Demokratie in Deutschland verstehen

1 Das Saargebiet

Der Sonderweg unseres Landes begann, als das Saarrevier nach dem Ende des Ersten Weltkriegs aus dem Deutschen Reich herausgelöst und als „Saargebiet“ dem Völkerbund unterstellt wurde. Damit entstand zum ersten Mal ein eigenes staatliches Gebilde. Die „Nationale Frage“ wurde zum beherrschenden Thema des gesellschaftlichen und politischen Lebens an der Saar.
Es entstand ein Nationalgefühl, das die Mehrheit der Bevölkerung den Wunsch nach einer Rückkehr zu Deutschland verspüren ließ. „Nix wie hemm“ war die Parole, die gegen jede politische Vernunft gefruchtet hatte.

Film: Das Saarland – Vom Zankapfel zum Bundesland

https://www.planet-schule.de/sf/filme-online.php

1.1 Das Saarland unter der Kontrolle des Völkerbundes

Historisches Museum Saar

http://www.historisches-museum.org/saargeschichte-seit-1870/

Die Situation 1919/1920

Nach dem Ersten Weltkrieg wurde Deutschland verpflichtet, den Versailler Vertrag bedingungslos zu akzeptieren. Neben der Festlegung der deutschen Grenzen wurden detailliert die Grenzen des Saarbeckens festgehalten. Das Saarbecken wurde für einen Zeitraum von 15 Jahren dem Völkerbund unterstellt. Danach sollten die Saarländer über ihre weitere Zugehörigkeit selbst entscheiden. Einer der wesentlichen Wirtschaftszweige im Saarbecken waren die Kohlengruben. Mit der Unterzeichnung des Friedensvertrages von Versailles gingen sowohl das Eigentumsrecht als auch das sogenannte Ausbeutungsrecht der Kohlengruben an Frankreich über.

Die Reaktionen der „Saarländer“

Wappen des Saargebietes von 1920–1935

Die Verwaltung des Saargebietes erfolgte durch eine vom Völkerbund eingesetzte Regierungskommission. Die Kommission bestand aus fünf Personen, wobei der französische Einfluss, unter anderem durch die Präsenz des französischen Militärs, am stärksten war. Der Unmut der „Saarländer“ über die Grenzbildung und den starken politischen und wirtschaftlichen Einfluss der Franzosen war allgegenwärtig. 1922 gelang es der Bevölkerung, beim Völkerbund die Gründung eines Landesrates durchzusetzen. Der neue „saarländische Landrat“ besaß lediglich ein Beratungsrecht. Die neue Grenzfestlegung des Saargebietes, die politische Unterdrückung, die wirtschaftliche Ausbeutung und die Einführung des französischen Franc als alleiniges Zahlungsmittel (01.06.1923) führten zu starker Unzufriedenheit unter den „Saarländern“. Die Integration des Saargebietes in das französische Zollgebiet (1925) ließ den Unmut der Bevölkerung weiter wachsen. Fast alle „Saarländer“ verfolgten ab diesem Zeitpunkt das Ziel „Nix wie hemm“ ins Deutsche Reich.

Die Völkerbundzeit bis 1935

Der Präsident der Regierungskommission versuchte die Interessen Frankreichs durchzusetzen. Im politischen und wirtschaftlichen Bereich war das Mitbestimmungsrecht der Saarbevölkerung sehr gering. Die Saargruben waren vollständig unter der Kontrolle der „Mines Domaniales Françaises de la Sarre", die Stahlindustrie mit einem Anteil von 60 Prozent. Im kulturellen Bereich versuchten die Franzosen, die Saarbevölkerung zu beeinflussen. So wurde in den sogenannten „Domainschulen" der Unterricht nach französischen Vorstellungen organisiert. Die saarländische Bevölkerung versuchte jedoch, ihre Kinder in den staatlichen deutschen Schulen unterrichten zu lassen. Die „Saarländer" wollten ihre kulturelle und gesellschaftliche Stellung als Deutsche zum Ausdruck bringen.

„Grubengeld", welches nur im Saargebiet gültig war

Das Vorgehen der französischen Verwaltung führte nicht zu einer profranzösischen Vertrauensbildung, sondern zu einem immer stärker werdenden Wunsch, wieder ins Deutsche Reich zurückzukehren. Ein Höhepunkt der politischen und gesellschaftlichen Auseinandersetzung mit der französischen Verwaltung war der Bergarbeiterstreik 1923. Der hundert Tage andauernde Streik der Bergarbeiter richtete sich einerseits gegen die Arbeits- und Sozialbedingungen im Bergbau, andererseits war es ein Streik gegen Frankreich. Die geforderten Lohnerhöhungen konnten gegenüber dem französischen Arbeitgeber jedoch nicht durchgesetzt werden. Die politischen Interessen Frankreichs standen weiterhin im Mittelpunkt. Frankreich nutzte den Bergarbeiterstreik als politisches Kampfmittel gegen den beginnenden Ruhrkampf. Die Folge für die Arbeiter im saarländischen Bergbau und der vom Bergbau abhängigen saarländischen Hütteni ndustrie waren Entlassungen und Lohnkürzungen um nahezu 30 Prozent.

Flagge des Saargebietes von 1920–1935

1. Beschreiben Sie die Folgen des Versailler Vertrages für das Saargebiet.
2. Mit welchen Maßnahmen versuchte die französisch geführte Regierungskommission die saarländische Bevölkerung stärker an Frankreich zu binden?
3. Welches Ziel verfolgte Frankreich während der gesamten Völkerbundzeit?

1.2 Zwischen Vernunft und Nationalgefühl

Die saarländische Bevölkerung erlebte wirtschaftlich ein Auf und Ab in der Zeit des Völkerbundes. Die Saarindustrie boomte in Folge des Wiederaufbaus nach dem Ersten Weltkrieg. Französisches Kapital floss an die Saar und der französische Franc war gegenüber der inflationären Mark eine stabilere Währung.

Kompetenzbereich 2

Das primäre Ziel Frankreichs, das Saargebiet zu annektieren und die Bevölkerung nach 15 Jahren für eine Abstimmung zur Angliederung an Frankreich zu bewegen, führte zu Unruhen. Die Saarländer zeigten „Flagge" bei der „Jahrtausendfeier der Rheinlande". Die Feier war eine Demonstration der Bevölkerung an der Ruhr und an der Saar für eine Rückkehr zu Deutschland. Der französische Aufsichtsratsvorsitzende der Saargruben sagte angesichts der klaren, politischen Ausrichtung der Saarländer während der Feierlichkeiten: „Le plébiscite est fait." („Die Abstimmung ist bereits gelaufen.").

Die politischen Entwicklungen in Deutschland waren unter anderem geprägt durch die Annäherung und Aussöhnung zwischen Deutschland und Frankreich. Die Verträge von Locarno legten den Grundstein für die Annäherung zwischen den beiden Ländern. Auch der Beitritt Deutschlands in den Völkerbund wurde vorbereitet und 1926 in Genf vollzogen. Die außenpolitischen Erfolge Deutschlands waren auch im Saargebiet spürbar. Dadurch wuchs der Einfluss der Saarparteien im Landesrat auf die Politik an der Saar.

Die positive Entwicklung im Deutschen Reich (der beginnende wirtschaftliche Aufschwung und der Abzug der Franzosen aus dem Rheinland) sowie die wirtschaftliche und gesellschaftliche Abhängigkeit des Saargebietes von Frankreich, ließen ein nationales Zugehörigkeitsgefühl der Saarländer an das Deutsche Reich weiter wachsen. Alle saarländischen Parteien verfolgten bis 1933 das Ziel, nach Deutschland zurückzukehren.

Mit der Machtübernahme der Nationalsozialistischen Partei Deutschlands (NSDAP) und der Ernennung Adolf Hitlers zum Reichskanzler (30.01.1933) trat zum ersten Mal der Gedanke auf, den Völkerbundstatus vorübergehend zu sichern. Viele Menschen erkannten die Gefahr, die von Hitler-Deutschland ausging und strebten einen Zusammenschluss mit Deutschland erst nach der Zeit des Nationalsozialismus an. Diese Bewegung nannte sich die Einheitsfront und ihr Ziel war die Erhaltung des jetzigen Völkerbundstatus (Status Quo). Parteipolitisch unterstützt wurde die Status-Quo-Bewegung vor allem von der SPD, mit ihrem Vorsitzenden Max Braun, und der KPD (Kommunistische Partei Deutschlands). Sie waren die zweit- und drittstärksten Parteien im Saargebiet.

> „Der Hitler, der jemals die Saar bekäme, bliebe an der Saargrenze nicht stehen, sondern mit dem Schlüssel der Ludwigskirche in Saarbrücken würde er den Versuch machen, in das Straßburger und Metzer Münster einzudringen." Max Braun,1933
>
> Saarland Lexikon

Die stärkste Partei im Landesrat war das Zentrum (katholisch geprägte Partei). Der Großteil des Zentrums sowie die Deutsch-Saarländische Volkspartei (DSVP) und die Deutschnationale Volkspartei

(DNVP) bildeten im Abstimmungskampf die Deutsche Front. Ihr Ziel war es, eine sofortige Angliederung an Hitler-Deutschland zu erreichen. Erst mit der Wahl zum Landesrat von 1932 war die NSDAP im Landrat vertreten. Von da an gewann die Nationalsozialistische Partei von Adolf Hitler auch an der Saar an Ansehen und unterstützte tatkräftig die Bewegung der Deutschen Front.

1. Die Saarländer zeigten an wichtiger Stelle „Flagge". Zu welchem Anlass und mit welchem Ziel taten sie das?
2. Welche Entwicklung zeigte sich beim saarländischen „Wir-Gefühl" mit dem Deutschen Reich vor und nach 1933?
3. Erklären Sie die beiden Positionen der Einheitsfront und der Deutschen Front im Abstimmungskampf von 1935.
4. Welche Weitsicht zeigte Max Braun mit seinen Worten im Jahr 1933?

Der Autonomiegedanke an der Saar

Die saarländischen Erfahrungen während der Völkerbundzeit sorgten dafür, dass fast alle Saarländer in den zwanziger Jahren für eine Angliederung an die neue deutsche Republik waren. Niemand fühlte sich als „Saarfranzose", weder kulturell noch politisch. Niemand? Ein kleiner Kreis von Saarländern fand seine politische Heimat im „Saarbund". Ihr Ziel war es zunächst, die wirtschaftlichen Interessen der Saarbevölkerung vor die nationalpolitischen Überlegungen zu setzen. Sie versprachen sich in einem autonomen Saargebiet wirtschaftliche Vorteile. In ihrem Parteiprogramm von 1923 stand, dass nur ein von Deutschland und Frankreich unabhängiges Saarland es verhindern könnte, jemals wieder zwischen die Fronten beider Länder zu geraten. „Das Saarland den Saarländern" war die Parole der **Autonomisten**.

Autonomisten:
Menschen, die für ihr Land nach Selbstständigkeit, Selbstverwaltung und Unabhängigkeit (Autonomie) streben

1. Welches Ziel verfolgten die Autonomisten im Saargebiet?

Der Abstimmungskampf 1933–1935

Das Ende des erfolgreichen Widerstandes gegen die Propaganda der NSDAP folgte 1933 mit der Machtübernahme Hitlers. Schlagartig setzte ein Mitgliederboom bei der saarländischen NSDAP ein. Der Ruf nach einer Heimkehr ins Deutsche Reich wurde immer lauter. Viele Bürger, die noch vor 1933 mit aller Macht gegen die NSDAP und deren Ideologie waren, unterstützten jetzt das Auftreten der Partei. Eine Zusammenarbeit des Zentrums und der NSDAP in der Deutschen Front mit dem Ziel der Angliederung an Hitler-Deutschland verhalfen den Nationalsozialisten zu mehr gesellschaftlicher Anerkennung. Auch Teile der Arbeiterschaft erhofften sich von Hitler eine Befreiung vom Kapitalismus und der andauernden Arbeitslosigkeit.

Hauptplakat der Deutschen Front

Sowohl die SPD als auch die KPD an der Saar änderten ab 1934 ihre Strategie bezüglich der Abstimmung über den Völkerbundstatus. Beide hatten sich bis dahin an Diffamierungen und Ausgrenzungen der Autonomisten beteiligt. Unter dem Zwang der herrschenden Verhältnisse im Deutschen Reich schlossen sie sich jetzt unter der Einheitsfront zusammen und proklamierten den Autonomiegedanken für eine Übergangszeit. Der jetzige Zustand sollte bis zu dem Tage gehalten werden, an dem ein wieder frei gewordenes Deutschland eine politische und wirtschaftliche Einordnung des Saargebietes zwischen Deutschland und Frankreich ermöglicht.

Die Ereignisse im Deutschen Reich ab 1933 verursachten eine Kehrtwende bei den großen saarländischen Parteien. Lediglich die Art der Wende unterschied sich erheblich. Waren Zentrumspolitiker und Priester der katholischen Kirche stets gegen die Politik der NSDAP, so unterstützten sie jetzt im Abstimmungskampf die Ziele der Nationalsozialisten, zum Deutschen Reich zurückzukehren.

Das Verhältnis von SPD und KPD zur NSDAP kehrte sich nicht um, allerdings ihr Verhältnis zur Autonomie des Saarlandes. Ihnen schlossen sich vereinzelt Zentrumspolitiker, wie zum Beispiel Johannes Hoffmann an, die sich von ihrer Partei trennten. Gemeinsam traten sie für die Status-Quo-Lösung der Saarfrage an. Ein erbitterter Abstimmungskampf begann, in dessen Mittelpunkt Kundgebungen und vor allem politische Plakate mit großer Aussagekraft standen.

Plakatpropaganda im Abstimmungskampf

Plakat der Deutschen Front

Die Deutsche Front, tatkräftig unterstützt von der NSDAP aus dem Deutschen Reich, konzentrierte sich in ihrer Propaganda darauf, ob das Saarland an Frankreich oder an Deutschland fällt. Dazu entwarf ein NS-Plakatkünstler das Hauptplakat der Deutschen Front: „Deutsche Mutter – heim zu Dir“. Der saarländische Sohn kehrt in die Arme der deutschen Mutter zurück. Hitler-Deutschland wurde mit Wärme, Güte und Geborgenheit gleichgesetzt und versprach den Menschen an der Saar Arbeit und Brot. Die verborgenen Wünsche der Saarländer wurden angesprochen und lautstark propagiert.

Ein weiteres Plakat der Deutschen Front appellierte an die Entschlossenheit und den Siegeswillen der Saarbevölkerung. Mit letzter Kraft wurde die Tür zum nationalsozialistischen Vaterland weit aufgestoßen. Der Künstler zeigt die rettende Tür, aus der dunklen Unterdrückung heraus, hin zum Licht der wärmenden Sonne des Hakenkreuzes. Beide hier dargestellten Plakate und viele andere der Deutschen Front sprachen alle Saarländer an und vermieden bewusst, nationalsozialistische Ziele anzusprechen.

Die Einheitsfront versuchte ihrerseits auf den gewaltigen Propagandaaufwand der Deutschen Front mit Plakaten zu reagieren. Die Schwierigkeit bestand darin, an die Vernunft der Saarbevölkerung zu appellieren und gegen die zu dieser Zeit herrschende große Welle des Nationalgefühls zu Deutschland.

„Nur Status Quo! Schützt unsere Heimat" war eine Plakat-Parole der Einheitsfront. Symbolisiert werden sollte, dass die Heimat Deutschland ist, aber nicht unter Adolf Hitler.

Das Wort „Status-Quo" verunsicherte die Bevölkerung. Sie verstanden die Bedeutung nicht und verknüpften damit einen erneuten, starken Einfluss von Frankreich im Saargebiet. Um den Saarländern die zeitliche Begrenzung der Status-Quo-Lösung deutlich zu machen, wurde das Plakat: „Wir halten die Saar bis Deutschland frei ist." entworfen.

Plakat der Einheitsfront

Der saarländische Arbeiter steht hinter der Mauer zu Hitler-Deutschland und wartet, bis Deutschland vom Nationalsozialismus befreit ist. Die Mauer ist nur so hoch, dass sie ausreicht, sich gegen das diktatorische Deutschland zu schützen und so niedrig, um rechtzeitig wieder in das befreite Deutschland zurückzukehren.

Plakat der Einheitsfront

Die Plakate der Einheitsfront wurden oft anders verstanden. Die Angst, für immer eingemauert und somit von Deutschland auf Dauer getrennt zu bleiben, überwog. Viele Anhänger der SPD und der KPD kehrten ihrer Partei den Rücken und unterstützten nicht weiter die Status-Quo-Propaganda.

Die Ziele der Einheitsfront waren unter anderem:
- Selbstverwaltung der Region
- Eine zweite Abstimmung nach dem Ende der Hitlerdiktatur
- Beteiligung der Saar am Besitz der Gruben
- Beibehaltung des französischen Währungssystems
- Sicherung der Sozialversicherungsansprüche

Die Idee eines sozialen und demokratischen Rechtsstaates unter dem Mandat des Völkerbundes fand bei der Saarbevölkerung nur wenig Sympathie. Die Deutsche Front, tatkräftig und finanziell stark unterstützt durch das Propagandaministerium der NSDAP in Deutschland, gewann den Plakat- und Fahnenkrieg an der Saar.

Das Abstimmungsergebnis

Am 13.01.1935 stimmten die Saarländer ab. Das Ergebnis war eindeutig, und für die Einheitsfront mit ihrer Status-Quo-Idee ernüchternd.

Rückgliederung nach Deutschland	90,4 Prozent
Status Quo	8,8 Prozent
Anschluss an Frankreich	0,4 Prozent

Am 1. März 1935 wird das Saargebiet dem Deutschen Reich angeschlossen. Das Eigentum an den saarländischen Gruben wurde vom Deutschen Reich zurückerworben.

Kompetenzbereich 2

Adolf Hitlers Einmarsch ins Saargebiet war triumphal. Damit hatte er seinen ersten außenpolitischen Erfolg erreicht. Jedoch konnten sich die Vertreter der Status-Quo-Idee mit dem Ergebnis zufrieden zeigen, da der Propagandaapparat der NSDAP gewaltig war. Auch die Einschüchterungen waren so wirkungsvoll, dass die Entscheidung gegen eine vorläufige Rückgliederung mit einer mutigen Widerstandsentscheidung gegen Hitler-Deutschland vergleichbar war. Verfolgung, Gefangenschaft und Ermordung konnten die Folgen für jeglichen Widerstand sein.

1. Erläutern Sie die Plakate der Einheitsfront und der Deutschen Front.
2. Nennen Sie Gründe für das eindeutige Abstimmungsergebnis für die Rückgliederung an Deutschland.

Adolf Hitler beim Vorbeimarsch der Parteiorganisationen vor dem Saarbrücker Rathaus am 1. März 1935.

Zusammenfassung

Im Versailler Vertrag wurden die Grenzen des Saarbeckens festgehalten und das Gebiet für 15 Jahre dem Völkerbund unterstellt. Anschließend sollten die Saarländer über ihre weitere Zugehörigkeit selbst entscheiden.

Gemäß dem Versailler Vertrag gingen das Eigentumsrecht und das Ausbeutungsrecht an den Kohlegruben an Frankreich. Die Stahlindustrie hatten die Franzosen zu 60 Prozent unter ihrer Kontrolle.

Die Verwaltung des Saargebietes erfolgte durch eine vom Völkerbund eingesetzte Regierungskommission.

Der französische Franc wurde alleiniges Zahlungsmittel.

In den zwanziger Jahren kam es zu einer Annäherung und Aussöhnung zwischen Deutschland und Frankreich.

Die saarländischen Parteien verfolgten bis 1933 das Ziel des Anschlusses an Deutschland.

Die NSDAP spielte erst nach 1933 im Saarland eine Rolle.

Das Zentrum, die Deutsch-Saarländische Volkspartei (DSVP), die Deutschnationale Volkspartei (DNVP) bildeten mit Unterstützung der Nationalsozialistischen Arbeiter Partei (NSDAP) im Abstimmungskampf die Deutsche Front. Ihr Ziel war eine sofortige Angliederung an Hitler-Deutschland.

Die Einheitsfront mit der Sozialdemokratischen Partei Deutschlands (SPD) und der Kommunistischen Partei Deutschlands (KPD) setzte sich für die Erhaltung des Völkerbund-Status (Status Quo) ein.

Am 13. Januar 1935 stimmte eine überwältigende Mehrheit einer Rückgliederung nach Deutschland zu.

Wissens-Check

Erstellen Sie eine Zeitleiste für die Geschichte des Saarlandes von 1920 bis zur Abstimmung 1935.

2 Das Saarland von 1935 bis zur „kleinen Wiedervereinigung"

Nach dem Zweiten Weltkrieg hatte das Saarland einen teilautonomen Status. Im Rahmen der aufkommenden Europaidee sollte der Saarstaat seine volle Autonomie erhalten und im Zentrum Europas eine Brücke zwischen Frankreich und Deutschland schlagen. Aus heutiger Sicht erscheint vieles an der Selbstständigkeit ungewöhnlich. Es lag an dem Ergebnis der Abstimmung zum Saarstatut 1955, warum die Geschichte schließlich doch ihren bekannten Lauf nahm. Der 40-jährige Sonderweg neigte sich einem Ende zu und das Saarland war bis zur „großen Wiedervereinigung" von 1990 das jüngste Bundesland der Bundesrepublik Deutschland.

2.1 Das Saarland unter dem Nationalsozialismus

Am 1. März 1935 wurde das Saargebiet dem Deutschen Reich wieder eingegliedert und erhielt den Namen „Saarland". Damit setzte eine neue Form der Fremdbestimmung von Berlin ein. 1940 schloss man das Saarland mit der Pfalz zum Gau Saar-Pfalz zusammen. Am Ende des Zweiten Weltkrieges war das Saarland durch die US-Streitkräfte besetzt. Am 10. Juli 1945 lösten französische Truppen diese ab.

Wappen des autonomen Saarlands von 1947–1956: Das Wappen bestand aus der Landesflagge und einer darüber befindlichen roten Brückenkrone. Die „Brücke der Verständigung" symbolisierte die europäische Mittlerstellung des Saarlandes zwischen Frankreich und Deutschland.

2.2 Der teilautonome Saarstaat

Anfang 1946 ließen die Franzosen politische Parteien wieder zu. Am 5. September 1946 fanden die ersten freien Wahlen zu den Gemeinderäten statt. Auf Landesebene wählten die Bürger am 5. Oktober 1947 die verfassungsgebende Versammlung, die sich im späteren Verlauf als Landtag konstituierte. Bei dieser Wahl ging die CVP (Christliche Volkspartei) unter der Führung des späteren Ministerpräsidenten Johannes Hoffmann mit 51,2 Prozent als stärkste Partei hervor, gefolgt von der SPS (Sozialdemokratische Partei des Saarlandes) mit 32,8 Prozent. In diesen Parteien engagierten sich vor allem Personen, die gegen Hitler und das NS-Regime gekämpft hatten.

Art. 60 der Verfassung des Saarlandes vom 15. Dezember 1947:
„Das Saarland ist ein autonom, demokratisch und sozial geordnetes Land und wirtschaftlich an Frankreich angeschlossen."

Im Dezember 1947 trat die Saarländische Verfassung in Kraft. In dieser war die politische Unabhängigkeit von Deutschland festgeschrieben **(Art. 60)**. Eine saarländische Staatsbürgerschaft („Sarrois") wurde eingeführt. Der Saarstaat war wirtschaftlich an Frankreich angegliedert (Zollunion), mit dem Franc als Zahlungsmittel.

100 Saar-Franken

Auch im sportlichen Bereich zeigte sich die Selbstständigkeit des Saarlandes: Man entsendete zu den Olympischen Spielen 1952 in Helsinki eine eigene Mannschaft. Die saarländische Fußballnationalmannschaft nahm an der Qualifikation für die Weltmeisterschaft 1954 teil und spielte dabei auch gegen den späteren Weltmeister Deutschland.

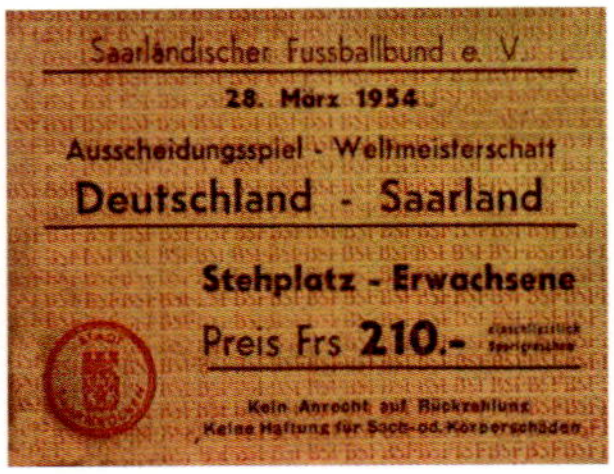

Eintrittskarte

Anfänglich hatte die Regierung von Johannes Hoffmann eine hohe Zustimmung in der saarländischen Bevölkerung. Dies beruhte auf der raschen wirtschaftlichen Erholung nach dem Krieg und einem hohen Maß an sozialer Sicherheit im Saarland. Eine Trendwende gab es in den 1950er Jahren, als erstmals wieder die Frage der nationalen Zugehörigkeit des Saarlandes in den Vordergrund trat. Es bildete sich eine nationale Opposition aus allen gesellschaftlichen Schichten gegen die enge Anlehnung an Frankreich und die eingeschränkte Meinungsfreiheit. Parteien, die gegen die Eigenständigkeit eintraten, waren zu diesem Zeitpunkt verboten.

Das Europäische Saarstatut

Ministerpräsident Johannes Hoffmann (CVP)

In den Beziehungen zwischen Frankreich und der Bundesrepublik Deutschland war die „Saarfrage" immer wieder eine Streitfrage. Dabei fanden die Verhandlungen in zunehmendem Maße ohne Beteiligung des Saarlandes statt. Das ausgehandelte „Saarstatut" war ein Kompromiss zwischen den deutsch-französischen Verhandlungspartnern und führte im Saarland zu harten Auseinandersetzungen.

Im „Saarstatut" wurden im Wesentlichen folgende Vereinbarungen festgehalten:

- Die Saar erhält ein Europäisches Statut (Sonderstellung des Saarstaates) im Rahmen der WEU (Westeuropäische Union)
- Die saarländische Bevölkerung entscheidet in einer Volksabstimmung über das Statut
- Die vorhandenen wirtschaftlichen Bindungen der Saar an Frankreich bleiben bestehen
- Der Franc bleibt Zahlungsmittel
- Saarbrücken wird als Sitz der EGKS (Europäische Gemeinschaft für Kohle und Stahl) empfohlen

Eine wirtschaftliche Öffnung zu Deutschland wurde in dem Abkommen nur als vages Ziel formuliert.

Die Befürworter des Saarstatutes und ihre Argumente

Plakat der CVP

Für eine Annahme des Saarstatutes sprachen sich die beiden saarländischen Regierungsparteien CVP (Christliche Volkspartei) unter der Führung von Ministerpräsident Johannes Hoffmann und die SPS (Sozialdemokratische Partei des Saarlandes) aus. Sie setzten sich für die Überwindung des Nationalismus ein. Das zentrale Anliegen dieser Politiker war die Schaffung eines autonomen Saarstaates mit enger Anbindung an Frankreich.

Bestärkt wurden sie durch die Tatsache, dass nach dem Ende des Zweiten Weltkrieges das Saarland nicht mehr dem Deutschen Reich angehörte. In der Saarländischen Verfassung von 1947 war die politische Unabhängigkeit von Deutschland ausdrücklich festgeschrieben. Man war der Meinung, dass ein autonomes Saarland eine Brückenfunktion übernehmen und die Aussöhnung der ehemaligen Kriegsgegner Deutschland und Frankreich vorantreiben könnte. Damit hätte man den Streit um die Zugehörigkeit des Saarlandes beenden können. Außerdem hofften die Befürworter auf das Saarland als Vorreiter und Antriebsmotor im Europäischen Einigungsprozess. Die Saarländer profitierten von dem wirtschaftlichen Anschluss an Frankreich und den hohen sozialen Absicherungen. Die guten Wirtschaftsbeziehungen mit Frankreich waren zudem die Existenzgrundlage vieler saarländischer Unternehmen.

Die Gegner des Saarstatutes und ihre Argumente

Drei Monate vor dem Abstimmungstermin wurden die Oppositionsparteien DPS (Demokratische Partei Saar), CDU-Saar (Christlich Demokratische Union) und DSP (Deutsche Sozialdemokratische Partei) zugelassen. Bisher konnten sie nur im Geheimen agieren. Sie schlossen sich zum „Deutschen Heimatbund" zusammen und sprachen sich gegen das Saarstatut aus. Sie sahen sich im französisch bestimmten Saarstatut wirtschaftlich bevormundet und kulturell überfremdet. Ein „JA" zum Statut würde den Weg zur Wiedervereinigung mit dem „Vaterland" Deutschland verhindern. Auch wenn man wirtschaftlich von Frankreich bisher profitierte, beklagten die Gegner die einseitigen wirtschaftlichen Beziehungen zu Frankreich. Dies führte unter anderem zum Vorwurf der „Ausbeutung" der saarländischen Kohle durch Frankreich. Die Gegner kritisierten die Regierung unter Johannes Hoffmann als undemokratisch und autoritär. Weite Teile der Bevölkerung lehnten das Vorgehen der Regierung gegen die Gegner des Saarstatutes (u. a. mit Polizeieinsätzen) ab. Ein anderer Aspekt war, dass das Saarstatut zwischen Frankreich und Deutschland ohne Beteiligung des Saarlandes ausgehandelt worden war. Die Gegner hielten auch den Europäischen Einigungsprozess noch für viel zu vage.

Plakat der DPS

1. Nennen Sie die Argumente der Befürworter und der Gegner des Saarstatutes?
2. Beschreiben Sie die Wahlplakate der CVP und der DPS.

Polizeieinsatz gegen Demonstranten während der CVP-Kundgebung in St. Ingbert

Der Wahlkampf

Mit großer Leidenschaft und Verbitterung wurde die Wahlschlacht um das Saarstatut geführt. Mehr als einhundert Plakatmotive kamen in dieser „Propagandaschlacht“ zum Einsatz. Auch vor verletzenden Plakatmotiven und gegenseitigen Hetzkampagnen wurde nicht zurückgeschreckt, die bisweilen Freundschaften und Familien auseinander rissen. Es kam sogar zu Handgreiflichkeiten und Polizeieinsätzen. Die dabei entstandenen tiefen Wunden in der saarländischen Gesellschaft heilten teilweise über Jahrzehnte nicht.

Plakatwand mit Wahlplakaten

Von der Abstimmung zur „kleinen Wiedervereinigung“

Am 23. Oktober 1955 war der Tag der Entscheidung. Die Stimmabgabe verlief ohne Zwischenfälle und schon ein paar Stunden nach der Schließung der Wahllokale zeichnete sich ein Ergebnis ab. Die Wahlbeteiligung betrug 96,6 Prozent. Für das Saarstatut stimmten 32,3 Prozent und 67,7 Prozent lehnten es ab. Nach Bekanntgabe des vorläufigen Endergebnisses erklärte die Regierung unter Johannes Hoffmann ihren Rücktritt.

Mit der Ablehnung konnte das Saarstatut nicht in Kraft treten. Damit war gleichzeitig der Weg zur Rückgliederung des Saarlandes an Deutschland frei. Zwei Monate später fanden Landtagswahlen statt, bei denen die Parteien des „Deutschen Heimatbundes“ (CDU, DSP und DPS) mit 63,9 Prozent eine Mehrheit erhielten. Frankreich akzeptierte die Mehrheitsentscheidung der saarländischen Bevölkerung. In neuen Verhandlungen wurde die politische und wirtschaftliche Eingliederung des Saarlandes in die Bundesrepublik Deutschland vereinbart. Daraufhin erklärte der saarländische Landtag den Beitritt des Saarlandes zur Bundesrepublik Deutschland zum 1. Januar 1957. Der wirtschaftliche Anschluss vollzog sich am 6. Juli 1959, dem sogenannten „Tag X“. Die D-Mark löste den Franken als Zahlungsmittel ab. Die Grenze zu Rheinland-Pfalz wurde geöffnet. Gleichzeitig traten deutsche und französische Zöllner an der saarländisch-französischen Grenze ihren Dienst an.

© R. Freyer, Riegelsberg

Handschlag zwischen saarländischen Grenzpolizisten und französischen Zollbeamten beim Öffnen des Schlagbaums in der Nacht vom 5. zum 6. Juli 1959

Damit war die „kleine Wiedervereinigung“ perfekt. Nach 40 Jahren endete der saarländische Sonderweg, der die Bevölkerung tief gespalten, aber letztlich das Saarland zu dem gemacht hat, was es heute ist.

Zusammenfassung

Am 1. März 1935 wurde das Saargebiet dem Deutschen Reich wieder eingegliedert und erhielt den Namen „Saarland“.

Nach dem Zweiten Weltkrieg entstand ein teilautonomer Saarstaat, der wirtschaftlich an Frankreich angegliedert war, mit dem Franc als Zahlungsmittel.

Die saarländischen Regierungsparteien CVP (Christliche Volkspartei) und die SPS (Sozialdemokratische Partei des Saarlandes) befürworteten das Saarstatut.

Die Parteien des „Deutschen Heimatbundes“ DPS (Demokratische Partei Saar), CDU-Saar (Christlich Demokratische Union) und DSP (Deutsche Sozialdemokratische Partei) lehnten das Saarstatut ab.

Am 23. Oktober 1955 stimmten 1/3 der Saarländer für das Saarstatut und 2/3 dagegen. Infolgedessen trat das Saarland als 11. Bundesland der Bundesrepublik Deutschland bei.

Wissens-Check

Erstellen Sie eine Zeitleiste für die Geschichte des Saarlandes von 1935 bis zum Beitritt des Saarlandes zur Bundesrepublik Deutschland.

Soldaten in Berlin während der Novemberrevolution 1918

3 Die Weimarer Republik

Beim Rückblick auf die deutsche Geschichte des 20. Jahrhunderts erscheint die Weimarer Republik wie eine kurze Zwischenphase. Diese erste deutsche Republik war nach dem Zusammenbruch des deutschen Kaiserreiches 1918/1919 gegründet worden und hielt nur 14 Jahre. Viele belastende Faktoren von Innen und Außen erschwerten von Anfang an den demokratischen Politikern der Weimarer Republik ihre politische Arbeit. Mit dem Untergang der ersten deutschen Demokratie durch die Übergabe der politischen Macht an Adolf Hitler 1933 begann die Errichtung einer menschenverachtenden Diktatur, die die ganze Welt in einen Krieg und zu einem beispiellosen Völkermord führte.

3.1 Die Weimarer Reichsverfassung

Monarchie:
Der Begriff bezeichnet eine Staats- bzw. Regierungsform, bei der ein Monarch oder eine Monarchin das Amt des Staatsoberhauptes innehat und bildet somit das Gegenstück zur Republik.

Am 9. November 1918 verkündete Reichskanzler Prinz Max von Baden eigenmächtig die Abdankung des letzten deutschen Kaisers Wilhelm II. Die **Monarchie** war am Ende.

Am 19. Januar 1919 wurde eine verfassungsgebende Nationalversammlung gewählt. Auch Frauen wurde zum ersten Mal in Europa das aktive und passive Wahlrecht bei diesen ersten freien, geheimen und gleichen Wahlen in Deutschland eingeräumt. Die Nationalversammlung erarbeitete in der Folge die Verfassung der neuen Republik. Berlin war nicht der Tagungsort, weil dort weiterhin Unruhen die Sicherheit der Abgeordneten gefährdeten. Die Wahl Weimars als Ort großer Künstler wie Goethe und Schiller sollte an deren hohe Ideale anknüpfen. Friedrich Ebert (SPD) wurde zum ersten Reichspräsidenten gewählt. Am 11. August 1919 trat die Verfassung der Weimarer Republik in Kraft.

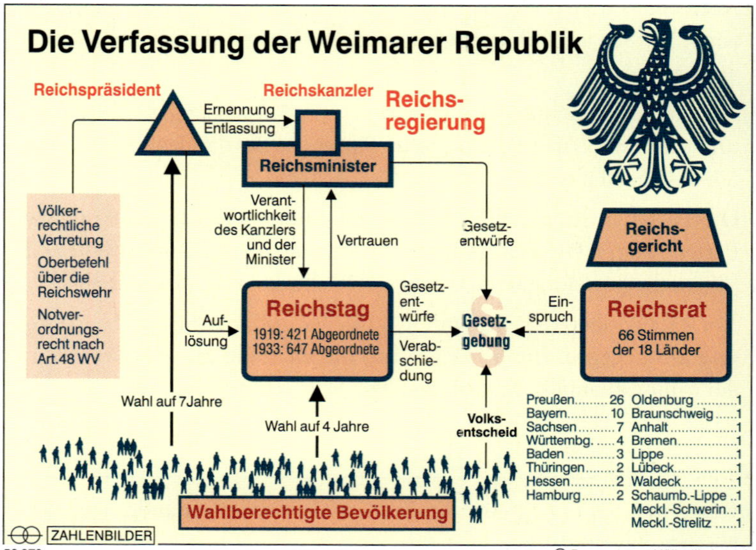

1. Wie kam die Weimarer Republik zu ihrem Namen?
2. Betrachten Sie den Aufbau der Weimarer Verfassung. Welche Stellung haben die Grundrechte im Vergleich zum Grundgesetz?
3. Der 9. November wird auch als „Schicksalstag der Deutschen" bezeichnet. Finden Sie heraus, warum.

Schwächen der Weimarer Verfassung

Die Weimarer Verfassung enthält aus heutiger Sicht einige Schwächen:

- Es gab keine Sperrklausel für Parteien mit wenig Stimmanteil.
- Es waren auch Parteien zugelassen, deren eigentliches Ziel es war, die Demokratie abzuschaffen(z. B. die kommunistische KPD und die **NSDAP**).
- Der Reichstag hatte die Möglichkeit, dem Reichskanzler das Misstrauen auszusprechen, ohne einen neuen Amtsinhaber zu benennen („einfaches Misstrauensvotum").
- Der Reichspräsident konnte ohne Rücksicht auf die Mehrheitsverhältnisse im Parlament den Reichskanzler ernennen und entlassen.
- Der Reichspräsident konnte mit sogenannten Notverordnungen in Krisenzeiten alleine Gesetze erlassen und so ohne den Reichstag die Gesetzgebung komplett übernehmen.

NSDAP:
Nationalsozialistische Deutsche Arbeiterpartei

1. Vergleichen Sie die Gewichtung der einzelnen Verfassungsorgane in der Weimarer Republik mit denen der Bundesrepublik Deutschland.
2. Der Reichspräsident wurde in der Weimarer Republik auch als „Ersatzkaiser" bezeichnet. Erläutern Sie diesen Sachverhalt.
3. Warum zählt die Weimarer Verfassung trotz ihrer Schwächen heute noch zu den freiheitlichsten Verfassungen der Welt?
4. Diskutieren Sie darüber, ob eine andere Verfassung das Dritte Reich verhindert hätte.

3.2 Belastungen der Weimarer Republik

Von Beginn an war die Weimarer Republik schweren innen- und außenpolitischen Belastungen ausgesetzt, die hauptsächlich noch aus der Kaiserzeit stammten.

Der Versailler Vertrag

Nach der Niederlage im Ersten Weltkrieg musste Deutschland im Friedensvertrag von Versailles die Forderungen der Sieger akzeptieren:

- Hohe Gebietsverluste
- Das Saarland sollte 15 Jahre vom Völkerbund unter französischer Besatzung verwaltet werden

- Entwaffnung und Abrüstung des Heeres
- Hohe Wiedergutmachungszahlungen an die Sieger („Reparartionen“)

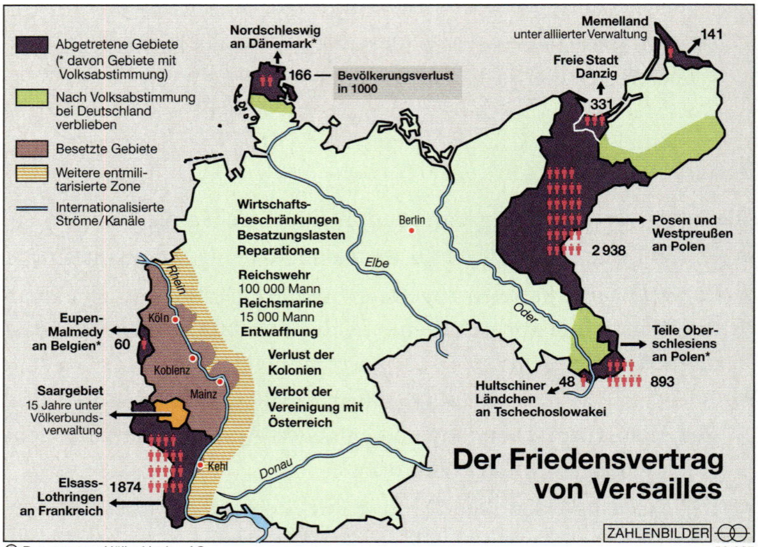

 50 067

Bestimmungen des Friedensvertrags von Versailles

1. Warum wurde der Versailler Vertrag von vielen Deutschen als „Schandfrieden“ angesehen?
2. Recherchieren Sie im Internet, warum die sogenannte „Dolchstoßlegende“ eine enorme Belastung für die Weimarer Republik darstellten.

Antidemokratische Kräfte

Die Armee unterstützte in den krisengeschüttelten Anfangsjahren der Weimarer Republik immer wieder die Regierung im Kampf gegen aufständische linke Kräfte. Beim rechten Kapp-Putsch verweigerte sie jedoch den Gehorsam („Reichswehr schießt nicht auf Reichswehr“).

Viele leitende Positionen in Staat und Verwaltung, bei der Polizei, der Rechtsprechung, dem Bildungswesen und dem Militär blieben auch im neuen Staat mit Personen besetzt, die die Demokratie offen ablehnen und sich eine Rückkehr zur Monarchie wünschten.

Die breite Mehrheit der Deutschen fühlte sich mit dem alten Kaiserreich mehr verbunden als mit der neuen Demokratie mit einem Präsidenten an der Spitze. Man sprach häufig von einer „Republik ohne Republikaner“.

George Grosz: „Die Stützen der Gesellschaft“ (1926)

1. Analysieren Sie das nebenstehende Bild. Welche Gruppen greift der Maler an? Welche Vorwürfe macht er Ihnen?
2. Erläutern Sie, was unter dem Begriff „Republik ohne Republikaner“ verstanden wird.
3. Beschreiben Sie das politische „Klima“ in der Weimarer Republik.

3.3 Wirtschaftskrisen

Das Krisenjahr 1923

Schon im ersten Weltkrieg begann der Verfall der deutschen Währung. Die Probleme der Nachkriegszeit – Rückführung eines Millionenheeres ins zivile Leben, Flüchtlinge, Reparationen, niedrige Steuereinnahmen – versuchte der Staat zu lösen, indem er Geld drucken ließ.

Im Januar 1923 nahmen Frankreich und Belgien einen kleinen Rückstand der deutschen Reparationsleistungen zum Anlass, das Ruhrgebiet militärisch zu besetzen. Die deutsche Regierung rief zum „passiven Widerstand“ auf. Die Streikenden wurden dabei von der Regierung finanziell unterstützt. Immer mehr Banknoten mussten dafür gedruckt werden. Das Geld war fast nichts mehr wert. Erst durch Aufgabe des Widerstandes und eine Währungsreform konnte die „Hyperinflation“ gestoppt und die Wirtschaft wieder in geordnete Bahnen gelenkt werden.

Wertlose Banknoten als Kinderspielzeug

Preis für 1 kg Brot	
Juli 1914	0,26 Mark
Juli 1916	0,38 Mark
Juli 1918	0,44 Mark
Juli 1919	0,52 Mark
Juli 1920	2,40 Mark
Juli 1921	2,70 Mark
Juli 1922	7,00 Mark
Januar 1923	248,00 Mark
März 1923	463, 00 Mark
Juni 1923	1.428,00 Mark
August 1923	69.000,00 Mark
September 1923	1,52 Millionen Mark
Oktober	1,7 Milliarden Mark
November 1923	210 Milliarden Mark

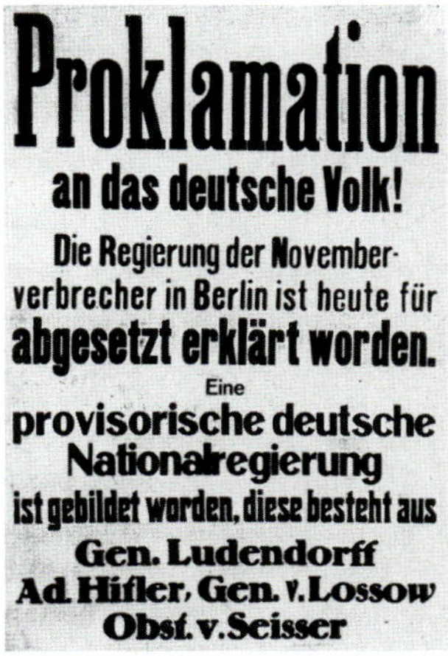

Plakat zum Hitlerputsch 1923

Schwere politische Krisen erschütterten das ganze Land. Am 9. November 1923 versuchte Adolf Hitler in München mit einem „Marsch nach Berlin“ die Macht an sich zu reißen. Der Demonstrationszug brach im Feuer der Polizei zusammen. Hitlers Partei, die NSDAP und auch die kommunistische KPD wurden zeitweise verboten. Hitler wurde verhaftet. Wirtschaft und Politik stabilisierten sich langsam.

Die Weltwirtschaftskrise

Der Börsencrash in den USA

Ende der zwanziger Jahre litten die USA unter wirtschaftlichen Problemen. Als am **Schwarzen Freitag** an der New Yorker Börse die Aktienkurse einbrachen, brach Panik unter den Anlegern aus. Die Folge war eine weltweite Wirtschaftskrise.

Schwarzer Freitag
Der 24. Oktober 1929 ging so in die Geschichte ein.

Arbeitslosigkeit in Deutschland 1929

OHL:
Abkürzung für Oberste Heeresleitung, die oberste militärische deutsche Kommandobehörde im Ersten Weltkrieg
1916 übernahmen Feldmarschall Paul von Hindenburg, der „Sieger von Tannenberg" und sein „Kopf" General Erich von Ludendorff die Kommandogewalt. Im Oktober 1918 wurde die OHL entlassen.

Wahlplakat der NSDA zur Reichstagswahl vom 31. Juli 1932.

Die Folgen für Deutschland

Neben den USA traf die Weltwirtschaftskrise Deutschland am härtesten. In Deutschland kam es daher zum Zusammenbruch vieler Banken und des gesamten Geldmarktes. Die Kaufkraft und die Nachfrage auf dem deutschen Markt sank rapide. Viele Unternehmen gingen pleite. Auf dem Höhepunkt der Krise im Jahr 1932 waren mehr als sechs Millionen Menschen arbeitslos. Die Krise führte zur Verarmung eines großen Teils der Bevölkerung.

Die Hoffnungslosigkeit und Verbitterung der Menschen bereiteten den Nährboden für extreme Parteien wie die KPD und die NSDAP.

1. Warum kann man bei der Weltwirtschaftskrise von 1929 von einem wirtschaftlichen „Teufelskreis" sprechen?
2. Vergleichen Sie die wirtschaftliche Situation am Ende der Weimarer Republik mit der wirtschaftlichen Situation heute.

3.4 Das Ende der Weimarer Republik

Die Wahl von Hindenburgs (Chef der **OHL** im Ersten Weltkrieg) zum Reichspräsidenten 1925 zeigte bereits die demokratiefeindliche Haltung vieler Bürger. Dieser regierte ohne Mehrheit im Parlament mit Notverordnungen.

Durch die Wirtschaftskrise geschürt, konnten die radikalen Parteien immer mehr Stimmenzuwächse verzeichnen. Damit war das Parlament funktionsunfähig, die Demokratie weitgehend am Ende. Die politischen Kämpfe wurden immer mehr auch auf der Straße ausgetragen. Vor allem die radikalen Parteien verfügten über bewaffnete Kampfverbände, die sich blutige Straßenschlachten lieferten. Jeder Wahlkampf brachte Duzende Tote und unzählige Verletzte mit sich.

Am 30. Januar 1933 wurde Hitler zum Reichskanzler ernannt.

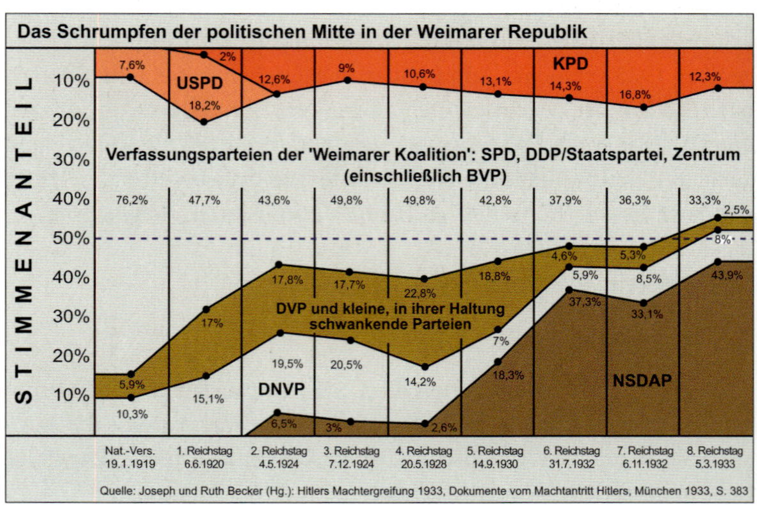

1. Stellen Sie alle Faktoren für das Scheitern der Weimarer Republik zusammen. Welche Lehren können wir heute aus den Erfahrungen der Weimarer Republik ziehen?
2. Recherchieren Sie, warum von Hindenburg Hitler einen „böhmischen" Gefreiten nannte.

Zusammenfassung

Die Ursachen für das Scheitern der Weimarer Republik waren vielfältig:
Der Versailler Vertrag belastete die junge Republik.
In vielen wichtigen öffentlichen und staatlichen Institutionen blieben demokratiefeindliche, monarchische Verantwortungsträger im Amt und bekämpften die Demokratie von innen („Republik ohne Republikaner").
Die Schwächen der Weimarer Verfassung ermöglichten dem Reichspräsidenten diktatorische Vollmachten.
Die Weltwirtschaftskrise (1929) stürzte große Teile der Bevölkerung in eine Existenzkrise.
Die radikalen Parteien profitierten von dieser Situation und nahmen die Demokratie in die Zange. Am 30.01.1933 wurde Hitler zum Reichskanzler ernannt.

Wissens-Check

1. Nennen Sie Stärken und Schwächen der Weimarer Reichsverfassung.
2. Mitunter wurde der Reichspräsident in der Weimarer Republik auch als „Ersatzkaiser" bezeichnet. Warum?
4. Welche Ursachen waren für das Scheitern der Weimarer Republik verantwortlich?

4 Die nationalsozialistische Diktatur 1933–1945

Brandenburger Tor: Beim Fackelzug der SA 1933

Bei Kriegsende 1945

Mit der Ernennung Adolf Hitlers zum Reichskanzler war die erste deutsche Demokratie, die Weimarer Republik, am Ende. In kurzer Zeit gelang es den Nationalsozialisten in Deutschland eine Diktatur zu errichten. Mit Rassenwahn, Verfolgung und brutaler Gewalt zog das NS-Regime Deutschland und die ganze Welt in einen Krieg, der am Ende 60–70 Millionen Menschen das Leben kostete.

4.1 Die nationalsozialistische Ideologie

Plakat der NSDAP

Als Hitler 1933 an die Macht kam, waren seine politischen Vorstellungen und Ziele schon lange klar umrissen. Schon während seiner Haft 1925 formulierte er in seinem Buch „Mein Kampf" seine Weltanschauung und Ziele als Prinzipien und Leitlinien der nationalsozialistischen Ideologie.

Im Mittelpunkt steht die Rassenlehre. „Rasse und Blut" sind darin entscheidend für den Wert eines Menschen. Nach Hitlers Weltanschauung gibt es wertvolle und minderwertige Rassen. In einem dauernden „Kampf ums Dasein" zwischen den „höherwertigen" und „minderwertigen" Rassen werden die Schwächeren nach dem Prinzip der natürlichen Auslese untergehen. Die Herrschaft steht demnach der "arischen Rasse" (den „Herrenmenschen") zu. Der deutsche Staat muss dafür sorgen, dass die Rasse reingehalten wird.

Der Judenhass

Nach Hitlers Rassenlehre sind die Juden die minderwertigste aller Rassen. Hitler gibt ihnen die Schuld am verlorenen ersten Weltkrieg, am Versailler Vertrag, der Weltwirtschaftskrise und am kulturellen Verfall. Neben den Juden gelten Sinti und Roma, Homosexuelle, Behinderte und Menschen mit Erbkrankheiten als rassisch „minderwertig".

Die Volksgemeinschaft und das Führerprinzip

Um dem Kampf gewachsen zu sein, soll das deutsche Volk zu einer rassisch reinen Volksgemeinschaft verschmelzen. An der Spitze steht der „Führer". Der einzelne Mensch ist unwichtig: „Du bist nichts, Dein Volk ist alles!" Diejenigen, die den nationalsozialistischen Rassevorstellungen nicht entsprechen, sind aus der Volksgemeinschaft ausgeschlossen.

1. Erklären Sie die Schlagworte Volksgemeinschaft, Führerprinzip und Herrenmenschen.
2. Wer hat Vor- und wer hat Nachteile durch die nationalsozialistische Ideologie?
3. Diskutieren Sie, warum die NS-Ideologie von der Bevölkerung damals angenommen wurde.

Hitler am Abend des 30. Januar 1933 am Fenster der Berliner Reichskanzlei

4.2 Errichtung der nationalsozialistischen Diktatur

Innerhalb von nur achtzehn Monaten gelang es den Nationalsozialisten, in Deutschland Schritt für Schritt die volle Kontrolle zu erlangen und eine totalitäre Diktatur aufzubauen sowie jegliche Opposition auszuschalten.

Die „Machtergreifung"

Die Nationalsozialisten inszenierten den 30.01.1933 als Tag ihrer „Machtergreifung". Formal betrachtet wurde Hitler lediglich vom Reichspräsidenten zum Kanzler ernannt und kam legal an die Macht. Man kann aber sagen, dass die Ernennung Hitlers gegen den „Geist der Verfassung" verstieß. Mit ihm wurde einem Politiker das Kanzleramt übergeben, der immer wieder als oberstes Ziel die Abschaffung der Verfassung und Umgestaltung des politischen Systems gefordert hatte.

In der Nacht des 27.02.1933 brannte das Reichstagsgebäude in Berlin

Die „Reichtagsbrandverordnung"

In der Nacht vom 27. auf den 28. Februar 1933 brannte der Berliner Reichstag. Die Ursachen dafür sind bis heute ungeklärt. Sofort verkündeten die Nationalsozialisten, dass dies das Signal für einen geplanten kommunistischen Aufstand gewesen sei. In einer großangelegten Aktion wurden noch in derselben Nacht Tausende Kommunisten und Sozialdemokraten verhaftet (insgesamt wurden 40.000 Personen verhaftet). Um dies zu rechtfertigen, erwirkte Hitler beim Reichspräsidenten von Hindenburg bereits am nächsten Morgen eine Notverordnung „zum Schutz von Volk und Staat" (sog. Reichstagsbrandverordnung). Sie setzte „bis auf weiteres" alle wichtigen Grundrechte außer Kraft. Dieser „Notstand" galt bis 1945.

Die Nationalsozialisten konnten jetzt scheinbar legal Menschen ohne Anklage, ohne Beweise und ohne Rechtsbeistand willkürlich verhaften und festhalten (sog. „Schutzhaft").

> Auf Grund des Artikels 48 Abs. 2 der Reichsverfassung wird zur Abwehr kommunistischer staatsgefährdender Gewaltakte folgendes verordnet:
>
> § 1 Der Artikel 114, 115, 117, 118, 123, 124 und 153 der Verfassung des Deutschen Reiches werden bis auf Weiteres außer Kraft gesetzt. Es sind daher Beschränkungen der persönlichen Freiheit, des Rechts der freien Meinungsäußerung einschließlich der Pressefreiheit, des Vereins- und Versammlungsrechts, Eingriffe in das Brief-, Post-, Telegraphen- und Fernsprechgeheimnis, Anordnungen von Haussuchungen und von Beschlagnahmen sowie Beschränkungen des Eigentums auch außerhalb der sonst hierfür bestimmten gesetzlichen Grenzen zulässig.
>
> Auszug aus der Notverordnung zum „Schutz von Volk und Staat" (Reichstagsbrandverordnung). Schönbrunn, Günther: Weltkriege und Revolutionen 1914–1945, Geschichte in Quellen, Bd. 5, München 1961

Artikel 1:
Reichsgesetze können außer in dem in der Reichsverfassung vorgesehenen Verfahren auch durch die Reichsregierung beschlossen werden ...

Artikel 2:
Die von der Reichsregierung beschlossenen Reichsgesetze können von der Reichsverfassung abweichen, soweit sie nicht die Einrichtung des Reichstags und des Reichsrats als solche zum Gegenstand haben. Die Rechte des Reichspräsidenten bleiben unberührt.

Auszug aus dem „Gesetz zur Behebung der Not von Volk und Staat" (Ermächtigungsgesetz). Reichsgesetzblatt 1933, Teil 1.

Das „Ermächtigungsgesetz"

Am 23. März 1933 forderte Hitler vom Reichstag das Recht, dass auch er Gesetze erlassen darf. Zur Durchsetzung dieses so genannten „Ermächtigungsgesetzes" musste der Reichstag mit Zweidrittelmehrheit zustimmen. Den Nationalsozialisten gelang es mit einer Mischung aus

Propaganda, Drohung, Einschüchterung und Terror, das Gesetz durchzusetzen. Damit war die Gewaltenteilung aufgehoben. Der Reichstag hatte sich selbst entmachtet. Von diesem Zeitpunkt an konnte Hitler autoritär herrschen.

Instrumentalisierung:
Ein Ereignis, einen Sachverhalt so nutzen (unter Umständen auch missbrauchen), dass er für einen ganz bestimmten Zweck dienlich ist.

1. Erläutern Sie die **Instrumentalisierung** des Reichstagsbrands durch die Nationalsozialisten.
2. Erklären Sie, inwiefern das Ermächtigungsgesetz die Grundlage für die nationalsozialistische Diktatur bildet.
3. Ist Hitler legal an die Macht gekommen? Nehmen Sie Stellung.

Die Gleichschaltung

Ab März 1933 begann im gesamten Deutschen Reich die Ausrichtung aller privaten, beruflichen und politischen Lebensbereiche auf die Ziele des Nationalsozialismus. Ziel der sogenannten „Gleichschaltung" war die Ausschaltung jeglicher Opposition, was mit einer umfassenden Überwachung, Verfolgung und Misshandlung vieler Menschen einherging.

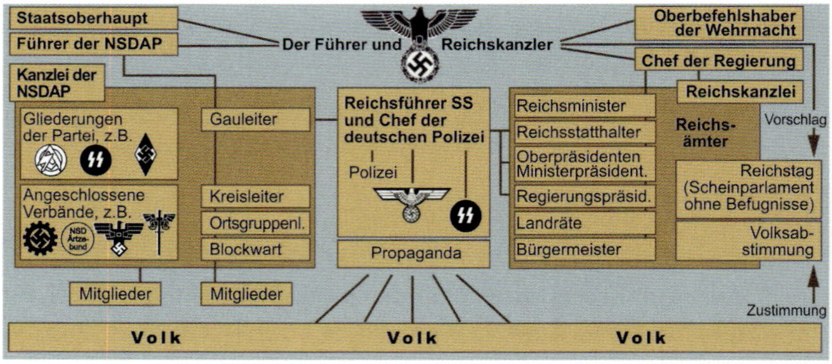

Plakat zur Ausstellung „Entartete Musik" 1938

Mit Hilfe des „Arierparagraphen" konnten die Nationalsozialisten missliebige Beamte (Juden und Linke) aus ihrem Amt entfernen und durch loyale Parteigenossen ersetzen. Auf diese Weise erfolgte eine „Säuberung" des gesamten Beamtenapparats.

Alle Berufsgruppen und Vereine wurden in NSDAP-abhängigen Organisationen erfasst und im Sinne der nationalsozialistischen Ideologie beeinflusst.

Auch Presse, Film und Rundfunk, Künstler und kulturelle Einrichtungen wurden gleichgeschaltet. Die Nationalsozialisten gaben den Journalisten vor, was und in welcher Form sie zu berichten hatten. Was ihnen nicht passte, wurde als „entartete Kunst" bezeichnet und verboten, ins Ausland verkauft oder zerstört.

Im Juni 1933 wurden alle anderen Parteien verboten und aufgelöst. Mit dem „Gesetz gegen die Neubildung von Parteien" im Juli 1933 wurde die NSDAP zur einzigen Staatspartei.

Selbst die beiden großen Kirchen ordneten sich dem Nationalsozialismus unter. Durch den Abschluss eines **Konkordats** mit dem Vatikan wurde ein möglicher Widerstand der katholischen Kirche vorerst unterbunden. Oppositionelle Priester wie die Mitglieder der „Bekennenden Kirche" wurden verfolgt, verhaftet und ermordet.

Konkordat:
Vertrag zwischen der katholischen Kirche und einer weltlichen Regierung über Angelegenheiten, die die Kirche in diesem Land betreffen

1. Erläutern Sie den Prozess der Gleichschaltung.
2. Welche staatlichen Bereiche werden von der Gleichschaltung erfasst?
3. Analysieren Sie vorstehendes Plakat.

Hitler wird Führer und Reichskanzler

Als Reichspräsident von Hindenburg am 2. August 1934 starb, vereinigte Hitler durch Gesetz die Ämter von Reichskanzler und Reichspräsidenten. Hitler nannte sich von nun an „Führer und Reichskanzler". Zur uneingeschränkten Herrschaft fehlte ihm jetzt nur noch der Oberbefehl über die Armee. Die Militärführung veranlasste noch am gleichen Tag die Vereidigung der Soldaten auf die Person Hitlers. Die Eidesformel der Soldaten wurde zu diesem Zweck verändert:

Eidesformel vor dem Tod von Hindenburgs:
Ich schwöre Treue der Reichsverfassung und gelobe, dass ich als tapferer Soldat das Deutsche Reich und seine gesetzmäßigen Einrichtungen jederzeit schützen, dem Reichspräsidenten und meinen Vorgesetzten Gehorsam leisten will.

Eidesformel nach dem Tod von Hindenburgs:
Ich schwöre bei Gott diesen heiligen Eid, dass ich dem Führer des deutschen Volkes, Adolf Hitler, dem Oberbefehlshaber der **Wehrmacht**, unbedingten Gehorsam leisten und als tapferer Soldat bereit sein will, jederzeit für diesen Eid mein Leben einzusetzen.

Treueeide der Armee vor und nach dem Tod von Hindenburgs.

Sven Lange: Der Fahneneid. Die Geschichte der Schwurverpflichtung im deutschen Militär, Bremen 2003, S. 98

Wehrmacht:
Bezeichnung für die Streitkräfte im nationalsozialistischen Deutschland ab März 1935

Damit übernahm Hitler den Oberbefehl über die Armee. Die Soldaten leisteten ihren Treueeid seitdem auf Hitler persönlich und nicht mehr auf die Verfassung bzw. das Vaterland. Diese persönliche Bindung an Hitler durch den Eid stürzte später viele Soldaten bei der Ausführung verbrecherischer Befehle im Zweiten Weltkrieg in Gewissenskonflikte.

1. Beurteilen Sie die Vorgehensweise der Nationalsozialisten im Zeitraum 30.01.1933 bis 02.08.1934.
2. Über welche politischen Instrumente verfügt die Bundesrepublik, um sich vor einer so gearteten Vorgehensweise zur Machtübernahme zu schützen?
3. Wären die Nationalsozialisten nach der Machtübernahme noch zu stoppen gewesen?

Zusammenfassung

Hitler und den Nationalsozialisten gelang es in knapp 18 Monaten, Deutschland in eine totalitäre Diktatur umzuwandeln.

Die Nationalsozialisten setzten ihre Ideologie, die Hitler in seinem Buch „Mein Kampf“ schriftlich verfasst hatte, Schritt für Schritt um.

Die Reichstagsbrandverordnung und das Ermächtigungsgesetz hoben die Grundrechte und die Gewaltenteilung auf. Mithilfe der Gleichschaltung durchdrangen und kontrollierten die Nationalsozialisten alle Lebensbereiche der Bürger. Durch die Vereinigung der Ämter von Reichspräsident und Reichskanzler verfügte der „Führer“ Hitler über die uneingeschränkte Macht im Deutschen Reich.

Die nationalsozialistische Innen- und Außenpolitik wurde stark durch die Rassenlehre in Verbindung mit der Frage der Erweiterung des Lebensraumes im Osten geprägt. Ziel war die Errichtung eines Großdeutschen Reiches mit Weltmachtstatus. Außenpolitisch bedeutete dies die Revision der Bestimmungen des Versailler Vertrags, die ungehemmte Aufrüstung und Vorbereitung des Krieges.

Wissens-Check

1. Beschreiben Sie die Schritte, mit denen die Nationalsozialisten die Demokratie in eine Diktatur umwandelten.
2. Warum ist der Begriff „Machtergreifung“ irreführend?
4. Erläutern Sie den Begriff „Gleichschaltung“.
5. Was beinhaltet der Begriff „Führerprinzip“?
6. Was ist der zentrale Bestandteil des nationalsozialistischen Rassenmythos und welche Folgen hatte er?

5 Die Verfolgung der Juden im Dritten Reich

1933 lebten in Deutschland ca. eine halbe Million Bürger jüdischen Glaubens. Gleich nach der Machtübernahme begannen die Nationalsozialisten mit der Diskriminierung und Entrechtung der Juden und anderer Gruppen, die nach Vorstellung der Nationalsozialisten nicht ins Schema der Volksgemeinschaft passten. Hitlers Rassenwahn mündete schließlich in der systematischen Vernichtung von ca. sechs Millionen Juden in ganz Europa.

Plakat zum Judenstern: Das Tragen dieses Kennzeichens wurde ab September 1939 im besetzten Polen und ab dem 19. September 1941 im Deutschen Reich und in weiteren besetzten Gebieten verordnet.

5.1 Ausgrenzung aus dem gesellschaftlichen Leben

Für die Nationalsozialisten zählten vor allem die Juden zu den „minderwertigen“ Menschen, aber auch Behinderte, Sinti und Roma, „Asoziale“, Homosexuelle und Anhänger religiöser Sekten. Gezielt begann das NS-Regime die bürgerliche Existenz dieser Menschen rücksichtslos zu zerstören.

Anfangs noch ungeplant, begannen die Nationalsozialisten bald mit organisierten Gewalttaten gegen Juden. Schon am 1. April 1933 kam es zu einem **Boykott** jüdischer Geschäfte, Ärzte und Rechtsanwaltspraxen. Im Rahmen einer „kulturellen Säuberung“ wurden die Werke jüdischer und anderer „undeutscher“ Schriftsteller, Literaten, Musiker und Künstler verboten. Das NS-Regime richtete bereits 1933 die ersten Konzentrationslager (KZ) ein, zunächst für politische Gegner. Jüdische Gefangene wurden dort besonders schikaniert und gequält.

Boykott:
Ein Boykott kann die Absage der Teilnahme an Veranstaltungen oder den Verzicht auf den Kauf der Produkte eines bestimmten Herstellers beinhalten.

Aufruf zum Boykott eines jüdischen Geschäftes durch die SA.

5.2 Die Nürnberger Gesetze von 1935

Die Juden wurden zunehmend aus dem öffentlichen Leben verdrängt. Mit den Nürnberger Gesetzen vom 15. September 1935 wurde die Diskriminierung der Juden pseudo-rechtlich abgesichert und weiter ausgedehnt. Eheschließungen und außerehelicher Kontakt zwischen Juden und Nichtjuden wurde verboten („Rassenschande“). Derartige Ehen wurden aufgelöst.

Diffamierung ...

§ 1 Eheschließungen zwischen Juden und Staatsangehörigen deutschen oder artverwandten Blutes sind verboten. Trotzdem geschlossene Ehen sind nichtig ... .

§ 2 Außerehelicher Verkehr zwischen Juden und Staatsangehörigen deutschen oder artverwandten Blutes ist verboten. (...).

Auszug aus dem „Gesetz zum Schutz des deutschen Blutes und der deutschen Ehre“ vom 15.09.1935

1. Analysieren Sie, wie der rechtliche Grundsatz „keine Strafe ohne Gesetz“ in den Nürnberger Gesetzen missachtet wurde und so auch formal ihren Unrechtscharakter aufzeigt.
2. Woran machten die Nationalsozialisten in den Nürnberger Gesetzen die Zugehörigkeit zu einer Rasse fest? Welcher Eindruck wurde hierdurch erweckt?

Kompetenzbereich 2

SA:
Abkürzung für Sturmabteilung, die uniformierte und bewaffnete Kampf-, Schutz- und Propagandatruppe der NSDAP.

SS:
Abkürzung für Schutzstaffel
Sie fungierte zunächst als „Stabswache" zum persönlichen Schutz Hitlers und später auch anderer NSDAP-Funktionäre. Anfänglich noch der SA unterstellt, entwickelte sich die SS zunehmend zu einer Elitetruppe mit besonderen Aufträgen

© dpa

5.3 Verfolgung und Terror

Mit Berufsverboten, Enteignungen und dem Ausschluss aus dem alltäglichen Leben (Verkehrsmittel, Schulen, kulturelle Einrichtungen) verschärfte ab 1938 das NS-Regime die Verfolgung der Juden. Ab 1941 mussten alle Juden im gesamten Reichsgebiet einen „Judenstern" an ihrer Kleidung tragen in der Nacht vom 09.11.1938 organisierten die Nationalsozialisten die bis dahin schlimmste Gewaltmaßnahme gegen jüdische Bürger (Reichspogromnacht). Überall im Reich wurden jüdische Bürger ermordet. Jüdische Wohnungen und Geschäfte wurden von **SA- und SS-Kommandos** geplündert und verwüstet sowie zahlreiche Synagogen in Brand gesteckt. Nach der „Reichskristallnacht", wie die Nationalsozialisten die Ausschreitungen vom 9.11.1938 nannten, verließen weitere 150 000 Juden Deutschland.

1. Erstellen Sie eine Übersicht über die nationalsozialistischen Maßnahmen zur Ausgrenzung der jüdischen Bevölkerung. Welche Lebensbereiche sind betroffen?
2. Wer bzw. welche Bevölkerungsgruppe profitiert von der „Arisierung" jüdischen Besitzes?

Holocaust (griech. „vollständig verbrannt"):
Bezeichnung für den Völkermord an den Juden im Dritten Reich. Viele Juden bevorzugen allerdings das hebräische Wort „Shoah" (= „die Katastrophe")

Ghettos:
Stadtviertel, in dem Juden leben mussten, da es ihnen gesetzlich so vorgeschrieben war.

Einsatzgruppen:
Bezeichnung für Sondereinheiten der Sicherheitspolizei (Sipo) und des Sicherheitsdienstes (SD) der SS, die besonders im Zuge des Angriffskrieges gegen die Sowjetunion systematische Massenerschießungen von vermeintlich „reichs- und deutschfeindlichen Elementen hinter den Linien der kämpfenden Truppe" durchführten

5.4 Der Holocaust

Mit Beginn des zweiten Weltkriegs gelangten auch die Juden außerhalb Deutschlands unter die Herrschaft der Nationalsozialisten. Sie wurden in **Ghettos** zwangsumgesiedelt und zur Zwangsarbeit verpflichtet. Tausende Ghettobewohner starben an Hunger, Seuchen, Kälte und Entkräftung. In den besetzten Ostgebieten ermordeten **Einsatzgruppen** der SS allein bei Massenerschießungen ca. 2,2 Millionen Juden. Auch die Lage der deutschen Juden verschlimmerte sich nach Kriegsbeginn noch weiter. Ab 1940 wurden sie in die besetzten Ostgebiete deportiert, wo die meisten den Vernichtungsaktionen zum Opfer fielen. Die Deportationen blieben auch der deutschen Bevölkerung nicht verborgen. Nur wenige wagten ihr Leben und versteckten jüdische Freunde.

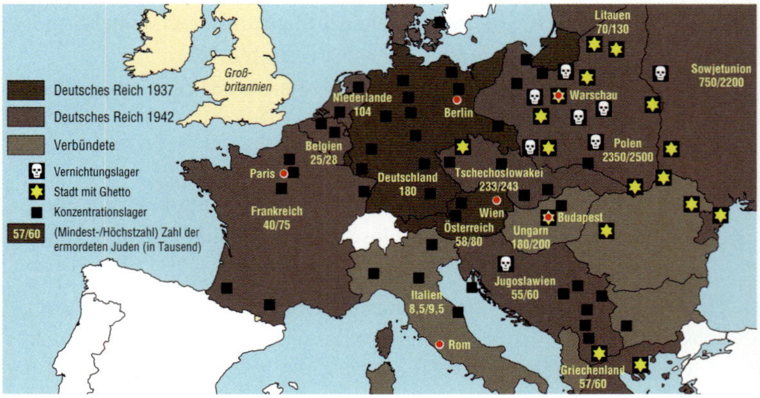

© Dave Vaughan

Karte der Konzentrationslager und Vernichtungslager
jüdische Opferzahlen nach Herkunftsländern

Mitte 1941 fiel der Entschluss, alle europäischen Juden als „Endlösung" in Vernichtungslagern oder durch Zwangsarbeit zu ermorden. Auf der „Wannseekonferenz" am 20.1.1942 wurden Planung, Organisation und Koordination der systematischen Judenvernichtung besprochen. Insgesamt starben ca. sechs Millionen Juden durch den Holocaust.

1. Analysieren Sie die Karte. Wo befinden sich die Vernichtungslager? Welche Hintergründe könnte dies haben?
2. Informieren Sie sich im Internet über die „Wannseekonferenz". Erläutern Sie, wo eine Verbindung zwischen der NS-Ideologie und der konkreten Behandlung der Juden im Rahmen der „Endlösung" besteht.
3. „Die Erinnerung darf nicht enden; sie muss auch künftige Generationen zur Wachsamkeit mahnen." Nehmen Sie zu dieser Aussage des ehemaligen Bundespräsidenten Roman Herzog Stellung.

Wannseekonferenz
http://tinyurl.com/y7cdm2ng

Zusammenfassung

Der Begriff „Holocaust" bezeichnet die systematische Vernichtung der Juden in Europa, die von angeordneten Massenerschießungen bis hin zur systematischen Vergasung in eigens dafür errichteten Vernichtungslagern reichte. Ca. sechs Millionen Juden mussten durch Hitlers Rassenwahn sterben.

Das Verbrechen gegen die Juden und gegen andere Minderheiten erfolgte in mehreren Schritten. Schon ab 1933 fand eine Ausgrenzung der jüdischen Bürger aus dem gesellschaftlichem Leben statt. Die ersten Konzentrationslager wurden errichtet, zuerst vor allem zur Inhaftierung politischer Gegner. 1935 wurden diese Diskriminierungen mit den Nürnberger Gesetzen pseudo-rechtlich abgesichert. Ab 1938 verstärkte sich die Verfolgung und der Terror. 1942 beschlossen die Nationalsozialisten als „Endlösung der Judenfrage" die totale Vernichtung aller Juden. Zu diesem Zweck errichteten sie Vernichtungslager in Osteuropa, in denen Juden und andere Gegner des Regimes systematisch ermordet wurden.

Um die Opfer möglichst lange über ihr Schicksal im Unklaren zu lassen, wurden die Gaskammern mit Duschkopf-Attrappen getarnt.

Wissens-Check

1. Erläutern sie die Phasen der Judenverfolgung von 1933 bis 1945.
2. Was regelten die „Nürnberger Gesetze" von 1935?
3. Erläutern Sie die Geschehnisse der Pogromnacht („Reichskristallnacht") im November 1938 in Deutschland.

6 Widerstand gegen den Nationalsozialismus

© dresden – fotolia.com

Das Abhören von „Feindsendern" war verboten. Verbreitung deren Nachrichten konnte sogar mit dem Tode bestraft werden.

Nicht alle Deutschen waren mit dem NS-System einverstanden. Die Umwandlung Deutschlands in eine Diktatur sowie die Verfolgung politischer Gegner und Minderheiten wollten einige nicht ohne Gegenwehr hinnehmen. Hitlers Vernichtungskrieg und das Ignorieren der aussichtslosen militärischen Lage gegen Ende des Krieges brachten selbst anfängliche Anhänger des NS-Regimes dazu, Widerstand zu leisten.

Der Widerstand reichte von nicht angepasstem Verhalten über die Verweigerung von Befehlen, Sabotage, Wandparolen, Flugblättern bis hin zu über 30 Attentatsversuchen auf Hitler. So versuchte z. B. Georg Elser im Alleingang im November 1939, Hitler durch eine Bombe im Münchner Bürgerbräukeller zu töten. Hitler verließ unerwartet früh die Veranstaltung und überlebte. Elser wurde gefasst und 1945 hingerichtet. Jeder weitere gescheiterte Attentatsversuch ließ Hitler mehr daran glauben, dass eine höhere geistige Macht ihn beschützt.

6.1 Widerstand im Alltag

Auf Grund der schweren Strafandrohungen gab es nur sehr wenig Deutsche, die im Alltag den Mut aufbrachten, sich dem NS-System zu verweigern oder gar zu widersetzen. Aber man fand vereinzelt immer wieder Möglichkeiten, Anordnungen der Regierung nicht zu befolgen. Eltern versuchten, ihre Kinder vor dem Einfluss der HJ fernzuhalten. Soldaten weigerten sich, an Kriegsverbrechen teilzunehmen. Über zwei Millionen Deutsche hörten während des Krieges verbotene „Feindsender". Besonders gefährlich war es, Deserteure oder Juden zu verstecken.

6.2 Widerstandsgruppen

Gleich nach der Machtübernahme der Nationalsozialisten 1933 bildeten sich vielerorts kleine Widerstandsgruppen.

Erst spät formierte sich der bürgerliche Widerstand in kleinen Gruppen, die sich vor allem mit dem politischen Neuaufbau Deutschlands nach dem NS-Regime befassten. Ein Zentrum des bürgerlichen Widerstands war der „**Kreisauer Kreis**". Auch die Gruppe um den ehemaligen Leipziger Oberbürgermeister Carl Friedrich Goerdeler spielte eine wichtige Rolle in der Zusammenarbeit des bürgerlichen und des militärischen Widerstands.

Kreisauer Kreis:
Auf dem Gut Kreisau (Niederschlesien) von Helmut Graf von Moltke trafen sich ab 1940 regelmäßig bürgerliche Widerständler. Nach der Verhaftung von Moltkes 1944 schlossen sich einige Mitglieder der Gruppe um Claus Schenk von Staufenberg und Goerdeler an und wirkten an den Vorbereitungen zum Attentat am 20. Juli 1944 mit.

Widerstand in der Arbeiterschaft

Aktiven Widerstand leisteten schon in den Anfangsjahren der NS-Herrschaft die Kommunisten, die besonders unter der Verfolgung und dem Terror zu leiden hatten. Linke Widerstandsgruppen verbreiteten Flugblätter und Plakate gegen den Nationalsozialismus. Während des Krieges versorgte die kommunistische Widerstandsgruppe „Rote Kapelle“ mit Spionage die Sowjetunion mit kriegswichtigen Informationen. Die Gruppe flog auf. Nur wenige konnten den Verhaftungen der Gestapo und dem Tod im KZ entgehen.

© ullstein bild

Linkes Bild: Willi Graf (2.1.1918–12.10.1943)

Rechtes Bild: Gedenkstein am Ehrengrabmahl Willi Grafs auf dem alten Friedhof St. Johann in Saarbrücken

Widerstand Jugendlicher

Die „Weiße Rose“ ist wohl die bekannteste Widerstandsgruppe junger Deutscher im Dritten Reich. Ihr Kern bestand u. a. aus den Studenten Hans und Sophie Scholl sowie dem Saarbrücker Willi Graf. Sie verfassten, vervielfältigten und verteilten Flugblätter, die zum passiven Widerstand gegen den Krieg und gegen die geistige Unterdrückung durch die Nationalsozialisten aufforderten.

Als sie am 18. Februar 1943 in der Münchner Universität beim Verteilen der Flugblätter entdeckt wurden, wurden sie zum Tode verurteilt und hingerichtet.

© ullstein bild – Müller-Stauffenberg

Verbotsschild im Dritten Reich

> „Es fallen so viele Menschen für dieses Regime, es wird Zeit, dass einer dagegen fällt.“
> Sophie Scholl am 16. Februar 1943 zu einem Bekannten
> www.uni-mainz.de/Schulen/BBSII/sophie_scholl.htm

Interpretieren Sie das Zitat!

Andere Jugendgruppen gaben sich zunächst unpolitisch und wollten sich nur von dem NS-Regime abheben. Die sogenannte „Swing-Jugend“ entstand unter der mittelständischen, großstädtischen Jugend, benannt nach ihrer Vorliebe für Swingjazz. Im Rheinland bildeten sich die sogenannten „Edelweißpiraten“, die schließlich im gesamten Reichsgebiet existierten. Ihr Erkennungszeichen war ein Edelweiß unter dem linken Rockaufschlag oder am Revers. Es wird geschätzt, dass die Edelweißpiraten mehrere tausend Anhänger im Alter von 14 bis 17 Jahren hatten. Sie organisierten Zeltlager, sangen verbotene Lieder und schwänzten den HJ-Dienst. Später versteckten sie Deserteure und verübten Anschläge auf Gestapo und NS-Funktionäre.

Kirchlicher Widerstand

Erst 1937 brandmarkte der Papst „mit brennender Sorge“ die Rechtsverletzungen im Dritten Reich und die Verfolgung der Geistlichen. Der Bischof von Münster prangerte öffentlich die **Euthanasie** kranker und behinderter Menschen an.

Evangelische Christen, die gegen das NS-Regime waren, schlossen sich in der „Bekennenden Kirche“ zusammen. Auch ihr Widerstand

Euthanasie:
Der Begriff bezeichnet die systematische Ermordung von mehr als 70.000 Psychiatrie-Patienten und behinderten Menschen durch SS-Ärzte und -Pflegekräfte von 1940 bis 1941. Neben ideologischen Vorstellungen („Reinheit der Rasse“) sind kriegswirtschaftliche Erwägungen zur Begründung herangezogen worden. Mit Rücksicht auf die Stimmung in der aufgebrachten Bevölkerung ließ Hitler das „Euthanasie“-Programm offiziell einstellen. Jedoch starben mehr als 30.000 Behinderte anschließend noch in geheim weitergeführten Tötungsaktionen.

forderte die Verfolgung durch die Gestapo heraus. Dietrich Bonhöffer, ein führenden Vertreter der Bekennenden Kirche, wurde kurz vor Kriegsende hingerichtet.

Militärischer Widerstand

Als die militärischen Niederlagen sich häuften, waren einige hohe Militärs zum Schlag gegen Hitler bereit. Erfolgsaussichten bestanden nur dann, wenn es gelang, Hitler durch ein Attentat auszuschalten. Danach sollte durch einen Putsch in Berlin die Macht ergriffen werden. Mehrere Anschläge scheiterten. Am 20. Juli 1944 unternahm Claus Graf Schenk von Stauffenberg während einer Lagebesprechung im ostpreußischen Führerhauptquartier „Wolfsschanze“ den Versuch, Hitler mit einer Zeitbombe zu töten. Hitler erlitt durch die Detonation nur leichte Verletzungen und der Umsturzplan misslang. Die Widerstandskämpfer wurden verhaftet und hingerichtet.

1. Beurteilen Sie die Aussage: „Nur das Militär hätte so viele Machtmittel zu Verfügung gehabt, um Hitler und das NS-System zu stürzen.“

Oberst Graf Schenk von Stauffenberg

Zusammenfassung

Nicht alle Deutsche waren mit der Politik Hitlers einverstanden und leisteten Widerstand (z. B. nicht angepasstes Verhalten, Verweigerung von Befehlen, Sabotage, Flugblättern bis hin zu Attentaten).

Nur wenige hatten den Mut, sich im Alltag den Anweisungen der Nationalsozialisten entgegenzustellen. Selbst kleinere Vergehen wurden hart bestraft. Wer sich aktiv dem System entgegenstellte, beging Hochverrat.

Am 20.7.1944 versuchte Oberst Graf Schenk von Stauffenberg durch eine Zeitbombe Hitler zu töten. Das Attentat misslang und die Widerstandskämpfer wurden hingerichtet.

Die Männer und Frauen, die trotz Lebensgefahr Widerstand geleistet hatten, geben mit ihrer Entschlossenheit ein Beispiel für heutige Demokraten.

Wissens-Check

1. Nennen Sie die wichtigsten deutschen Widerstandskämpfer gegen die Nationalsozialisten und beschreiben sie ihren Widerstand!
2. Erläutern Sie die Ziele der „Weißen Rose“!
3. Welche Faktoren erschweren den Widerstand gegen das NS-Regime?

7 Entwicklung der Demokratie in der Bundesrepublik Deutschland

Das deutsche Oberkommando unterzeichnet am 8. Mai 1945 die bedingungslose Kapitulation. 60–70 Millionen Menschen sind in Folge des Krieges und der nationalsozialistischen Herrschaft gestorben. Am Ende des Krieges – in der sogenannten Stunde Null – ist Deutschland fast vollkommen zerstört. Es fehlt an Nahrung und Kleidung.
Vier Jahre nach dem Ende des Zweiten Weltkrieges, gründeten sich 1949 zwei zunächst begrenzt souveräne Staaten. Diese doppelte Staatsgründung steht für zwei in politischer, wirtschaftlicher und gesellschaftlicher Hinsicht gegensätzliche Wege des Neuanfangs. Eine parlamentarische Demokratie auf Seiten der Bundesrepublik Deutschland gegen eine Diktatur des Proletariats auf Seiten der Deutschen Demokratischen Republik. Jahre gegenseitiger Abschottung und Diffamierung folgten Jahre des Wandels durch Annäherung.
Die Weltmächte rüsteten auf und keine Seite wollte Schwächen eingestehen. Ausgetragen wurde das Kräftespiel zwar nicht direkt miteinander, aber umso intensiver in anderen Ländern. Auch in Deutschland kam es zu Ereignissen, die das Austragen des Konflikts der Machtblöcke zeigten.
Ein Eiserner Vorhang zwischen Ländern mit sowjetischen Einfluss und den Staaten Westeuropas ging mitten durch Deutschland, ging mitten durch Berlin.
Die Perspektive eines unter den Vorzeichen des westlichen Demokratiemodells geeinten Deutschlands wurde seitens der USA vorbehaltlos unterstützt. Aus der Perspektive der Sowjetunion hingegen bedeutete die Wiedervereinigung zugleich das Eingeständnis, dass die sozialistische Systemordnung gescheitert war.

Zerstörter Reichstag in Berlin, 1945

7.1 Die „Stunde Null"

Der 8. Mai 1945 geht mit der Kapitulation des Deutschen Reiches als „Stunde Null" in die deutsche Geschichte ein. Die Situation war verheerend, die Aussichten alles andere als vielversprechend. Das einzige was von der Mehrheit der Bevölkerung als positiv angesehen wurde war die Befreiung vom Nationalsozialismus und das Ende des Zweiten Weltkrieges. Der Tiefpunkt der deutschen Geschichte in einigen Fakten:

- 60–70 Mio. Menschen gestorben, 30 Mio. ohne Heimat, 35 Mio. verwundet
- über 11 Millionen Wehrmachtsangehörige in Kriegsgefangenschaft
- Städte, Wohnungen und Industrie- und Versorgungseinrichtungen sind zerbombt und ausgebrannt
- Der Zustrom von Flüchtlingen, Vertriebenen und Umsiedlern verstärkte dieses Problem
- Alltagsprobleme sind Kälte und Hunger

Deutsche Geschichte Nachkriegszeit
http://tinyurl.com/ycj7qu9o

Jeder Deutsche erfuhr unter dieser Situation seine persönliche „Stunde Null". Manche Bürger machten diese Erfahrung auch zu einem späteren Zeitpunkt. Je nachdem, wann Gefangenschaft oder Besetzung zu Ende waren.

Bereits während des Krieges (1943) machten sich die Alliierten Gedanken über eine Nachkriegsordnung in Deutschland und Europa. Entscheidend war die Konferenz in Potsdam im Juli 1945. Hier wurde Deutschland territorial neu aufgeteilt.

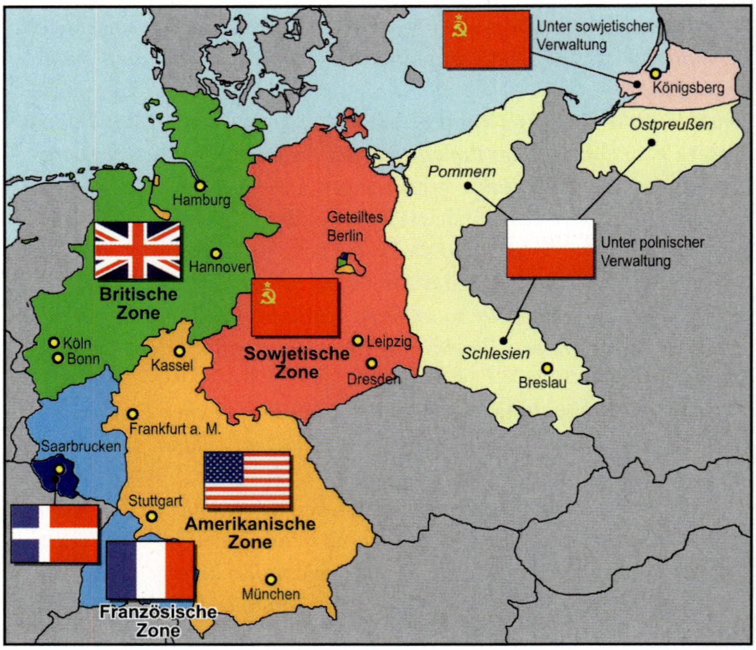

Deutschland nach 1945

Die **Grundsätze der Alliierten** bekannt durch die vier D:
Demokratisierung
Denazifizierung
Demilitarisierung
Dezentralisierung

Politisch wurde beschlossen, dass Deutschland **Demokratisiert** und **Denazifiziert** werden sollte. Wirtschaftlich verfolgten die Alliierten die Ziele der **Demilitarisierung** und der **Dezentralisierung**. Maßnahmen waren u. a. die Demontage der noch funktionstüchtigen Industrieanlagen und die Einführung eines Kriegsverbrechertribunals in Nürnberg. Hier sollten die Verantwortlichen für die Gräueltaten des Zweiten Weltkrieges verurteilt und zur Rechenschaft gezogen werden.

7.2 Die Besatzungszonen und der wirtschaftliche Neubeginn

Die Potsdamer Konferenz legte neben den territorialen Veränderungen auch die Aufteilung Deutschlands in Besatzungszonen fest. Den Westen des Landes teilten sich die Vereinigten Staaten, Großbritannien und Frankreich auf. Mitteldeutschland wurde vollständig von der Sowjetunion besetzt. Die Hauptstadt Berlin und das Saarland erhielten einen Sonderstatus. Während Berlin von allen vier Siegermächten verwaltet wurde, hatte das Saarland Frankreich als alleinige Besatzungsmacht. Ein Anschluss, wie von Frankreich verlangt, war nicht vorgesehen.

Die einzelnen Besatzungsmächte verhielten sich unterschiedlich in ihren Besatzungszonen. Während Frankreich, Russland und Großbritannien massiv Industrieanlagen demontierten (mit Ausnahme im Saarland), waren die Amerikaner zurückhaltender. Eine geschwächte deutsche Wirtschaft wäre für lange Zeit auf Hilfe von außen angewiesen. Die Gefahr eines kommunistischen Einflusses wäre zu groß gewesen.

Die sowjetische Zone ließ keine Zweifel daran, die Macht der alten Eliten zu brechen. Sie wollten ein sozialistisches System aufbauen.

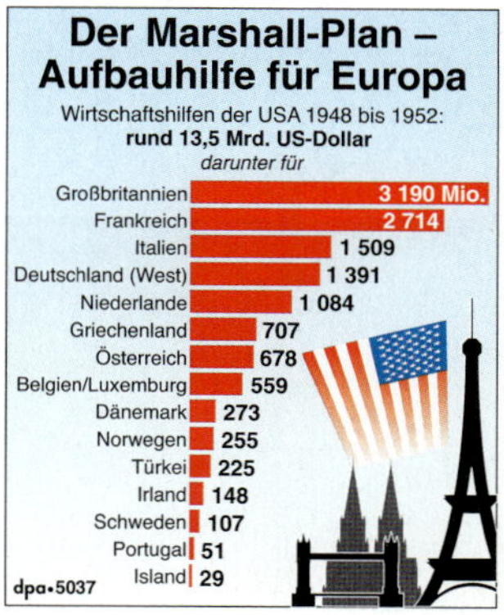

Im Westen waren Demokratisierung und Dezentralisierung von wesentlicher Bedeutung. Über die Kommunen sollte Deutschland eine Basisdemokratie aufbauen. Dazu wurden Parteien bereits 1945 auf lokaler Ebene zugelassen. Mit der Zusammenlegung der britischen und der amerikanischen Zonen, zur sogenannten Bizone, konnten auch höhere politische Organisationstrukturen über die Kommunen hinweg geschaffen werden.

Nachdem auch Frankreich der Bizone (1948) beitrat und sich so die Trizone bildete, verbesserte sich die Versorgungs- und Wirtschaftslage erheblich. Auch die finanzielle Unterstützung in den westlichen Zonen im Zuge des **Marshall-Plans** half zur wirtschaftlichen Verbesserung mit. Die Einführung der Deutschen Mark als einer vertrauenswürdigen Währung stabilisierte die Wirtschaft im Westen. Die Reaktion im Osten war die Einführung einer eigenen Ostmark.

Kalter Krieg:
Der „Kalte Krieg" bezeichnet Formen der Auseinandersetzung zwischen den USA und der Sowjetunion, die sich auf ideologischer, wirtschaftlicher und machtpolitischer Ebene und unter Vermeidung direkter bewaffneter Konfrontationen abspielte.

Der Osten und der Westen Deutschlands trifteten immer weiter auseinander und bildeten die Nahtstelle für den aufkommenden **„Kalten Krieg"**.

7.3 Gründung zweier deutscher Staaten

Die Kriegskoalition zwischen den Westmächten und der Sowjetunion ist aufgebrochen. Beide Machtblöcke treten für ihre Interessen ein. Die freiheitliche Demokratie im Westen gegen das sozialistische Demokratieverständnis im Osten. „Es muss demokratisch aussehen, aber wir müssen alles in der Hand haben", so kennzeichnete Walter Ulbricht das Demokratieverständnis der sozialistisch geführten Länder.

Die Gründung einer sozialistischen Einheitspartei (SED) wurde durch die erzwungene Fusion von SPD und KPD bereits 1946 erreicht. Die SED bildete das Zentrum der politischen Macht in der Sowjetzone. Eine echte Alternative zur SED gab es nicht.

Der Parlamentarische Rat

Im Westen wird in der Stadt Bonn die Gründung eines westdeutschen Teilstaates vorbereitet. Die Westmächte gaben dem Parlamentarischen Rat die Vorgabe, eine Parteiendemokratie zu gründen, die marktwirtschaftlich und **föderal** sein sollte.

Föderal:
Ein Staat, der aus mehreren Einzelstaaten (Länder) besteht, die mit eigenen Kompetenzen ausgestattet sind.

An der Spitze dieses Rates stand Konrad Adenauer. Von Anfang an war den Mitgliedern des Parlamentarischen Rates bewusst, dass eine Verfassung gleichbedeutend mit einer Spaltung Deutschlands stand. Daher konnte man sich mit den West-Alliierten auf die Erarbeitung eines Grundgesetzes mit provisorischem Charakter einigen.

Am 23. Mai 1949 tritt das Grundgesetz für den Westen Deutschlands, der Bundesrepublik Deutschland, in Kraft. Nur eine Woche später verabschiedet der Osten Deutschlands die Verfassung für die Deutsche Demokratische Republik.

Das Grundgesetz auf Glas vor dem Berliner Reichstagsgebäude

Die doppelte Staatsgründung wurde zunächst mit den Wahlen zum ersten deutschen Bundestag im August 1949 in der Bundesrepublik vollzogen. Am 7. Oktober folgte die zweite Staatsgründung in der DDR. Wilhelm Pieck wurde Präsident der DDR und Konrad Adenauer erster Bundeskanzler der Bundesrepublik Deutschland. Zwei Staaten auf deutschen Boden mit noch offenen Grenzen. Jeder konnte zwischen den beiden Staaten reisen. Lediglich die Entwicklung im Westen war aus wirtschaftlicher Sicht erfolgreicher und der Lebensstandard wuchs schneller als im Osten. Unterstützt wurde die Bundesrepublik durch die Westmächte, die zum Ziel hatten, den aufkommenden Kommunismus in seiner Verbreitung zu stoppen.

7.4 Einbindung in die Machtblöcke des Kalten Krieges

Konrad Adenauer
Bundeskanzler 1949–1963

Zwischen den USA und der Sowjetunion entwickelte sich immer mehr ein Feindbild. Die Vorstellungen von Demokratie und Staatsführung gingen weit auseinander. Die Angst, dass einer der beiden Staaten eine militärische Vormachtstellung auf der Welt einnehmen könnte war groß. Auf beiden Seiten wurde die Politik der Abschreckung ausgebaut. Für die USA und die Sowjetunion gab es entweder eine Entscheidung für oder gegen die jeweilige Politik. Militärische Aufrüstungen auf beiden Seiten und Demonstrationen der Stärke der jeweiligen Waffen, brachten die Welt stets an den Rand eines dritten Weltkrieges. Diese Phase mit politischen und militärischen Drohungen von Seiten der USA und der Sowjetunion, wird als die Zeit des Kalten Krieges bezeichnet.

Die Bundesrepublik positionierte sich eindeutig in Richtung Westen. Das Ziel, eine vollständige staatliche Souveränität der Bundesrepublik wieder zu erlangen, hatte erste Priorität.

„Lieber das halbe Deutschland ganz, als das ganze Deutschland halb" wird Adenauer zitiert.

Mit dem Deutschlandvertrag 1952 beschlossen die westlichen Besatzungsmächte das Ende des Besatzungsstatuts. Die Bundesrepublik Deutschland erlangte ein hohes Maß an Souveränität zurück.

Die Bundesrepublik stellte 1955 zum ersten Mal nach dem Zweiten Weltkrieg wieder eine eigene Armee auf.

Der Beitritt Westdeutschlands zur NATO war vollzogen. Dieses internationale militärische Bündnis von zunächst 28 europäischen und nordamerikanischen Staaten, hatte das Ziel der Verteidigung gegen die Sowjetunion.

NATO-Fahne

North Atlantic Treathy Organization

Im Gegenzug bildete sich unter Führung der Sowjetunion der Warschauer Pakt. Die DDR trat 1956 dem Bündnis bei. Damit war die Ostintegration der DDR vollzogen.

Für die DDR stand die Existenz zweier deutscher Staaten fest (Zweistaatentheorie). Die Bundesrepublik Deutschland erkannte die DDR jedoch nicht als eigenständigen Staat an. Sie erhob den Alleinvertretungsanspruch für ganz Deutschland.

Die Gräben waren Tief und eine Annäherung war nicht in Sicht.

Zusammenfassung

Die „Stunde Null“ (1945) diente als Neuanfang für ein Deutschland, das durch die nationalsozialistische Diktatur viel Leid über die Welt gebracht hat.

Kontrolliert wurde das besiegte Deutschland durch vier Besatzungsmächte, die über die ganze Republik verteilt waren.

Drei der Besatzungsmächte (USA, Frankreich und Großbritannien) verfolgten zielstrebig unter anderem die Ziele der Demokratisierung und der Dezentralisierung für den westlichen Teils Deutschland.

Der Osten Deutschlands wurde von der Sowjetunion kontrolliert. Sie strebten ein sozialistisches Regime unter der Führung einer Partei (der SED) an.

1948 wurde im Westen Deutschlands die D-Mark eingeführt. Der Osten Deutschlands führte die Ostmark ein.

Die Fronten zwischen den Besatzungsmächten verhärteten sich. Auch international spürte man eine Spannung zwischen den Großmächten der Welt. Der Kalte Krieg zwischen den USA und der Sowjetunion hatte begonnen.

Am 23. Mai 1949 tritt für Westdeutschland (Bundesrepublik Deutschland) das Grundgesetz in Kraft. Eine Woche später tritt für Ostdeutschland (Deutsche Demokratische Republik) die Verfassung in Kraft.

Eine Politik der Stärke durch militärische Aufrüstung prägte das Bild im Kalten Krieg.

1955 wurde die Bundeswehr gegründet und der Beitritt Westdeutschlands zur NATO vollzogen.

1956 tritt die DDR dem Warschauer Pakte bei.

Wissens-Check

1. Erläutern Sie die Umschreibung der „Stunde Null“ für das Jahr 1945?
2. Welche Unterschiede waren zwischen den westlichen Besatzungszonen und der sowjetischen Besatzungszone zu erkennen?
3. Beschreiben Sie kurz den Weg zur Gründung zweier deutscher Staaten.
4. Welche Ziele verfolgte Adenauer mit der Westorientierung?

8 Politische Spannungen im geteilten Deutschland

Die Währungsreform am 20. Juni 1948 in der Westzone war der erste Schritt der wirtschaftlichen Spaltung Deutschlands. Die Sowjetische Besatzungszone (SBZ) reagierte mit einer eigenen Währungsreform und führte die Ostmark ein. Berlin war geteilt und verfügte ab sofort über zwei Währungen.

8.1 Berlin-Blockade und Luftbrücke

© dpa – akg images

Luftbrücke zur Versorgung Berlins. Ein „Rosinenbomber“

Stalins Ziel war es, ganz Berlin in die SBZ einzugliedern und somit ein Einbinden Westberlins in das westdeutsche Wirtschaftssystem zu verhindern. Dazu waren ihm alle Mittel Recht. Er ließ alle Lieferungen von Versorgungsgütern nach Westberlin unterbinden und alle Zufahrtswege in den Westsektor Berlins schließen. Die Berlin Blockade begann. Die Westmächte reagierten mit einer in diesem Ausmaß und über einen Zeitraum von fast einem Jahr noch nie dagewesenen Luftbrücke. Die sogenannten Rosinenbomber versorgten die Westberliner Bevölkerung mit Lebensmittel und Kleidung.

Als im Mai 1949 die Sowjetunion die Blockade Berlins aufgab, waren die Westmächte die Sieger der ersten Auseinandersetzung im Kalten Krieg.

8.2 Volksaufstand vom 17. Juni 1953

Niemand konnte damals ahnen, welchen hohen Stellenwert der 17. Juni 1953 in der deutschen Nachkriegsgeschichte einmal gewinnen sollte: Aus einem Arbeiterkonflikt entwickelte sich in wenigen Stunden ein politischer Aufstand, aus einem Arbeiterprotest wurde ein Volksaufstand – ein Aufstand für Einheit, Recht und Freiheit. Wir müssen den 17. Juni als herausragendes Ereignis unserer demokratischen Entwicklung in Deutschland seit 1848 begreifen. Mit Hilfe von Panzern und der Volkspolizei schlug das sowjetische Militär die Erhebung blutig nieder. Tausende büßten ihren Mut hinter Gittern, mindestens fünfzig mit ihrem Leben. [lpb-Baden-Württemberg]

Politische Unterdrückung und eine schlechte, wirtschaftliche Versorgung, waren Gründe für eine Vielzahl von DDR Flüchtlingen nach Westdeutschland. Die Bevölkerung der DDR war zunehmest verärgert über die Politik in ihrem Land. Der Unmut derjenigen, die nicht flüchten wollten oder konnten, wuchs und entlädt sich am 17. Juni 1953 in Form eines Arbeiteraufstandes. Zunächst gingen die Bauarbeiter wegen weiteren Verschlechterungen sozialer Leistungen und Steigerung der Mehrarbeit bei gleichem Lohn auf die Straße. Schon bald schlossen sich Fabrikarbeiter an und die Welle der Empörung ging über das ganze Land. Die Regierung floh, um sich unter den Schutz der sowjetischen Behörden zu geben. Diese riefen den Ausnahmezustand aus und somit übernahm die Sowjetunion die Regierungsgewalt über die DDR. Mit sowjetischen Soldaten und Panzern wurde der Aufstand niedergeschlagen. Nur mit der militärischen Hilfe der Sowjetunion konnte sich die SED Regierung retten.

Berlin, Aufstand am 17. Juni 1953

Mehr als 13.000 Menschen wurden festgenommen. Darüber hinaus gibt es keine genauen Zahlen über alle Todesopfer. Die Angaben bewegen sich zwischen 50 und 125 Toten.

8.3 Der Mauerbau von 1961

> „Ich verstehe Ihre Frage so: Dass es Menschen in Westdeutschland gibt, die wünschen, dass wir die Bauarbeiter der Hauptstadt der DDR mobilisieren, um eine Mauer aufzurichten, ja? Eh, mir ist nicht bekannt, dass eine solche Absicht besteht, da sich die Bauarbeiter in der Hauptstadt hauptsächlich mit Wohnungsbau beschäftigen und ihre Arbeitskraft voll eingesetzt wird. Niemand hat die Absicht, eine Mauer zu errichten."
>
> Walter Ulbricht, 15.06.1961 Pressekonferenz in Berlin

Walter Ulbricht, von 1950–1971 Parteichef der SED

Im Frühjahr 1961 verschlechterte sich die wirtschaftliche Lage der DDR rapide. Die Zahl der Flüchtlinge wuchs von Tag zu Tag. Zehntausende flüchteten jeden Monat aus der DDR. Das Ende der DDR schien ein zweites Mal nach 1953 nahe. Rund 2,7 Mio. Menschen hatten zwischen 1949 und 1961 die DDR in Richtung Westen verlassen. Darunter waren vor allem gut ausgebildete junge Arbeiter und Akademiker. Allein im Juli 1961 verließen 30.000 Menschen die DDR. Der einzige noch offene Fluchtweg führte nach West-Berlin. Täglich passierten rund eine halbe Million Menschen in beide Richtungen die Sektorengrenzen in Berlin.

Berliner Mauer mit Brandenburger Tor

In der Nacht vom 17. zum 18. August 1961 wurde der Stacheldraht durch eine Mauer ersetzt. Am Morgen war die Grenze dicht. Erschütternde Szenen spielten sich in den Tagen des Mauerbaus entlang der Sektorengrenze ab: Von einem Tag auf den anderen wurden die Menschen in West- und Ostberlin voneinander getrennt, Straßen, Plätze und Häuser wurden geteilt. Die Sperranlage schnitt über 50.000 Ost-Berliner von ihren Arbeitsplätzen im Westen ab. Fassungslos stehen sich die Westberliner auf der einen, die Ostberliner auf der anderen Seite der Mauer gegenüber. Auf der Ostseite hält die Volkspolizei die Umstehenden mit Maschinengewehren in Schacht, in West-Berlin schirmt die Polizei die Grenzanlagen vor den aufgebrachten Bürgern ab.

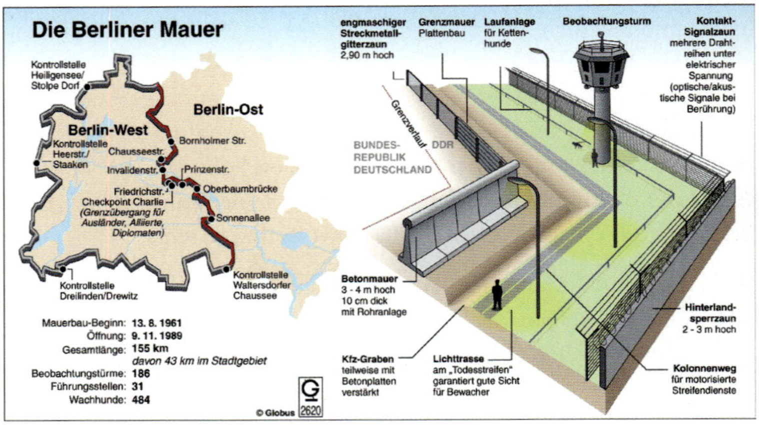

Systematik der Grenzbefestigung

In den nächsten Wochen und Monaten entstand eine Befestigungsanlage, die neben der Mauer, Todesstreifen mit Selbstschussanlagen, Minenfeldern, Wachtürmen und Grenzzäunen hatte. Eine Flucht über diese Grenzbefestigung schien unmöglich. Für die Bevölkerung in der DDR bedeutete die Mauer das endgültige Ende ihrer Freizügigkeit und der Möglichkeit sich der SED-Politik durch Abwanderung zu entziehen. Trotzdem versuchten immer wieder Menschen über die Mauer in die Freiheit zu gelangen. Bis 1989 zählte man mindestens 136 „Mauertote“.

Deutschland war endgültig geteilt. Die Mauer war das sichtbare Symbol des Ost-West-Konfliktes.

8.4 Entspannungspolitik

© dpa

Der Kniefall Brandts vor dem Mahnmal des ehemaligen Warschauer Ghettos. Eine weltweit beachtete Geste als Symbol für erste Annäherungsschritte zwischen der Bundesrepublik und den Ostblockstaaten.

> „Aufgabe der praktischen Politik in den jetzt vor uns liegenden Jahren ist es, die Einheit der Nation dadurch zu bewahren, da[ss] das Verhältnis zwischen den beiden Teilen Deutschlands aus der bisherigen Verkrampfung gelöst wird.“.
>
> vgl. BRANDT, Willy: Regierungserklärung 1969

Mit dem Beginn der sozial-liberalen Koalition unter Bundeskanzler Willy Brandt (1969–1974) vollzog sich in der Bundesrepublik ein politischer Wandel. Die neue Ostpolitik, so Brandt, diene der Entspannung in ganz Europa. Das wichtigste Ziel dabei war, die Konsequenzen der Teilung Berlins und Deutschlands zu vermindern. Die Westbindung sollte dabei nicht aufgegeben werden.

Kennzeichnend für die Entspannungspolitik zwischen der Bundesrepublik Deutschland und der Deutschen Demokratischen Republik waren verschiedene **Verträge** mit osteuropäischen Ländern. Zum einen war das Ziel, Gewaltverzicht und Unverletzlichkeit der Grenzen mit Polen und der UDSSR. Zum anderen wurden in den Verträgen wirtschaftliche Beziehungen mit der Sowjetunion sowie eine Garantie der Lebensfähigkeit Berlins und seiner Zufahrtswege festgehalten. Die Sowjetunion war der erste Ansprechpartner, aus der Erkenntnis heraus, dass der Schlüssel zu Ostberlin in Moskau lag.

Ost-**Verträge** ab 1970:
- Moskauer Vertrag
- Warschauer Vertrag
- Viermächte-Abkommen über Berlin inklusive des Transitabkommens zwischen der DDR und der Bundesrepublik,
- deutsch-deutsche Grundlagenvertrag

Der entscheidende Vertrag innerhalb der Politik der Annäherung und der Entspannung war der Grundlagenvertrag zwischen der BRD und der DDR (1972). Dieser etablierte die „besonderen Beziehungen“ zwischen den beiden deutschen Staaten, schloss jedoch eine völkerrechtliche Anerkennung aus. Ferner wurden menschliche Erleichterungen durch kulturellen Austausch, Reisen usw. ermöglicht. Damit ist man der Regelung praktischer Fragen, die sich aus den bestehenden familiären Bindungen zwischen den beiden Teilen Deutschlands ergaben, gerecht geworden.

Diese Annäherungspolitik war auch unter der neuen Führung der DDR möglich. Seit 1971 übernahm der gebürtige Saarländer **Erich Honecker** die Führung des Staates. Die Ziele bezüglich einer völkerrechtlichen Anerkennung beider deutscher Staaten unterschieden sich jedoch erheblich.

Erich Honecker

Zusammenfassung

Die Sowjetunion versuchte verzweifelt ihre Stärke zu zeigen. Mit der Berlin-Blockade wollte sie die Westalliierten in die Knie zwingen. Eine fast ein Jahr andauernde Luftbrücke versorgte die eingeschlossene Westberliner Bevölkerung mit Lebensmittel und Kleidung. Die Blockade wurde aufgegeben und so ging die erste Schlacht im Kalten Krieg an die Westmächte.

Am 17.06.1953 führten die schlechte wirtschaftliche Versorgung und die politische Unterdrückung die Arbeiter auf die Straßen der DDR. Der Volksaufstand wurde blutig durch das sowjetische Militär beendet. Deutschland stand wieder einmal im Mittelpunkt des Kalten Krieges.

Am 18.8.1961 wurde mit dem Bau der Berliner Mauer begonnen. Zusätzlich entstand eine Befestigungsanlage, die die Menschen in der DDR vor einer Flucht in die BRD abhalten sollte.

Viele Menschen versuchten trotzdem die Flucht aus der DDR. Zahlreiche verloren dadurch ihr Leben. Deutschland war nun auch für alle sichtbar ein geteiltes Land.

Mit dem Bundeskanzler Willy Brandt und der damit verbundenen SPD/FDP Regierung begann die Annäherung an den Osten. Zahlreiche Verträge sicherten den Verzicht auf Gewalt und die Anerkennung der bestehenden Grenzen.

Der Grundlagenvertrag zwischen der BRD und DDR legte 1972 den Grundstein für mehr kulturellen Austausch und für eine Erleichterung im Reiseverkehr zwischen den beiden Staaten. Eine völkerrechtliche Anerkennung der Existenz zweier deutscher Staaten war mit dem Grundlagenvertrag jedoch ausgeschlossen.

Wissens-Check

1. Warum blockierte die sowjetische Besatzungszone die Zufahrtswege nach Berlin?
2. Welches Interesse verfolgten die Westmächte mit der Aufrechterhaltung der Versorgung der Westberliner durch eine Luftbrücke?
3. Woran erkannte man insbesondere 1953, dass es sich bei der DDR um eine Diktatur handelte?
4. Nennen Sie Folgen des Mauerbaus für die Bürger innerhalb der DDR und für die internationale Politik.
5. Diskutieren Sie, ob die neue Ostpolitik die deutsche Teilung verstärkte oder eine Wiedervereinigung auf den Weg gebracht hat.

9 Die deutsche Wiedervereinigung

Das Wettrüsten zwischen den beiden Großmächten USA und Sowjetunion führte die Welt an den Rand eines Atomkrieges. In den 1970er Jahren begann die Entspannungspolitik mit einer Vielzahl von Verträgen. In den 1980er Jahren stand die Politik von Helmut Kohl (ab 1982) im Zentrum des deutschen Einigungsprozesses. Seine Strategie war einerseits der Ausbau der Freundschaft mit den USA und mit Frankreich. Andererseits wollte er einen Ausbau der Beziehungen zur Sowjetunion und zur DDR.

Staatschef Michail Gorbatschow

9.1 Veränderungen in Mittel- und Osteuropa

Auf sowjetischer Seite vollzog sich ein Politikwechsel mit dem neuen Staatschef **Michail Gorbatschow** (1985). Die von ihm eingeleiteten innen- und außenpolitischen Reformierungen des sowjetischen Systems waren Voraussetzungen für die deutsche Einheit.

Die beiden Schlagworte, die sich mit diesem reformorientierten Politikansatz verbanden, waren „Glasnost“ und „Perestroika“. „Glasnost“ meinte dabei die von Gorbatschow befürwortete politische Öffnung und größere Informationsfreiheit im gesellschaftlichen Raum. Unter „Perestroika“ verstand er die Umgestaltung und den Umbau der maroden sowjetischen Wirtschaft. Die Ursachen dieser von Gorbatschow vorangetriebenen Reformprozesse sind vielfältig. Wesentlich war aber die desolate wirtschaftliche Lage in der Sowjetunion.

9.2 Prozess der deutschen Einigung

Die politischen Veränderungen in Europa und die Annäherung der beiden Supermächte im Kalten Krieg waren gute Voraussetzungen für die Bürgerinnen und Bürger der DDR, ihren Unmut nach außen zu tragen. Sie erkannten, dass der Weg den die SED einschlug gegenläufig zu dem Weg war, der international zu mehr Freiheit und Demokratie führte.

Die Staatsführung der DDR lehnte den von Gorbatschow eingeleiteten sowjetischen Reformkurs ab. Die oppositionellen Gruppierungen im Land jedoch beriefen sich bei ihren Forderungen auf das Vorbild der Sowjetunion. Es brodelte, weil die wahrgenommenen reformorientierten Veränderungen in den benachbarten mittel- und osteuropäischen Staaten mit der eigenen Lage verglichen wurden. Deren Erfolge stand die eigene Lage gegenüber. Sie war geprägt von einer schlechten Wirtschaftssituation, gefolgt mit einer sich verschlechternden Versorgung mit Grund- und Konsumgütern. Ein politischer Stillstand und eine Verstärkung der Kontrolle durch die Staatssicherheit (Stasi) wollten sich die Bürgerinnen und Bürger der DDR nicht länger bieten lassen.

Drei zentrale Vorgänge waren dann der Auslöser dafür, dass sich im Herbst 1989 eine massenhafte Opposition formierte, welche die DDR zusammenbrechen ließ.

- erstens die Ende der 80er Jahre einsetzenden Massenfluchten und Botschaftsbesetzungen in Warschau, Budapest und Prag
- zweitens die junge Generation, die vor einer beruflichen Perspektivlosigkeit stand und den immerwährenden Spareinschränkungen trotzte
- Das neue Forum und die evangelische Kirche organisierten friedliche Demonstrationen, die als „Montagsdemonstrationen“ in die Geschichte eingingen.

Die ungarische Grenzöffnung im Mai 1989 war der erste Schlag für das SED Regime, dessen Diktatur nicht länger aufrechterhalten werden konnte. Die in Ungarn Urlaub machenden DDR-Bürger konnten ohne Probleme nach Österreich und von dort nach Westdeutschland ausreisen. Nachdem sich die Anzahl der Reisenden nach Ungarn drastisch erhöhte (7.000 Menschen), verbot die DDR Führung alle Reisen nach Ungarn. Prag wurde als neue Fluchtmöglichkeit ausgemacht. Hier fanden sich über 8.000 Menschen auf dem Gelände der westdeutschen

DDR-Flüchtlinge in der Prager Botschaft1989

Schabowskis Spickzettel:
http://tinyurl.com/lqsdrcw

© dpa

Günter Schabowski
Mitglied des Politbüros des Zentralkomitees der SED

Botschaft ein. Sie verharrten über Wochen zusammengedrängt im Garten des Botschaftsgeländes in der tschechoslowakischen Hauptstadt. Ein frenetischer Jubel brach aus, als der Außenminister der BRD, Hans-Dietrich Genscher, am 30. September 1989 abends die mit der DDR-Regierung ausgehandelte Ausreisegenehmigung bekanntgab.

In der DDR vergrößerte sich die Zahl der Montagsdemonstranten auf über Hunderttausende. Trotz Anwesenheit der Volkspolizei und der NVA (Nationale Volksarmee) propagierten die Demonstranten gemeinsam den „Einheitsruf“: „Wir sind das Volk“. Die Forderung nach einer Wiedervereinigung mit der Bundesrepublik wurde immer lauter und deutlicher. Als **Günter Schabowski** (SED Funktionär und Mitglied im Politbüro der Partei) am Abend des **9. November** 1989 eine von der SED-Führung neu angeordnete Ausreiseregelung vorlas, brachen alle Dämme. Hunderttausende stürmten zur Berliner Mauer und gingen durch das Brandenburger Tor in den Westteil von Berlin. Ein Strom von Menschen bewegte sich von Ost nach West entlang der gesamten innerdeutschen Grenze. Diese war nun offen und die Tür zur deutschen Einheit stand einen großen Spalt weit offen.

Der 9.November, ein Schicksalstag der Deutschen:

1848	Standrechtliche Erschießung des Demokraten Robert Blums (Mitglied Frankfurter Nationalversammlung)
1918	Abdankung des Kaisers und Ausrufung der Republik
1923	Hitler-Ludendorff-Putsch
1938	Reichspogromnacht
1967	Beginn der Studentenrevolte in Berlin
1989	Mauerfall

© dpa

Maueröffnung: Am 9. November 1989 erklimmen die Menschen die Mauer in Berlin

Gedenktafel an die Berliner Mauer

Die DDR Bevölkerung war sich einig. Die deutsche Wiedervereinigung musste jetzt erfolgen. Auf beiden Seiten war klar, dass ein Zusammenschluss nur durch die freie Selbstbestimmung der Deutschen erfolgen und dadurch legitimiert werden konnte. Die Staatsgeschäfte lagen nach der Absetzung von Erich Honecker in der Hand von Egon Krenz. Die neue SED Führung veranlasste für den 18. März 1990 die ersten freien Wahlen. Sie selbst trat unter einem neuen Namen zur Wahl an. Sie nannte sich jetzt die Partei des Demokratischen Sozialismus (PDS). Sie erlangte jedoch weniger als 20 %. Gewinner waren die Parteien, die eine schnelle Vereinigung mit der Bundesrepublik vorsahen. Eine Koalition zwischen der „Allianz für Deutschland“, Sozialdemokraten und Liberalen nahmen durch den Regierungschef Lothar de Maizière umgehend Verhandlungen mit der Bundesrepublik auf.

In der BRD war es Helmut Kohl, der bereits im November 1989 mit seinem Zehnpunkteprogramm die Weichen für eine Wiedervereinigung stellte. Das Ziel war nicht die sofortige Zusammenführung beider deutscher Staaten. Vielmehr dachte man an einen Prozess, der sich über einen längeren Zeitraum entwickelte.

 58 280

Am 18. Mai 1990 unterzeichneten die Finanzminister beider deutscher Staaten den deutsch-deutschen Staatsvertrag. Am 1. Juli 1990 trat dieser Staatsvertrag zur Schaffung einer Währungs-, Wirtschafts- und Sozialunion in Kraft.

 58 290

Kompetenzbereich 2

© dpa

Bei diesem Gespräch zwischen Hans-Dietrich Genscher, Michail Gorbatschow und Helmut Kohl wurden die Bedingungen der Sowjetunion für die Wiedervereinigung ausgehandelt.

Zwei-Plus-Vier-Verhandlungen: Verhandlungen über einen deutschen Staatsvertrag mit den Vertretern der Länder:
Bundesrepublik Deutschland
DDR
USA
Sowjetunion
Frankreich
Großbritannien

Die Wiedervereinigung war keine rein deutsche Angelegenheit. Die vier Siegermächte aus dem Zweiten Weltkrieg mussten die Basis für eine solche Vereinigung noch gemeinsam legen. Die eingeleiteten Reformen durch die Sowjetunion und die friedlichen, erfolgreichen Demonstrationen in der DDR, hatte eine Welle von Reformforderungen in ganz Osteuropa nach sich gezogen. Um eine gesamteuropäische Lösung zu finden und dadurch eine neue Konfrontation der beiden Supermächte zu vermeiden, trafen sich die Regierungschefs der USA und der Sowjetunion im Dezember 1989. Die Grundlage für eine erfolgreiche Verhandlung wurde gelegt. Die Deutsche Frage sollte in den sogenannten „**Zwei-Plus-Vier-Verhandlungen**“ mit einem abschließenden Vertrag geregelt werden. Von Mai bis September 1990 wurde in vier Sitzungen verhandelt und am 12 September 1990 in Moskau das Ergebnis im Zwei-Plus-Vier-Vertrag unterzeichnet. Dieser Staatsvertrag zwischen der DDR, der BRD und den vier Siegermächten garantierte die Herstellung der Einheit und die volle Souveränität Deutschlands. Der außenpolitische Rahmen war gesteckt.

Innenpolitisch konnte jetzt der juristische Akt der Wiedervereinigung vollzogen werden. Am 31. August 1990 unterzeichneten demnach die BRD und die DDR den sogenannten Einigungsvertrag. Der Einigungsvertrag regelt sämtliche, nach der Vereinigung notwendig gewordenen Veränderungen. Beitrittsbedingte Änderungen des Grundgesetzes, Rechtsangleichungen und die Neuordnung der Verwaltung sind einige dieser notwendigen Veränderungen.

Am 3. Oktober 1990 wurde die politische Einheit offiziell verwirklicht. Dieses Datum geht als Gedenktag an den „Tag der deutschen Einheit“ in die Geschichte ein und wird als Feiertag in Deutschland geehrt.

Auch wenn vieles im Nachhinein an der Schnelligkeit der Wiedervereinigung kritisiert wurde, bleibt festzuhalten, dass es eine einmalige historische Gelegenheit war. Eine zum Greifen nahe Chance, die Diktatur der SED zu beenden und ein friedliches Ende des Kalten Krieges erfolgreich anzustreben.

9.3 Probleme und wirtschaftliche Veränderungen nach der Wiedervereinigung

Nach der Freude über die Wiedervereinigung holte die Deutschen bald der Alltag ein. Die Kosten für die Vereinigung stiegen ins Uferlose. Eine Privatisierung der vorhandenen, durch den Staat kontrollierten Planwirtschaft, gestaltete sich sehr schwierig. Die Folge war unter anderem ein starker Anstieg der Arbeitslosenzahlen in der ehemaligen DDR. Ein Solidaritätszuschlag, also eine direkte Steuer für alle Bundesbürger, sollte einen Teil der Kosten auffangen. Doch der

Unmut auch in den alten Bundesländern wuchs, da auch die Staatsverschuldung gegenüber der Zeit vor der Wiedervereinigung sich verdoppelte. Die von Helmut Kohl versprochenen „blühenden Landschaften" blieben zwar aus, trotzdem schaffte man es, viele ostdeutsche Städte zu modernisieren.

Eine wirtschaftliche Gleichstellung bezüglich der gezahlten Löhne und Gehälter ist bis heute nicht gelungen. Die Anhebung der Löhne im Osten war zwar unter dem Niveau der alten Bundesländer, entsprach jedoch nicht der Produktivität der Betriebe vor Ort. Dafür sind die Sozialleistungen im Osten schon frühzeitig gestiegen. Somit konnten sich die Lebensstandards in den neuen Ländern denen des Westens schneller anpassen. Besonders die sozialen Errungenschaften, über die sich die alte und neue Bundesrepublik zu einem wesentlichen Teil definiert, addierten sich in den zwei Jahrzehnten ab 1990 zu einer Summe von etwa zwei Billionen Euro. Die Kosten dafür zahlte der Staat und damit jeder einzelne Bundesbürger mit einem enormen Anstieg der Staatsverschuldung.

Zusammenfassung

Einsetzen einer Entspannung im militärischen Bereich.

1982 begann die 16-jährige Regierungszeit von Helmut Kohl. Er verfolgte mit der CDU/FDP Regierung eine intensive Europapolitik. Dabei standen die guten Beziehungen mit Russland und der Ausbau der Freundschaft mit Frankreich im Mittelpunkt.

Der sowjetische Staatschef Michail Gorbatschow leitete weitreichende Reformen ein. Seine Strategien von Glasnost und Perestroika waren die Voraussetzung für eine friedliche Revolution innerhalb der DDR.

Gorbatschows Politik führte auch zu einer Annäherung mit den USA. Der Friedensprozess im Kalten Krieg wurde vorangetrieben und die Entspannungspolitik wieder verstärkt.

Die DDR lehnte den eingeleiteten Reformkurs Russlands ab. Politische Öffnung und Lockerungen der SED Führung gegenüber einer politischen Opposition waren tabu. Der Druck durch die Bevölkerung und der Ruf nach mehr Freiheit und Mitbestimmung wurden immer größer.

Die ersten Grenzöffnungen in Ungarn leiteten den Prozess der friedlichen Revolution der DDR Bürger ein. Die seit langem andauernden Montagsdemonstrationen fanden immer mehr Zuspruch innerhalb der Bevölkerung.

Mit der Pressekonferenz am 9.11.1989 wurde die sofortige Öffnung der Grenze im Bezug auf eine neue, vereinfachte Ausreiseregelung verkündet. Eine überwältigende Freude auf beiden Seiten Deutschlands ging durch die Bevölkerung. Die Berliner Mauer wurde „gestürmt" und der Wille zu einer sofortigen Vereinigung war überall präsent.

Mit den Zwei-plus-Vier Verhandlungen und dem daraus resultierenden Vertrag wurden die Grundlagen für eine Vereinigung Deutschland gelegt.

Am 3. Oktober 1990 wurde die deutsche Wiedervereinigung offiziell.

Die Kosten der Wiedervereinigung wurden unterschätzt. Auch ein Zusammenwachsen zweier unterschiedlicher Gesellschaften braucht Zeit. Die Folgen waren eine sehr hohe Staatsverschuldung und ein wachsen der Unzufriedenheit zwischen den West-und Ostbürgern.

Nach der Wiedervereinigung hat sich vieles zum positiven entwickelt.

Wissens-Check

1. Welche Reformen leitete Michail Gorbatschow in Russland ein?
2. Nennen Sie die zentralen Vorgänge, die Auslöser der friedlichen Revolution in der DDR waren.
3. Wann „fiel“ die Mauer und an welchem Tag wurde Deutschland offiziell vereinigt?
4. Welche Ziele verfolgte Helmut Kohl mit seinem Zehnpunkte Programm?
5. Nennen Sie den „außenpoltischen Rahmen“ der notwendig war, um Deutschland zu vereinigen.

Kompetenzbereich 3: An demokratischen Entscheidungsprozessen teilhaben

© Ulf Kläning

1 Die Bedeutung der Grundrechte im Grundgesetz
2 Bedrohung der Demokratie durch Extremismus
3 Verfassungsgrundsätze
4 Wahlen in der Demokratie
5 Bedeutung von Parteien zur politischen Willensbildung
6 Vereine, Verbände und Bürgerinitiativen
7 Die Rolle der Medien in der Demokratie

1 Die Bedeutung der Grundrechte im Grundgesetz

Präambel:
Feierliche Einleitung einer Verfassung oder eines Staatsvertrages

Grundgesetz:
Bezeichnung für die Verfassung der Bundesrepublik Deutschland

*In der **Präambel** des **Grundgesetzes** haben sich die Väter und Mütter des Grundgesetzes zur Verantwortung vor Gott und den Menschen verpflichtet. Die Verfassung der Bundesrepublik Deutschland beinhaltet eine bewusst festgelegte Werteordnung. Viele Grundrechte entstanden aus Abscheu vor den Verbrechen des Nationalsozialismus. Mit dem Bekenntnis zu einem friedvollen Europa und der Verantwortung für die natürlichen Lebensgrundlagen sind weitere Wertvorstellungen hinzugekommen.*

Art. 1 GG

(1) Die Würde des Menschen ist unantastbar.

Art. 2 GG

(1) Jeder hat das Recht auf die freie Entfaltung seiner Persönlichkeit, soweit er nicht die Rechte anderer verletzt und nicht gegen die verfassungsmäßige Ordnung oder das Sittengesetz verstößt.

Art. 5 GG

(1) Jeder hat das Recht, seine Meinung in Wort, Schrift und Bild frei zu äußern (...)

Welches Menschenbild liegt dem Grundgesetz zugrunde?

„Du bist nichts, dein Volk ist alles!“
Parole im Nationalsozialismus

„Die Partei, die Partei, die hat immer Recht“
Dies ist ein Textauszug aus dem „Lied der Partei“ der ehemals herrschenden Sozialistischen Einheitspartei Deutschlands (SED).

Welche Rolle spielte der Einzelne im Nationalsozialismus und im kommunistischen DDR-System?

Universell:
Allgemeingültigkeit der Menschenrechte. Das heißt, dass Menschenrechte überall für alle Menschen gültig sind.

Unveräußerlich:
Menschenrechte können nicht aufgegeben werden. Kein Mensch oder keine Gruppe kann einem anderen Menschen diese entziehen.

Unteilbar:
Menschenrechte müssen demnach stets in ihrer Gesamtheit verwirklicht sein. Die Umsetzung eines Menschheitsrechts (z. B. von Glaubensfreiheit) ist nicht möglich, wenn nicht gleichzeitig ein anderes Menschenrecht (z. B. Meinungsfreiheit) verwirklicht ist.

1.1 Menschenrechte

Am 10. Dezember 1948 wurde von der Generalversammlung der Vereinten Nationen die „Allgemeine Erklärung der Menschenrechte“ verabschiedet. Diese sind **universell**, **unveräußerlich** und **unteilbar**.

Ihre Bestimmungen wurden in zahlreichen nationalen Verfassungen wie dem deutschen Grundgesetz aufgenommen. Im Grundgesetz sind Menschenrechte die Grundrechte, die jedem Menschen ab seiner Geburt zustehen (z. B. Menschenwürde, Freiheit der Person).

Vollversammlung der Vereinten Nationen in New York

Allgemeine Erklärung der Menschenrechte

Artikel 1

Alle Menschen sind frei und gleich an Würde und Rechten geboren. ...

Fast alle Staaten erkennen heute die Menschenrechte prinzipiell an. Jedoch werden sie nicht überall eingehalten.

PRESSESCHAU

Menschenrechtler werfen Syrien systematische Folter vor

Die Menschenrechtsorganisation **Human Rights Watch** (HRW) wirft Syrien vor, in möglicherweise Tausenden von Gefängnissen Regimegegner zu foltern.

Saarbrücker Zeitung, 03.07.2012

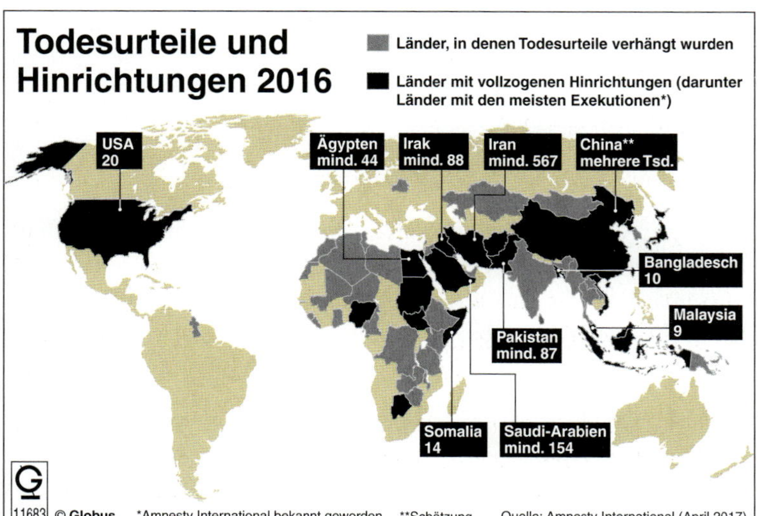

Allgemeine Erklärung der Menschenrechte
http://www.un.org/depts/german/menschenrechte/aemr.pdf

Human Rights Watch
https://www.hrw.org/de

Amnesty International:
Amnesty International (ai) ist eine weltweite, unabhängige Mitgliederorganisation. Auf der Grundlage der Allgemeinen Erklärung der Menschenrechte wendet sich ai gegen schwer wiegende Verletzungen der Rechte eines jeden Menschen auf Meinungsfreiheit, auf Freiheit von Diskriminierung sowie auf körperliche und geistige Unversehrtheit.

Kollektivismus:
Vorrang der Gesamtheit, der Gesellschaft oder des Volkes vor dem Einzelnen

Grundrechte
https://www.bundestag.de/bundestag/aufgaben/rechtsgrundlagen/grundgesetz/gg01/245122

Menschenrechtsorganisationen kämpfen für deren Einhaltung in der ganzen Welt. Eine der bekanntesten unter ihnen ist Human Rights Watch. Die Menschenrechtsorganisation **Amnesty International** erhielt für ihren Einsatz für politische Häftlinge den Friedensnobelpreis.

1.2 Bedeutung der Grundrechte

Indem das Grundgesetz die Grundrechte (Artikel 1 bis 19) an seinen Anfang stellt, misst es dem Einzelnen eine hohe Wertschätzung bei. Dem parlamentarischen Rat als verfassungsgebende Versammlung erschien es 1949 als unerlässlich, dass die Achtung der Menschenwürde und die alten Freiheitsrechte wieder Geltung erlangen sollten. Damit wurde der Idee des **Kollektivismus** der nationalsozialistischen Ideologie und des Kommunismus bewusst entgegengewirkt. Das Grundgesetz verschafft dem Einzelnen allerdings nicht schrankenlose Freiheiten. Die Allgemeinheit, der Staat und die Mitmenschen können die Rechte des Einzelnen beschränken. So wird der Gemeinschaftsbezug im Menschenbild des Grundgesetzes erkennbar.

Die Grundrechte und grundrechtsähnliche Vorschriften des Grundgesetzes

Die Grundrechte des Grundgesetzes binden alle Behörden der öffentlichen Verwaltung. Die Gerichte und die Parlamente in Deutschland müssen sich an die Grundrechte halten. Sie sind unmittelbar geltendes Recht und stehen über den anderen Rechtsvorschriften unserer Rechtsordnung.

Beispiele: Die öffentliche Verwaltung darf nicht gegen das Grundrecht auf Gleichbehandlung verstoßen. Der Bundestag darf kein Gesetz erlassen, das eine Ungleichbehandlung zwischen Männern und Frauen ermöglichen würde.

Privatpersonen sind nicht unmittelbar an die Grundrechte gebunden. Handlungen im Privatleben, bei denen Einzelne aus Gründen der Sympathie bevorzugt werden, sind erlaubt.

Die Grundrechte lassen sich gerichtlich einklagen. Wenn ein Bürger z. B. von einer staatlichen Behörde nachweislich **diskriminiert** wurde, kann er sich vor dem Richter auf den Gleichheitsgrundsatz berufen. Wird eine Demonstration ohne ausreichenden Grund verboten, kann gerichtlich die Versammlungsfreiheit eingeklagt werden. Die hohe Bedeutung der Grundrechte für den Einzelnen wird durch die Möglichkeit einer Verfassungsbeschwerde beim Bundesverfassungsgericht erkennbar.

Diskriminierung:
Unterschiedliche Behandlung zum Nachteil von Personen oder Gruppen

1.3 Schutz der Grundrechte

Der Parlamentarische Rat hat das Grundgesetz und besonders die Grundrechte mit einem Schutz versehen. So lässt sich das Grundgesetz nur mit einer Zweidrittelmehrheit im Bundestag und Bundesrat verändern. Darüber hinaus darf der in Art. 1 GG fest geschriebene Schutz der Menschenwürde nie verändert oder gar abgeschafft werden (Ewigkeitsklausel).

Art. 79 GG

(3) eine Änderung dieses Grundgesetzes, durch welche (...) die in den Artikeln 1 und 20 niedergelegten Grundsätze berührt werden, ist unzulässig.

Weil verschiedene Grundrechte mit einem Gesetz eingeschränkt werden können, wurde zum Schutz der Grundrechte ihr Wesensgehalt für unantastbar erklärt. Der Kern eines Grundrechtes muss also unberührt bleiben. Zum Beispiel wäre so die körperliche Unversehrtheit vor gesetzlich festgelegten Foltermethoden auf jeden Fall geschützt.

Art. 2 GG

(2) Jeder hat das Recht auf Leben und körperliche Unversehrtheit. Die Freiheit der Person ist unverletzlich. In diese Rechte darf nur auf Grund eines Gesetzes eingegriffen werden.

Anmerkung: *eine polizeiliche Festnahme wäre ein zulässiger Eingriff in die Freiheit der Person.*

Auch die Bürger können sich für den Schutz der Grundrechte einsetzen. Gewaltlose Demonstrationen gegen rechtsradikale Gruppen und Aktionen richten sich gegen Diskriminierung und setzen sich für die Achtung der Menschenwürde ein.

Als sie die Kommunisten holten,
sagte ich nichts, ich war ja kein Kommunist.
Als sie die Studenten holten,
sagte ich nichts, ich war ja kein Student.
Als sie die Katholiken holten,
sagte ich nichts, ich war ja kein Katholik.
Als sie die Gewerkschaften holten,
sagte ich nichts, ich war ja kein Gewerkschafter.
Als sie mich holten, war niemand mehr da,
der etwas sagen konnte.

(angelehnt an) Gedicht von Martin Niemöller

1. Welches Grundrecht soll der Leser des Gedichtes ausüben?
2. Welches Grundrecht wurde den verhafteten Personen genommen?

1.4 Einteilung der Menschenrechte, Grundrechte und Bürgerrechte

Bürgerrechte sind Grundrechte, die nur deutschen Staatsangehörigen zustehen (z. B. Wahlrecht, Versammlungsfreiheit, Vereinsfreiheit). Während die Menschenrechte für alle Menschen gelten.

Menschenrechte bilden zusammen mit den Bürgerrechten die Grundrechte nach dem Grundgesetz. Die Grundrechte lassen sich in ihrem Inhalt unterscheiden:

- Freiheitsrechte (z. B. Glaubensfreiheit, Meinungsfreiheit, Pressefreiheit, freie Berufswahl)
- Gleichheitsrechte (z. B. staatsbürgerliche Gleichheit aller Deutschen, Diskriminierungsverbot, Wahlstimmengleichheit)
- Verfahrensrechte (z. B. Anspruch auf rechtliches Gehör, Garantie des gesetzlichen Richters)
- institutionelle Garantien (z. B. Schutz von Ehe und Familie, Schutz des Eigentums)

1. Versetzen Sie sich in die Lebenssituation eines Bürgers der ehemaligen DDR oder des Dritten Reiches. Welche Grundrechte des Grundgesetzes wären Ihnen in dieser Lebenslage verwehrt gewesen? Finden Sie jeweils drei Beispiele.

2. Welche Grundrechte werden in den nachfolgenden Fällen berührt?
   a) Einer muslimischen Lehrerin wird verboten, im Unterricht ein Kopftuch zu tragen.
   b) Einem Schüler wird ein Verweis erteilt. Er erhält keinerlei Möglichkeit sich zu rechtfertigen.
   c) Ein Landwirt soll für einen Radweg gegen seinen Willen einen Streifen seines Grundstückes hergeben.
   d) Die Sicherheitsbehörde verbietet ohne ausreichenden Grund eine Demonstration.
   e) Ein Lehrer erteilt vermehrt Verweise an Schüler, weil er der Meinung ist, dass junge Männer streng erzogen werden müssen.

Zusammenfassung

Das Grundgesetz bekennt sich zu bestimmten Werten.

Das Menschenbild des Grundgesetzes stellt den Einzelnen in den Mittelpunkt. Die Rechte des einzelnen Menschen sind beschränkt.

Die Menschenrechte sind Grundrechte, die jedem Menschen ab seiner Geburt zustehen.

Die Menschenrechte sind universell, unveräußerlich und unteilbar.

Für die Einhaltung der Menschenrechte kämpfen Menschenrechtsorganisationen in der ganzen Welt.

Für alle staatlichen Organe sind die Grundrechte verbindlich.

Sie lassen sich gerichtlich einklagen.

Nur mit einer 2/3-Mehrheit kann das Grundgesetz geändert werden.

Die in Art. 1 bis Art. 20 festgelegten Grundwerte, z. B. „Der Schutz der Menschenwürde" unterliegt einem besonderen Schutz.

Gesetzlich vorgesehene Einschränkungen der Grundrechte dürfen nicht deren Wesensgehalt antasten.

Bürgerrechte sind Grundrechte, die nur deutschen Staatsangehörigen zustehen.

Wissens-Check

1. Für wen gelten die Grundrechte unmittelbar?
2. Dürfte ein Gastwirt von den Gästen unterschiedliche Preise verlangen oder ist er an den Gleichbehandlungsgrundsatz gebunden?
3. Wie können die Bürger sich ihre Grundrechte einfordern?
4. Wie sind die Grundrechte geschützt?
5. Nennen Sie jeweils zwei Menschen- und Bürgerrechte aus dem Grundgesetz.
6. Nennen Sie jeweils zwei Freiheits- und Gleichheitsrechte aus dem Grundgesetz.

2 Bedrohung der Demokratie durch Extremismus

Die Meinungsfreiheit ist ein Merkmal der freiheitlichen demokratischen Grundordnung. Kritik an der Demokratie ist erlaubt. Die Idee der abwehrbereiten Demokratie sieht aber vor, dass sich der demokratische Staat von seinen Gegnern nicht abschaffen lassen darf.

*Die Widersacher der Demokratie kommen als **extreme** Gruppierungen und Parteien vom rechten und vom linken Meinungsrand. Gefahren ergeben sich auch durch einen religiös motivierten Extremismus.*

Extrem: (lat. extremus – äußerst, der äußerste Rand): hier besonders radikal

Ideologie:
Weltanschauung, Grundeinstellung

Rassismus:
Form der Fremdenfeindlichkeit, die sich auf tatsächliche oder behauptete Rassenunterschiede stützt
Die eigene Rasse wird als höherwertig eingestuft.

Skinheads:
Ursprünglich unpolitische Bewegung arbeitsloser oder sozial deklassierter Jugendlicher
Sie lebten in den großen Industriestädten Großbritanniens während der 70er-Jahre des letzten Jahrhunderts. Den Stolz auf ihre Herkunft drückten ihre Mitglieder mit typischer Arbeiterkleidung und der Glatze aus.

2.1 Rechtsextremismus

Die Rechtsextremisten haben zwar keine einheitliche **Ideologie**, bestimmte Grundhaltungen stimmen aber überein. Sie lehnen die Demokratie ab. Ein Führerstaat soll an ihre Stelle treten. Besondere Merkmale des Rechtsextremismus sind ein übersteigerter und aggressiver Nationalismus, **Rassismus** sowie die Hervorhebung angeblich positiver Leistungen des Dritten Reiches.

In Deutschland gilt besonders die NPD (Nationaldemokratische Partei Deutschlands) als rechtsextreme Partei. Außerhalb der rechtsradikalen Parteien agieren sogenannte Kameradschaften als neonazistische Organisationen. Rechtsextremistische **Skinheads** sind durch brutale Gewalt aufgefallen.

Im November 2011 wurde die Existenz der rechtsterroristischen Vereinigung „Nationalsozialistischer Untergrund“ (NSU) bekannt. Deren Morde und Anschläge stellten einen neuen Höhepunkt rechter Gewalt dar.

Die in den Medien auch „Zwickauer Zelle“ genannte rechtsextremistische Gruppierung verübte zahlreiche Bombenattentate in Deutschland und ermordete willkürlich ausgewählte Bürger ausländischer Herkunft. Die Behörden des Verfassungsschutzes und die Polizei haben bei der Aufklärung dieser Verbrechen schwerwiegende Fehler begangen. Elf Jahre lang konnten die Mörder unerkannt agieren.

© AP

Rechtsextremistische Jugendliche bei einer verbotenen Demonstration

PRESSESCHAU

Als in der Nacht ... sieben Rechtsradikale zwei Vietnamesen durch die mecklenburgische Stadt Eggesin jagten, da sangen sie ein Lied. Und während sie den beiden Männern mit ihren Springerstiefeln die Schädel eintraten, da sangen sie noch immer, vor allem die Liedzeile „Fidschi, Fidschi – gute Reise“. Immer wieder. Und im Takt traten sie auf die Köpfe der Vietnamesen ein.

Süddeutsche Zeitung, 24. August 1999

1. Welche äußeren Erkennungsmerkmale der Rechtsextremisten kennen Sie (z. B. Kleidermarken, Frisuren, Symbole)?
2. Nehmen Sie Stellung zur Forderung, die NPD gesetzlich zu verbieten.

2.2 Linksextremismus

Auch die Linksextremisten haben keine einheitliche Ideologie. Es gibt Parteien wie die DKP (Deutsche Kommunistische Partei), die sich auf den **Kommunismus** beziehen. Er war die Grundlage für die kommunistischen Diktaturen in Osteuropa bis Anfang der Neunziger Jahre des 20. Jahrhunderts.

Kommunismus:
Ideologie, die sich auf das Gedankengut von K. Marx, F. Engels und W. Lenin bezieht

Sozialrevolutionäre:
Bewegung, die eine revolutionäre Veränderung der Gesellschaft anstrebt
Dabei sollen die Besitzenden zu Gunsten der sozial Schwachen enteignet werden.

Die **Sozialrevolutionäre** im Linksextremismus wenden sich gegen eine Ausbeutung der Arbeiter. Die Anarchisten sind gegen jede staatliche Ordnung. Gemeinsam ist diesen Gruppen die Ablehnung der bestehenden Staats- und Gesellschaftsordnung. Die Linksextremisten behaupten, die Bundesrepublik Deutschland sei kapitalistisch und rassistisch. Auch wird sie als imperialistisch bezeichnet, weil sie weltweit für die kapitalistischen Interessen arbeite.

Autonome:
Sie stellen den weitaus größten Anteil des gesamten gewaltbereiten linksextremistischen Potenzials. Ihr Ziel ist die Überwindung des kapitalistischen Systems.

© dpa

***Autonome** bei einer gewaltsamen Ausschreitung in Berlin-Kreuzberg*

Die Linksextremisten üben oft Gewalt aus, um ihre politischen Ziele zu erreichen. Sie missachten demokratische Mehrheitsentscheidungen und das Gewaltmonopol des Staates. Einen Höhepunkt hat dies in den 1970er-Jahren mit den Aktionen der terroristischen Organisation „Rote Armee-Fraktion" (RAF) gefunden.

2.3 Religiös motivierter Extremismus

In Deutschland hat religiös motivierter Extremismus meist islamistischen Hintergrund. Die islamistische Szene besteht aus verschiedenen Strukturen, die immer stärker miteinander vernetzt sind. Dies birgt Gefahren für die innere Sicherheit, die jederzeit in Form von Anschlägen real werden können.

Fundamentalismus:
Kompromissloses Festhalten an politischen, ideologischen und religiösen Werten

Scharia:
Islamische Rechtsordnung

Das Ziel der Islamisten ist es, in Deutschland einen islamischen Gottesstaat zu errichten. Der islamische **Fundamentalismus** ist geprägt von Intoleranz gegenüber Andersgläubigen. Nur Muslime sollen gleiche Rechte haben. Menschenrechte nach westlichem Verständnis werden nur teilweise anerkannt. Die Demokratie wird abgelehnt, wenn sie nicht im Einklang mit der extremen Auslegung des Koran und der **Scharia** steht. Als besonders radikale Strömung des Islams sind in Deutschland in jüngerer Vergangenheit die Salafisten aufgetreten. Sie orientieren sich an der islamischen Frühzeit und geben vor, ihre religiöse Praxis und Lebensführung ausschließlich an den Prinzipien des Koran auszurichten.

Zusammenfassung

Auch heute stützen sich Extremisten in ihrer Propaganda auf wirtschafts- und sozialpolitische Themen.

Rechts- und Linksextremisten versuchen die Unsicherheit in der Bevölkerung gegenüber den Auswirkungen der Globalisierung für ihre Zwecke auszunützen.

Aufrufe zur Gewalt und der Kampf gegen die freiheitlich-demokratische Grundordnung verbinden Extremisten jeder Art.

Der Islamische Fundamentalismus will einen Gottesstaat an die Stelle der Demokratie setzen.

Wissens-Check

1. Welchen Extremisten ordnen Sie die nachfolgenden Parolen zu? Wie stehen Sie zu diesen Aussagen?
   „Gegen die Herrschaft der Reichen in der BRD!"
   „Deutschland den Deutschen!"
2. Worin sehen Sie den hauptsächlichen Gegensatz des islamischen Fundamentalismus zur freiheitlich-demokratischen Grundordnung?
3. Welche Freiheitsrechte würden Sie verlieren, wenn Extremisten in der Bundesrepublik die Macht erlangten?

3 Verfassungsgrundsätze

Im Grundgesetz wird die Struktur der Bundesrepublik Deutschland mit wenigen Regelungen festgelegt.

Art. 20 GG

(1) Die Bundesrepublik Deutschland ist ein demokratischer und sozialer Bundesstaat.

(2) Alle Staatsgewalt geht vom Volke aus. Sie wird vom Volke in Wahlen und Abstimmungen und durch besondere Organe der Gesetzgebung, der vollziehenden Gewalt und der Rechtsprechung ausgeübt.

(3) Die Gesetzgebung ist an die verfassungsmäßige Ordnung, die vollziehende Gewalt und die Rechtsprechung sind an Gesetz und Recht gebunden.

Als Verfassungsgrundsätze des Grundgesetzes der Bundesrepublik gelten:
- Die Republik
- Die Demokratie
- Der Bundesstaat
- Der Sozialstaat
- Der Rechtsstaat

Homogen:
Gleichartig, gleichmäßig aufgebaut, einheitlich

Die große Bedeutung dieser Grundsätze drückt sich im **Homogen**itätsprinzip des Grundgesetzes aus. Es verlangt, dass die staatliche Ordnung in den Bundesländern jener der Bundesrepublik entspricht.

Im Grundgesetz wird der Artikel 20 über die Ewigkeitsklausel des Artikels 79 jeder Veränderung entzogen.

© Dave Vaughan

3.1 Die Republik

Eine Republik ist eine Staatsform mit einem gewählten Staatsoberhaupt. Die Bundesrepublik Deutschland schützt sich somit vor einer Besetzung des Staatsoberhaupts durch Erbfolge, wie es in einer Monarchie üblich ist.

Das Staatsoberhaupt kann nur durch einen Staatspräsidenten verkörpert werden. Für die Bundesrepublik ist dies der Bundespräsident. Für das Bundesland Saarland ist dies der Ministerpräsident.

3.2 Die Demokratie

Art. 20 GG

(2) Alle Staatsgewalt geht vom Volke aus. Sie wird vom Volke in Wahlen und Abstimmungen ... ausgeübt.

Repräsentative Demokratie:
Form der Demokratie, in der die Staatsbürger politische Entscheidungen nicht direkt selbst treffen, sondern sie gewählten Vertretern überlassen. Sie sind nicht an Aufträge und Weisungen gebunden.

Souverän:
Herrscher

Mit dieser Festlegung hat sich der parlamentarische Rat 1949 für eine **repräsentative** bzw. mittelbare Demokratie entschieden. Das Volk ist der **Souverän**. Es trifft aber nicht unmittelbar die politischen Entscheidungen, sondern bestimmt dazu in Wahlen seine Vertreter im Parlament, dem Bundestag. Diese sind an keine Aufträge und Weisungen gebunden, müssen sich aber an die verfassungsmäßige Ordnung halten. Die Möglichkeit des Volkes durch Abstimmungen mitzuwirken, ist bislang nur sehr beschränkt gegeben. Bei Bundesgesetzen gibt es keine direkte Beteiligungsmöglichkeit der Bürger.

Gewaltenteilung

Die unumschränkte Machtfülle der Herrscher im **Absolutismus** hat dazu geführt, dass Philosophen der **Aufklärung** eine Kontrolle und Begrenzung der Macht gefordert haben. Daraus entwickelte sich die klassische bzw. horizontale Gewaltenteilung. In der Bundesrepublik Deutschland ist die Staatsgewalt auf die obersten Bundesorgane aufgeteilt:

- Legislative – gesetzgebende Gewalt: Bundestag und Bundesrat
- Exekutive – ausführende Gewalt: Bundesregierung und ihr untergeordnete Behörden (z. B. Bundesamt für Wehrtechnik, Bundeskriminalamt) sowie der Bundespräsident
- Judikative – rechtsprechende Gewalt: Bundesverfassungsgericht

Absolutismus:
Zeitepoche von Mitte 17. Jahrhundert bis Ende des 18. Jahrhunderts, in der dem Monarchen in den europäischen Staaten alle politische Macht zukam.

Aufklärung:
(Philosophische) Gegenbewegung zum Absolutismus

Das Grundgesetz hat die Macht in weiterer Hinsicht geteilt. Indem in Artikel 20 GG die Bundesstaatlichkeit festgelegt ist, wird die Macht auch auf die einzelnen Bundesländer übertragen. In bestimmten Bereichen (z. B. dem Schulwesen) haben nur die Bundesländer das Recht, Gesetze zu erlassen. Man spricht dabei auch von der Länderhoheit. Den Gemeinden hat das Grundgesetz das Recht gewährt, alle Angelegenheiten der örtlichen Gemeinschaft (wie z. B. der Bau von Kindergärten) im Rahmen der Gesetze in eigener Verantwortung zu regeln. Dies wird als kommunale Selbstverwaltung bezeichnet. Die Aufteilung der Macht auf Bund, Länder und Gemeinden ist die vertikale Gewaltenteilung.

Karikatur zur Gewaltenteilung

Machtkontrolle

Die Gewaltenteilung regelt nicht nur Zuständigkeiten, sondern dient auch der Machtkontrolle. Die Bundesregierung verkörpert das Machtzentrum in der BRD. Sie wird im Bundestag vor allem durch die jeweilige **Opposition** kontrolliert. Nur in einem Mehrparteiensystem, wie es in der BRD vorliegt, kann eine wirkungsvolle parlamentarische Opposition entstehen. Sie ist zumeist in der Lage, beim Bundesverfassungsgericht umstrittene Gesetze, welche die Bundesregierung durch den Bundestag gebracht hat, von der Justiz überprüfen zu lassen. Auch nachgeordnete Gerichte können Entscheidungen der Bundesregierung und ihrer Behörden aufheben.

Opposition:
Diejenigen im Parlament vertretenen Parteien, die nicht die Regierung unterstützen.

Neben den erwähnten drei Gewalten Legislative, Exekutive und Judikative spricht man von den Medien (z. B. Fernsehen, Internet und Zeitung) als der vierten Gewalt im Staat. Sie informieren die Bürger, kommentieren politische Entscheidungen und bilden stark die öffentliche Meinung. Diese wird von der Bundesregierung in ihrer Politik berücksichtigt, da jede Regierung eine Wiederwahl anstrebt. Somit ergibt sich eine weitere Form der Machtkontrolle. Für die freiheitlich-demokratische Grundordnung ist sie unabdingbar.

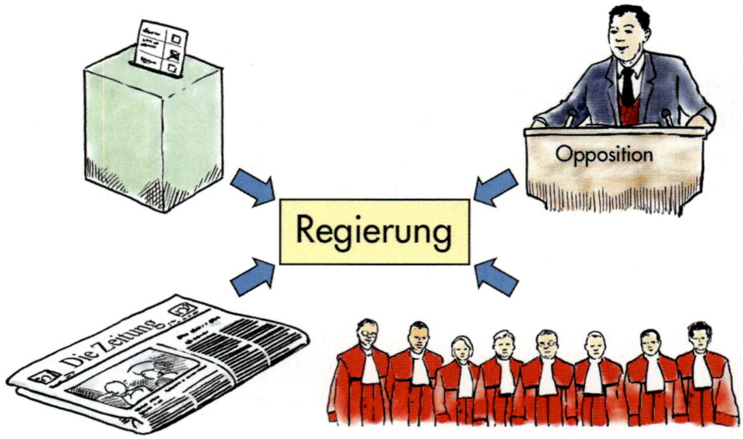

Regierung und Machtkontrolle

PRESSESCHAU

Iran verbietet die letzten kritischen Zeitungen

Paris – Die iranische Reformpolitik ist derzeit stimmlos. Alle 16 Zeitungen, die entscheidend zur Herausbildung einer kritischen öffentlichen Meinung beigetragen hatten, sind verboten ...

Quelle: www.sueddeutsche.de, Zugriff: 02.01.2017

Die abwehrbereite Demokratie

PRESSESCHAU

Düsseldorf verbietet rechtsextreme Vereinigungen

... Rund 900 Polizisten hatten am Donnerstag in 146 Objekten in 32 nordrhein-westfälischen Städten mit Durchsuchungen begonnen, nachdem Innenminister Jäger am Morgen die drei Vereinigungen „Nationaler Widerstand Dortmund“, „Kameradschaft Hamm“ und „Kameradschaft Aachener Land“ verboten hatte. Bei den drei Kameradschaften habe es sich um die aktivsten rechtsextremen Gruppierungen gehandelt, sagte Jäger. Die Mitglieder und Unterstützer der Kameradschaften lehnten die Demokratie ab, ihre aggressiv kämpferische Haltung richte sich gegen elementare Grundsätze der Verfassung. „Sie bekennen sich offen zum verbrecherischen Nationalsozialismus und zu den führenden Personen dieses menschenverachtenden Systems“, sagte Jäger ... „Mit Faustschlägen und Messerstichen gehen sie gegen politische Gegner vor.“ ...

Quelle: www.faz.net, Zugriff: 21.07.2015

Welche Grundrechte des Grundgesetzes sehen Sie durch das Verbot betroffen?

Kompetenzbereich 3

Der deutsche Staat ist einerseits **liberal**, kann sich andererseits aber gegen Verfassungsfeinde wehren. Es wird daher von einer wehrhaften oder abwehrbereiten Demokratie gesprochen. Das Grundgesetz sieht mehrere Abwehrmöglichkeiten gegen Verfassungsfeinde vor.

Liberal:
Freiheitlich, für die Rechte des Einzelnen eintretend

Art. 9 GG

(2) Vereinigungen, deren Zweck oder deren Tätigkeit den Strafgesetzen zuwiderlaufen oder die sich gegen die verfassungsmäßige Ordnung oder gegen den Gedanken der Völkerverständigung richten, sind verboten.

Art. 21 GG

(2) Parteien, die nach ihren Zielen oder nach dem Verhalten ihrer Anhänger darauf ausgehen, die freiheitliche demokratische Grundordnung zu beeinträchtigen oder zu beseitigen oder den Bestand der Bundesrepublik Deutschland zu gefährden, sind verfassungswidrig. Über die Frage der Verfassungswidrigkeit entscheidet das Bundesverfassungsgericht.

1. Welche Regelung des Grundgesetzes lag dem Verbot der rechtsextremen Vereinigungen zu Grunde?
2. Warum kann die Bundesregierung keine Partei verbieten?
3. Warum dient die Ewigkeitsklausel (Art. 79 Abs. 3) des Grundgesetzes der abwehrbereiten Demokratie?

Die Erkenntnisse über verfassungswidrige Vereinigungen und Parteien beschaffen die Behörden des **Verfassungsschutzes** der einzelnen Bundesländer und des Bundes.

Verfassungsschutzbericht:
Das Bundesministerium des Inneren und die Innenministerien der Länder geben jedes Jahr einen Verfassungsschutzbericht heraus. Er stellt die Aktivitäten der extremistischer Vereinigungen und Parteien dar.

Als das Bundesverfassungsgericht die Sozialistische Reichspartei 1952 verbot, musste es festlegen, was unter der freiheitlich-demokratischen Grundordnung zu verstehen ist. Die damals festgelegten Prinzipien haben bis heute Geltung.

Volkssouveränität:
Alle Staatsgewalt geht vom Volke aus.

Insbesondere die **Volkssouveränität**, die Gewaltenteilung, das Mehrparteiensystem und das Recht auf Ausübung und Bildung einer verfassungsmäßigen Opposition sind Elemente der Machtkontrolle.

3.3 Der Bundesstaat

© Dave Vaughan

1. Nennen Sie alle Bundesländer und deren jeweiligen Landeshauptstädte.
2. Welche Bundesländer grenzen an Frankreich?
3. Welche Bundesländer grenzen an Polen?

Föderalismus:
Staatsprinzip, bei dem sich mehr oder weniger selbstständige Gliedstaaten politisch und organisatorisch zu einem Gesamtstaat zusammenschließen. Ein enger Zusammenschluss ergibt den Bundesstaat, ein lockerer den Staatenbund.

Kaiserreich:
Bezeichnung für die Monarchie in Deutschland (1871–1918) mit dem Kaiser als Staatsoberhaupt

Weimarer Republik:
Deutschland von 1919 bis zur Übernahme der Staatsgewalt durch Adolf Hitler im Jahre 1933

Die sechzehn Länder der Bundesrepublik Deutschland bilden den Bundesstaat. Ein derartiger Staatsaufbau wird als **Föderalismus** bezeichnet. Der Bundesstaat hat in der deutschen Geschichte eine lange Tradition. Auch das **Kaiserreich** und die **Weimarer Republik** kannten eigenständige Länder.

Die Vorteile des Förderalismus sind u. a.

- Problem- und Bürgernähe sowie
- Mehr Demokratie, weil es Wahlen zu den Landtagen gibt

Als Nachteile des Föderalismus gelten

- Höhere Kosten, durch Landtage und Landesregierungen
- Uneinheitlichkeit, z. B. im Schulwesen

© Bundesrat

Bundesrat

Der Bundesrat ist das Organ der Länder bei der Gesetzgebung und Verwaltung des Bundes (Art. 50 GG). Darüber hinaus räumt das Grundgesetz den Ländern das Recht zur eigenen Gesetzgebung ein (Art. 70 GG). Eine besondere Bedeutung haben die Länder, weil ihre Behörden viele Bundesgesetze ausführen (Art. 83 GG). So werden die Leistungen nach dem Bundessozialhilfegesetz von den Landratsämtern ausbezahlt.

Die Gliederung des Bundes in Länder und ihre Mitwirkung bei der Gesetzgebung sind durch die Ewigkeitsklausel des Grundgesetzes unveränderbar.

Kompetenzbereich 3

3.4 Der Sozialstaat

Der Sozialstaat bietet den Bürgern unterschiedliche Sozialleistungen, z. B. jene der Sozialversicherungen. Der Umfang der Sozialleistungen ist von den wirtschaftlichen und den finanziellen Bedingungen des Staates abhängig. Sozial schwache Bürger können bei Bedarf Leistungen beziehen, z. B. Wohngeld. Im Grundgesetz unterstreichen folgende Artikel den Sozialstaatsgedanken:

- Schutz von Ehe und Familie (Art. 6 GG)
- Gleichheitsgrundsatz (Art. 3 GG)
- Sozialpflichtigkeit des Eigentums (Art. 14 Abs. 2 GG)
- **Schutz der Menschenwürde** (Art. 1 GG)

Schutz der Menschenwürde: Ein Leben, das der Würde des Menschen entspricht, sollen die Sozialhilfe und das Arbeitslosengeld II ermöglichen. Der notwendige Lebensunterhalt umfasst insbesondere Ernährung, Unterkunft, Kleidung, Körperpflege, Hausrat, Heizung und persönliche Bedürfnisse des täglichen Lebens.

© Dave Vaughan

3.5 Der Rechtsstaat

Die Gewaltenteilung und die besondere Bedeutung der Grundrechte stellen Grundpfeiler des Rechtsstaates dar. Wenn Bürger Freiheitsrechte ausüben können und sie vor dem Gesetz gleichbehandelt werden, verdanken sie dies der Verwirklichung des Rechtsstaatsgedankens. Die Verwaltungsbehörden müssen sich in ihrer Tätigkeit an Recht und Gesetz halten. Auch die folgenden Grundgesetzartikel, die im Rahmen eines Gerichtsverfahrens wichtig sind, zählen zum Rechtsstaatsgedanken:

- Unabhängigkeit der Richter
- Garantie des Rechtsweges, also die Möglichkeit zur Klage
- jedermann hat vor Gericht Anspruch auf rechtliches Gehör vor Gericht
- Verbot einer Doppelbestrafung
- Verbot einer Strafe ohne entsprechendes Gesetz
- Verbot der körperlichen und seelischen Misshandlung festgehaltener Personen

Zusammenfassung

Die Demokratie, der Sozial-, Bundes-, und Rechtsstaat sowie die Republik gelten als Strukturprinzipien des Grundgesetzes. Sie gehören zum Wesenskern der Verfassung und dürfen nicht verändert werden.

Verfassungswidrige Vereinigungen und Parteien können verboten werden.

Extremismus wendet sich auch mit Gewalt gegen die Werte der freiheitlich-demokratischen Grundordnung.

Die Macht wird in der horizontalen Gewaltenteilung auf die Exekutive, Legislative und Judikative aufgeteilt.

Diese Gewaltenteilung vermeidet Machtmissbrauch und führt zur Kontrolle der Machtausübung.

Die vertikale Gewaltenteilung ist die Verteilung von Zuständigkeiten auf Bund, Länder und Gemeinden.

Die Bundesregierung als Machtzentrum in der Bundesrepublik Deutschland wird vom Bundesverfassungsgericht, von den Medien und der Opposition kontrolliert.

Wissens-Check

1. „Leider ist es eine ewige Erfahrung, dass jeder Mensch, der Gewalt hat, versucht, diese zu missbrauchen. Er geht so weit, bis er Grenzen findet. Damit man Gewalt nicht missbrauchen kann, ist es notwendig, dass durch die Regelung der Dinge eine Gewalt die andere anhalte (...) Alles wäre verloren, wenn derselbe Mann oder dieselbe Körperschaft von Führern oder des Adels oder des Volkes diese drei Gewalten ausübe: die Gewalt, Gesetze zu geben, die Gewalt, die öffentlichen Beschlüsse auszuführen, und die Gewalt, die Verbrechen und die bürgerlichen Streitigkeiten abzuurteilen." (Charles de Montesquieu)
   Welches Merkmal einer freiheitlich-demokratischen Grundordnung können Sie dem Text entnehmen? Begründen Sie Ihre Antwort!
2. „Skinheads Allgäu" und „Blood & Honour" sind verbotene verfassungswidrige Organisationen. Die Mitglieder dieser Vereine zeichneten sich durch rechtsextremistische und rassistische Handlungsweisen aus.
   Welche Vorstellung einer Demokratie erlaubt das Verbot von Vereinen dieser Richtung?
3. Angenommene Situation: In einem Staat übernimmt eine radikale Partei die Macht. Der Parteiführer legt fest, dass er und seine Nachkommen als Fürsten des Landes zukünftig Staatsoberhaupt sein sollen. Die regierende Partei beseitigt nach kurzer Zeit alle Regionalparlamente. Die Macht soll zentral ausgeübt werden. Wahlen finden alle drei Jahre statt. Mitglieder der herrschenden Partei besitzen dabei das doppelte Stimmrecht. Eine Oppositionspartei lässt das Staatsoberhaupt durch ein Gericht verbieten. Die Richter dieses Gerichts hat das Staatsoberhaupt selbst eingesetzt. Wegen der finanziellen Lage des Landes wird die bisherige Unterstützung für sozial Schwache gestrichen.
   Warum würden die geschilderten Maßnahmen gegen die Strukturprinzipien des Grundgesetzes verstoßen? Begründen Sie im Einzelnen.
4. Welche Freiheiten des Grundgesetzes sind für Extremisten nützlich?
5. Worin sehen Sie den hauptsächlichen Gegensatz des islamischen Fundamentalismus und extremer Sekten zur freiheitlich-demokratischen Grundordnung?
6. Warum können sozialstaatliche Maßnahmen ein Mittel gegen Links- und Rechtsextremismus sein?
7. Welche Freiheitsrechte würden Sie verlieren, wenn Extremisten in der Bundesrepublik die Macht erlangten?

4 Wahlen in der Demokratie

Ein wesentliches Merkmal jeder Demokratie ist das Recht der Bürger, selbst oder durch gewählte Vertreter am politischen Willensbildungs- und Entscheidungsprozess teilzunehmen. Wahlen sind Ausdruck dieser Volkssouveränität.

Art. 20 GG

(2) Alle Staatsgewalt geht vom Volke aus, sie wird vom Volk in Wahlen und Abstimmungen ... ausgeübt.

Welchen Vorteil oder Nachteil hätte es, wenn bei jeder politischen Frage (Erhöhung der Tabaksteuer oder Herabsetzung des Führerscheinalters auf 17 Jahre) das ganze deutsche Volk abstimmen würde?

4.1 Direkte und repräsentative Demokratie

Die direkte Beteiligung der Bürger

In kleinen Kantonen in der Schweiz zum Beispiel ist es heute noch üblich, dass alle Wahlberechtigten zu politischen Entscheidungen befragt werden. Diese Form der direkten Demokratie ist umständlich und bringt auch Gefahren mit sich. Es gibt unbeliebte Vorhaben, die aber für das Gemeinwohl notwendig sein können. Zum Beispiel Steuererhöhungen. Da kann es möglich sein, dass Pläne abgelehnt werden, obwohl sie für den Staat unbedingt notwendig sind.

In Appenzell (Schweiz) entscheidet die „Landsgemeinde" (alle Wahlberechtigten) über politische Fragen.

Durch die Direktwahl der Bürgermeister und Landräte ist auch im Saarland eine direkte Beteiligung möglich. Des Weiteren können sich die Saarländer über Volksbegehren und Bürgerbegehren auf Landes- und Kommunalebene beteiligen.

Repräsentation durch Abgeordnete

In allen großen Demokratien werden durch Wahlen Abgeordnete (Repräsentanten) gewählt. Nicht mehr der einzelne Bürger, sondern diese Abgeordneten entscheiden dann über neue Gesetze. Die Abgeordneten halten sich meist an die Programme ihrer Partei und deren politische Ziele. Durch die Wahl kann jeder wahlberechtigte Bürger Einfluss darauf nehmen, welche Partei und welcher Abgeordnete in den entsprechenden Gremien vertreten ist.

Opposition (wörtlich Widerstand): Im Parlament ist damit der politische Gegner gemeint, der nicht an der Regierung beteiligt ist und in der Minderheit ist

Wie bei allen demokratischen Entscheidungen setzt sich auch hier die Mehrheit durch. Oftmals ist die **Opposition** mit den Ergebnissen und der Politik der Regierungsparteien nicht einverstanden.

In verschiedenen Demokratien wird auch das Staatsoberhaupt vom Volk gewählt. Es handelt sich dann um einen Präsidenten. Wenn er durch die Verfassung viel Macht verliehen bekommt, spricht man von einer präsidentiellen Demokratie. Dies liegt zum Beispiel in den USA und zum Teil in Frankreich vor.

1. Wann konnte in Deutschland das Volk den Präsidenten wählen?
2. Welche Gründe sprechen für eine Wahl des Bundespräsidenten durch das Volk, welche Gründe sprechen dagegen?

4.2 Funktionen von Wahlen

Durch Wahlen wird die Macht im Staat auf Zeit an die Volksvertreter, die Repräsentanten vergeben (Repräsentationsfunktion). Wahlen sind die wichtigste Möglichkeit des Bürgers, politisch mitzuwirken (**Partizipation**sfunktion). Für Politiker und die Regierung sind Wahlen die **Legitimation**, anstelle der Bürger Entscheidungen für diese zu treffen (Legitimationsfunktion). Der Bürger kann durch Wahlen die Regierenden bestätigen oder abwählen (Kontrollfunktion). Wahlen führen zumeist dazu, dass sich die Bevölkerung vermehrt mit Politik auseinandersetzt (**Integration**sfunktion).

Partizipation:
Teilhabe

Legitimation:
Berechtigung

Integration:
Einbezug von Menschen

4.3 Grundsätze und Merkmale demokratischer Wahlen

Wahlgrundsätze

In vielen Ländern der Erde finden Wahlen statt. Nicht alle sind demokratisch. Die folgenden fünf Grundsätze des Wahlrechts sind ein Prüfstein dafür, ob Wahlen demokratisch ablaufen oder nicht.

Art. 38

(1) Die Abgeordneten des Deutschen Bundestages werden in allgemeiner, unmittelbarer, freier, gleicher und geheimer Wahl gewählt. Sie sind Vertreter des ganzen Volkes, an Aufträge und Weisungen nicht gebunden und nur ihrem Gewissen unterworfen.

© M. Altmeyer

Großplakate im Bundestagswahlkampf

- Allgemein: Alle Staatsbürger ab 18 Jahren dürfen wählen, unabhängig von Herkunft, Geschlecht u. Ä.
- Unmittelbar: Die Abgeordneten werden direkt, ohne Zwischenpersonen (Wahlmänner) gewählt.
- Frei: Jeder darf frei entscheiden, ohne Zwang, wen er wählt.
- Gleich: Jede Stimme hat das gleiche Gewicht.
- Geheim: Es muss sichergestellt sein, dass jeder Wähler seine Stimme unbeobachtet abgeben kann und später nicht erkennbar ist, wie er abgestimmt hat.

Erst wenn diese Bedingungen erfüllt sind, spricht man von einer demokratischen Wahl. Darüber hinaus muss sichergestellt sein, dass der Wähler tatsächlich unter verschiedenen Parteien bzw. Personen auswählen kann. Es gilt: „Keine Wahl ohne Auswahl."

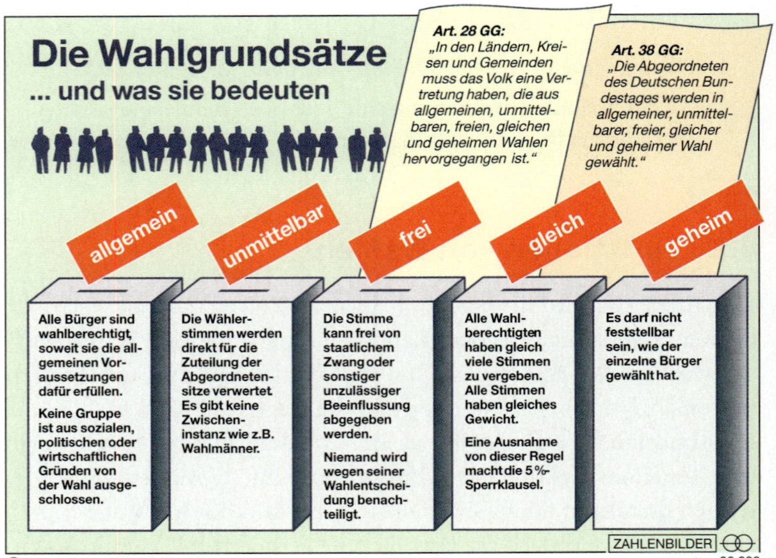

© Bergmoser + Höller Verlag AG 86 030

Welche dieser Grundsätze finden bei der Wahl des Klassensprechers Anwendung?

Aktives und passives Wahlrecht

Wahlberechtigt sind alle Deutsche im Sinne des Art. 116 Abs. 1 GG:
Deutscher im Sinne dieses Grundgesetzes ist vorbehaltlich anderweitiger gesetzlicher Regelung, wer die deutsche Staatsangehörigkeit besitzt oder als Flüchtling oder Vertriebener deutscher Volkszugehörigkeit oder als dessen Ehegatte oder Abkömmling in dem Gebiete des Deutschen Reiches nach dem Stande vom 31. Dezember 1937 Aufnahme gefunden hat.

Wer nicht zur Wahl geht – also sein aktives Wahlrecht nicht nutzt – verschenkt seine wichtigste Möglichkeit, Einfluss auf die Politik zu nehmen.

Passives Wahlrecht ist das Recht, sich bei politischen Wahlen um ein Amt zu bewerben und sich wählen zu lassen.

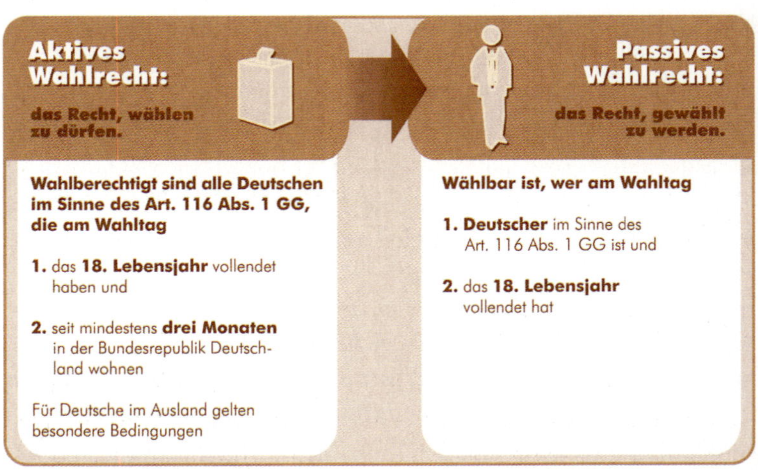

Wahlbeteiligung

Wer sich nicht an Wahlen beteiligt, hat zwar das Recht, politische Entscheidungen zu kritisieren. Aber er hat auf sein Recht verzichtet, die Politik personell zu beeinflussen. Eine hohe Wahlbeteiligung zeigt auch den Politikern, dass die Bürger ein großes Interesse an der Politik haben und sehr genau darauf achten, wie regiert wird.

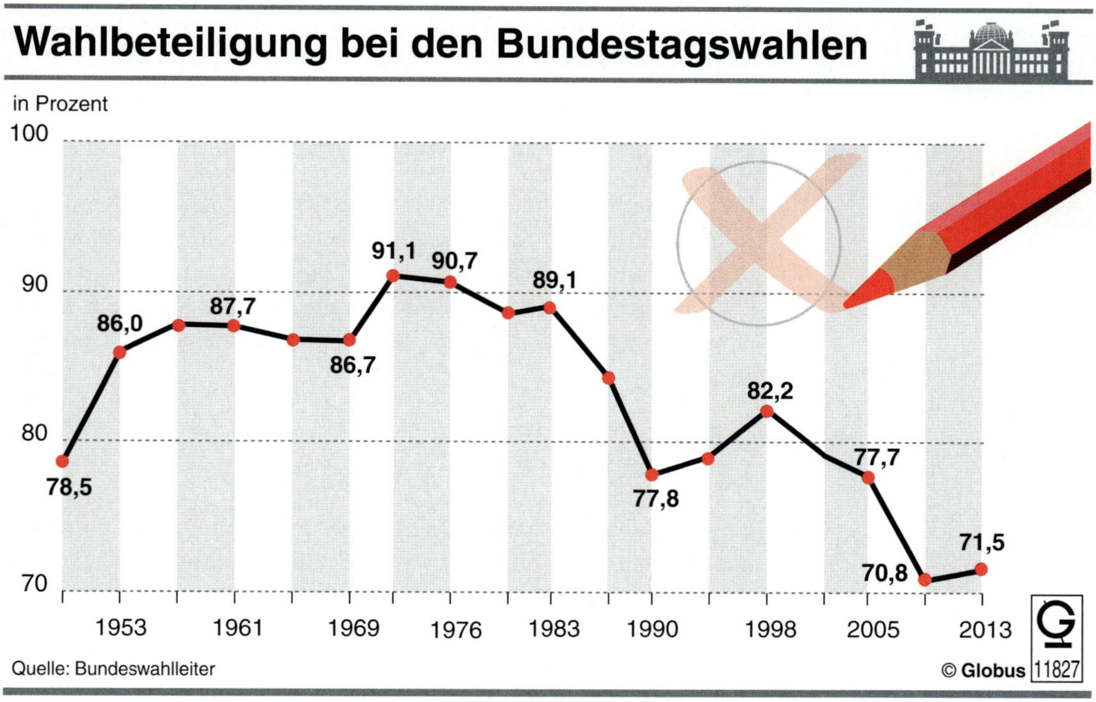

Hinsichtlich der Wahlbeteiligung liegt die Bundesrepublik von allen Demokratien, die keine Wahlpflicht kennen, trotz eines Rückgangs bei den letzten Wahlen über dem Durchschnitt. Bei Landtagswahlen liegt die Wahlbeteiligung niedriger als bei den Bundestagswahlen. Bei der Landtagswahl am 26.03.2017 im Saarland betrug die Wahlbeteiligung 69,7 Prozent (2012: 61,5 Prozent).

Max Frisch: „Demokratie heißt, dass sich Leute in ihre eigenen Angelegenheiten einmischen."

Abraham Lincoln: „Kein Mensch ist gut genug, einen anderen Menschen ohne dessen Zustimmung zu regieren."

4.4 Wahlsysteme

In demokratischen Ländern gibt es je nach Tradition unterschiedliche Wahlsysteme. Großbritannien z. B. hat ein reines Mehrheitswahlsystem. Die Wahl zum EU-Parlament erfolgt im Verhältniswahlsystem. Deutschland hat für die Wahlen im Bundestag und in den Länderparlamenten eine Mischung aus beiden Systemen.

Mehrheitswahl

© xtravagant – fotolia.com

Großbritanien hat ein reines Mehrheitswahlsystem

Bei der Mehrheitswahl wird das Land in so viele Wahlkreise eingeteilt, wie Sitze im Parlament zu vergeben sind. Die Person, die im Wahlkreis die meisten Stimmen erhält, bekommt das Mandat. Die für die anderen Kandidaten abgegebenen Stimmen gehen verloren.

Bei der relativen Mehrheitswahl (z. B. in Großbritannien) erhält der Kandidat den Sitz, der die meisten Stimmen hat.

Bei der absoluten Mehrheitswahl ist der Kandidat gewählt, der die absolute Mehrheit der Stimmen – also mehr als 50 Prozent der abgegebenen Stimmen – erhalten hat, z. B. bei Bürgermeisterwahlen im Saarland. Erreicht keiner der Kandidaten die absolute Mehrheit, gibt es eine Stichwahl zwischen den beiden Kandidaten mit den meisten Stimmen.

Verhältniswahl

Bei der Verhältniswahl stellt jede Partei entsprechend ihrem prozentualen Anteil an den abgegebenen Wählerstimmen Abgeordnete. Damit sind auch kleine Parteien in den Parlamenten vertreten. Ihre Zusammensetzung entspricht exakt der Verteilung der Stimmen auf die Parteien, die zur Wahl standen.

Weimarer Republik:
Zeit zwischen Ende des Kaiserreichs 1918 und Beginn der Hitler-Diktatur 1933.

Dieses Wahlrecht galt in der **Weimarer Republik**. Die Folge war, dass viele zum Teil sehr kleine Parteien im Reichstag vertreten waren. Die Regierungsbildung war dadurch schwierig; die Kanzler wechselten oft, weil sie keine stabile Mehrheit hatten.

Personalisierte Verhältniswahl

Die Wahlen zum Deutschen Bundestag finden in einer personalisierten Verhältniswahl statt. Das ist ein Wahlsystem, das Elemente der Verhältnis- und der Mehrheitswahl vereinigt. Die Vor- und Nachteile der beiden Systeme sollen dadurch ausgenutzt bzw. abgeschwächt werden. Das ist der Grund, warum der Wähler bei der Bundestagswahl zwei Stimmen abgibt.

Die Zweitstimme hat für die kleinen Parteien ein besonderes Gewicht.

Von den vorgesehenen 598 Abgeordneten des Bundestages wird die Hälfte über die Erststimme direkt gewählt. Von jedem der 299 Wahlkreise zieht der sogenannte Direktkandidat einer Partei, der die meisten Stimmen erhalten hat, in den Deutschen Bundestag ein; hier handelt es sich um eine Mehrheitswahl. Von diesem Politiker wird erwartet, dass er im Bundestag die Interessen seines Wahlkreises vertritt. Über die Zweitstimme werden weitere Sitze über Landeslisten der Parteien vergeben; hier gilt das Prinzip der Verhältniswahl. Die Zweitstimme ist die wichtigere der beiden Stimmen, da über sie die Sitzverteilung im Parlament ermittelt wird. Erhält beispielsweise eine Partei 30 Prozent der zu berücksichtigenden Zweitstimmen, erhält sie auch 30 Prozent der Sitze im Parlament. Die Zahl der gewählten Direktkandidaten wird davon abgezogen. Die verbleibenden Mandate sind die Listenmandate der Partei. Sie werden in der Reihenfolge auf die Kandidaten verteilt, in der diese auf der vor der Wahl aufgestellten Liste platziert sind.

Gewinnt eine Partei in einem Bundesland mehr Direktmandate als ihr dort Mandate nach dem Zweitstimmenergebnis insgesamt zustehen, darf sie diese Mandate dennoch behalten. Über die Landeslisten werden dann keine Mandate mehr vergeben. Die Zahl der Abgeordneten des Bundestages erhöht sich entsprechend. Es entstehen dann sogenannte Überhangmandate. Durch eine Wahlrechtsänderung wurden bei der Bundestagswahl 2013 zum ersten Mal auch Ausgleichsmandate vergeben. Dabei sind Überhangmandate so auszugleichen, dass Parteien, die keine Überhangmandate bekommen haben, nicht benachteiligt werden. Damit sind die Parteien im Bundestag gemäß ihrem Zweitstimmenanteil (d. h. gemäß der Verhältniswahl) vertreten.

Wahlplakate im Saarland

Sperrklausel

© Dave Vaughan

Im Bundestag erhalten nur die Parteien über die Zweitstimmen Sitze, die eine bestimmte Prozentzahl der abgegebenen Stimmen bekommen haben. Erringt eine Partei weniger als 5 Prozent der Zweitstimmen, kann sie nur in den Bundestag einziehen, falls sie drei Direktmandate erhalten hat. Ist dies nicht der Fall, bleibt die Partei außen vor. Errungene Direktmandate verbleiben aber bei den Kandidaten.

Bei der Bundestagswahl 2002 erhielt die PDS nur zwei Direktmandate und erreichte weniger als 5 Prozent der Zweitstimmen. Die Partei war somit nicht mehr im Parlament vertreten. Die zwei Direktkandidatinnen wurden aber selbstverständlich Abgeordnete.

Im Saarland gilt bei den Landtagswahlen eine reine Verhältniswahl mit einer 5-Prozent-Klausel für den Einzug der Parteien in den Landtag.

1. Diskutieren Sie die Vor- und Nachteile der Wahlsysteme!
2. Warum gibt es in Großbritannien im Parlament keine Partei, die den Grünen in Deutschland entspricht?

Zusammenfassung

Es ist Kennzeichen jeder Demokratie, dass die Staatsgewalt vom Volk ausgeht. Wahlen sind Ausdruck dieser Volkssouveränität.
Als demokratisch gelten Wahlen, wenn der Bürger zwischen verschiedenen Personen oder Parteien auswählen kann und wenn die Wahlgrundsätze eingehalten werden. Wahlen müssen frei, allgemein, unmittelbar, gleich und geheim sein.
Die gewählten Volksvertreter erhalten durch die Wahl die Legitimation, politische Entscheidungen zu treffen.
Jeder Wahlberechtigte kann von seinem aktiven und passiven Wahlrecht Gebrauch machen.
Wer sich nicht an Wahlen beteiligt, hat auf sein Recht verzichtet, die Politik personell zu beeinflussen.
Grundsätzlich kann nach zwei Verfahren gewählt werden: Mehrheitswahl und Verhältniswahl.
Der Deutsche Bundestag wird nach der personalisierten Verhältniswahl – einer Kombination beider Wahlverfahren – gewählt. Jeder Wähler hat zwei Stimmen zu vergeben. Mit der Erststimme wählt er einen Direktkandidaten nach dem Mehrheitswahlsystem. Die Hälfte der Sitze im Parlament wird mit den Direktkandidaten besetzt. Mit der Zweitstimme wird eine Partei gewählt. Nach dem Verhältniswahlrecht erreicht eine Partei den gleichen Anteil an Sitzen, der dem Anteil an den abgegebenen Stimmen entspricht. Die Zweitstimme bestimmt somit die Zusammensetzung des Parlaments.
Für den Einzug einer Partei in den Bundestag muss sie mindestens 5 Prozent der abgegebenen Zweitstimmen (5 Prozent-Klausel) oder drei Direktmandate erhalten.
Für den Einzug einer Partei in den Saarländischen Landtag muss sie mindestens 5 Prozent der abgegebenen Stimmen erhalten.

Wissens-Check

1. Welche Bedeutung haben Wahlen?
2. Erklären Sie den Begriff „Repräsentative Demokratie".
3. Wer besitzt das aktive Wahlrecht zur Bundestagswahl?
4. In wie viele Wahlkreise ist Deutschland und das Saarland aufgeteilt?
5. Formulieren Sie Beispiele für Verstöße gegen die Wahlgrundsätze.
6. Stellen Sie die Unterschiede zwischen Mehrheits- und Verhältniswahl dar.
7. Beschreiben Sie die personalisierte Verhältniswahl am Beispiel der Wahl zum Deutschen Bundestag und beurteilen Sie dessen Stärken und Schwächen.
8. Erläutern Sie die 5 Prozent-Hürde und zeigen Sie Vor- und Nachteile auf.

5 Bedeutung von Parteien zur politischen Willensbildung

Eine Partei ist der Zusammenschluss von Personen mit gemeinsamen politischen Zielvorstellungen. Durch die Beteiligung an Wahlen versuchen sie, politische Macht zu erlangen, um ihre Ideen zu verwirklichen.

5.1 Aufgaben und Stellung der Parteien

Art. 21 GG

(1) Die Parteien wirken bei der politischen Willensbildung des Volkes mit. Ihre Gründung ist frei. Ihre innere Ordnung muss demokratischen Grundsätzen entsprechen. Sie müssen über die Herkunft und Verwendung ihrer Mittel sowie über ihr Vermögen öffentlich Rechenschaft geben.

Parteien wirken bei der politischen Willensbildung mit, indem sie

- die unterschiedlichen politischen Vorstellungen und Interessen in der Gesellschaft in den jeweiligen Parteiprogrammen zusammenfassen und Lösungsansätze anbieten,
- versuchen, die Bürger von ihrer Politik zu überzeugen,
- den Bürgerinnen und Bürgern Gelegenheit bieten, sich aktiv politisch zu betätigen,
- Kandidaten für die Wahlen bereitstellen,

- als Regierungsparteien die politische Führung unterstützen,
- als Oppositionsparteien die Regierung kontrollieren, kritisieren und politische Alternativen entwickeln,
- für eine lebendige Verbindung zwischen Volk und Staatsorganen sorgen.

1. Welche Parteien sind derzeit im Bundestag vertreten?
2. Welche Parteien wurden bei den letzten Wahlen in den Saarländischen Landtag gewählt?

5.2 Parteienfinanzierung

Für ihre Arbeit benötigen die Parteien erhebliche finanzielle Mittel. Sie erhalten staatliche Mittel, nehmen Beiträge ihrer Mitglieder ein und sammeln Spenden. Die Einnahmen und Ausgaben müssen in einem Rechenschaftsbericht jährlich angegeben werden.

Die Höhe der staatlichen Parteienfinanzierung hängt von der Verwurzelung einer Partei in der Gesellschaft ab. Dies wird anhand der Wählerstimmen, der Mitgliedsbeiträge und der Spenden der Bürger berechnet. Für eine Bezuschussung benötigt eine Partei bei den Bundestags- und Europawahlen mindestens 0,5 Prozent der Stimmen oder bei Landtagswahlen mindestens 1 Prozent der Stimmen. Mit dieser Regelung bekommen auch extreme Parteien staatliche Mittel, auch wenn diese Parteien aufgrund der 5 Prozent-Klausel nicht im Parlament vertreten sind.

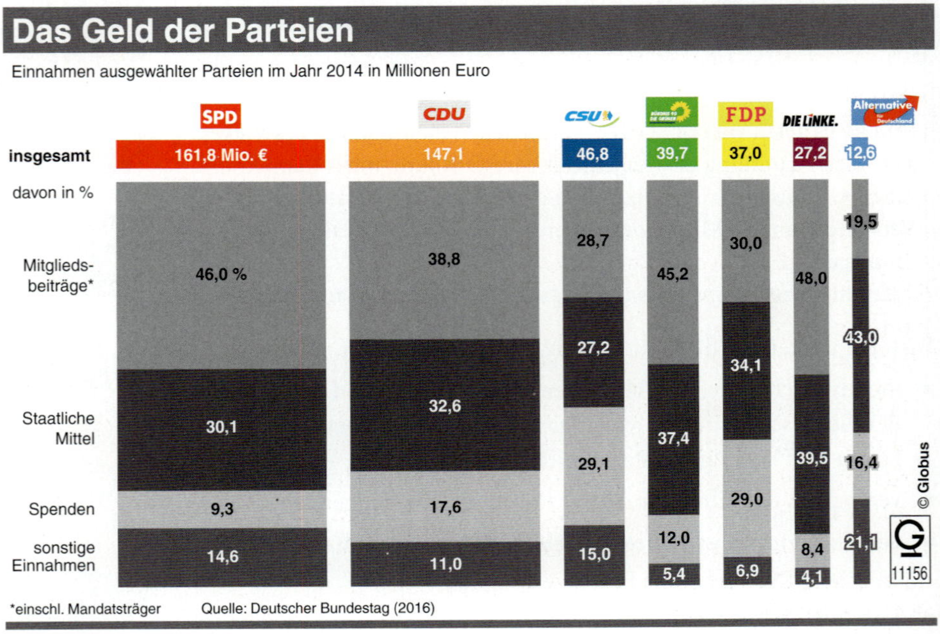

5.3 Mitgliederentwicklung

In den letzten Jahren sind die Zahlen der Parteimitglieder in fast allen Parteien zurückgegangen.

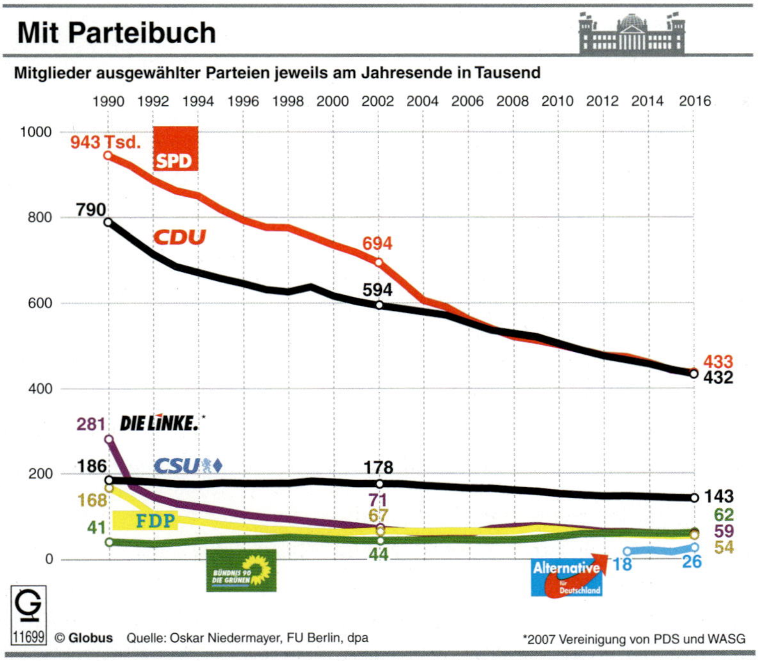

Mit Ausnahme der Grünen haben alle Parteien das Problem des Mitgliederrückgangs

Was könnten die Gründe für den Mitgliederrückgang sein?

5.4 Parteienverbot

Art. 21 GG

(2) Parteien, die nach ihren Zielen oder nach dem Verhalten ihrer Anhänger darauf ausgehen, die freiheitliche demokratische Grundordnung zu beeinträchtigen oder zu beseitigen oder den Bestand der Bundesrepublik Deutschland zu gefährden, sind verfassungswidrig. Über die Frage der Verfassungswidrigkeit entscheidet das Bundesverfassungsgericht.

Die besondere Bedeutung der Parteien wird durch das in Art. 21 GG verankerte Parteienprivileg deutlich. Aus diesem und aus historischen Gründen ist ein Parteiverbot ein politisch sensibles Thema. Daher ist in Deutschland nur das Bundesverfassungsgericht berechtigt, die Verfassungswidrigkeit einer Partei fest zustellen und ein Parteiverbot auszusprechen. Die verbotene Partei verliert alle Mandate. Das Parteivermögen wird eingezogen.

Parteiverbotsverfahren
Das Bundesverfassungsgericht hat bisher erst zwei Parteien verboten:
- 1952 die Sozialistische Reichspartei (SRP), eine Nachfolgeorganisation der NSDAP
- 1956 die Kommunistische Partei Deutschlands (KPD).

Ein erstes NPD-Verbotsverfahren scheiterte 2003.

Ein **Parteiverbotsverfahren** kann vom Bundestag, vom Bundesrat und von der Bundesregierung beantragt werden. Ist die Partei nur in einem Bundesland tätig, kann auch die Landesregierung dieses Bundeslandes einen Antrag stellen.

PRESSESCHAU

Verfassungsrichter: NPD zu unbedeutend für ein Parteiverbot

Karlsruhe/Saarbrücken. Zum zweiten Mal nach 2003 sind die Bundesländer in Karlsruhe mit einem Verbotsantrag gegen die rechtsextreme NPD gescheitert. Die Partei sei zwar verfassungsfeindlich – aber zu schwach und unbedeutend, um sie aufzulösen, entschied gestern das Bundesverfassungsgericht. ... Die Länder kündigten an, die Partei weiter mit demokratischen Mitteln zu bekämpfen und auch durch den Verfassungsschutz beobachten zu lassen.

Saarbrücker Zeitung, 18.01.2017

Diskutieren Sie die Vor- und Nachteile eines NPD-Parteienverbotsverfahrens.

Zusammenfassung

Eine Partei ist der Zusammenschluss von Personen mit gemeinsamen politischen Zielvorstellungen. Durch die Beteiligung an Wahlen versuchen sie, politische Macht zu erlangen, um ihre Ideen zu verwirklichen.

Jeder Bürger kann Mitglied einer Partei werden und sich so an der politischen Willensbildung beteiligen.

Die Parteien finanzieren sich aus Mitgliedsbeiträgen, Spenden der Bürger und staatlichen Zuwendungen.

Die Mitgliederentwicklung ist in fast allen Parteien rückläufig.

Ein Parteiverbotsverfahren kann vom Bundestag, vom Bundesrat und von der Bundesregierung beantragt werden. Das Bundesverfassungsgericht entscheidet über die Verfassungswidrigkeit von Parteien.

Wissens-Check

1. Nenne vier Aufgaben von Parteien!
2. Woher bekommen Parteien die finanziellen Mittel für ihre Arbeit und für Wahlkämpfe?
3. Welche Parteien erhalten auf Bundesebene staatliche Zuwendungen?
4. Wie entwickelten sich in den letzten Jahren die Mitgliederzahlen der Parteien?
5. Welche Voraussetzung muss für ein Parteienverbot gegeben sein?
6. Wer entscheidet über ein Parteienverbot?

6 Vereine, Verbände und Bürgerinitiativen

Es ist ein demokratisches Prinzip, dass auf allen gesellschaftlichen Ebenen die betroffenen Bürger so weit wie möglich beteiligt werden. Die Teilnahme an politischen Entscheidungen darf sich nicht darauf beschränken, einmal in vier oder fünf Jahren zu wählen. Auch außerhalb von Wahlen können die Bürger über Vereine, Verbände und Bürgerinitiativen an der politischen Willensbildung mitwirken.

Ein demokratischer Staat garantiert, dass sich die Menschen in frei gebildeten Organisationen zusammenschließen können, um ihre gemeinsamen Interessen wirkungsvoll wahrzunehmen. Solche Organisationen sind neben Parteien, Gewerkschaften und Interessenverbänden auch Kirchen, Vereine oder Bürgerinitiativen.

6.1 Vereine und Verbände

Art. 9 GG

(1) Alle Deutschen haben das Recht, Vereine und Gesellschaften zu bilden.

(2) Vereinigungen, deren Zwecke oder deren Tätigkeit den Strafgesetzen zuwiderlaufen oder die sich gegen die verfassungsmäßige Ordnung oder gegen den Gedanken der Völkerverständigung richten, sind verboten.

Vereine

Jeder zweite Deutsche ist Mitglied eines Vereins oder eines Verbandes. In einem Verein treffen sich die Mitglieder, weil sie in der Regel die gleichen Hobbys haben. Meist bezieht sich das auf Sport- oder Freizeitbetätigungen.

Aus steuerlichen und aus Haftungsgründen ist es sinnvoll, dass sich Gleichgesinnte zu einem „eingetragenen Verein" zusammenschließen. Dazu lässt sich der Verein beim zuständigen Amtsgericht registrieren (eintragen). Er bekommt dann zu dem frei gewählten Namen den Zusatz „e. V." (z. B. „Deutsche Krebshilfe e. V.").

Wer darf einen Verein gründen?

Verbände

In einem Verband (bzw. **Interessen**verband) haben die Mitglieder eher politische Ziele. Bürger, Organisationen und Unternehmer schließen sich zusammen, um ihre Interessen gegenüber Parteien, dem Parlament, der Regierung und der öffentlichen Meinung effektiv zu vertreten.

Interessen:
Ein Ziel oder einen Vorteil, den sich eine Person oder Personengruppe aus einer Sache verspricht oder erhofft. So verfolgen etwa Interessengruppen eigene Ziele.

Kompetenzbereich 3

Damit sind die Interessensverbände an der politischen Willensbildung beteiligt und nehmen ähnlich wie die Parteien eine Vermittlerfunktion zwischen Gesellschaft und Staat ein. Nachfolgend werden die Unterschiede zwischen Parteien und Verbänden dargestellt.

ver.di: Vereinte Dienstleistungsgewerkschaft

IG Metall: Industriegewerkschaft Metall

BDI: Bundesverband der deutschen Industrie

BDA: Bundesvereinigung der deutschen Arbeitgeberverbände

Gewerkschaften (z. B. **IGM** und **ver.di**) und Arbeitgeberverbände (z. B. **BDI** und **BDA**) oder einzelne Arbeitgeber bezeichnet man als Tarif- oder Sozialpartner. Sie handeln die Tarifverträge aus, in denen die Löhne, die Gehälter und sonstige Arbeitsbedingungen festgeschrieben sind. Die Tarifverträge kommen ohne Beteiligung des Staates zustande. Das nennt man Tarifautonomie.

PRESSESCHAU

Neujahrsempfang beim Bürgermeister

Neben Vertretern der Betriebe wurden heuer wieder etliche Vertreter der Vereine, der örtlichen Gewerkschaft und der Parteien geladen. Auch die kürzlich in Erscheinung getretene Bürgerinitiative „Rettet die Altstadt“ e.V. war erschienen. Der Bürgermeister bedankte sich in seiner Ansprache ausdrücklich bei den Vereinsvertretern. Ihr ehrenamtliches Wirken sei der Kitt, der unsere Gesellschaft zusammenhält. Egal, ob es Sportler, Bienenzüchter oder Schützen seien, alle würden dazu beitragen, dass unsere Stadt lebenswert und liebenswert bleibt, auch im neuen Jahr.

Donau Kurier

Erläutern Sie, was der Bürgermeister mit „Kitt, der unsere Gesellschaft zusammenhält“ meint.

Mit Lobbyismus versuchen Interessensverbände, die Verwaltung, die Regierung, das Parlament und die öffentliche Meinung gezielt zu beeinflussen. Zu diesen Interessensverbänden zählen u. a. Unternehmensverbände, Gewerkschaften, Nichtregierungsorganisationen und größere Unternehmen. Deren Vertreter (Lobbyisten) nutzen häufig persönliche Kontakte. Damit wirken sie, vor allem mit Informationen, auf die Entscheidungsträger und die Entscheidungsprozesse ein. Die Lobbyisten vertreten oft Interessen, die nicht den Interessen der Allgemeinheit entsprechen.

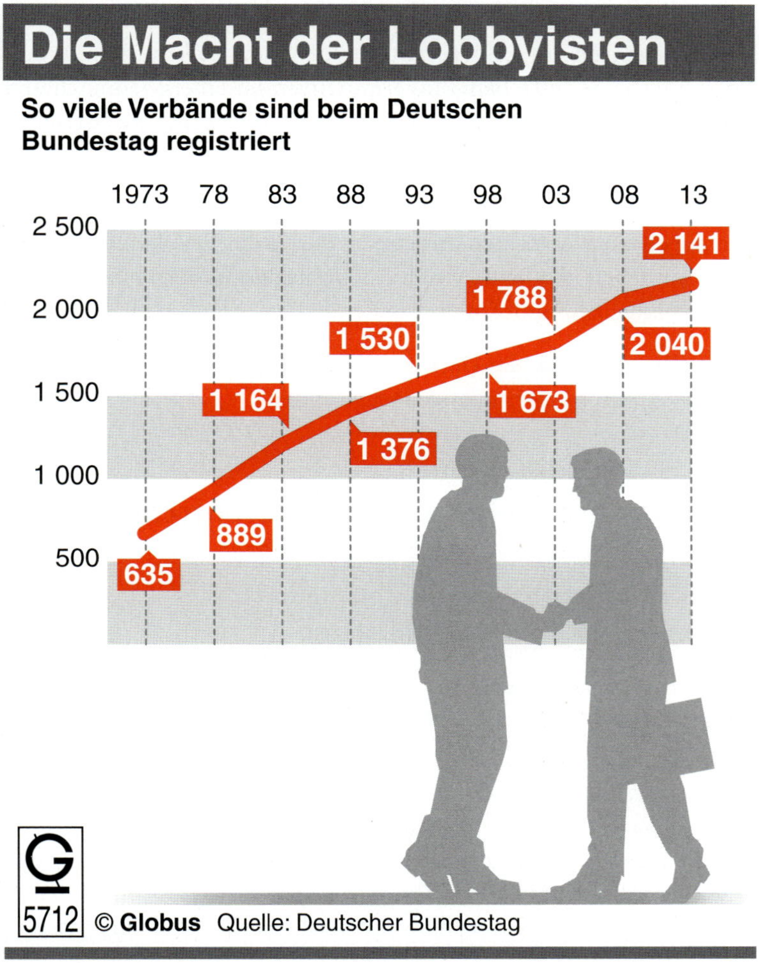

Bewerten Sie die Vor- und Nachteile der Teilnahme der Interessensverbände an der Willensbildung.

6.2 Bürgerinitiativen

PRESSESCHAU

Bürgerinitiative will Windkraft-Pläne in Lautenbach kippen

Die Bürgerinitiative gegen Windkraft im Ottweiler Stadtteil Lautenbach will die Flächennutzungsplan-Änderung zur Ausweisung von Standorten für Windräder kippen. ...

Saarbrücker Zeitung, 05.02.2015

Umweltfreundliche Stromerzeugung hat auch Gegner

Gerade auf kommunaler Ebene, zunehmend aber auch auf Länderebene, fordern die Bürger eine direkte Einflussmöglichkeit auf politische Sachentscheidungen. Saarländischen Bürgern stehen verschiedene Instrumente direkter Demokratie zur Verfügung. Am häufigsten findet man Bürgerinitiativen. Diese können im Laufe ihres Bestehens Bürgerbegehren und Bürgerentscheide bzw. Volksbegehren und Volksentscheide anstreben. Bürgerinitiativen sind meist räumlich und zeitlich begrenzte Zusammenschlüsse von Bürgern, die ein bestimmtes Projekt oder eine Idee fördern und durchsetzen oder aber verhindern wollen.

Um die eigenen Absichten erfolgreich durchsetzen zu können, benötigt man neben möglichst vielen Mitstreitern und der Mobilisierung der Öffentlichkeit unbedingt juristischen Rat.

In der Regel sind es die Gerichte, die letztendlich über Erfolg oder Misserfolg von Bürgerinitiativen entscheiden.

6.3 Bürgerbegehren und Bürgerentscheide

Mobilfunkanlagen, Verkehrsberuhigung, Gewerbeansiedlung und seit kurzem auch Windräder sind die Streitpunkte der meisten Bürgerinitiativen und -begehren.

PRESSESCHAU

Bürgerbegehren gegen Windkraftanlagen

Bürgerinitiative hat mehr als 1.200 Unterschriften gegen Bauvorhaben gesammelt

In Weiskirchen läuft ein Bürgerbegehren über die umstrittene Errichtung von Windkraftanlagen. Wie die „Bürgerinitiative gegen Windkraftanlagen im Wildpark und im Wald“ gestern mitteilte, werde die vorgegebene Quote von Unterstützungs-Unterschriften klar überschritten: Statt der benötigten 800 Unterschriften lägen bereits über 1.200 vor. Die Bürgerinitiative wird Ende August die Unterschriftenlisten an Bürgermeister Werner Hero übergeben. Dann muss sich der Gemeinderat damit befassen. Wenn der Rat das Begehren formal für zulässig hält, aber dennoch am Bau von Windrädern im Waldgebiet der Gemeinde festhält, folgt ein Bürgerentscheid. Dann wären die Weiskircher erneut aufgerufen, über diese Frage abzustimmen. Bei einer Einwohnerbefragung im Juni war die Mehrheit bereits gegen den Bau.

Saarbrücker Zeitung, 18.08.2010

Saarländische Bürgerinnen und Bürger haben die Möglichkeit, auch außerhalb der Kommunalwahlen direkt in ihren Gemeinden politisch mitzuwirken. Sie können gegen einen Teil der Beschlüsse des Gemeinderates ein Bürgerbegehren initiieren. Dazu muss das Bürgerbegehren als Frage formuliert sein, die mit „Ja“ oder „Nein“ zu beantworten ist. Das Bürgerbegehren muss je nach Gemeindegröße von bis zu 15 Prozent der Wahlbürger unterzeichnet werden.

Lehnt der Gemeinderat das Bürgerbegehren ab, kommt es zu einem Bürgerentscheid. Zur Annahme müssen die Mehrheit der gültigen abgegebenen Stimmen und mindestens 30 Prozent der Stimmberechtigten mit „Ja“ stimmen.

Bis 2011 wurden in Deutschland 5.027 kommunale Bürgerbegehren und 2.806 Bürgerentscheide durchgeführt. Seit 1997 besteht dazu auch im Saarland die Möglichkeit. Bisher fand jedoch noch kein Bürgerentscheid statt. Das lässt sich auf die hohen Hürden im Verfahren und die geringe praktische Erfahrung mit Bürgerbegehren und Bürgerentscheid zurückführen.

Warum kann es über die Fragen des Haushalts einer Gemeinde keinen Bürgerentscheid geben?

6.4 Volksbegehren und Volksentscheide

PRESSESCHAU

Volksabstimmung über Stuttgart 21 hat begonnen

München (dpa) In Baden-Württemberg hat die Volksabstimmung über das umstrittene Bahnprojekt Stuttgart 21 begonnen. 7,6 Millionen Bürger sind aufgerufen, über einen Ausstieg des Landes aus den Finanzierungsverträgen mit der Deutschen Bahn zu entscheiden. ...

Saarbrücker Zeitung, 27.11.2011

Auf Bundesebene sind Volksbegehren und Volksentscheide nicht vorgesehen. Im Saarland besteht seit 1979 die Möglichkeit, durch Volksbegehren und darauffolgenden Volksentscheid Gesetze zu erlassen, zu ändern und aufzuheben. Der Weg dahin ist in der saarländischen Verfassung beschrieben und wurde zuletzt 2013 weiter ausgebaut.

Um allerdings überhaupt ein Volksbegehren im Saarland zu starten, müssen zunächst 5.000 stimmberechtigte Bürger ein solches beantragen. Danach wird eine Unterstützung von 20 Prozent der Wahlbürger für das Volksbegehren benötigt.

Sollte der Saarländische Landtag das Volksbegehren ablehnen, muss ein Volksentscheid durchgeführt werden. Für die Annahme ist ein Zustimmungsquorum von 50 Prozent der Wahlberechtigten notwendig. Ein Volksentscheid über finanzwirksame und verfassungsändernde Gesetze ist im Saarland nicht möglich.

Bisher gibt es im Saarland, im Gegensatz zu anderen Bundesländern, keine praktischen Erfahrungen mit Volksbegehren und Volksentscheiden.

1. Wie beurteilen Sie die Tatsache, dass im Saarland noch kein Volksentscheid stattfand?
2. Auf Bundesebene ist gemäß Grundgesetz eine Volksabstimmung wie im Saarland nicht möglich. Wie beurteilen Sie diesen Sachverhalt?

Vor- und Nachteile von Volksentscheiden werden oft diskutiert. Im Wesentlichen werden folgende Argumente angeführt:

Pro

- Volksentscheide bieten mehr Demokratie.
- Volksentscheide könnten gegen die Politikverdrossenheit wirken.
- Entscheidungen, die das Volk trifft, werden von den Bürgern stärker akzeptiert.

Contra

Die Bürger sind bei Volksentscheiden aufgrund der eventuell komplizierten Sachverhalte überfordert.

- Volksentscheide lassen keinen Kompromiss zu, sondern erlauben nur eine Ja- oder Nein-Abstimmung.
- Volksentscheide sind eine Chance für **Demagogen**.
- Volksentscheide bieten eine Möglichkeit für durchsetzungsfähige Minderheiten, ihre Interessen durchzusetzen.

Demagoge:
Volksverführer, Hetzer, Manipulator Appelliert in seinen Reden an die Vorurteile der Zuhörer und versucht den politischen Gegner zu verunglimpfen.

Zusammenfassung

Eine pluralistische Demokratie ist offen für neue Ideen und Vorstellungen.
Die Bildung von Vereinen und Verbänden ist frei.
Eine Bürgerinitiative ist ein Zusammenschluss von Bürgern, die ein bestimmtes Projekt durchsetzen oder verhindern wollen.
Die Gemeindebürger können über Angelegenheiten der Gemeinde einen Bürgerentscheid beantragen (Bürgerbegehren).
Der erfolgreiche Bürgerentscheid hat die Wirkung eines Beschlusses des Gemeinderates.
Die Wahlbürger im Saarland können ein Volksbegehren einleiten.
Auf Landesebene kann neben dem Saarländischen Landtag auch das Volk durch Volksentscheid einfache Gesetze beschließen.

Wissens-Check

1. Welche Mitwirkungsmöglichkeiten gibt es neben Wahlen und Abstimmungen, um die Politik mitzugestalten?
2. Was muss man tun, um eine Bürgerinitiative zu gründen?
3. Erläutern Sie den Unterschied zwischen Bürgerbegehren und Bürgerentscheid sowie Volksbegehren und Volksentscheid.

7 Die Rolle der Medien in der Demokratie

Die Demokratie lebt von der Beteiligung ihrer Bürger. Sie wollen über die politische Entwicklung informiert sein. Das geschieht durch Gespräche in der Familie, mit Freunden oder am Arbeitsplatz, vor allem aber durch Medien.

7.1 Funktionen der Medien

Unter Massenmedien in der Demokratie versteht man Informationsträger (Internet, Zeitungen, Fernsehen, ...) die ein breites Publikum erreichen. Sie erfüllen vielfältige Funktionen für die Leser, Zuschauer oder Hörer.

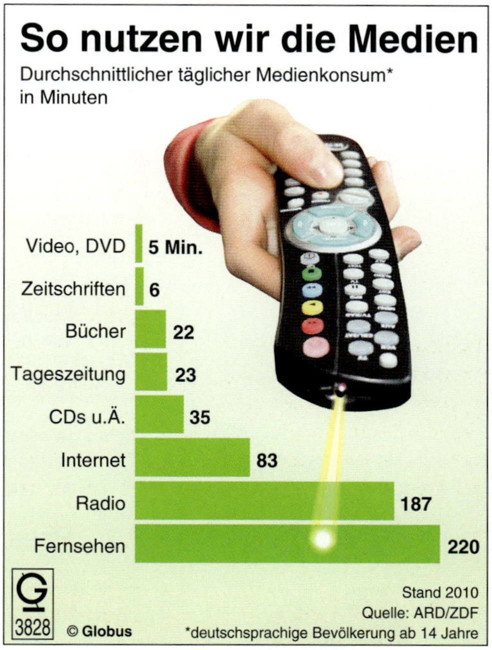

Medienkonsum in Deutschland.

Informationsfunktion

Die Medien sollen vollständig, sachlich und verständlich informieren, damit die Bürger in der Lage sind, das öffentliche Geschehen zu verfolgen. Mit ihren Informationen sollen die Medien dafür sorgen, dass die Bürger die wirtschaftlichen, sozialen und politischen Zusammenhänge besser verstehen. Um diese Funktion zu erfüllen, ist in erster Linie die Glaubwürdigkeit der Medien wichtig. Im Falle von Fehlinformationen muss die Informationsquelle eine Gegendarstellung veröffentlichen.

Meinungsbildungsfunktion

Medien geben nicht nur Informationen an die Leser, Zuschauer oder Hörer weiter. Darüber hinaus beeinflussen sie die Meinung durch die Auswahl, Aufmachung, Darstellung und die Kommentierung von Nachrichten.

Nachrichtensendungen wie „Die Tagesschau“ oder das „heute-journal“ bieten überparteiliche Informationen.

Es gibt auch Medien von Parteien, Gewerkschaften oder Kirchen, die eine bestimmte Meinung vertreten.

Kontrollfunktion

Obwohl von der Verfassung nicht vorgesehen, hat sich im Laufe der Zeit für die Medien eine Kontrollfunktion ergeben. Oftmals werden durch die Medien Missstände in der Politik und Gesellschaft aufgedeckt. Dadurch werden Politiker zum Handeln veranlasst. Daher spricht man von den Medien als der „vierten Gewalt“ im Staat.

PRESSESCHAU

Bundesländer fordern mehr Transparenz bei Steueroasen

Berlin/Saarbrücken. Nach den Enthüllungen über undurchsichtige Finanzgeschäfte in Panama pochen die Bundesländer auf zusätzliche Maßnahmen gegen Steuerbetrug und für mehr Transparenz bei Briefkastenfirmen und Steueroasen. Die „Panama-Papers" hätten „erneut dringenden steuerpolitischen Handlungsbedarf deutlich gemacht", ...

Saarbrücker Zeitung, 08.04.2016

Suchen Sie Beispiele, in denen die Medien ihre Kontrollfunktion erfüllen und Politiker zum Handeln auffordern. Hinweis: Geben Sie in Ihrer Internet-Suchmaschine den Suchbegriff „Politskandal" ein.

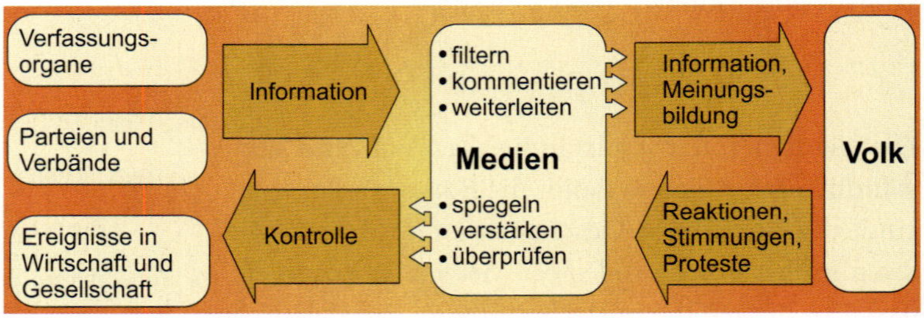

Wirkungsweise der Medien in der Demokratie

7.2 Pressefreiheit

Art. 5 GG (Auszug)

(1) Die Pressefreiheit und die Freiheit der Berichterstattung durch Rundfunk und Film werden gewährleistet. Eine Zensur findet nicht statt.

Medien des Axel Springer Konzerns

© Drudl

Für Journalisten ist dies die rechtliche Grundlage ihrer Arbeit. Im Einzelnen regeln Landespressegesetze, Rundfunkgesetze und Mediengesetze sowie Rundfunkstaatsverträge die rechtliche Stellung der Medien noch ausführlicher. Das Recht auf freie Meinungsäußerung ist ein wichtiger Bestandteil der Demokratie. Die Medienfreiheit kann als Maßstab für den Entwicklungsstand der Demokratie in einer Gesellschaft angesehen werden.

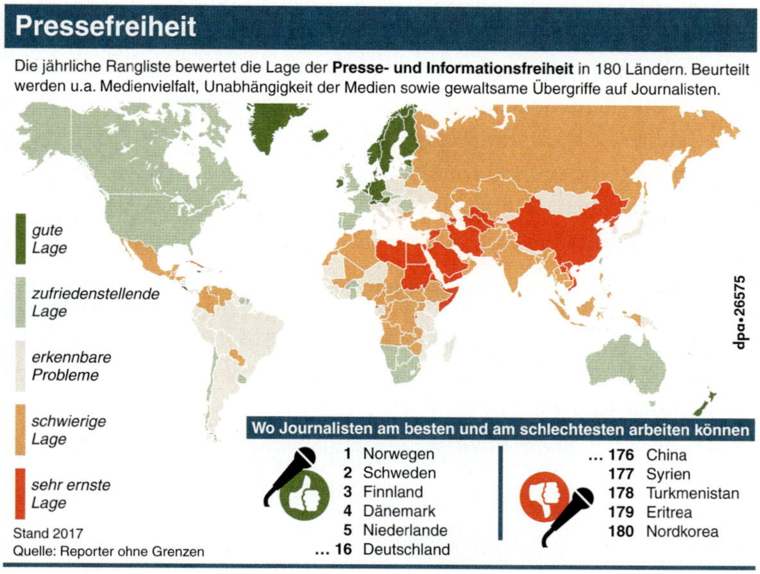

7.3 Medienkonzentration

Liegt die Verfügungsmacht über die Medien in nur wenigen Händen, ist die Demokratie in Gefahr. Meinungsvielfalt wäre nicht mehr gegeben, die Menschen würden einseitig informiert, möglicherweise sogar manipuliert. Selbst das Recht der Pressefreiheit wäre nutzlos, weil freie unabhängige Journalisten kein Medium hätten, in dem sie sich äußern könnten.

Pressekonzentration

Das Angebot an Presseerzeugnissen ist sehr umfangreich. Die Frage, ob die großen Pressekonzerne dennoch eine Meinungsmacht haben, sorgt seit langem für politische Diskussionen.

PRESSESCHAU

Große Vielfalt

Deutschland ist unverändert das Land mit den meisten Publikumszeitschriften im Vergleich zu den anderen europäischen und außereuropäischen Ländern. Der Markt ist sehr dicht besetzt. In jeder Zeitschriftenkategorie gibt es etliche Wettbewerber.

VERBAND DEUTSCHER ZEITSCHRIFTENVERLEGER e.V.

Große Konzerne

Bertelsmann, Springer, Bauer und Burda – das sind die vier großen Konzerne, von denen die meisten auflagestarken Tageszeitungen und Zeitschriften stammen.

Bundeszentrale für politische Bildung

Konzentration auf dem TV Markt

Der einzelne private Veranstalter darf höchstens 30 Prozent aller Zuschauer auf dem deutschen TV-Markt erreichen. Überschreitet er diese Grenze, dürfen ihm keine weiteren Lizenzen zur Veranstaltung von Fernsehprogrammen erteilt werden. Entscheidend ist, ob von einer „vorherrschenden Meinungsmacht" auszugehen ist, die grundsätzlich bei einem Marktanteil von 30 Prozent als gegeben angesehen wird.

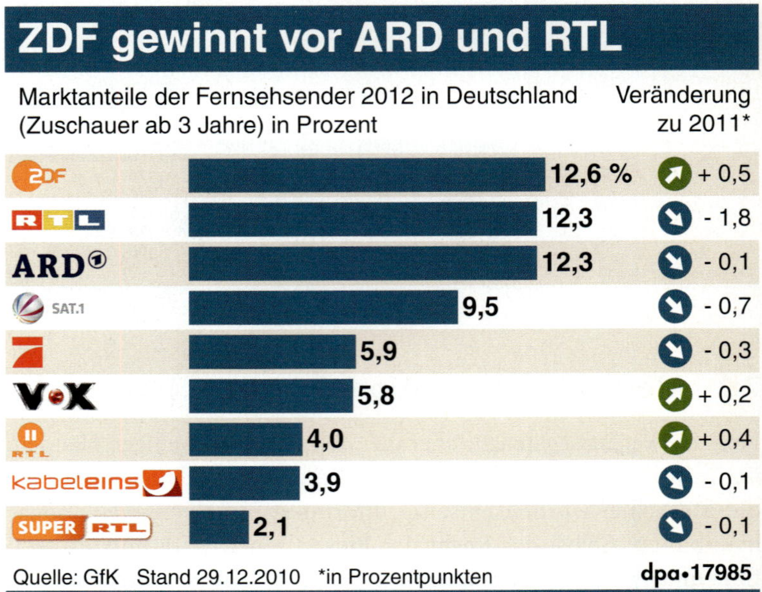

Finden Sie die Fernsehsender heraus, die zu einem Medienkonzern gehören.

Zusammenfassung

Unter Massenmedien in der Demokratie versteht man Informationsträger, die ein breites Publikum erreichen. Sie haben eine Informations-, Meinungsbildungs- und Kontrollfunktion.

Das Recht auf freie Meinungsäußerung (Pressefreiheit) ist ein wichtiger Bestandteil der Demokratie. Die Medienfreiheit gilt als Maßstab für den Entwicklungsstand der Demokratie in einer Gesellschaft.

Auf dem deutschen Markt für Print-Medien gibt es sehr viele Titel, aber nur einige wenige Pressekonzerne.

Wissens-Check

1. Wie werden Massenmedien verbreitet?
2. Beschreiben Sie drei wesentliche Funktionen, die Massenmedien in der Demokratie haben.
3. Welchen Zuschaueranteil dürfen private TV-Sender höchstens haben? Warum wurde diese Begrenzung eingeführt?

Kompetenzbereich 4: Das politische System Deutschlands erfassen

1 Kommunale Selbstverwaltung
2 Föderalismus
3 Landtag und Landesregierung
4 Oberste Bundesorgane
5 Gesetzgebungsverfahren auf Bundesebene

1 Kommunale Selbstverwaltung

Der Bürger kann politische Entscheidungen in seiner Gemeinde miterleben und mitgestalten. Das Selbstverwaltungsrecht der Gemeinden ermöglicht praxisgerechte Lösungen. Die Infrastruktur in einem Wohnort betrifft jeden tagtäglich. Keiner kann auf die Dienstleistungen der kommunalen Verwaltung verzichten.

Infrastruktur:
Z. B. öffentliche Bauten, Einrichtungen wie Straßen und Schulen

PRESSESCHAU

Viel Geld für Spielplätze – Stadt Sulzbach investiert in diesem Jahr über 80.000 Euro

Über die Investitions- und Unterhaltungstätigkeiten auf den Spielplätzen im Stadtgebiet für dieses Jahr informierte die Verwaltung den Stadtrat in dieser Woche.

Saarbrücker Zeitung, 14.05.2016

Seit der Gebietsreform in den 1970er-Jahren gibt es im Saarland 52 Gemeinden, fünf Landkreise und den Regionalverband Saarbrücken. Die sich selbst verwaltenden Kommunen stellen nach Bund und Land die dritte politische Ebene dar.

1.1 Aufgaben der Kommunen

Aus dem Recht, die örtlichen Angelegenheiten selbst zu regeln, ergeben sich die Aufgaben aus dem eigenen Wirkungskreis der Gemeinden und Landkreise.

Dabei handelt es sich einmal um freiwillige Aufgaben, beispielsweise um den Bau von Sportanlagen, Kinderspielplätzen, Theatern und Museen.

Daneben gibt es die Pflichtaufgaben, die von Bundes- und Landesebene festgelegt werden, die jede Gemeinde erfüllen muss. Allerdings haben die Gemeinden bei der Ausführung einen eigenen Gestaltungsspielraum. Darunter fallen etwa Kindergärten, Gemeindestraßen, Trinkwasserversorgung, Abwasserentsorgung und die Feuerwehr.

Der Weg zum Rathaus ist für die meisten Bürger kurz. Daher werden Gemeinden und Landkreisen viele Verwaltungsaufgaben übertragen. Diese Weisungsaufgaben werden im Auftrag und unter Aufsicht des Landes und des Bundes umgesetzt. Hier haben die Gemeinden keine Entscheidungsfreiheit. Dazu gehören unter anderem die Ausstellung von Personalausweisen und die Abwicklung von Wahlen.

	Freiwillige Aufgaben	Pflicht-aufgaben	Weisungs-aufgaben
Landkreise, bzw. Regionalverband	ÖPNV, Sportstätten, Kindertagesstätte, ...	Sozialhilfe, Berufsschulen, ...	Bauaufsicht, Gewerbeaufsicht, Kfz-Zulassung, ...
Gemeinden	Kindergärten, Sportanlagen, Kinderspielplätze, Theater, Museen, ...	Wasserversorgung, Feuerwehr, Gemeindestraßen, ...	Standesamt, Pass- und Meldeamt, ...

Beispielhafte Aufgabenverteilung im Saarland zwischen den Landkreisen (bzw. dem Regionalverband) und den Gemeinden im Rahmen der kommunalen Selbstverwaltung

ÖPNV:
Öffentlicher Personennahverkehr (z. B. Busse, Züge und Straßenbahnen)

1. Was versteht man unter dem Begriff kommunale Selbstverwaltung?
2. Welche Aufgaben werden in Ihrer Heimatgemeinde erfüllt?
3. Welche Vorteile hat die kommunale Selbstverwaltung?

1.2 Entscheidungsprozesse in den Kommunen

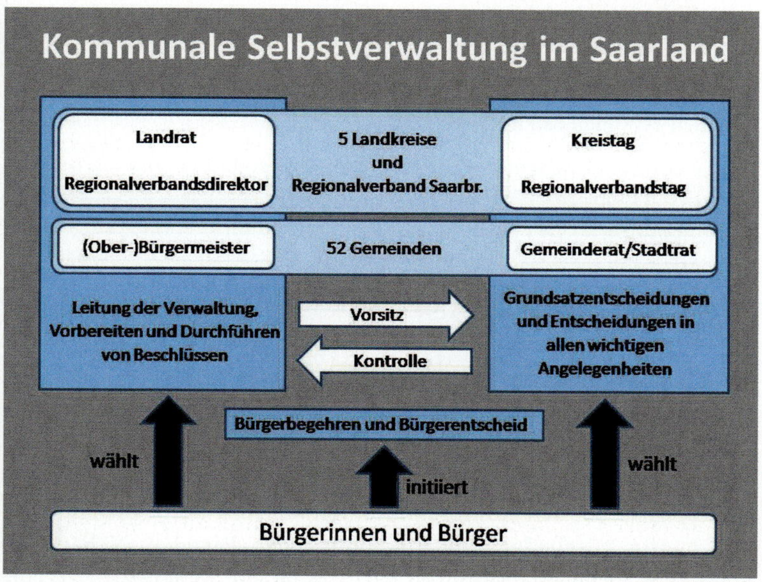

Auf der kommunalpolitischen Ebene gibt es in den Landkreisen und Gemeinden jeweils zwei voneinander unabhängige Organe. In den Landkreisen haben wir Kreistage als parlamentarische Vertretungen der Bürger und Landräte als Chefs der Verwaltung. In den Gemeinden haben wir Gemeinderäte und direkt gewählte Bürgermeister. Staatsangehörige anderer Mitgliedstaaten der Europäischen Union haben nur auf der kommunalpolitischen Ebene das aktive und das passive Wahlrecht.

Darüber hinaus haben die Bürger die Möglichkeit, sich mit Bürgerbegehren und Bürgerentscheiden direkt in die Kommunalpolitik einzumischen.

Der Gemeinderat

Bei der Kommunalwahl im Saarland wählen die wahlberechtigten Bürger alle fünf Jahre Orts-, Gemeinde- und Stadträte nach dem Prinzip der Verhältniswahl. Die Mitglieder dieser kommunalen Volksvertretungen sind ehrenamtlich tätig.

PRESSESCHAU

Trotz roter Zahlen will Merzig investieren

Stadtrat beschließt Haushalt für 2017

Der Merziger Haushalt für das kommende Jahr ist in trockenen Tüchern. 29 Ja-Stimmen gab es in der Jahresabschluss-Sitzung für das Zahlenwerk, vier Nein-Stimmen und zwei Enthaltungen. Gemeinderat ist glücklich mit dem Haushalt für 2016.

Saarbrücker Zeitung, 21.12.2016

PRESSESCHAU

Stadt Püttlingen erhöht Kita-Beiträge

26 Ja- bei drei Nein-Stimmen im Stadtrat – Verwaltung rechnet mit steigenden Personalkosten

In den drei städtischen Kitas in Püttlingen steigen mit Beginn des neuen Jahres die Beiträge.

Saarbrücker Zeitung, 27.12.2016

Die wichtigen Projekte einer Gemeinde wie z. B. der Bau eines Sportplatzes werden vom Gemeinderat beraten. In Städten bezeichnet man ihn als Stadtrat. Der Gemeinderat tagt zumeist in öffentlicher Sitzung. Der Bürgermeister leitet die Sitzungen des Gemeinderates. Er setzt sich aus den Gemeinderatsmitgliedern zusammen. Deren Anzahl ist von der Größe der jeweiligen Gemeinde abhängig. Sie werden von den Bürgern bei den Kommunalwahlen auf fünf Jahre gewählt und sind häufig Mitglieder einer der politischen Parteien. Neben den bekannten Parteien auf Bundes- und Landesebene sind in vielen Gemeinderäten auch Wählergruppen und Freie Listen vertreten. Der Gemeinderat ist zuständig für

- Grundsatzentscheidungen
- Erlass von Satzungen (z. B. Gebührensatzung für die Stadtbibliothek)
- Beschluss des Haushalts der Gemeinde
- Kontrolle des Bürgermeisters und der Verwaltung
- die Einstellung von Gemeindebediensteten

Die gewählten Ortsräte vertreten die Interessen der jeweiligen Ortsteile. Meistens sprechen sie nur Empfehlungen an den Gemeinderat aus.

Der Bürgermeister

PRESSESCHAU

Schwinn ist neuer Bürgermeister von Saarwellingen

Der 57-jährige SPD-Politiker Manfred Schwinn wird im November neuer Bürgermeister der Gemeinde Saarwellingen. Er setzte sich am Sonntag in einer Stichwahl mit 59,6 Prozent der Stimmen gegen Heiko Moutty (CDU) durch. Die Wahlbeteiligung in Saarwellingen lag bei 53,47 Prozent.

Saarbrücker Zeitung, 04.10.2016

Rathaus Saarwellingen

Der Bürgermeister bzw. Oberbürgermeister wird von den Bürgerinnen und Bürgern nach dem Prinzip der Mehrheitswahl direkt gewählt. Dadurch hat er eine gewisse Unabhängigkeit vom Gemeinderat und den Parteien. Erreicht keiner der Bürgermeisterkandidaten die absolute Mehrheit, kommt es zu einer Stichwahl unter den beiden Kandidaten mit den meisten Stimmenanteilen. Auch Einzelbewerber, die nicht von einer Partei nominiert wurden, haben bei der Direktwahl Aussichten gewählt zu werden.

Der Bürgermeister hat folgende Aufgaben:

- Vertretung der Gemeinde nach außen
- Vorsitz im Gemeinderat
- Leitung der Gemeindeverwaltung
- Zuständigkeit für laufende und dringende Angelegenheiten (z. B. Kauf von Büromaterial und Reparaturauftrag am Rathaus)

Der Bürgermeister und seine Gemeindeverwaltung bereiten die Entscheidungen für den Gemeinderat vor. Dies ermöglicht dem Bürgermeister auf die Willensbildung im Gemeinderat einzuwirken.

1. Ist der Bürgermeister der Chef der Gemeinde?
2. Was sind die Vor- und Nachteile eines starken Bürgermeisters?

Landkreise und Landrat

Das Saarland ist in fünf Landkreise und den Regionalverband Saarbrücken eingeteilt. Die Kreistage sind die Volksvertretung des Landkreises bzw. der Regionalverbandstag des Regionalverbandes Saarbrücken. Diese werden alle fünf Jahre im Rahmen der Kommunalwahl nach dem Prinzip der Verhältniswahl gewählt.

Kompetenzbereich 4

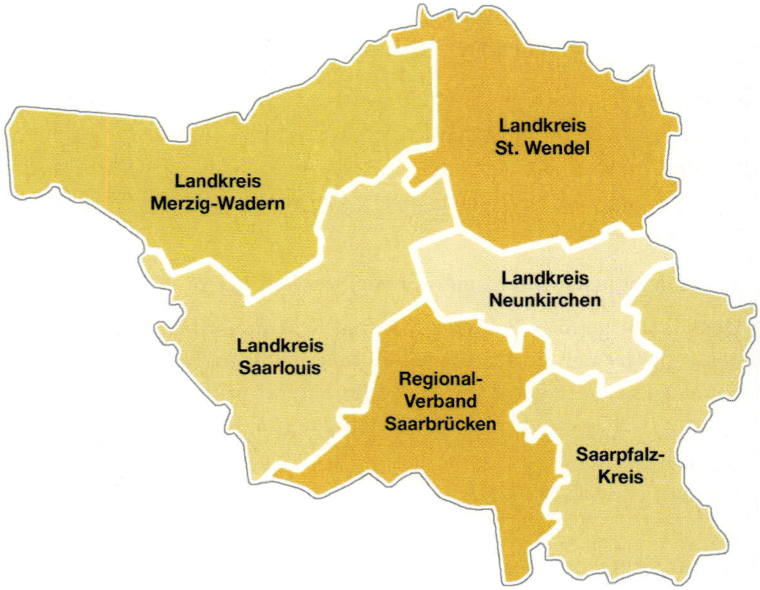

Landratsamt Saarlouis

PRESSESCHAU

Kreistag verabschiedet Haushalt

Die größten Ausgabenbereiche sind auch 2017 wieder Jugend, Soziales und Schulen

In seiner heutigen Sitzung verabschiedet der Kreistag den Haushalt 2017. Im kommenden Jahr steigt die Kreisumlage um rund 4,8 Millionen: ...

Saarbrücker Zeitung, 12.12.2016

Der Kreistag beschließt über alle Selbstverwaltungsangelegenheiten des Landkreises. Der Schwerpunkt liegt im Bereich Jugend und Soziales, für den der größte Teil des Haushaltes aufgewandt wird.

Wie die Bürgermeister wird der Landrat bzw. Regionalverbandsdirektor direkt von der Bevölkerung gewählt. Er ist der Leiter der Kreisverwaltung (Landratsamt) und der gesetzliche Vertreter des Landkreises. Zum Landratsamt gehören u. a.:

- Sozial- und Jugendamt
- Gesundheitsamt
- Fahrzeugzulassungsstelle
- Bauaufsichtsbehörde

Der Landrat führt in den Sitzungen des Kreistages und deren Ausschüssen den Vorsitz. Er bereitet mit seiner Verwaltung Beschlüsse für den Kreistag vor und führt sie aus

Ermitteln Sie auf der Internetseite Ihres Landkreises bzw. Regionalverbandes Aufgaben des Landkreises.

Bürgerbegehren und Bürgerentscheid

Die Bürgerinnen und Bürger können in bestimmten Angelegenheiten der Gemeinde unter gewissen Voraussetzungen ein Bürgerbegehren initiieren und einen Bürgerentscheid herbeiführen. Dann entscheiden die Bürger und nicht mehr die „Volksvertreter" über eine bestimmte Frage. Statt repräsentativer Demokratie wird ein Element der direkten Demokratie genutzt.

Zusammenfassung

Kommunen haben laut Grundgesetz das Recht, ihre Angelegenheiten selbst zu regeln. Der Gemeinderat und der Bürgermeister sind die beiden Hauptorgane der Gemeinden.

Der Gemeinderat trifft Grundsatzentscheidungen, erlässt Satzungen, beschließt den Haushalt, entscheidet über die Einstellung von Gemeindebediensteten und kontrolliert den Bürgermeister sowie die Verwaltung.

Der Bürgermeister wird nach dem Prinzip der Mehrheitswahl direkt gewählt. Er leitet unter anderem die Gemeindeverwaltung, führt den Vorsitz im Gemeinderat, vertritt die Gemeinde nach außen und erledigt laufende Angelegenheiten.

Der Kreistag und der Landrat sind die beiden Hauptorgane des Landkreises. Der Regionalverbandstag und der Regionalverbandsdirektor sind die beiden Hauptorgane des Regionalverbandes Saarbrücken.

Der Kreistag oder der Regionalverbandstag beschließt über alle Selbstverwaltungsangelegenheiten des Landkreises.

Der Landrat oder Regionalverbandsdirektor wird direkt gewählt und leitet die Kreisverwaltung.

Mit dem Bürgerbegehren und Bürgerentscheid haben die Gemeindebürger die Möglichkeit, einzelne Entscheidungen der Gemeinden mitzugestalten.

Wissens-Check

1. Erklären Sie den Unterschied zwischen Freiwilligen-, Pflicht- und Weisungsaufgaben einer Gemeinde und nennen Sie jeweils zwei Beispiele.
2. Eine Gemeinde baut eine Sporthalle. Wer entscheidet in der Gemeinde über den Bau? Wer bereitet diese Entscheidung vor? Wer führt die Entscheidung für den Bau der Sporthalle aus?
3. Wie werden die Gemeinderäte und Kreistage sowie die Bürgermeister und Landräte gewählt?
4. Wer kontrolliert den Bürgermeister?
5. Wie können Sie die Selbstverwaltung in Ihrer Gemeinde beeinflussen?

2 Föderalismus

2.1 Sinn der bundesstaatlichen Ordnung

Die Bundesrepublik Deutschland besteht aus sechzehn deutschen Bundesländern. Die bundesstaatliche Ordnung bewahrt Vielfalt und erzeugt zugleich Einheit. Auf regionale Unterschiede kann die Politik besser eingehen. Daneben gibt es viele Gemeinsamkeiten wie die verfassungsmäßige Ordnung und die gemeinsame deutsche Geschichte. Der Bundesstaat bietet somit ein gemeinsames Dach der Einheit und ermöglicht den einzelnen Ländern dennoch Verschiedenartigkeit.

Kohlegrubenförderturm in Göttelborn und Containerhafen in Hamburg

Durch die Unterschiedlichkeit zwischen den Ländern eines Bundesstaates entstehen Wettbewerb und Experimentierfreudigkeit. Einzelne Länder können sich in ihrem Zuständigkeitsbereich etwa bei der Ganztagsschule, der Drogenbekämpfung und in der Hochschulpolitik eigene Ziele setzen.

PRESSESCHAU

Neue Schul-Ära im Saarland beginnt

63 Schulen im Land gelten ab Donnerstag als Gemeinschaftsschulen

Saarbrücker Zeitung, 14.08.2012

Massentourismus in den Alpen hinterlässt Spuren

Bayerische Staatsregierung will Gegenmaßnahmen ergreifen.

Worin liegt der Vorteil, wenn die oben genannten Probleme durch das betroffene Bundesland gelöst werden?

Probleme lassen sich häufig vor Ort besser lösen. Die betroffenen Bürger haben ein starkes Interesse an einem Ergebnis. Ihre Kenntnisse und Erfahrungen sind dabei wertvoll. Wenn staatliche Entscheidungen auf unteren bzw. untersten Ebenen getroffen werden, spricht man von **Subsidiarität**. In einem Bundesstaat können bestimmte Aufgaben durch die Länder besser gelöst werden.

Subsidiarität:
Der Staat wird nur unterstützend tätig. Die Verantwortung soll bei kleineren Gemeinschaften liegen.

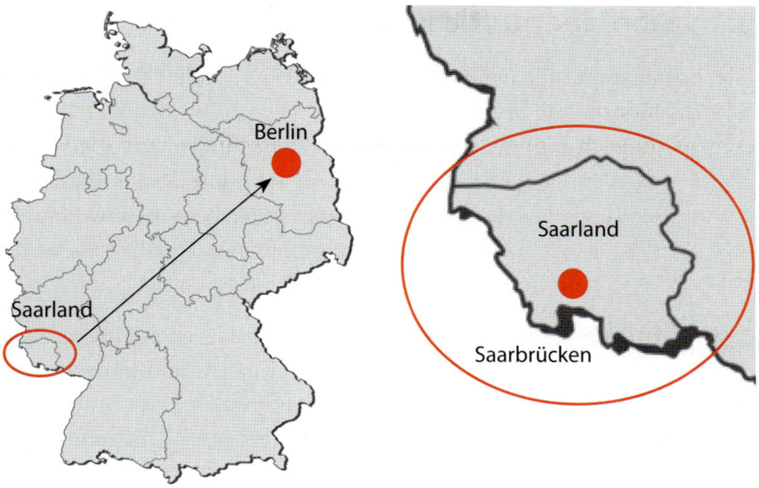

Problemnähe im Zentralstaat und im Bundesstaat

Die Entscheidungen sind den örtlichen Gegebenheiten angepasst. So verlangt der Öffentliche Personennahverkehr (ÖPNV) im Saarland andere Maßnahmen als jener in Berlin.

2.2 Strukturen und Aufgaben

Die Verfassungsgrundsätze, die die Bundesländer berücksichtigen müssen, sind im Grundgesetz festgeschrieben. Darüber hinaus Gehendes kann von den einzelnen Bundesländern selbst geregelt werden, z. B. das Wahlverfahren für die Landesregierung. Daher unterscheiden sich die Wahlsysteme in den einzelnen Bundesländern. Die Bundesländer haben eigene Länderverfassungen.

Horizontale und vertikale Gewaltenteilung

		Horizontale Gewaltenteilung		
		Legislative gesetzgebende Gewalt	**Exekutive ausführende Gewalt**	**Judikative rechtsprechende Gewalt**
Vertikale Gewaltenteilung	**Bundesebene**	**Bundestag und Bundesrat**	**Bundesregierung mit ihrer Verwaltung** z. B. Bundesamt für Statistik, Bundeskriminalamt	**Bundesgerichte** z. B. Bundesverfassungsgericht, Bundesgerichtshof
	Landesebene	**Parlamente der Länder** z. B. Landtag des Saarlandes, Hamburgische Bürgerschaft	**Landesregierung mit ihrer Verwaltung** z. B. Polizei, Landesamt für Denkmalschutz, Landratsämter	**Landesgerichte** z. B. Saarländischer Verwaltungsgerichtshof, Amtsgericht

Horizontale und vertikale Gewaltenteilung auf Bundes- und Landesebene

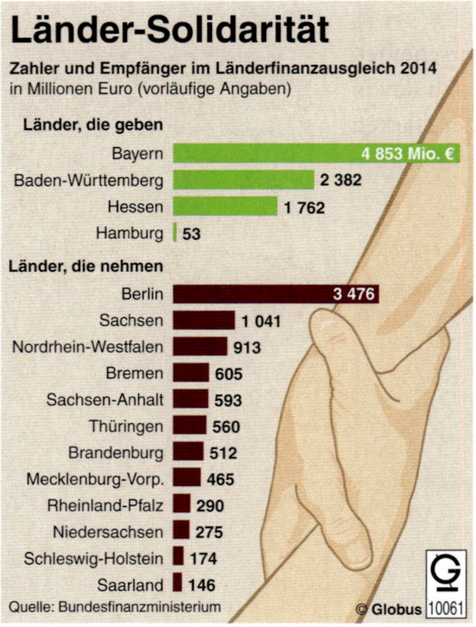

Der Föderalismus der Bundesrepublik Deutschland macht es möglich, dass es ein Landesparlament wie den Saarländischen Landtag, eine Landesregierung und einen Saarländischen Verwaltungsgerichtshof gibt. Die Aufteilung der Staatsgewalt in eine Legislative, Exekutive und Judikative wird als horizontale Gewaltenteilung bezeichnet.

Indem im föderalistischen Staat bestimmte Entscheidungen auf untere Ebenen, also die Länder, verlagert werden, kommt es zu einer zusätzlichen Gewaltenteilung, die von oben nach unten wirkt. Sie wird als vertikale Gewaltenteilung bezeichnet.

Das Saarland verfügt auf der Bundesebene über einen gewissen Einfluss. Einerseits wirken die Bundesländer durch ihre Vertreter im Bundesrat an der Bundesgesetzgebung mit. Andererseits gehören dem Bundestag saarländische Abgeordnete an.

Staatsfinanzierung

Die Staatsgewalt verteilt sich im Föderalismus auf den Bund und die Länder. Die Steuereinnahmen müssen sich dementsprechend auch auf die beiden Ebenen verteilen. Dem Bund stehen u. a. Zölle, Tabak- und Mineralölsteuer zu. Die Länder erhalten Erbschafts-, Grunderwerbs- und Schenkungssteuer. Die Einnahmen der Einkommens-, Körperschafts- und Umsatzsteuer fließen dem Bund und den Ländern gemeinsam zu. Länder mit hoher Finanzkraft (z. B. Bayern, Hessen und Baden-Württemberg) müssen einen Finanzausgleich an finanziell schwächere Länder (z. B. Saarland, Rheinland-Pfalz und Berlin) leisten.

2.3 Probleme des Föderalismus

Der Föderalismus der Bundesrepublik Deutschland ist nicht unumstritten. Kritik entzündete sich am zu starken Einfluss der Länder an der Bundesgesetzgebung durch den Bundesrat und an der geringen Möglichkeit der Länder, selbst Gesetze zu erlassen. Die konkurrierende Gesetzgebung lasse den Ländern kaum noch Gelegenheit, eigene Gesetze zu verabschieden. Diese Kritikpunkte wurden mit den Bestimmungen der Föderalismusreform gemildert.

> Wenn die Bundesländer in vermehrtem Umfang Gesetze selbst verabschieden können, kann sich eine Uneinheitlichkeit ergeben. Sehen Sie darin einen Nachteil oder Vorteil?

Die Bundesstaatlichkeit ermöglicht Vielfalt. Der Preis dafür sind die Kosten, die sich aus sechzehn Länderregierungen und Länderparlamenten ergeben. Ein weiteres Problem des Bundesstaates liegt darin, dass sich die Wirtschaftskraft in den Bundesländern unterscheidet. Die Lebensverhältnisse der Bundesbürger hängen somit auch davon ab, ob der Einzelne in einem wirtschaftlich schwachen oder starken Bundesland wohnt. Um die Leistungsfähigkeit zu steigern, erlaubt das Grundgesetz einen Zusammenschluss von Bundesländern.

Eine **Neugliederung** von Bundesländern wird immer wieder diskutiert. Dafür ist in den betroffenen Bundesländern ein Volksentscheid notwendig. Daran scheiterte im Jahre 1996 eine Fusion der Bundesländer Brandenburg und Berlin.

© Dave Vaughan

Neugliederung im Südwesten: 1952 entstand aus einem Zusammenschluss von drei Ländern das Bundesland Baden-Württemberg.

PRESSESCHAU

Fusions-Forderung läuft stets ins Leere

„Neuer Ruf nach Länderfusion"

Die Forderung nach einer Länderneugliederung kommt in steten Intervallen mit sehr guten Argumenten – und läuft ebenso sicher stets ins Leere. (...) Die Regelung, dass die Bevölkerung einer Neugliederung zustimmen muss, blockiert diese so lange, bis alle mit dem Rücken an der Wand stehen.

Saarbrücker Zeitung, 02.01.2010

1. Halten Sie eine Neugliederung der Bundesländer für sinnvoll?
2. Ordnen Sie die Landkarte Deutschlands neu! Welche Bundesländer würden Sie verschmelzen? Begründen Sie Ihre Veränderungen.

Kompetenzbereich 4

2.4 Strukturwandel

PRESSESCHAU

Das Saarland lebt den Strukturwandel

Wer das Saarland kennt, denkt schnell an einen klassischen Industriestandort. Die Metall-Industrie hat hier – wie auch der Bergbau – schon immer einen besonderen Stellenwert eingenommen. Der Bergbau ist Vergangenheit, dafür haben sich in vielen anderen Technologie-Bereichen aber Türen weit geöffnet. Der Strukturwandel ist überall sichtbar und bringt frischen Wind in die Saar-Wirtschaft.

Saarbrücker Zeitung, 31.10.2011

Von der Montanindustrie zur Automobilindustrie

Die Montanindustrie prägte über lange Zeit das Gesicht und die wirtschaftliche Struktur des Saarlandes. 1960 waren ca. 25 Prozent der Arbeitnehmer (ca. 80.000) direkt in den Bereichen Kohle und Stahl beschäftigt. Rechnete man die indirekt mit der Montanindustrie verbundenen Wirtschaftsbereiche hinzu, ergab sich eine Abhängigkeit der saarländischen Arbeitsplätze von diesem Sektor von fast 50 Prozent.

Nach den ersten Krisen der Kohle- und Stahlindustrie siedelten Unternehmen wie Ford, Bosch, der Getriebehersteller ZF, Michelin und Eberspächer im Saarland an. Diese profitierten von dem Angebot an Arbeitskräften und von deren Bereitschaft in Schichtmodellen zu arbeiten.

Derzeit sind in der Kohle- und Stahlindustrie nur noch ca. 5 Prozent der saarländischen Arbeitnehmer beschäftigt. Die meisten Arbeitnehmer der produzierenden Betriebe im Saarland arbeiten direkt oder indirekt für die Automobilindustrie. Auch sonst ist der Strukturwandel spürbar: Über 70 Prozent der Arbeitsplätze des Saarlandes sind mittlerweile im Dienstleistungsbereich angesiedelt.

> Ermitteln Sie die größten privaten Arbeitgeber im Saarland. Wie viele Mitarbeiter beschäftigen sie und welcher Branche gehören diese an?

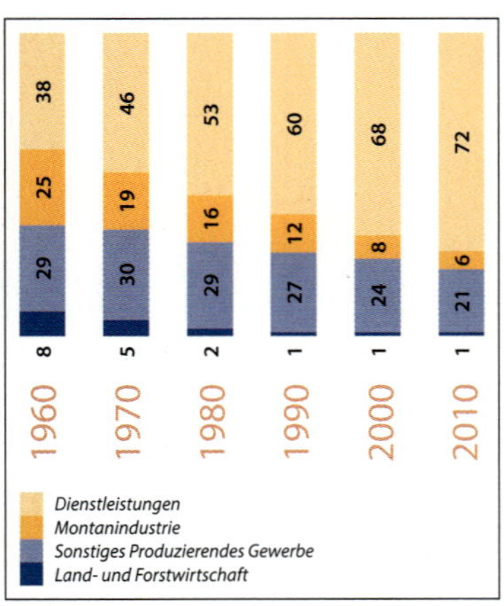

Strukturwandel nach Wirtschaftszweigen (Anteil an Erwerbstätigen in Prozent)

Zusammenfassung

Die Bundesrepublik Deutschland ist ein Bundesstaat.

Der Bundesstaat ermöglicht seinen Ländern Vielfalt und Wettbewerb untereinander.

Der Föderalismus begünstigt die Subsidiarität und schafft Problembewusstsein sowie Bürgernähe.

Es gibt Steuern, die entweder dem Bund oder den Ländern zustehen. Gewisse Steuern sind Gemeinschaftssteuern.

Es gibt einen Finanzausgleich.

Eine Neugliederung von Bundesländern ist durch einen Volksentscheid möglich.

Wissens-Check

1. Können Sie an der Landkarte Deutschlands erkennen, dass die Bundesrepublik Deutschland ein Bundesstaat ist? Begründen Sie Ihre Antwort.
2. Ein Weg der allgemeinen Bildungsabschlüsse führt jetzt im Saarland über das Gymnasium oder die Gemeinschaftsschule. In anderen Bundesländern stehen Schülern andere Schulformen zur Verfügung. Welches Merkmal eines Bundesstaates erkennen Sie darin?
3. Warum bietet ein föderalistischer Staat mehr Bürgernähe als ein Zentralstaat?
4. Nennen Sie Kritikpunkte am Föderalismus in der Bundesrepublik Deutschland.

3 Landtag und Landesregierung

3.1 Der Landtag

Der saarländische Landtag hat eine Legislaturperiode von fünf Jahren und wird nach den Grundsätzen eines Verhältniswahlrechts gewählt. Ihm gehören 51 Abgeordnete an. Nach der letzten Landtagswahl vom 26. März 2017 bildete sich erneut eine Große Koalition aus CDU und SPD.

Plenarsaal des Landtages des Saarlandes

Die Hauptaufgaben des saarländischen Landtages sind typisch für ein Parlament:

- Gesetzgebungsbefugnis
- Wahl des Ministerpräsidenten
- Beschluss des Landeshaushaltes
- Kontrolle der Landesregierung

Gesetzgebung

Ausschließliche Gesetzgebung des Bundes Nur der Bund erlässt Gesetze	**Konkurrierende Gesetzgebung** Die Länder dürfen nur dann Gesetze erlassen, wenn nicht schon der Bund dies getan hat.	**Gesetzgebungsrecht der Länder** Die Länder dürfen Gesetze erlassen.
Artikel 71 GG	**Artikel 72 GG**	**Art. 70 Abs. 1 GG**
Beispiele: auswärtige Angelegenheiten, Verteidigung, Passwesen, Ein- und Auswanderung	**Beispiele:** bürgerliches Recht, Strafrecht, Vereinsrecht, Sozialhilferecht, Sozialversicherungsrecht, Arbeitsrecht	**Beispiele:** Schulwesen, Kommunalrecht (Recht der Gemeinden, Landkreise, Bezirke), Polizeirecht, Strafvollzug, Ladenschlussregelungen
Artikel 73 GG	**Artikel 74 GG**	

für die Länder gilt **für die Länder gilt**

Die Gesetzgebungszuständigkeit zwischen Bund und den Ländern

https://www.landtag-saar.de

Das Recht, Gesetze zu beschließen, gehört zu den wichtigsten Aufgaben jedes demokratisch gewählten Parlamentes. Dabei sind die Zuständigkeiten zwischen dem Bund und den Bundesländern aufgeteilt und durch das Grundgesetz genau geregelt.

Kultusministerkonferenz (KMK): Die Kultusminister der einzelnen Bundesländer stimmen sich z. B. hinsichtlich der Anforderungen in den Schulen ab.

Verschiedentlich wollen die Länder einen Konsens untereinander erreichen. Dies erfolgt in **Konferenzen** der Ministerpräsidenten oder Fachminister der einzelnen Bundesländer. Bei der Gesetzgebung der Bundesgesetze sind die Bundesländer nicht ohne Einfluss. Durch den Bundesrat wirken die Länder bei der Gesetzgebung des Bundes mit.

Über Volksbegehren und Volksentscheide können die Bürgerinnen und Bürger an der Gesetzgebung des Landes mitwirken.

Gesetzesvollzug

Die Ausführung der Länder- und Bundesgesetze erfolgt weitgehend durch die Verwaltung der Bundesländer, z. B. Ausbildungsförderung nach dem Bundesausbildungsförderungsgesetz. Nur für vereinzelte Bundesgesetze sind die Behörden des Bundes zuständig.

> Worin liegt der Sinn, dass viele Bundesgesetze durch bereits vorhandene Behörden der Bundesländer vollzogen werden?

3.2 Die Landesregierung

> **Art. 86 SVerf**
> Die Landesregierung besteht aus dem Ministerpräsidenten, den Ministern und Staatssekretären als weitere Mitglieder.

http://www.saarland.de/12291.htm

Die Mehrheit im Landtag wählte Annegret Kramp-Karrenbauer zur Ministerpräsidentin. Sie ernennt und entlässt mit Zustimmung des Landtages die Minister und Staatssekretäre.

Im Vergleich zum Landtag kann die Landesregierung auf die Landesverwaltung mit ihren spezialisierten Sachkenntnissen zugreifen. Daher wird der weitaus größte Teil an Gesetzesentwürfen von der Landesregierung in den Landtag eingebracht

Die Kontrolle der Regierung

Opposition: Diejenigen im Parlament vertretenen Parteien, die nicht an der Regierung beteiligt sind

Die Abgeordneten kontrollieren nicht nur nachträglich das Handeln der Regierung. Das Parlament formuliert auch Empfehlungen für zukünftiges politisches Handeln. Die Haushaltsberatungen sind ein Beispiel für diese doppelte Kontrollfunktion. Einerseits bieten diese der **Opposition** die Gelegenheit einer Generalabrechnung mit der Politik der Landesregierung. Andererseits hat das Parlament die Möglichkeit, die Politik der Regierung zu beeinflussen.

PRESSESCHAU

Haushaltsentwurf im Saarland sieht 526 Millionen neue Schulden vor

Saarbrücken. Ein kräftiger verbaler Schlagabtausch zwischen Regierungs- und Oppositionsparteien hat gestern zeitweise die Haushaltsdebatte im saarländischen Landtag bestimmt. Während Linke, Piraten und Grüne erhebliche Zweifel an der Wirksamkeit der schwarz-roten Sparpolitik äußerten, sahen CDU und SPD sich mit dem Etatentwurf 2013 auf dem richtigen Konsolidierungspfad. ...

Saarbrücker Zeitung, 18.10.2012

Zur Ausübung der Kontrollfunktion stehen dem Parlament eine Reihe von Instrumenten zur Verfügung, wie z. B. eine Anfrage oder ein **Untersuchungsausschuss**. Das stärkste Kontrollinstrument des Saarländischen Landtages ist das Misstrauensvotum. Verliert die Regierung (Ministerpräsident und die Minister) das Vertrauen des Landtages, dann muss sie aus dem Amt ausscheiden.

Untersuchungsausschuss
Eine Gruppe von Abgeordneten, die Sachverhalte untersuchen, deren Aufklärung im öffentlichen Interesse liegen.

Zusammenfassung

Die Staatsgewalt in der Bundesrepublik Deutschland ist zwischen der Bundes- und Landesebene aufgeteilt (vertikale Gewaltenteilung). In den Ländern gibt es Landesregierungen, Landesparlamente und Landesgerichte (horizontale Gewaltenteilung).

Die Gesetzgebung in der Bundesrepublik Deutschland wird weitgehend vom Bund ausgeübt.

Die Bundesländer übernehmen in der Bundesrepublik Deutschland weitgehend den Gesetzesvollzug.

Der saarländische Landtag wird nach den Grundsätzen eines Verhältniswahlrechts alle fünf Jahre gewählt. Ihm gehören 51 Abgeordnete an. Zu seinen Aufgaben gehört die Wahl des Ministerpräsidenten, die Gesetzgebung und der Beschluss des Landeshaushaltes sowie die Kontrolle der Landesregierung.

Die Landesregierung besteht aus dem Ministerpräsidenten, den Ministern und Staatssekretären.

Wissens-Check

1. Wer beschließt Gesetze, die nur im Saarland gelten?
2. Nennen Sie zwei Bereiche, in denen die Bundesländer selbst Gesetze erlassen können.
3. Nennen Sie zwei Bereiche, in denen die Bundesländer in keinem Fall Gesetze erlassen können.
4. Wer ist in der Aufgabenverteilung zwischen Bund und Ländern für den Gesetzesvollzug in der Regel zuständig?

4 Oberste Bundesorgane

Jeder Staat benötigt Staatsorgane, um seine Aufgaben auszuführen. In freiheitlichen Staaten werden Staatsorgane durch demokratische Wahlen legitimiert. Das Grundgesetz sieht als Staatsorgane die obersten Bundesorgane vor.

Zu den ständigen obersten Bundesorganen zählen:

- der Bundestag (Abs. III des GG, Art. 38–48)
- die Bundesregierung (Abs. VI des GG, Art. 62–69)
- der Bundesrat (Abs. IV des GG, Art. 50–53)
- der Bundespräsident (Abs. V des GG, Art. 54–61)
- das Bundesverfassungsgericht (GG, Art. 93, 94, 99, 100)

Die nichtständigen obersten Bundesorgane sind der Gemeinsame Ausschuss und die Bundesversammlung.

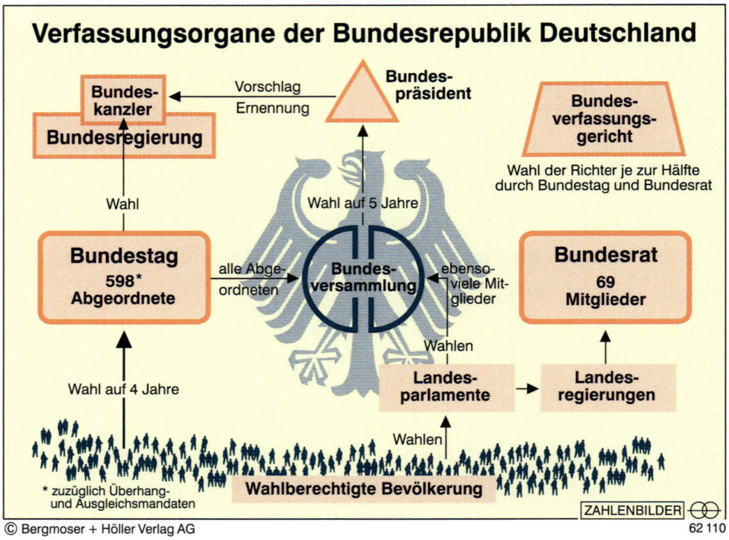

© Bergmoser + Höller Verlag AG

4.1 Der Bundestag

Wenn vom Parlament der Bundesrepublik Deutschland gesprochen wird, ist der Bundestag gemeint. Er stellt die Volksvertretung Deutschlands dar und wird vom Volk auf vier Jahre gewählt. Der Deutsche Bundestag hat mindestens 598 Abgeordnete.

Deutscher Bundestag im Reichstagsgebäude in Berlin

© thorabeti – fotolia.com

Bei der Bundestagswahl am 22. September 2013 wurde der 18. Deutsche Bundestag gewählt. Ihm gehören mit den Überhang- und Ausgleichsmandaten 631 Abgeordnete an. Die **Koalitionsfraktionen** (bzw. Regierungskoalitionen) CDU/CSU und SPD haben 504 Abgeordnete. Die **Oppositionsfraktionen** aus Die Linke und Bündnis 90/Die Grünen zählen 127 Abgeordnete.

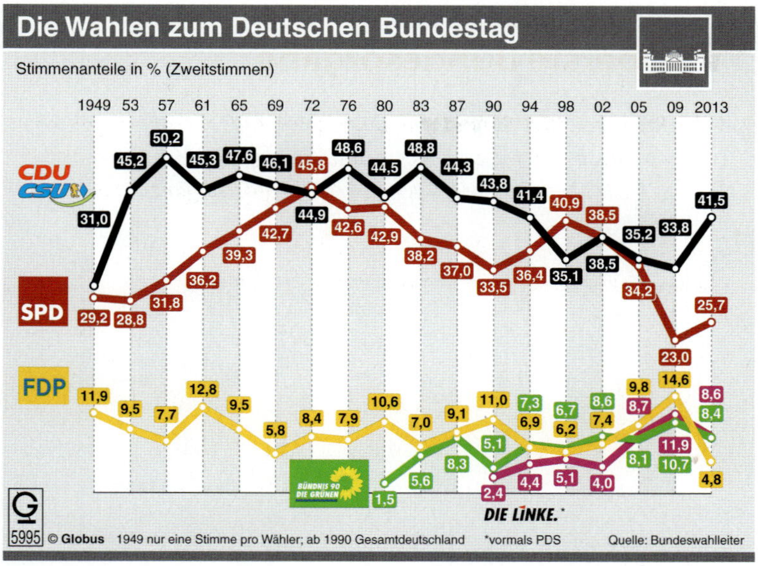

http://www.bundestag.de/bundestag

Die Hauptaufgaben des Bundestages sind die:

- Gesetzgebungsfunktion; häufig unter Mitwirkung des Bundesrats.
- Wahlfunktion. Der Bundestag wählt u. a. den Bundeskanzler und ist an der Wahl des Bundespräsidenten sowie der Verfassungsrichter beteiligt.
- Kontrollfunktion gegenüber der Regierung und deren Verwaltung. Dies geschieht im Bundestag hauptsächlich durch die Oppositionsfraktionen (z. B. durch Untersuchungsausschüsse und Anfragen).
- Willensbildungs- und Artikulationsfunktion. Wichtige politische Themen werden diskutiert, Lösungen und Alternativen werden angeboten.

Weitere Aufgaben des Parlaments sind die Zustimmung zum Bundeshaushalt und zu Staatsverträgen sowie die Entscheidungsgewalt über die Entsendung von Bundeswehrsoldaten in Krisenregionen.

Fraktion:
Bruchteil oder Teil eines Ganzen. Eine Fraktion bezeichnet einen freiwilligen Zusammenschluss von Abgeordneten zur Durchsetzung ihrer politischen Interessen und Ziele.

Koalitionsfraktion:
Jene Parteien, welche die Regierung unterstützen; zumeist identisch mit Mehrheitsfraktionen

Oppositionsfraktion:
Jene im Parlament vertretenen Parteien, die nicht die Regierung unterstützen.

PRESSESCHAU

Im „Tornado-Tempo" in den Krieg

Für die Bundestagsmehrheit ist der Kampf gegen den IS ein nötiger Schritt auf dem Weg zum Frieden, für die Linke ein Wettstreit ums Morden

Nur drei Wochen nach den Anschlägen von Paris entscheidet das deutsche Parlament, Soldaten in den Kampf gegen die Terrormiliz IS zu entsenden. 1200 Kräfte sollen in den Einsatz gegen die IS-Dschihadisten geschickt werden.

Saarbrücker Zeitung, 05.12.2015

Halten Sie es für nötig, dass der Bundestag die Entsendung von Bundeswehrsoldaten beschließen muss?

4.2 Die Bundesregierung

© dpa

Bundeskanzleramt in Berlin als Zentrum der Macht

https://www.bundesregierung.de

> **Art. 62 GG**
> Die Bundesregierung besteht aus dem Bundeskanzler und den Bundesministern.

Die politische Bedeutung der Bundesregierung

Die Bundesregierung stellt das Machtzentrum in der Bundesrepublik Deutschland dar. Das Ziel der Parteien besteht letztendlich darin, die Regierungsverantwortung zu übernehmen bzw. zu behalten. Wer sie besitzt, hat Chancen die eigenen politischen Ziele durchzusetzen. Um die Regierung bilden zu können, entwickelten sich in der Geschichte der Bundesrepublik Deutschland zumeist Koalitionen.

Die Bundesregierung wird formal der Exekutive (vollziehenden Gewalt) zugeordnet. Der Bundesregierung obliegt im Wesentlichen die Staatsleitung der Bundesrepublik Deutschland. Für eine **Legislaturperiode** bestimmt die Bundesregierung die politischen Ziele. Diese werden in der Regierungserklärung niedergeschrieben. Die Umsetzung erfolgt mit konkreten Gesetzesinitiativen, die von den Koalitionsfraktionen im Deutschen Bundestag unterstützt werden.

Legislaturperiode: Amtsdauer einer Volksvertretung

Die Bundesregierung vertritt die Bundesrepublik in den Organen der EU, der NATO und der UNO. Bei internationalen Konferenzen, wie z. B. zum Umweltschutz, handeln für Deutschland der Bundeskanzler oder der jeweilige Bundesminister. Die Vorbereitung von Verträgen mit anderen Staaten obliegt ebenfalls der Bundesregierung.

Der Bundeskanzler und die Bundesminister

„Auf den Kanzler kommt es an", so lautete ein Wahlslogan der CDU/CSU, bei dem die herausragende Stellung des Bundeskanzlers deutlich wird. Die wahlberechtigten Bürger können den Bundeskanzler aber nicht direkt wählen.

Wenn ein neu gewählter Bundestag zusammentritt, ist die Wahl des Bundeskanzlers eine seiner ersten Handlungen. Das Vorschlagsrecht liegt beim Bundespräsidenten. Er wird dem Bundestag jenen Kandidaten vorschlagen, der die besten Chancen hat, gewählt zu werden. Die Parteizugehörigkeit des Bundespräsidenten spielt für den Vorschlag keine Rolle. Der Bundeskanzler muss selbst nicht Abgeordneter des Bundestages sein. Für die Wahl ist die **absolute Mehrheit des Bundestages** notwendig. Der dabei gewählte Bundeskanzler wird vom Bundespräsident ernannt.

Absolute Mehrheit im Bundestag:
Die Mehrheit der gesetzlichen Mitgliederzahl des Bundestages. Diese wird auch als Kanzlermehrheit bezeichnet.

PRESSESCHAU

Merkel legt Amtseid ab

Rekordergebnis bei Kanzlerwahl – Kabinett nimmt Arbeit auf

Deutschland hat seit gestern eine neue Regierung. Bei ihrer dritten Wahl zur Bundeskanzlerin erhielt Angela Merkel im Bundestag trotz Abweichlern in den Reihen ihrer großen Koalition ein Rekordergebnis.

Saarbrücker Zeitung, 18.12.2013

Die Amtszeit des Bundeskanzlers ist im Regelfall an die Legislaturperiode des Bundestages gekoppelt (vier Jahre). Allerdings gibt es Möglichkeiten, einen Kanzlerwechsel während der Legislaturperiode herbeizuführen, z. B. durch ein **konstruktives** Misstrauensvotum. Dabei wählt die absolute Mehrheit des Bundestages einen neuen Bundeskanzler (Art. 67 GG). Außerdem findet ein Kanzlerwechsel statt, wenn der amtierende Bundeskanzler zurücktritt und der Bundestag einen neuen wählt. Darüber hinaus kann der Bundeskanzler im Bundestag die Vertrauensfrage (Art. 68 GG) stellen. Spricht ihm die Mehrheit des Bundestags nicht das Vertrauen aus, kann der Bundeskanzler dem Bundespräsidenten vorschlagen, den Bundestag aufzulösen und Neuwahlen durchzuführen. Der Bundestag kann dies verhindern, indem er einen neuen Bundeskanzler wählt.

Konstruktiv:
Aufbauend, helfend; hier: Ein Nachfolger wird gewählt.

Die Amtszeit des Bundeskanzlers endet erst dann, wenn ein Nachfolger gewählt ist. Damit soll eine „kanzlerlose" Zeit verhindert werden. Mit der Beendigung der Amtszeit eines Bundeskanzlers verlieren auch die amtierenden Bundesminister ihre Position.

Das Grundgesetz verleiht dem Bundeskanzler eine hervorgehobene Stellung. Er hat das Vorschlagsrecht für die Bundesminister, die vom Bundespräsidenten ernannt werden. Hierbei muss jedoch der zukünftige Regierungschef die Wünsche des Koalitionspartners und der eigenen Partei berücksichtigen. Der Bundeskanzler ernennt ferner einen Bundesminister zu seinem Stellvertreter.

PRESSESCHAU

Das Saarland erobert die Hauptstadt

So viel Saarland war nie in der Hauptstadt. Erstmals seit dem Beitritt des Saarlandes zur Bundesrepublik im Jahr 1957 gehören dem Bundeskabinett mit Peter Altmaier (CDU) und Heiko Maas (SPD) gleich zwei Saarländer an.

Saarbrücker Zeitung, 31.12.2013

Bundesminister können nicht vom Bundestag „gestürzt" werden. Ihre Entlassung wird auf Vorschlag des Bundeskanzlers vom Bundespräsidenten ausgesprochen.

Die dominierende Position des Bundeskanzlers innerhalb der Bundesregierung wird auch durch die Prinzipien des Art. 65 GG deutlich:

- Kanzlerprinzip: Der Bundeskanzler bestimmt die Richtlinien der Politik (Richtlinienkompetenz) und trägt dem Bundestag gegenüber die Verantwortung.
- **Ressort**prinzip: Jeder Minister leitet im Rahmen der Richtlinien des Bundeskanzlers seinen Geschäftsbereich selbstständig und ist für sein Ministerium verantwortlich.
- Kollegialprinzip: Bei Meinungsverschiedenheiten zwischen den Ministern entscheidet die Bundesregierung als Kollegium. Das Kollegialprinzip gilt auch, wenn im Grundgesetz oder in Bundesgesetzen die Bundesregierung genannt wird (z. B. bei der Gesetzesinitiative).

Ressort:
Amtsbereich, Aufgabengebiet

Die Persönlichkeit des Bundeskanzlers prägt die jeweilige Bundesregierung. Wenn er seinen Machtspielraum stark ausnützt, spricht man von einer Kanzlerdemokratie.

4.3 Der Bundesrat

Art. 55 GG

Durch den Bundesrat wirken die Länder bei der Gesetzgebung und Verwaltung des Bundes und in Angelegenheiten der Europäischen Union mit.

Der Bundesrat ist die Vertretung der Bundesländer. Über den Bundesrat beeinflussen die Länder den Inhalt der Bundesgesetze. Bei Zustimmungsgesetzen kann der Bundesrat ein Bundesgesetz verhindern. Der Bundesrat hat auch das Recht zur Gesetzesinitiative.

https://www.bundesrat.de

Land/Landeshauptstadt	Fläche (km^2)	Einwohner (Mio)	Anzahl der Stimmen*	
Hamburg Hamburg	755	1,7	3	(SPD)
Berlin Berlin	890	3,4	4	(SPD, CDU)
Mecklenburg-Vorpommern Schwerin	23.171	1,8	3	(SPD, CDU)
Sachsen-Anhalt Magdeburg	20.447	2,6	4	(CDU, SPD)
Thüringen Erfurt	16.172	2,4	4	(CDU, SPD)
Saarland Saarbrücken	2.570	1,1	3	(CDU, SPD)
Bayern München	70.548	12,4	6	(CSU)
Rheinland-Pfalz Mainz	19.847	4,1	4	(SPD, Grüne)
Baden-Württemberg Stuttgart	35.751	10,7	6	(Grüne, SPD)
Niedersachsen Hannover	47.613	8,0	6	(SPD, Grüne)
Nordrhein-Westfalen Düsseldorf	34.080	18,1	6	(CDU, FDP)
Bremen Bremen	404	0,7	3	(SPD, Grüne)
Schleswig-Holstein Kiel	15.769	2,8	4	(CDU, FDP, Grüne)
Sachsen Dresden	18.413	4,4	4	(CDU, FDP)
Brandenburg Potsdam	29.476	2,6	4	(SPD, Linke)
Hessen Wiesbaden	21.115	6,1	5	(CDU, Grüne)

* Jedes Land hat mindestens drei Stimmen. Länder mit mehr als 2 Mio Einwohnern erhalten 4 Stimmen, Länder mit mehr als 5 Mio Einwohnern erhalten 5 Stimmen, Länder mit mehr als 7 Mio Einwohnern erhalten 6 Stimmen,

Der Bundesrat besteht aus den Mitgliedern der Regierungen der Bundesländer. Die Stimmenanzahl eines Bundeslandes hängt von seiner Einwohnerzahl ab. Insgesamt gibt es 69 Stimmen. Die Stimmen eines Landes können nur einheitlich abgegeben werden. Eine Stimmenthaltung wirkt im Bundesrat wie eine Ablehnung.

Wie viele Stimmen hat das Saarland im Bundesrat?

© Dave Vaughan

Die Mehrheitsverhältnisse im Bundestag können anders sein als im Bundesrat. Bei Zustimmungsgesetzen kann es daher zu Blockaden durch den Bundesrat kommen.

4.4 Der Bundespräsident

https://www.bundespraesident.de

Schloss Bellevue – Amtssitz des Bundespräsidenten in Berlin

Der Bundespräsident ist das Staatsoberhaupt der Bundesrepublik Deutschland. Insofern ist der Bundespräsident mit dem König in einer **Monarchie** zu vergleichen.

Monarchie:
Staatsform, in der ein König oder Kaiser Staatsoberhaupt ist (z. B. Spanien, Schweden, Großbritannien). Die Übernahme des Throns erfolgt durch Erbfolge.

Jeder Deutsche, der das Wahlrecht zum Deutschen Bundestag besitzt und das 40. Lebensjahr vollendet hat, kann für fünf Jahre zum Bundespräsidenten gewählt werden. Eine anschließende Wiederwahl ist nur einmal möglich. Der Bundespräsident wird von einem besonderen Wahlorgan, der Bundesversammlung, gewählt. In ihr sind alle Mitglieder des Bundestages vertreten. Mit gleicher Anzahl sitzen Vertreter der Bundesländer in der Bundesversammlung. Diese Personen werden von den Landtagen gewählt. Verschiedentlich sind dies Personen des öffentlichen Lebens, die nicht Mitglied einer Partei sein müssen.

Das Grundgesetz verleiht dem Bundespräsidenten nur geringe Macht. Er hat vor allem folgende Aufgaben und Befugnisse:

- Hauptaufgabe ist die Repräsentation und die Völkerrechtliche Vertretung der Bundesrepublik Deutschland
- **Ausfertigung** und **Verkündung** der Bundesgesetze
- Vorschlagsrecht bei der Kanzlerwahl, Ernennung und Entlassung des Bundeskanzlers und der Bundesminister
- Auflösung des Bundestages unter bestimmten Bedingungen

Ausfertigung:
Unterzeichnung der Originalurkunde des Gesetzes
Damit wird bestätigt, dass das Gesetzgebungsverfahren ordnungsgemäß verlaufen ist (formelle Prüfung). Der Bundespräsident bestätigt mit der Unterschrift außerdem, dass das Gesetz mit dem Grundgesetz übereinstimmt (inhaltliche Prüfung).

Verkündung:
Amtliche Bekanntgabe des Gesetzes im Bundesgesetzblatt

Die bisherigen Bundespräsidenten haben versucht, integrativ zu wirken. Sie haben sich nicht in den Parteienstreit eingemischt. Ihre Reden haben Denkanstöße in grundlegenden Fragen gegeben. Die Persönlichkeit eines Bundespräsidenten muss Würde ausstrahlen können.

PRESSESCHAU

Wir sollten nicht mit Angst oder gar zitternd vor dem demografischen Wandel stehen. Wir müssen ihn, glaube ich, in aller Ernsthaftigkeit als große Herausforderung nehmen, aber ohne ihn zu dramatisieren, ohne Schockwellen durch die Bevölkerung zu treiben, denn das würde die Menschen nur zusätzlich verängstigen. Es geht darum, (...) das Bewusstsein zu schaffen, dass das Thema jeden angeht, wirklich jeden.

Schlusswort des ehemaligen Bundespräsidenten Horst Köhler bei der Konferenz „Demographischer Wandel" in Berlin (Süddeutsche Zeitung)

Welche Aufgabe erfüllte der Bundespräsident mit der obigen Aussage?

4.5 Das Bundesverfassungsgericht

© dpa

Mit Bundesverfassungsrichter Peter Müller(1. von rechts), ehemaliger saarländischer Ministerpräsident von 1999–2011.

http://www.bundesverfassungsgericht.de

PRESSESCHAU

Die Schiedsrichter des politischen Spiels

Berlin. Nicht nur in Berlin ist man nervös – Regierungen in ganz Europa warten gespannt auf den 12. September, wenn das Bundesverfassungsgericht sein Urteil zum dauerhaften Euro-Rettungsschirm verkündet. ...

Für die Bundesregierung wäre das der wohl bislang schwerste Schlag aus Karlsruhe – aber keinesfalls der erste. ... Die Wahlrechtsreform von Union und FDP, die im Juli praktisch in der Luft zerrissen wurde, war dafür das vorerst letzte Beispiel. ... Tatsächlich ist es gerade für Juristen aus dem Ausland oft nicht selbstverständlich, dass acht demokratisch eher schwach legitimierte Richter sogar Gesetze aushebeln können, die das Parlament mit Zweidrittelmehrheit beschlossen hat. ...

Saarbrücker Zeitung, 13.08.2013

Wer sind die Streitparteien im obigen Fall?

Gesetzgebungsauftrag:
Im Februar 2010 hat das Bundesverfassungsgericht entschieden, dass der Gesetzgeber bis 31.12.2010 die Hartz-IV-Regelsätze reformieren muss.

Das Bundesverfassungsgericht hat seinen Sitz in Karlsruhe und wird häufig als Hüter der Verfassung bezeichnet. Seine Entscheidungen binden die Verfassungsorgane des Bundes und der Länder sowie alle Gerichte und Behörden. Die Entscheidungen haben eine politische Wirkung. „Karlsruhe" kann den **Gesetzgeber** auch **beauftragen**, neue Gesetze auszuarbeiten.

Das Bundesverfassungsgericht besteht aus zwei Senaten. In jeden Senat werden acht Richter gewählt. Sie werden je zur Hälfte vom Bundesrat und vom Bundestag gewählt. Zwölf Jahre dauert die Amtszeit der Richter; sie können danach nicht wiedergewählt werden. Die lange Wahlzeit und die Unmöglichkeit einer Wiederwahl schützen die Richter vor parteipolitischer Beeinflussung.

Die Aufgaben des Bundesverfassungsgerichtes

Verfassungsbeschwerden:
Von der Gründung des Bundesverfassungsgerichtes bis zum Jahre 2015 gingen 214.462 Klagen ein, davon 207.088 Verfassungsbeschwerden, von denen etwa 2,3 Prozent erfolgreich waren.

Die größte Anzahl aller Verfahren beim Bundesverfassungsgericht stellen mit 96 Prozent die **Verfassungsbeschwerden** dar. Jedermann kann eine solche mit der Behauptung erheben, dass die öffentliche Gewalt (z. B. Behörden, Gerichte) ihn in einem seiner Grundrechte verletzt hat. Bevor eine Verfassungsbeschwerde beim Bundesverfassungsgericht eingereicht werden kann, muss der Kläger allerdings den Rechtsweg einhalten. Das heißt, der Betroffene muss zunächst vor den unteren Gerichten (z. B. dem Amtsgericht) klagen.

© Dave Vaughan

Normenkontrolle:
Gerichtliche Überprüfung einer Rechtsnorm auf ihre Vereinbarkeit mit höherrangigem Recht (z. B. dem Grundgesetz).

Organklage:
Gerichtliche Überprüfung der Rechte und Pflichten eines Verfassungsorgans

Eine politische Wirkung ergibt sich häufig bei Entscheidungen des Bundesverfassungsgerichtes auf Grund einer so genannten **Normenkontrolle** oder einer **Organklage**.

Das Bundesverfassungsgericht überprüft bei einem Normenkontrollverfahren, ob ein Gesetz im Widerspruch zum Grundgesetz steht. So dürfte ein Gesetz nicht eine unbegründete Ungleichbehandlung zwischen Mann und Frau enthalten, weil es damit dem Gleichheitsgrundsatz widersprechen würde. Auch die Art des Zustandekommens eines Gesetzes kann in einer Normenkontrolle geprüft werden. Den Antrag auf Normenkontrolle können die Bundesregierung, eine Landesregierung oder ein Drittel der Mitglieder des Bundestages stellen. Man spricht hier von der abstrakten Normenkontrolle, weil sie unabhängig von einem Rechtsstreit ist.

Hält ein Gericht ein Gesetz für verfassungswidrig, so kann es auch eine Entscheidung des Bundesverfassungsgerichts einholen. In diesem Fall liegt eine konkrete Normenkontrolle vor.

Im Rahmen der Organklage muss „Karlsruhe" bei Streitigkeiten über die Zuständigkeit oberster Bundesorgane wie z. B. der Bundesregierung oder des Bundestages entscheiden.

Parteienverbot

Im Grundgesetz wird den Parteien eine hervorgehobene Stellung eingeräumt. Sie können aber auch verboten werden. Ein **Parteienverbot** kann allerdings nur das Bundesverfassungsgericht aussprechen. Man spricht daher vom Parteienprivileg.

Parteienverbot:
1952 verbot das Bundesverfassungsgericht die neonazistische Sozialistische Reichspartei (SRP) und 1956 die Kommunistische Partei Deutschlands (KPD).

Zusammenfassung

Der Bundestag ist die Volksvertretung in der Bundesrepublik Deutschland.

Die Gesetzgebung und die Wahl des Bundeskanzlers sind die wichtigsten Aufgaben des Bundestages. Außerdem verabschiedet er den Bundeshaushalt, stimmt Staatsverträgen zu, kontrolliert die Bundesregierung und hat eine Willensbildungs- und Artikulationsfunktion.

Die Bundesregierung, bestehend aus Bundeskanzler und Bundesminister, stellt das politische Machtzentrum in der Bundesrepublik dar.

Die Kontrolle der Bundesregierung findet im Bundestag hauptsächlich durch die Oppositionsfraktionen statt.

Die auswärtigen Angelegenheiten der Bundesrepublik Deutschland werden durch die Bundesregierung wahrgenommen.

Der Bundeskanzler wird auf Vorschlag des Bundespräsidenten von der absoluten Mehrheit des Bundestages gewählt und anschließend vom Bundespräsidenten ernannt.

Mit dem konstruktiven Misstrauensvotum kann ein Bundeskanzler aus dem Amt entfernt werden, indem zugleich ein neuer Bundeskanzler gewählt wird.

Der Bundeskanzler hat das Vorschlagsrecht für die Bundesminister.

Der Bundeskanzler bestimmt die Richtlinien der Politik.

Die Bundesminister leiten ihr Ministerium auf der Grundlage des Ressortprinzips.

Über den Bundesrat wirken die Länder an der Gesetzgebung des Bundes und in Angelegenheiten der Europäischen Union mit.

Der Bundespräsident ist das Staatsoberhaupt der Bundesrepublik Deutschland. Er hat nur eingeschränkte Macht.

Die Bundesversammlung wählt den Bundespräsidenten für fünf Jahre. Eine Wiederwahl ist nur einmal möglich.

Repräsentation und Integration sind die Hauptaufgaben des Bundespräsidenten.

Das Bundesverfassungsgericht in Karlsruhe ist das oberste deutsche Gericht. Es gilt als Hüter der Verfassung.

Die Entscheidungen des Bundesverfassungsgerichtes sind für den gesamten Staat bindend.

Die Richter des Bundesverfassungsgerichtes werden vom Bundesrat und von Vertretern des Bundestages mit Zweidrittelmehrheit gewählt.

Die Hauptaufgaben des Bundesverfassungsgerichtes sind Entscheidungen zu Verfassungsbeschwerden.

Nur das Bundesverfassungsgericht kann eine Partei verbieten.

Wissens-Check

1. Erklären Sie die Abhängigkeit des Bundeskanzler vom Bundestag.
2. Nennen Sie die Gruppe im Bundestag, die vor allem die Kontrollfunktion ausübt.
3. Nennen Sie drei Hauptaufgaben des Deutschen Bundestages.
4. Mit welchem parlamentarischen Instrument kann die Opposition Missstände untersuchen lassen?
5. Warum wird schon bei der Wahl zum Deutschen Bundestag die zukünftige Regierung indirekt festgelegt?
6. Nennen Sie den Bundestagsabgeordneten, der zuletzt in Ihrem Wahlkreis gewählt wurde.
7. Wie kann die Opposition im Deutschen Bundestag versuchen, vor Ablauf der Legislaturperiode einen Regierungswechsel herbeizuführen?
8. Wer wird durch den Bundesrat vertreten?
9. Wovon hängt die Stimmenanzahl im Bundesrat ab?
10. Welche Regelungen bei der Wahl der Verfassungsrichter tragen zu deren politischer Unabhängigkeit bei?
11. Ein Bürger fühlt sich durch eine Maßnahme einer Behörde in seinen Grundrechten eingeschränkt. Welche rechtliche Möglichkeit bleibt dem Bürger, nachdem er von allen zuständigen Gerichten abgewiesen wurde?
12. Was versteht man unter dem Parteienprivileg?
13. Welche Art der Entscheidung hat „Karlsruhe“ in dem nachfolgenden Fall getroffen?

PRESSESCHAU

Gustl Mollath gewinnt in Karlsruhe

Die 2. Kammer des Zweiten Senats des Bundesverfassungsgerichts hat Gustl Ferdinand Mollath recht gegeben. Er zog gegen Beschlüsse des Landgerichts Bayreuth und des Oberlandesgerichts Bamberg vor das höchste deutsche Gericht. Die in den Beschlüssen aufgeführten Gründe genügen nicht, um die Fortdauer der Unterbringung in einem psychiatrischen Krankenhaus zu rechtfertigen. Die Beschlüsse verletzen Gustl Mollath in seinem Grundrecht auf Freiheit der Person (Art. 2 Abs. 2 Satz 2 GG) in Verbindung mit dem Verhältnismäßigkeitsgrundsatz.

5 Gesetzgebungsverfahren auf Bundesebene

Wir erleben Veränderungen in der Gesellschaft, Wirtschaft und Politik. Es entstehen neue Gesetze oder bestehende Gesetze werden reformiert. Dies geschieht in der Bundesrepublik Deutschland in einem vorgegebenen Gesetzgebungsverfahren. An ihm werden die obersten Bundesorgane beteiligt. Interessensverbände, Parteien und die Medien beeinflussen und kommentieren die Entstehung eines Gesetzes.

Gesetzgebung im Bund:
Vom Bundestag beschlossene Gesetze:
1990–1994: 507 Gesetze
1994–1998: 565 Gesetze
1998–2002: 558 Gesetze
2002–2005: 401 Gesetze
2005–2009: 616 Gesetze
2009–2013: 553 Gesetze

5.1 Interessen im Gesetzgebungsverfahren

© Dave Vaughan

Ziele und Vorstellungen der Parteien

Parteien versuchen im Gesetzgebungsverfahren ihre Vorstellung zu einem Problem einzubringen. Ob dies gelingt, hängt stark davon ab, über welchen Einfluss die jeweilige Partei im Bundestag und Bundesrat verfügt. Wenn sich die Ziele einzelner Parteien zu einem Thema decken, steigt die Möglichkeit einer Partei, ihre Vorstellung durchzusetzen.

Interessenverbände:
Z. B. Gewerkschaften, Arbeitgeberverbände, ADAC, Bauernverband, Sportverbände

Verbandsinteressen

Die Bürger und Unternehmen können ihre Vorstellungen bei der Entstehung eines Gesetzes besser zur Geltung bringen, wenn sie durch **Interessenverbände** unterstützt werden.

Interessenverbände kommentieren Gesetzesvorschläge in der Öffentlichkeit und werden beim Gesetzgebungsverfahren im Bundestag angehört. Wenn Interessenverbände ihre Vorstellungen im Parlament und gegenüber der Regierung durchsetzen wollen, spricht man von Lobbyismus.

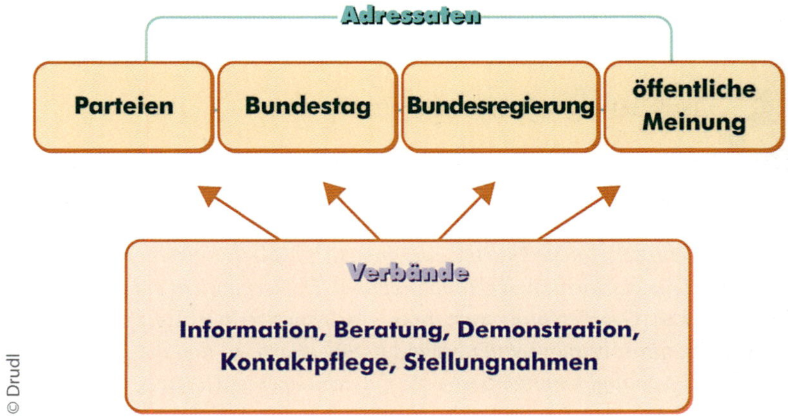

Adressaten und Methoden des Verbandseinflusses

Öffentliche Meinung und Medien

Informelle Einflussfaktoren im Gesetzgebungsprozess

Gesetze entstehen nicht hinter verschlossenen Türen. Die Parteien stellen bereits ihre Gesetzesvorhaben der Öffentlichkeit vor. Dies geschieht insbesondere vor Bundestagswahlen. Die Wähler sollen die

Absichten der Parteien kennen. Meinungsforschungsinstitute befragen die Bevölkerung, wie sie zu einem Thema stehen, das mit einem Gesetz geregelt werden soll. Die Parteien und ihre Politiker vermeiden es, Entscheidungen gegen eine große Mehrheit der Bevölkerung zu treffen. Die Einstellung der Bürger fließt somit indirekt in das Gesetzgebungsverfahren ein.

Zeitungen, Fernsehen, Rundfunk und das Internet beeinflussen die Meinung zu politischen Themen. Aus den Medien können die Politiker zustimmende und ablehnende Reaktionen auf ihre Entscheidungen im Gesetzgebungsverfahren entnehmen. Damit besitzen sie einen großen Einfluss auf die politische Willensbildung.

5.2 Der Gesetzgebungsweg

Den Weg eines Gesetzes von der Gesetzesinitiative bis zur Verkündung schreibt das Grundgesetz vor.

Gesetzesinitiative

Bei bedeutsamen Gesetzesvorhaben werden im Vorfeld der Gesetzgebung Kommissionen mit Experten gebildet.

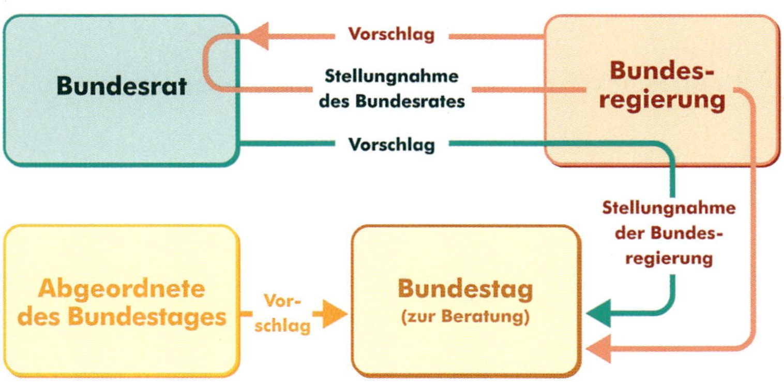

© Drudl

Gesetzesinitiativen (Gesetzesvorschlag)

Bundesregierung, Bundesrat und eine Gruppe von mindestens fünf Prozent der Abgeordneten des Bundestages haben das Recht zur Gesetzesinitiative. Die meisten Gesetze gehen auf Entwürfe der Bundesregierung zurück.

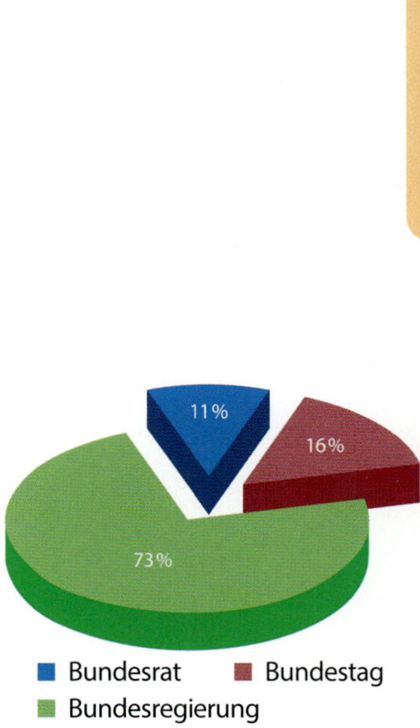

Ursprung der Gesetzentwürfe von 1949 bis Oktober 2009

Bei Gesetzesvorschlägen der Bundesregierung muss der Bundesrat Stellung nehmen. Regierungsvorlagen sind Gesetzesvorschläge der Bundesregierung, die einer Regierungsfraktion übergeben werden. Schlägt der Bundesrat ein Gesetz vor, dann läuft dies über die Bundesregierung, die zum Gesetzesvorschlag Stellung nimmt und den Gesetzentwurf an den Bundestag weiterleitet. Abgeordnete des Bundestages können ihre Gesetzesvorschläge direkt in den Bundestag einbringen.

Kompetenzbereich 4

Wessen Gesetzesvorschläge gelangen am schnellsten zur Beratung?

Einfache Gesetze und Zustimmungsgesetze

Plenum des Deutschen Bundestages:
Versammlung aller Bundestagsabgeordneten

Lesung:
Beratung eines Gesetzes

Jeder Gesetzentwurf durchläuft im **Plenum** des Bundestages drei **Lesungen**. Nach der ersten Lesung wird jeder Gesetzentwurf in einem oder mehreren Ausschüssen vertieft behandelt. Ausschüsse (z. B. der Finanzausschuss) sind fachlich spezialisierte Arbeitsgruppen von Bundestagsabgeordneten. Die im Bundestag vertretenen Parteien sind in den Ausschüssen im gleichen Verhältnis vertreten wie im Bundestag. Während der Ausschussberatung werden die betroffenen Verbände zum Gesetzentwurf angehört.

Findet ein Gesetzentwurf im Bundestag nicht die Mehrheit der anwesenden Abgeordneten, so ist er gescheitert. Liegt die Mehrheit vor, wird der Gesetzentwurf an den Bundesrat weitergeleitet.

Bei der Mitwirkung des Bundesrates beim Gesetzgebungsverfahren ist es von Bedeutung, ob das Bundesgesetz der Zustimmung des Bundesrates bedarf oder ob es sich um ein so genanntes einfaches Gesetz handelt. Ein **Zustimmungsgesetz** liegt vor bei:

- Gesetze, die das Grundgesetz ändern
- Gesetze, die das Steueraufkommen zwischen Bund und Ländern regeln
- Gesetze, die von der Verwaltung der Länder ausgeführt werden

Die Mitwirkung des Bundesrates bei Zustimmungsgesetzen

Wenn ein vom Bundestag beschlossenes Zustimmungsgesetz vom Bundesrat abgelehnt wird, kann der Vermittlungsausschuss angerufen werden. Dieser Ausschuss setzt sich aus jeweils 16 Mitgliedern des

Bundestages und Bundesrates zusammen. Er versucht in geheimer Sitzung einen Kompromiss zu finden. Der Kompromissvorschlag benötigt erneut den Beschluss des Bundestages. Auch der Bundesrat muss dem Kompromiss zustimmen, damit das Gesetz nicht scheitert.

Einfache Gesetze, werden auch Einspruchsgesetz genannt, benötigen keine Zustimmung des Bundesrates. Der Bundesrat kann zwar seinen Einspruch einlegen. Er kann aber vom Bundestag überstimmt werden.

1. Was passiert mit einem Zustimmungsgesetz, wenn der Bundesrat es stets ablehnt?
2. Warum setzt sich der Vermittlungsausschuss aus zweimal 16 Mitgliedern zusammen?

Die nach den Vorschriften des Grundgesetzes entstandenen Gesetze werden vom Bundeskanzler und den Fachministern gegengezeichnet. Die **Ausfertigung** und **Verkündung** des Gesetzes ist Aufgabe des Bundespräsidenten. Der Bundespräsident hat dabei das Recht und die Pflicht, ein Gesetz vor der Ausfertigung verfassungsrechtlich zu überprüfen.

Ausfertigung:
Unterzeichnung der Originalurkunde des Gesetzes. Damit wird bestätigt, dass das Gesetzgebungsverfahren ordnungsgemäß verlaufen ist (formelle Prüfung). Der Bundespräsident bestätigt mit der Unterschrift auch, dass das Gesetz mit dem Grundgesetz übereinstimmt (inhaltliche Prüfung).

Verkündung:
Amtliche Bekanntgabe des Gesetzes im Bundesgesetzblatt

Verstößt ein Gesetz in seinem Inhalt gegen das Grundgesetz oder kam es in einer Art zustande, die nicht dem Gesetzgebungsverfahren des Grundgesetzes entspricht, kann das Bundesverfassungsgericht das Gesetz für nichtig erklären. Die Entscheidung des Bundesverfassungsgerichtes muss beantragt werden.

Zusammenfassung

Die Parteien entwickeln zu den Gesetzesvorhaben ihre Vorstellungen

Interessenverbände versuchen, auf die Gesetzgebung Einfluss zu nehmen.

Die öffentliche Meinung und die Medien wirken auf die Gesetzgebung ein.

Bundesregierung, Bundestag und Bundesrat können Gesetze vorschlagen.

Gesetzesentwürfe werden im Bundestag beraten und nach drei Lesungen beschlossen.

Hinsichtlich des Einflusses des Bundesrates beim Gesetzgebungsverfahren ist zwischen Zustimmungsgesetzen und einfachen Gesetzen zu unterscheiden.

Wenn der Bundesrat bei einem Zustimmungsgesetz die Zustimmung endgültig verweigert, ist es gescheitert.

Der Bundespräsident fertigt Gesetze aus und verkündet sie.

Gesetze, die nicht dem Grundgesetz entsprechen, können auf Antrag vom Bundesverfassungsgericht für nichtig erklärt werden.

Wissens-Check

1. Welche Gruppen nehmen indirekt Einfluss auf den Gang der Gesetzgebung?
2. An wen wenden sich die Interessenverbände, um ihren Einfluss auszuüben?
3. Welche Institution kann die Meinung der Bevölkerung zu einem Gesetzesvorhaben ermitteln und veröffentlichen?
4. Erläutern Sie den Einfluss der Medien bei der Gesetzgebung.
5. Wer kann Gesetze vorschlagen?
6. Wer beschließt die Gesetze?
7. Was versteht man unter einer Lesung?
8. In welchem Ausschuss findet im Gesetzgebungsverfahren eine vertiefte Behandlung durch Spezialisten statt?
9. Beschreiben Sie den Unterschied zwischen einem einfachen Gesetz und einem Zustimmungsgesetz.
10. In welchen Fällen liegt ein Zustimmungsgesetz vor?
11. Beschreiben Sie die Aufgabe des Vermittlungsausschusses.
12. Was versteht man unter der Ausfertigung eines Gesetzes?
13. Nennen Sie das politische Organ, das Bundesgesetze für nichtig erklären kann.

Kompetenzbereich 5: In Europa leben und arbeiten

1 Motive der europäischen Einigung und der Einigungsprozess
2 Vorteile der europäischen Einigung
3 Institutionen und Entscheidungsprozesse in der EU
4 Auswirkungen des europäischen Einigungsprozesses

1 Motive der europäischen Einigung und der Einigungsprozess

Immer stärker bestimmt heute in vielen Lebensbereichen die EU – neben unserem eigenen Staat – unser Leben.
Die europäische Integration vollzieht sich dabei in einem langen, nicht immer einfachen Prozess. Ausgangspunkt waren Überlegungen zu einer europäischen Sicherheitspolitik nach den grausamen Erfahrungen der beiden großen Weltkriege. Stufenweise wurde die wirtschaftliche Zusammenarbeit der westeuropäischen Staaten auch vor dem Hintergrund des Ost-West-Konflikts intensiviert und eine politische Union angestrebt.

http://europa.eu/about-eu/eu-history/index_de.htm

Die wichtigsten Etappen hin zur Gründung der Europäischen Union sowie alle wichtigen Ereignisse in den Jahrzehnten von 1945 bis heute sind hier zusammengefasst.

Exkurs:

Das 20. Jahrhundert war zunächst von Nationalstaaten geprägt, die ihre eigenen Interessen bezüglich einer Vormachtstellung in Europa eigensinnig verfolgten. Zwei Versuche Deutschlands eine Vormachtstellung in Europa und der Welt zu erlangen, endeten blutig. Vor allem der nationalsozialistische Wahnsinn führte zu einem Umdenken in Europa. Der Nationalstaat war für viele die Ursache der beiden Kriege. Eine dauerhafte Neustrukturierung für das Zusammenleben der Menschen in den Staaten von Europa war das primäre Ziel nach den beiden Weltkriegen. Die Schaffung einer neuen Friedensordnung durch eine gemeinsame Union sollte den Frieden dauerhaft sichern und ökonomische Vorteile gegenüber den wirtschaftlich starken USA bringen.

1. Nennen Sie die verschiedenen Motive, die zur europäischen Einigung geführt haben.
2. Welche Ziele verfolgte der Schuman-Plan?
3. Welche Folgen hatte die Gründung einer gemeinsamen Aufsichtsbehörde auf die Souveränität der einzelnen Staaten?

1.1 Die Mitgliedsländer der EU

Die weiteren Länder in Westeuropa erkannten die Erfolge der wirtschaftlichen Gemeinschaft an und standen bezüglich ihrer eigenen schlechteren Handelsbilanz unter Zugzwang. Als erstes kam es zu einer Norderweiterung der EG mit den Ländern Großbritannien, Dänemark und Irland (1973). Es folgte die Süderweiterung mit Griechenland, Portugal und Spanien. Diese 12 Staaten standen für fast 10 Jahre für das Bild der Europäischen Gemeinschaft, bis 1995 Schweden, Finnland und Österreich hinzukamen. 2004 wurde mit einem Schlag die Gemeinschaft um 10 Osteuropäische Staaten erweitert (siehe Karte) und 2007 mit Rumänien und Bulgarien auf 27 Staaten vervollständigt. 2013 trat Kroatien, als zurzeit letztes Mitgliedsland, der EU bei. Somit zählt die Europäische Union jetzt 28 Mitgliedsstaaten.

Mit Vollendung der Austrittsverhandlungen mit Großbritannien (Brexit), reduziert sich die Zahl der Mitgliegsstaaten auf 27.

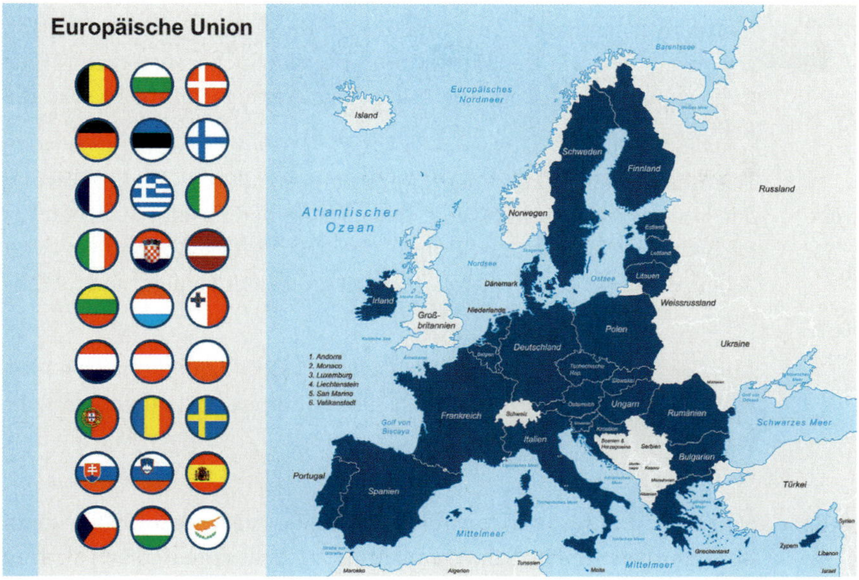

http://www.europakarte.org/europakarte-eu/

1.2 Die europäischen Verträge

Im niederländischen Maastricht wurde 1992 der Grundstein zur Europäischen Union gelegt. Nach anfänglichen Zustimmungsverweigerungen der dänischen Bevölkerung gelang es am 1.11.1993 den Maastrichter Vertrag in Kraft treten zu lassen. Mit ihm wurden wichtige Neuerungen vereinbart, die mit dem drei Säulen-Modell anschaulich verdeutlicht wurden.

Mit dem Vertrag von Amsterdam (1997) und seiner endgültigen **Ratifizierung** 1997 wurde das drei Säulen Modell auf die nachstehenden Bereiche erweitert und mit zusätzlichen Politikfeldern ergänzt.

Ratifizierung:
Entscheidung durch das jeweilige, nationale Parlament.

Die Europäische Union		
Europäische Gemeinschaft (EG)	Gemeinsame Außen- und Sicherheitspolitik (GASP)	Polizeiliche und justizielle Zusammenarbeit in Strafsachen (PJZS)
Beispiele: ▪ Wirtschafts- und Währungsunion ▪ Agrarpolitik	*Beispiele:* ▪ Friedenserhaltung und Menschenrechte ▪ Abrüstung und gemeinsame Eingreiftruppe	*Beispiele:* ▪ Drogen- und Waffenhandel ▪ Terrorismus
Supranationale Zusammenarbeit	Intergouvernementale Zusammenarbeit	Intergouvernementale Zusammenarbeit

Rechtspersönlichkeit:
Vergleichbar mit der Rechtsfähigkeit, d. h. Träger von Rechten und Pflichten zu sein

Die Europäische Union verstand sich als Dachorganisation dieser drei Säulen. Sie war keine eigene **Rechtspersönlichkeit**. Die supranationale Zusammenarbeit in den Bereichen der EG wurde durch die intergouvernementale Zusammenarbeit der GASP und der der PJZS erweitert. Hier war das Einstimmigkeitsprinzip Voraussetzung. Eine Regierungszusammenarbeit mit gegenseitigem Vetorecht war die Rechtsbasis der zweiten und dritten Säule.

Unionsbürgerschaft:
Sie ergänzt die nationale Staatsbürgerschaft. Durch die Unionsbürgerschaft entsteht zwischen dem Bürger und Union ein Rechtsverhältnis, das zusätzliche Rechte beinhaltet (Bsp. Wahlrecht zum EU Parlament)

Wichtige weitere Neuerungen waren unter anderem die Einführung der **Unionsbürgerschaft**, eine Ausweitung der Zusammenarbeit innerhalb der beruflichen Bildung, Integration des Abkommens von Schengen sowie die schrittweise Umsetzung einer gemeinsamen Währung.

Mit der Einführung des Europäischen Zentralbankensystems 1994 wurde der Weg für den Euro als gemeinsames und alleiniges Zahlungsmittel gelegt. 2002 wurde der Euro in 12 Mitgliedsstaaten verbindlich eingeführt.

© Dave Vaughan

Mit dem Vertrag von Amsterdam (1997) wurde das 1985 in dem luxemburgischen Ort Schengen getroffene Abkommen in den Vertrag aufgenommen. Die Abschaffung der Grenzkontrollen zwischen den Unterzeichnerstaaten führte zu einer einzigen sogenannten Schengener Außengrenze der EU. Das Ziel der Schaffung eines Raumes der Freiheit innerhalb der EU wurde durch die Freizügigkeit im Personenverkehr erreicht.

Der Vertrag von Nizza (2001) und seiner Ratifizierung in allen EU Staaten trat 2003 in Kraft. In erster Linie wurden die Institutionen der EU neu geordnet.

Mit dem Vertrag von Nizza wurde eine Erklärung bezüglich der Zukunft der Union formuliert. Hier wurde die Aufnahme eines intensiven Dialoges zu folgenden Themen vereinbart:

- Die Charta der Grundrechte
- Abgrenzung der Kompetenzen zwischen den Mitgliedsstaaten und der EU
- Die Rolle der nationalen Parlamente
- Die Vereinfachung der Verträge

© dpa

Unterzeichnung des Vertrages von Lissabon

Der letzte Punkt der Erklärung wurde durch die Ausarbeitung einer Europäischen Verfassung konkretisiert. 2005 waren die Ausführungen bezüglich eines Vertrags über eine Verfassung für Europa (VVE) zur Ratifizierung in den Länderparlamenten fertig. Die Ablehnung Frankreichs und der Niederlande führte jedoch zu einem Ratifizierungs-Stopp in den Mitgliedsländern. Somit hatte der Vertrag keine Rechtsgültigkeit. Stattdessen einigt man sich 2007 in Portugal auf einen neuen Vertrag.

Der Vertrag von Lissabon ist der derzeitige gültige Vertrag für alle 28 Mitgliedsstaaten der Europäischen Union. Er trat am 1.12.2009 in Kraft. Im Vergleich mit dem drei Säulen-Modell der EU nach dem Vertrag von Maastricht und Amsterdam, wurde mit dem Vertrag von Lissabon ein neuer einheitlicher Rechtsrahmen geschaffen. Die EU ist nicht mehr nur eine Dachorganisation sondern besitzt eigene Rechtspersönlichkeit. Die EG wurde als institutionelle Organisation aufgehoben und in die EU integriert. Die Ziele für eine Europäische Verfassung wurden weitestgehend übernommen. Lediglich die Schaffung eines einzigen Vertragswerkes für die EU blieb unberücksichtigt. Unter anderem werden nachfolgende Ziele verfolgt:

- Reduzierung der Vetomöglichkeiten (Einführung einer **doppelten Mehrheit**)
- Sicherung der Handlungsfähigkeit der EU nach der Osterweiterung
- Stärkung der Rechte des Europäischen Parlaments
- Die Einrichtung eines Europäischen Auswärtigen Dienstes
- Verschärfung der EU-Beitrittserklärungen
- Einführung Europäischer Bürgerinitiativen

Doppelte Mehrheit:
Für eine Beschlussfassung ist: Erstens, eine Stimmenmehrheit von 55 % der Mitgliedsstaaten notwendig (Jedes Land hat eine Stimme).
Zweitens, 65 % der EU-Bevölkerung muss repräsentiert sein. (Seit 2014 in Kraft)

Unter Berücksichtigung der politischen, wirtschaftlichen und sozialen Entwicklungen in Europa hat sich die EU in Lissabon auf neue Regeln geeinigt. So ermöglicht es der Vertrag von Lissabon, die europäischen Institutionen anzupassen, die demokratische Legitimität der Union zu stärken und das Fundament ihrer Grundwerte (Rechte der Freiheit, der Solidarität und der Sicherheit) zu festigen.

> Erläutern Sie, warum zwischen Vertragseinigung und in Kraft treten eines Vertrages mehrere Jahre vergehen können.

Kompetenzbereich 5

2 Vorteile der europäischen Einigung

Der europäische Einigungsprozess hat viele Höhen und Tiefen im Laufe der Geschichte erlebt. Sicherlich zählen zu den herausragenden Erfolgen die Friedenssicherung und die Annäherung der Staaten nach den beiden Weltkriegen. Heute werden die Vorteile der EU mit den Nachteilen verglichen und gegenseitig abgewogen. Die Vorteile bleiben in der Überzahl, auch wenn der Prozess der Einigung an Geschwindigkeit zugenommen und dadurch Fehler gemacht wurden.

Allein das Ziel eines dauerhaften Friedens und die Erkenntnis, dass dies nur in einer Gemeinschaft zu erreichen ist, lassen am Erfolg der EU keine Zweifel.

„Für den Frieden gibt es keinen einfachen Schlüssel, keine großartige oder magische Formel, die sich eine oder zwei Mächte aneignen können. Der echte Frieden muss das Produkt vieler Nationen sein, die Summe vieler Maßnahmen."

John F. Kennedy (1917–63), amerik. Politiker, 35. Präs. d. USA (1961–63)

2.1 Friedenssicherung

François Mitterrand (franz. Staatspräsident von 1981–1995) und Helmut Kohl (deutscher. Bundeskanzler von 1982–1998)

Zwei Politiker, die für Frieden und Aussöhnung innerhalb der Geschichte der Europäischen Union stehen.

Die längste Friedensphase in der Geschichte des europäischen Kontinents ist mit Sicherheit einer der Haupterfolge der Europäischen Union. Seit über sechzig Jahren leben die Völker in Europa friedlich zusammen. Keine Selbstverständlichkeit, wenn man sich an die Grauen der beiden Weltkriege im letzten Jahrhundert zurück erinnert. Frieden wahren ist kein Selbstläufer. Stetes Arbeiten an den Grundzügen der Demokratie und der Menschenrechte sind die Voraussetzungen für ein friedliches Zusammenleben. Die Europäische Union hat diesen Prozess schrittweise ausgebaut und kann sich heute auf Grund vielfältiger Vernetzungen in wirtschaftlichen, politischen und gesellschaftlichen Bereichen den Erfolgen sicher sein. Durch die gemeinsame polizeiliche und justizielle Zusammenarbeit in Strafsachen (PJZS) lassen sich wirksame Maßnahmen gegen den Drogenhandel ergreifen. Auch eine effektivere Bekämpfung der Geldwäsche und Finanzkriminalität ist möglich geworden.

„Die gemeinsame Währung, der Wegfall des Eisernen Vorhangs, die Ausweitung der Europäischen Union nach Osten – dies alles stärkt Europa als Hort von Frieden und Freiheit, im globalen Wettbewerb und als Partner in der Welt. ... Wo stünden wir heute in Europa, wenn wir den Kleinmütigen und Bedenkenträgern immer erlegen wären und die große europäische Idee nicht gegen erhebliche Widerstände durchgesetzt hätten?"

Helmut Kohl, 28.2.2012, http://www.n-tv.de

2.2 Europäischer Binnenmarkt

Mit rund 500 Millionen Verbrauchern ist der europäische Binnenmarkt der größte Markt der Welt. Er trägt wesentlich zum Wohlstand in Europa bei. Durch den stärkeren Wettbewerb steigt die Produktivität und die Kosten sinken.

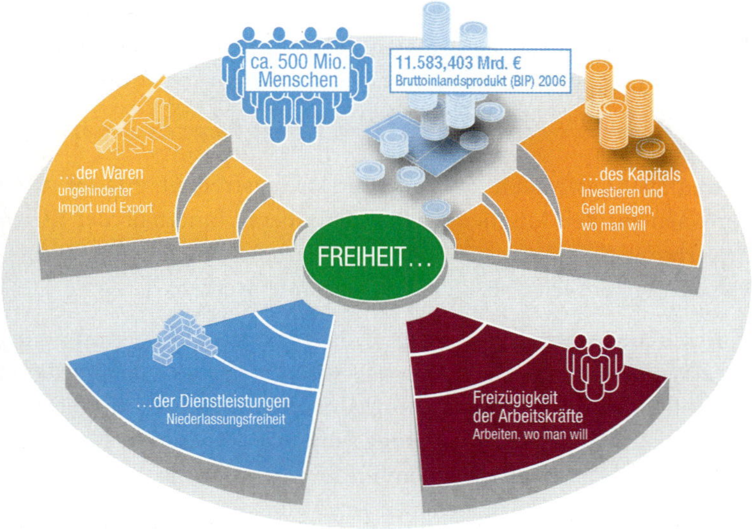

Die Grafik zeigt die vier Freiheiten, die zu einem Binnenmarkt gehören.

- Freizügigkeit der Arbeitskräfte
- Warenverkehrsfreiheit
- Dienstleistungsfreiheit
- Kapitalverkehrsfreiheit
  Im Rahmen der Freizügigkeit der Arbeitskräfte (Personenverkehrsfreiheit) genießen alle EU-Bürger das Recht, sich in jedem Land der EU aufzuhalten, einen Beruf auszuüben und dort zu verbleiben. Arbeitnehmer haben das Recht, in jedem Mitgliedsland zu leben und zu arbeiten. Kein Unionsbürger darf aufgrund seiner Staatsangehörigkeit benachteiligt werden (Diskriminierungsverbot).

Der freie Warenaustausch innerhalb der Staaten der EU wird im Rahmen der Warenverkehrsfreiheit gewährleistet. Sie besteht aus:

- der Zollunion und
- dem Verbot, mengenmäßige Beschränkungen der Ein- und Ausfuhr von Waren sowie alle anderen Maßnahmen, welche die gleiche Wirkung entfalten.

Ziel ist es dabei, über die Öffnung der nationalen Märkte das Produktangebot auf allen Märkten zu verbessern. Weiterhin soll eine Benachteiligung anderer Mitgliedsstaaten verhindert werden. Die EU Verträge definieren Waren folgendermaßen:

AEU-Vertrag:
Vertrag über die Arbeitsweise der Europäischen Union. Seit dem Lissabonner Vertrag zählen der AEU und der EU Vertrag als primärrechtliche Grundlage des politischen Systems der EU.

> Waren sind alle beweglichen körperlichen Gegenstände mit kommerziellem Wert, die Gegenstand von Handelsgeschäften sein können. Dazu gehören nicht nur Waren, die aus den Mitgliedstaaten selbst stammen, sondern auch Waren aus Drittländern, die sich in den Mitgliedstaaten im freien Warenverkehr befinden.
>
> Die Warenverkehrsfreiheit darf zum Schutz des Lebens oder der Gesundheit von Menschen, Tieren und Pflanzen, aber auch aus Gründen des Verbraucher- und Umweltschutzes eingeschränkt werden.
>
> **(AEU-Vertrag)**

Dienstleistungsfreiheit bzw. Niederlassungsfreiheit erlaubt allen Personen aus den Mitgliedsstaaten sich überall innerhalb der EU zu Erwerbszwecken niederzulassen. Firmen müssen nach den Rechtsvorschriften des jeweiligen Landes gegründet werden.

Europäische Richtlinien bestimmen, dass die eigene Berufsausbildung im Gastland auch anerkannt wird. Werden massive Unterschiede im Vergleich zur Ausbildung im Aufnahmestaat erkannt, ist eine Eignungsprüfung oder ein Anpassungslehrgang vorgesehen. Für einige Berufe gibt es bereits Richtlinien für die Anerkennung. Sie regeln Inhalt und Dauer der verschiedenen Ausbildungen. Für viele Berufe ist eine inhaltliche Harmonisierung oftmals schwierig. Zudem genießen alle Unionsbürger innerhalb der EU das Recht auf Freizügigkeit, d. h. freies Einreisen, freier Aufenthalt, freies Wohnrecht und die freie Wahl des Studien- und Arbeitsplatzes.

Unter der Freizügigkeit des Kapitals versteht man den freien Kapitalverkehr. Er ermöglicht europaweit offene und wettbewerbsfähige Finanzmärkte und Finanzdienstleistungen (z. B. Darlehen und Kredite) zu nutzen, was für uns alle viele Vorteile mit sich bringt. So können die Bürgerinnen und Bürger zahlreiche Geschäfte im Ausland tätigen, beispielsweise ein Bankkonto eröffnen oder Aktien ausländischer Unternehmen kaufen. Auch können ausländische Immobilien erworben werden.

Den Unternehmen eröffnet der freie Kapitalverkehr vor allem die Möglichkeit, in andere europäische Unternehmen zu investieren.

> Fassen Sie die Vorteile, die der Europäische Binnenmarkt für Sie mit sich bringt, zusammen.

2.3 Währungsunion

In den letzten Jahren konnte man an den Schlagzeilen der „Eurokrise“ und der Finanzkrise nicht vorbeischauen. Rettungsschirme, an denen unvorstellbare Summen an Hilfsgeldern hingen, wurden einer nach dem anderen aufgespannt. Ziel war und ist es, den Euro als Währungseinheit stabil zu halten und finanzschwächere Länder mit hohen Verschuldungen zu unterstützen. Doch wie konnte es zu einer solchen Situation kommen?

Die Grundidee einer gemeinsamen Währung in einem gemeinsamen Binnenmarkt war mit der Gründung der Europäischen Wirtschafts Gemeinschaft 1957 (EWG) bereits vorhanden. Nur langsam wurde die Idee weiter ausgebaut und politisch gefestigt. Mit dem Vertag von Maastricht haben sich die Mitgliedsstaaten der Europäischen Union gemeinsam darauf geeinigt, dass nach der ersten Stufe der Währungsunion die beiden wesentlichen Stufen zwei und drei folgen müssen. Damit wurde der Grundstein einer gemeinsamen Währungsunion gelegt.

© fotolia.com

*Die Europäische Zentralbank in Frankfurt **(EZB)***

In der zweiten Stufe wurde unter anderem eine verstärkte Koordinierung der Geldpolitik durch die Zentralbanken der Mitgliedsländer vereinbart. Auch der Name der gemeinsamen Währung wurde von ECU auf EURO festgelegt.

Mit der politischen Unabhängigkeit der Zentralbanken der einzelnen Staaten begann die dritte Stufe der Währungsunion. Am 1.1.1999 wurde der Euro als Währungsmittel eingeführt. Die Wechselkurse wurden festgelegt und eine übergeordnete Zentralbank (die **EZB**) gegründet. Sie war für die Durchführung der Geldpolitik verantwortlich.

In dieser letzten Stufe der Währungsunion wurde durch den Europäischen Rat festgehalten, welches EU Land den Euro als einziges Zahlungsmittel von Beginn an einführen durften. Die Entscheidung wurde anhand zuvor festgelegter Kriterien getroffen. Die wichtigsten, der sogenannten *Konvergenzkriterien,* sahen wie folgt aus:

- Preisstabilität, d. h. die Inflationsrate, darf nicht mehr als 1,5 % über derjenigen der drei preisstabilsten Mitgliedstaaten liegen
- Der staatliche Schuldenstand muss insgesamt <= 60 % des **Bruttoinlandsprodukt (BIP)** sein
- Das *jährliche* Haushaltsdefizit muss <= 3 % des Bruttoinlandsprodukt betragen

BIP:
Misst den Gesamtwert aller Waffen und Dienstleistungen pro Jahr, die in den Landesgrenzen hergestellt wurden, egal wo die Personen leben (Inlandsprinzip).

Das Einhalten dieser Kriterien war und ist die Voraussetzung für die Einführung des Euros und dem vollständigem Beitritt zur Währungsunion. Durch den Maastrichter Vertrag haben sich alle EU Mitglieder dazu verpflichtet, diese Kriterien zu erreichen, den Euro einzuführen und die Kriterien auf Dauer zu sichern. Lediglich Großbritannien und Dänemark nehmen aufgrund einer Ausnahmeregelung nicht an der Währungsunion mit Einführung des Euros teil.

Im Jahr 2015 haben 17 der 28 Staaten der EU den Euro eingeführt. Das Einhalten der Konvergenzkriterien zeigte sich als schwierig. Mehrmals hatten Staaten (auch Deutschland) die Kriterien nicht einhalten können. Der zuvor festgelegte Maßnahmenkatalog bei Nicht-

Euro-Zone:
EU-Länder, die den Euro eingeführt haben

einhaltung von Kriterien wurde nicht erfolgreich umgesetzt. Hinzu kam eine allgemeine Finanzkrise, die von den USA und deren Bankensystem ausging. Fehlende Haushaltspolitik und notwendige Sparmaßnahmen durch den Staat führten in vielen Ländern der **Euro-Zone** zu hohen Staatsverschuldungen. Diese haben einen negativen Einfluss auf die Stabilität des Euros. Der gesamte Wirtschaftsmarkt leidet unter dieser Situation, welche zu Geldentwertungen bis hin zu Staatspleiten führen kann. Die EU versucht durch Regulierungen des Finanzmarktes, gesteuert durch die EZB, Mitgliedsländer finanziell zu unterstützen. Umstritten sind die Erfolge, die dadurch erzielt werden können. Staatspleiten würden auch andere Länder und den gesamten Wirtschaftsmarkt stark belasten. Ein Austritt aus der Euro-Zone ist im AEU-Vertag nicht vorgesehen, so dass dieser Schritt mit einem Austritt aus der EU in Verbindung stünde. Die Ziele der EU und ihre lange Erfolgsgeschichte, einschließlich der bereits oben erwähnten Vorteile, wären in Gefahr.

PRESSESCHAU

Die europäische Staatsschuldenkrise ist nicht der Anfang vom Ende des Euro. Doch sie sollte uns Mäßigung und mehr Realismus lehren, nicht zuletzt auch deshalb, weil das Vertrauen in „Europa" massiv geschwunden ist [...]. Der Außenwert des Euro sinkt (durchaus zum Gefallen europäischer Exporteure), als Reservewährung büßt er an Bedeutung ein, internationale Anleger ziehen sich aus dem Euroraum zurück [...]. Wenn Europas Weltmachtstatus wenigstens zum guten Teil auf dem Euro beruht, wie das ja vermutet worden ist, dann zeigt die jüngste Entwicklung, was viele davon halten: Europa wird als Sorgenkind der Weltwirtschaft wahrgenommen, nicht als beherzt und selbstbewusst agierende Macht von globaler Reichweite. Die Brötchen werden kleiner, werden kleiner sein müssen.

Das hängt mit der wirtschaftlichen Lage und dem Ausblick in vielen europäischen Ländern zusammen und zwangsläufig mit der Notwendigkeit, die Staatsfinanzen unter Kontrolle zu bringen. Mit anderen Worten: Wenn die Politik unter dem Primat der Haushaltskonsolidierung steht, und das muss sie, dann sind auch alle jene Bereiche betroffen, die das Verhältnis der europäischen Länder nach außen bestimmen: Überall wird der Rüstungshaushalt gekürzt; die Etats für Entwicklungshilfe werden zurückgefahren; der Ehrgeiz, in der Klimapolitik den anderen leuchtendes Modell zu sein, ist weitgehend erloschen. Die meisten Europäer sind mit sich selbst beschäftigt. Zu größerem außenpolitischem Engagement wird künftig wenig Neigung bestehen. Politische Macht wächst aus wirtschaftlicher Kraft

In sich gekehrt und in sich gespalten taugen die Europäer nicht zum globalen Spieler, hat Außenminister Westerwelle dieser Tage geschrieben. Da hat er gewiss recht. Aber weltpolitische Gestaltungskraft, vom Willen dazu mal ganz abgesehen, erlangt Europa nur dann, wenn es zu kollektiver ökonomischer Stärke und Vitalität zurückfindet. Es langt nicht, dass einige Länder sich im globalen Wettbewerb gut, ja glänzend behaupten können, während andere immer mehr den Anschluss verlieren. Deshalb gehören die Überwindung der Staatsschuldenkrise und die Entwicklung moderner Strukturen als Voraussetzung für Wohlstand unauflöslich zusammen. Das nähme Spannung aus dem Euroraum und würde die Europäer gleichzeitig mit neuem Selbstbewusstsein auftreten lassen.

Quelle: www.faz.net (Abruf: 05.01.2017)

Nehmen Sie Stellung zu folgenden Äußerungen des Autors:

a) „Die politische Macht wächst aus wirtschaftlicher Kraft"

b) „Die Brötchen werden kleiner, werden kleiner sein müssen".

Hoffnungen und Ängste der Währungsunion

Eine wichtige Hoffnung bei der Umsetzung der Währungsunion war ein erwarteter Wachstumsschub. Die einheitliche Währung im Europäischen Binnenmarkt sollte zu einer Steigerung der Nachfrage und einer Senkung der Kosten führen. Dafür sollten Wechselkursunsicherheiten wegfallen und eine Verminderung von Transaktionskosten entstehen. In allen EU Staaten, auch in den ärmeren Staaten, hoffte man auf mehr Investitionen durch eine gemeinsame Währung. Tatsächlich fiel das Wachstum in der Eurozone zwischen 1999 und 2007 mit rund 2,2 Prozent jährlich eher mittelmäßig aus.

Zum Vergleich: in den USA wuchs das BIP (Bruttoinlandsprodukt) in derselben Zeit mit 2,8 Prozent jährlich, in der EU insgesamt mit 2,5 Prozent

Eine weitere Hoffnung bei der Umsetzung der Währungsunion war die höhere Preisniveaustabilität. Insbesondere die Regierungen von früheren Hochinflationsländern wie Italien erwarteten einen Aufschwung durch die Abgabe der geldpolitischen Entscheidungsmacht an die EZB. Die EZB sollte stabilitätsorientierte Entscheidungen übernehmen, die sonst für die nationalen Banken nur schwer durchsetzbar gewesen wären. Im Ganzen veränderte sich die **Inflationsrate** insbesondere in Deutschland seit Einführung des Euros kaum. Allerdings war in den ersten Jahren nach der Einführung die gefühlte Inflation besonders hoch. Der Euro bekam von den Bürgerinnen und Bürger den Spitznamen „Teuro".

Inflation:
bezeichnet eine allgemeine Erhöhung der Güterpreise, die entsprechend das Absinken der Kaufkraft zur Folge hat

Schließlich wurde die Währungsunion auch als weiterer Schritt zur Bildung einer politischen Union in Europa angesehen. Sie sollte das Bewusstsein für die europäische Integration stärken und damit das allgemeine friedenssichernde Ziel der Europäischen Union unterstützen.

2.4 Leben, Lernen und Arbeiten in der EU

Mit der Europäischen Union verbindet man zunächst den freien Handel, offene Grenzen und eine gemeinsame Währung. Die EU bietet aber auch für jeden EU-Bürger das Recht, in einem EU-Land seiner

www.youtube.com/watch?v=S5hRJpiKsw

Was bringt mir die EU?

Nach dem niederländischen Gelehrten Erasmus von Rotterdam benannt.

Bildquelle: Wikimedia/The Yorck Project

www.erasmusplus.de

Wahl zu reisen, zu leben, zu arbeiten, zu studieren oder seinen Ruhestand zu verbringen. Es gibt viele Möglichkeiten, die EU aktiv kennen zu lernen. Seit 2014 werden europäische Austauschprogramme unter dem Namen ERASMUS+ zusammengefasst. Ziele von ERASMUS+ sind u. a. die Förderung der Mobilität zu Lernzwecken sowie die internationale Zusammenarbeit. Dabei wird besonders auf internationale Berufserfahrung Wert gelegt. Die dadurch erweiterte Berufskompetenz über die Ausbildung im eigenen Land hinaus, gibt allen Teilnehmerinnen und Teilnehmern die Chance, dem beruflichen Anforderungsprofil gerecht zu werden. ERASMUS+ bietet mit seinem Mobilitätsprojekt u. a. folgende Erfahrungen zu erwerben:

- Verbesserung der Fremdsprachenkenntnisse
- Unterstützung der Mobilität
- Zunehmende Verwendung neuer Technologien im Bildungsbereich
- Grenzüberschreitende Mobilität von Personen, die in Europa eine Berufsausbildung absolvieren
- Qualitätssteigerung bei der Berufsbildung
- Verständnis für andere Kulturen im Zusammenhang mit der Berufsbildung

Die Mobilität in der beruflichen Bildung steht auf EU-Ebene immer mehr im Mittelpunkt. Die EU-Bildungsminister betonten bereits 2008, dass Mobilität ein wichtiger Bestandteil der europäischen Zusammenarbeit im Bereich der allgemeinen und beruflichen Bildung sei. Mittel zur Förderung der Mobilität von Auszubildenden werden vom Europäischen Parlament bereitgestellt. Ziel ist es, die wichtigsten Hindernisse für die Mobilität von Auszubildenden und jungen Menschen in der beruflichen Erstausbildung zu ermitteln und Lösungen zu entwickeln.

Maßnahmen zur Verbesserung der Berufsbildung tragen dazu bei, die für den Arbeitsmarkt notwendigen Fertigkeiten, Kenntnisse und Kompetenzen bereitzustellen. Daher sind sie ein wesentlicher Beitrag zum Arbeitsprogramm „Allgemeine und berufliche Bildung 2020" der EU. Ein weiterer Impuls für die europäische Zusammenarbeit in der beruflichen Aus- und Weiterbildung verfolgt die Strategie „Europa 2020". Hier werden u. a. Maßnahmen zur Förderung von Transparenz, Anerkennung und Qualität festgehalten. Beispiele wären:

- der Europäische Qualifikationsrahmen (EQR)
- der Europass
- das Europäische Leistungspunktesystem für die Berufsbildung (ECVET)
- der Europäische Bezugsrahmen für die Qualitätssicherung in der beruflichen Aus- und Weiterbildung (EQAVET).

An dieser Stelle soll nur der Europass näher erläutert werden. Alle weiteren Maßnahmen sind auf der Internetseite der Europäischen Kommission nachzulesen.

Der Europass

Arbeitssuchende, die im In- oder Ausland eine Stelle finden möchten, müssen in der Lage sein, ihre Qualifikationen und Fertigkeiten so darzustellen, dass Arbeitgeber diese verstehen und richtig einschätzen können. Der Europass ist ein öffentlicher Dienst, um die erworbenen Qualifikationen und Fertigkeiten europaweit besser verständlich zu machen. Dabei handelt es sich nicht um einen Pass im herkömmlichen Sinne. Vielmehr besteht das System Europass aus mehreren Elementen:

http://www.europass-info.de

- **Lebenslauf-Dienst**

Das Europäische Zentrum für die Förderung der Berufsbildung bietet ein interaktives Instrument, mit dessen Hilfe der Europass-Lebenslauf und der Europass-Sprachenpass erstellt werden können. Der Europass-Lebenslauf dokumentiert alle individuellen Fertigkeiten und Fähigkeiten der Nutzer, einschließlich der Kompetenzen, die außerhalb der allgemeinen und beruflichen Bildung erworben wurden.

- **Europass-Mobilität**

dient als Nachweis einer Lernerfahrung im Ausland. Damit kann einem Arbeitgeber im europäischen Raum die Durchführung von beispielweise Praktika angezeigt werden.

- **Der Europass-Diplomzusatz**

Er stellt eine formalisierte Beschreibung von Art, Niveau, Kontext, Inhalt und Status aller Hochschulstudiengänge dar, den die betreffende Person erfolgreich abgeschlossen hat.

- **Die Europass-Zeugniserläuterung**

Beschreibt die Kompetenzen, die ein berufliches Abschlusszeugnis beinhaltet. Sie erleichtert Arbeitgebern eine Einschätzung der Fähigkeiten des Inhabers.

Die Europäische Sozialcharta

Leben und Arbeiten in der EU setzt Rechte wie soziale Sicherheit und angemessene Arbeitsbedingungen für alle EU Länder voraus. Aus diesem Grund wurde 1961 die Europäische Sozialcharta als Ergänzung der Europäischen Menschenrechte erarbeitet. Urheber dieser Charta ist der Europarat. Die Charta ist das grundlegende Dokument für die sozialen Werte in Europa. Sie beinhaltet 19 Grundrechte; unter anderem das Recht auf:

© H. Junghans

Europarat in Straßburg

- Arbeit
- soziale Sicherheit

- wirtschaftlichen und sozialen Schutz der Familie
- Jugend- und Mutterschutz
- kostenlose Schulbildung

Der **Europarat** wurde am 5. Mai 1949 gegründet. Er ist eine europäische Internationale Organisation, der 47 Staaten angehören. Der Europarat ist ein Forum für Debatten über allgemeine europäische Fragen
Dazu zählt insbesondere:

- der Einsatz für die Menschenrechte,
- die Sicherung demokratischer Grundsätze sowie
- rechtsstaatliche Grundprinzipien.

Der Europarat ist institutionell nicht mit der Europäischen Union verbunden, auch wenn beide dieselbe Flagge und dieselbe Hymne verwenden

Auch nach über 50 Jahren Europäische Sozialcharta hat noch nicht jedes der 47 Mitgliedsländer des **Europarates** alle Rechte in nationale Rechte verwirklicht (43 der 47 Staaten des Europarats haben die Charta ratifiziert, wenn auch nicht sämtliche Zusatzprotokolle). Intension der Charta ist es, den sozialen Fortschritt zu fördern und die Menschenrechte und Grundfreiheiten weiter zu entwickeln.

> [...] in der Erwägung, dass es das Ziel des Europarats ist, eine engere Verbindung zwischen seinen Mitgliedern herzustellen, um die Ideale und Grundsätze, die ihr gemeinsames Erbe sind, zu wahren und zu verwirklichen und ihren wirtschaftlichen und sozialen Fortschritt zu fördern, insbesondere durch die Erhaltung und Weiterentwicklung der Menschenrechte und Grundfreiheiten;
>
> [...] in der Erwägung, dass die Ausübung sozialer Rechte sichergestellt sein muss, und zwar ohne Diskriminierung aus Gründen der Rasse, der Hautfarbe, des Geschlechts, der Religion, der politischen Meinung, der nationalen Abstammung oder der sozialen Herkunft;
>
> in dem Entschluss, gemeinsam alle Anstrengungen zu unternehmen, um durch geeignete Einrichtungen und Maßnahmen den Lebensstandard ihrer Bevölkerung in Stadt und Land zu verbessern und ihr soziales Wohl zu fördern,
>
> Präambel der Europäischen Sozialcharta, Turin, 18.10.1961

Die Europäische Sozialcharta steht bis heute im Schatten der Europäischen Menschenrechtskonvention.

Logo des Europarates

Dabei haben gerade soziale Rechte im Zuge der Finanz- und Wirtschaftskrise (2009) an Bedeutung gewonnen. Durch die Wirtschaftskrise in Europa sind mehr Armut und mehr Diskriminierung entstanden. Auch Einschränkungen im Bereich der Arbeitnehmerrechte werden vom Europarat kritisiert. So wurde festgestellt, dass es nach der Wirtschaftskrise verstärkt zu überlangen Arbeitszeiten oder unbezahlten Überstunden gekommen ist.

1. Beschreiben Sie die Vorteile des Europass.
2. Welche Hauptaufgabe nimmt der Europarat war?

3 Institutionen und Entscheidungsprozesse in der EU

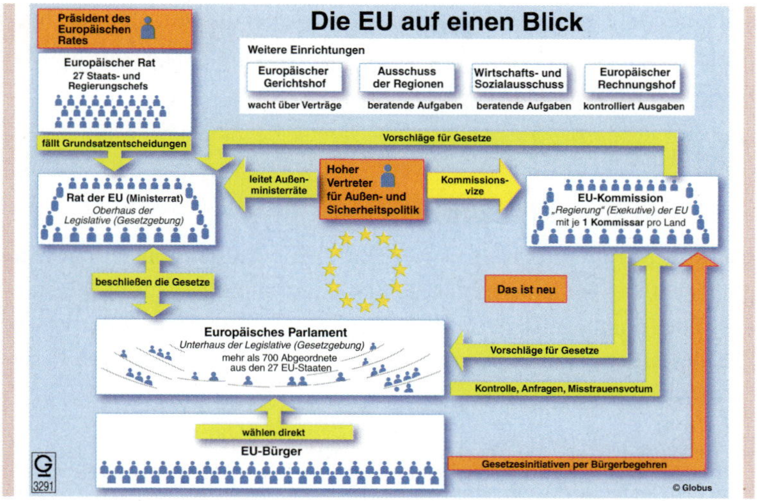

3.1 Der Europäische Rat

Mindestens zweimal im Jahr treffen sich Regierungschefs aller EU-Länder. Sie legen die allgemeinen politischen Zielvorstellungen der EU fest. Diese Zusammenkunft der Staats- und Regierungschefs ist der Europäische Rat. Gastgeber ist das Land, das jeweils die Ratspräsidentschaft innehat. Diese wechselt nach 6 Monaten von Land zu Land.

© EU

Die Regierungschefs der EU Länder bei einem der halbjährlichen Ratstreffen

3.2 Der Ministerrat (Rat der Europäischen Union)

Das eigentliche Machtzentrum für die täglichen Entscheidungen ist der Ministerrat. Im Rat ist jeder Mitgliedstaat durch einen Minister vertreten. Diese Minister tragen die politische Verantwortung für ihre

Entscheidungen sowohl gegenüber ihrem nationalen Parlament als auch gegenüber den Bürgern, die sie vertreten.

Sitz des Rates ist Brüssel, wo in der Regel auch die Ministertagungen stattfinden. Je nach der Tagesordnung wechseln die Minister. Am häufigsten tagen die Ministerräte für Landwirtschaft, Wirtschaft und Finanzen, Umwelt und Verkehr.

Aufgaben

- **Er trifft Entscheidungen**

Im Ministerrat wird beispielsweise durch die Außenminister der Mitgliedstaaten die Gemeinsame Außen- und Sicherheitspolitik festgelegt. Die Innenminister regeln die Innen- und Justizpolitik der EU. In der Gesetzgebung muss der Ministerrat mit dem Europäischen Parlament zusammenarbeiten.

- **Er koordiniert die Wirtschaftspolitik**

Die Grundzüge der Wirtschaftspolitik der Mitgliedstaaten werden vom Rat entworfen. Darin werden zum Beispiel festgelegt, wie hoch die Neuverschuldung im Staatshaushalt der Mitgliedsländer sein darf.

- **Er stellt den Haushaltsplan fest**

Obligatorisch:
Notwendig, hier: die Ausgaben, über die das Europäische Parlament nicht bestimmen kann.

Der Rat entscheidet über die so genannten **obligatorischen** Ausgaben. Das sind im Wesentlichen die Ausgaben für die Landwirtschaft und die Drittstaaten, (Staaten, die nicht EU Mitglied sind). Fast die Hälfte der EU Ausgaben fließt in die Landwirtschaft.

Der Ministerrat beinflusst die Gesetzgebung in den Mitgliedsländern. Viele Beschlüsse und Entscheidungen, die in Brüssel fallen, werden in nationales Recht umgewandelt. Rund ein Viertel aller Gesetze, die im Bundestag in Berlin verabschiedet werden, sind Umsetzungen von europäischem Recht.

3.3 Die Kommission

Gemeinschaftspolitik:
Hier: Politische Arbeit, die alle EU Länder betrifft

Die Kommission der Europäischen Union ist vergleichbar mit der Regierung eines Landes. Sie ist die Antriebskraft des wirtschaftlichen Vereinigungsprozesses in Europa. Von ihr kommen Vorschläge zur **Gemeinschaftspolitik**. Sie führt die von Rat und Parlament beschlossenen Aktionen durch. Dem Europäischen Parlament gegenüber muss sie sich politisch verantworten. Das Parlament kann der Kommission das Misstrauen aussprechen und sie so zur Amtsniederlegung zwingen.

PRESSESCHAU

EU will Tabakkonsum weiter einschränken

now. BAD HOFGASTEIN, 27. September. Die Europäische Kommission strebt offenbar langfristig weitere Beschränkungen zur Vermarktung und zum Konsum von Tabakprodukten an. Das hat der für Verbraucherschutz zuständige EU-Kommissar David Byrne erkennen lassen. Auf dem Europäischen Gesundheitsforum in Bad Hofgastein stellte Byrne insbesondere ein Verbot der so genannten indirekten Werbung sowie Auflagen für Zigarettenautomaten und zur Bekämpfung des so genannten passiven Rauchens zur Diskussion. Eine halbe Million Menschenleben fordere der Tabakkonsum jährlich allein in den EU-Ländern, sagte Byrne. Ein erster Versuch der Kommission, ein weit reichendes Verbot für die Tabakwerbung in der Gemeinschaft durchzusetzen, war von der großen Mehrheit der EU-Staaten zwar gebilligt worden, aber nach einer Klage Deutschlands vor dem Europäischen Gerichtshof im Herbst 2000 gescheitert. Derzeit liegen dem Ministerrat und dem Europäischen Parlament Vorschläge vor, die das Urteil des Europäischen Gerichtshofs zwar berücksichtigen, aber unverändert auf ein allgemeines Verbot der Werbung in Zeitschriften und Zeitungen hinauslaufen. Die Bundesregierung hat weiter Vorbehalte, weil sie im Vorschlag eine Überschreitung der rechtlichen Zuständigkeiten der EU befürchtet. Der britische Gesundheitsrechtler Martin McKee kritisierte, dass die Bundesregierung dem Druck der deutschen **Tabaklobby** nachgebe.

Frankfurter Allgemeine Zeitung

Lobby:
Gemeint sind Interessengruppen, die versuchen, ihre Ziele durch Beeinflussung von politischen Entscheidungsträgern zu erreichen.

PRESSESCHAU

Des Deutschen liebste Glühbirne

Der Glühlampenausstieg gilt als eine der unpopulärsten Entscheidungen der EU. Sie ist tatsächlich ungewöhnlich radikal. Das sei absurd, sagt der Medienjournalist Dietrich Leder „angesichts der Liberalität gegenüber Fahrzeugbesitzern, die weiterhin ihre überdimensionierten Kraftwagen sinnlos durch die Gegend bewegen können". Wie angemessen der Glühlampenausstieg ist, darüber lässt sich trefflich streiten. Ausschlaggebend für den Schritt waren im Jahr 2008 klima- und energiepolitische Überlegungen.

2020 sollen jährlich laut Verordnung durch eben diese EU-weit 39 Terrawattstunden Energie eingespart werden. Das entspricht immerhin der Leistung von vier großen Kernkraftwerken im Dauerbetrieb. Unklar ist, ob die Einsparung erreicht werden wird.

Erfahrungen mit anderen Energiesparmaßnahmen zeigten, dass die Ziele wegen des sogenannten „**Rebound-Effekts**" häufig nicht erreicht wurden. Auch die oft diskutierte Quecksilberfrage wird in der Verordnung berücksichtigt. Weil viele Energiesparlampen ohne Recycling entsorgt würden, kämen in der EU 2,9 Tonnen Quecksilber in die Umwelt. Das soll trotz steigender Lampenzahl nicht mehr werden: durch weniger Quecksilber in jeder einzelnen Energiesparlampe und besseres Recycling.

Tagesschau, 30.8.2012

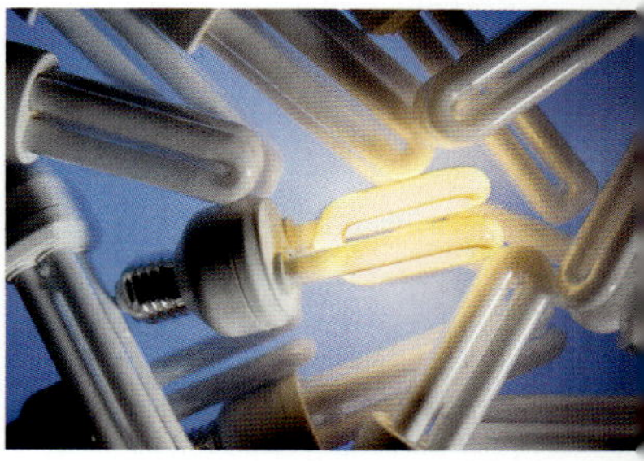

Der Rebound-Effekt:
Bevor Glühlampen verboten wurden, versuchte man lange die Menschen von den modernen Energiesparlampen zu überzeugen. Kostet mehr, hält aber achtmal so lange und spart 80 Prozent Strom, lauteten die Argumente. Während ihrer Lebensdauer spart die Sparlampe Strom für 65 Euro ein, hieß es. Soweit die versprochene Haltbarkeit erreicht wird, stimmt das auch.

Was aber machen die Menschen mit den eingesparten 65 Euro? Zusätzliche Lampen einschrauben, denn Licht ist ja plötzlich so billig? Oder auf die hohe Kante legen für einen zusätzlichen Kurztrip nach Mallorca? All das verbraucht Energie.

Energieeffizienz ändert Kaufverhalten und Konsummuster, manches der erhofften Einsparung prallt zurück, die Forscher sprechen vom „Rebound-Effekt". Mehrere Studien konnten zeigen, dass die tatsächliche Einsparung oft deutlich niedriger ist als die erwartete.

1. Wie beurteilen Sie, dass die Kommission in Brüssel bestimmen kann, ob in deutschen Zeitschriften Tabakwerbung gedruckt werden darf?
2. Was ist Ihrer Meinung nach wichtiger einzuschätzen: Die Freiheit der wirtschaftlichen Betätigung und dafür zu werben oder der Schutz der Bevölkerung vor übermäßigem Tabakkonsum?
3. Diskutieren Sie die Entscheidung der EU bezüglich des Glühbirnenverbots. Inwieweit soll die EU über Gewohnheiten nationaler Staaten entscheiden können?

Die Mitglieder

Die Kommission besteht aus einem Kollegium von 28 Mitgliedern. Jedes Land entsendet einen Kommissar. Es handelt sich um Persönlichkeiten, die zuvor in ihrem Herkunftsland ein politisches Amt – oft auf Ministerebene – ausgeübt haben. Alle fünf Jahre wird die Kommission neu besetzt.

© Claus

Sitz der Europäischen Kommission in Brüssel

Wer ist der derzeit amtierende Kommissionspräsident?

Die Aufgaben der Kommission

Die Europäische Kommission hat im Wesentlichen vier Aufgaben:

- Sie macht dem Parlament und dem Rat Vorschläge für neue Rechtsvorschriften
- Sie führt die Gemeinschaftspolitik durch
- Sie überwacht (gemeinsam mit dem Gerichtshof) die Einhaltung des Gemeinschaftsrechts

- Sie ist die Sprecherin der Europäischen Union und handelt völkerrechtliche Verträge aus (im Wesentlichen Handels- und Kooperationsabkommen).

Die Tätigkeitsbereiche der Kommissare

Ähnlich wie in einer Regierung die Minister, haben die Kommissare unterschiedliche Aufgabenbereiche. So z. B.:

- Wettbewerb
- Gesundheits- und Verbraucherschutz
- Landwirtschaft, Entwicklung des ländlichen Raums und Fischerei
- Unternehmen und Informationsgesellschaft
- Binnenmarkt, Steuern und Zollunion
- Forschung, Umwelt
- Wirtschaft und Währungsangelegenheiten
- Erweiterung, Außenbeziehungen
- Handel, Regionalpolitik
- Bildung und Kultur
- Haushalt, Justiz und Inneres
- Beschäftigung und soziale Angelegenheiten

Information über den Energieverbrauch: Die Kommission macht es zur Pflicht

Beispiel für die Arbeit der Kommission

PRESSESCHAU

Firmen-Subventionen von EU Kommission gekürzt

Neue EU Regeln für ***Subventionen***

Vom 1. Januar 2004 an können Firmen nur noch mit deutlich verringerten staatlichen Mitteln rechnen.

Wie die EU-Kommission mitteilte, werden die erlaubten Fördersätze für Firmenansiedlungen drastisch gekürzt. Besonders betroffen sind die ostdeutschen Bundesländer.

Für den Beschluss benötigt die Kommission nicht die Zustimmung der Mitgliedstaaten. Die Kommission hatte nach Protesten aus ostdeutschen Ländern das in Kraft treten der Regeln um ein Jahr bis Anfang 2004 verschoben. Für bereits angemeldete Vorhaben wie das BMW-Werk in Leipzig gelten die bisherigen Förderbedingungen.

Die EU-Kommission rechnete vor:
Wenn in ein neues Werk in Ostdeutschland 200 Mio. Euro **investiert** werden, durften Land und Bund bisher maximal 70 Mio. Euro (35 %) zuschießen. Nach der neuen Regelung sind nur noch 38 Mio. (19 %) Euro erlaubt.

geld-online

Subvention:
Staatliche Unterstützung für Unternehmen

Investition:
Geldmittel für den Bau oder Erweiterung eines Betriebes

1. Ein EU Staat darf ein Unternehmen, das sich im eigenen Land ansiedeln oder erweitern will nur beschränkt unterstützen. Was soll damit bewirkt werden?
2. Die nationale, staatliche Wirtschaftspolitik (hier Förderung bestimmter Regionen) wird erschwert. Wie bewerten Sie diese Einschränkung?

3.4 Das Europäische Parlament

Das Europäische Parlament ist die frei gewählte Vertretung der Bürger aller EU-Staaten. 1979 wurde das Parlament erstmals von allen Bürgern der Mitgliedstaaten nach demokratischen Regeln gewählt.

Das Europäische Parlament in Straßburg

Wahl und Zusammensetzung

Das Parlament wird alle 5 Jahre gewählt und hat 754 Abgeordnete, davon 99 aus Deutschland (ab der Europawahl 2014 nur noch 751 Sitze, davon 96 aus Deutschland). Jeder Mitgliedsstaat entsendet im Verhältnis zu seiner Bevölkerungszahl Abgeordnete. Alle Abgeordneten haben sich zu länderübergreifenden Fraktionen zusammengeschlossen. Diese repräsentieren die in den Mitgliedstaaten der Union vertretenen großen politischen Richtungen.

Die Aufgaben

Die Kontrollfunktion

Das Parlament übt eine demokratische Kontrolle über die Kommission aus. Es überwacht die Ernennung der Kommissionsmitglieder und ihres Präsidenten. Die Kommission ist dem Parlament gegenüber politisch verantwortlich. Das Parlament kann der Kommission das Misstrauen aussprechen und dadurch zum Rücktritt zwingen.

> Vergleichen Sie dazu die Möglichkeiten des Deutschen Bundestages in Bezug auf die Bundesregierung.

Die Prüfung der von Bürgern eingereichten **Petitionen** und die Einsetzung von Untersuchungsausschüssen bilden weitere Kontrollmöglichkeiten durch das Parlament.

Petition:
Gesuch eines Bürgers an das Parlament, wenn er sich durch Behörden ungerecht behandelt fühlt

Gesetzgebung

Gesetze heißen in der EU Verordnungen oder Richtlinien. Sie werden von der Kommission vorgeschlagen und vom Ministerrat sowie dem Europäischen Parlament beschlossen. Das Parlament hat ein Anhörungs- und Mitentscheidungsrecht.

Verordnungen gelten unmittelbar in allen Mitgliedsstaaten und sind verbindlich. Richtlinien müssen in den Parlamenten der EU-Mitgliedstaaten in nationales Recht umgesetzt werden. Kommt ein EU-Staat dieser Pflicht nicht nach, drohen Zwangsgelder.

Außerdem muss das Parlament beteiligt werden, wenn es um wichtige politische Fragen geht, z. B.

- den Beitritt neuer Mitgliedstaaten
- den Abschluss von internationalen Übereinkommen
- das Aufenthaltsrecht der Unionsbürger
- die Aufgaben und Befugnisse der Europäischen Zentralbank

Kontrolle der EU Ausgaben

Parlament und Rat sind die Hauptakteure bei der alljährlichen Verabschiedung des **Gemeinschaftshaushalts.** Der Haushaltsplan ist erst gültig, wenn das Parlament ihm zugestimmt hat.

Gemeinschaftshaushalt:
Verteilung der von den EU-Staaten einbezahlten Mittel zur Erfüllung der Gemeinschaftsaufgaben (ca. 100 Mrd. € pro Jahr)

3.5 Die Europäische Zentralbank

Seit 1999 hat die Europäische Zentralbank (EZB) mit Sitz in Frankfurt/Main die alleinige Verantwortung für die Geldpolitik in der Euro-Zone. Als oberstes Ziel wird die Stabilität der europäischen Währung angestrebt. Daneben sorgt sie für das ordnungsgemäße Funktionieren der Zahlungssysteme. Auch die Versorgung mit Banknoten und Münzen gehört zu ihren Aufgaben.

Neubau der EZB in Frankfurt mit geplanter Fertigstellung 2014

Die EZB entscheidet unabhängig von den anderen europäischen Institutionen und auch unabhängig von den nationalen Regierungen.

Die EZB ist im Verlauf der Eurokrise für ihre Geldpolitik in die Kritik geraten. Unter anderem wurde kritisiert, dass die EZB Staatsanleihen von Banken finanzschwacher Euroländer aufgekauft hat. Dieser Aufkauf wäre direkt von den Regierungen der Mitgliedsstaaten nicht erlaubt. Der Umweg über die Banken wird daher kritisch gesehen und mit einem unmittelbaren Aufkauf durch die Staaten selbst verglichen. Der Erfolg ist umstritten, da das Geld nicht direkt in die von der Krise betroffenen Firmen direkt fließt. Finanzmarktanalysten und Wirtschaftsweisen sehen der Entwicklung durch die EZB mit großer Sorge entgegen.

PRESSESCHAU

[...] Demnach sollen die Verantwortlichen bei der EZB ein „schlechtes Gefühl" gehabt haben, dass Unmengen an Geldmitteln in die Banken fließt. Mit diesem „billigen Geld", welches die EZB den Banken leiht, sollen die Banken gleichermaßen die Staatsanleihen von angeschlagenen europäischen Staaten aufkaufen.

Durch dieses „Karussellsystem" ist es möglich, dass die Zinssätze [...] künstlich nach unten gedrückt werden. Dass dieses Spielchen nicht auf Dauer gut gehen kann, scheinen nun auch die EZB-Chefs mitbekommen zu haben. Denn mittlerweile halten die Banken Unmengen an Staatsanleihen verschiedenster Krisenstaaten in Europa. Durch diesen Umstand kommt nun eine „Lawine ins Rollen". Auch Analysten der Citigroup gaben vor kurzer Zeit an, dass sie Bedenken gegen die aktuelle Strategie der EZB hegen. [...]

Denn wenn die Banken am Sekundärmarkt ihre gehaltenen Staatsanleihen verkaufen, würden die Zinssätze in die Höhe getrieben werden – man kann hier wahrhaftig von einem Teufelskreislauf sprechen. Die nun eingeschlagene Strategie der EZB soll derartige Probleme „lösen". Diese will das Geld nun nicht direkt in den Bankensektor fließen lassen, sondern in „angeschlagene Unternehmen pumpen". Nach den bisherigen Auswertungen der EZB sei von den bisherigen Geldern, die den Banken zugeflossen sind, nichts in der Realwirtschaft angekommen. Ob diese Maßnahme helfen wird, bleibt aus der heutigen Sicht her fraglich.

Glaronia.com vom 8.8.2012, EZB: Das Vertrauen in die Staaten ist dahin, nun sollen Unternehmen direkt finanziert werden

3.6 Der Europäische Gerichtshof

In EU-Rechtsfragen ist der Europäische Gerichtshof (EuGH) in Luxemburg die höchste Instanz. Er steht damit über den nationalen Gerichten. Für Unternehmen und Bürger aus den Mitgliedstaaten ist der EuGH die letzte Instanz. Die Entscheidungen des Europäischen Gerichtshofes gelten in der ganzen EU. Seine Urteile führen dazu, dass in der Europäischen Union Rechtsvorschriften vereinheitlicht werden. Damit können die Entscheidungen des EuGH konkrete Auswirkungen auf das tägliche Leben der Bürger haben. Die Richter des EuGH werden von den Regierungen der Mitgliedsländer für sechs Jahre ernannt. Meist sind es hervorragende Richter in ihrem Herkunftsland.

4 Auswirkungen des europäischen Einigungsprozesses

Die EU als Institution in Brüssel hat inzwischen eine Machtfülle, die dem einzelnen Bürger nicht immer bewusst ist. Ein beträchtlicher Teil der für den Bürger politisch wirksamen Entscheidungen werden in Brüssel gefällt. Dem muss entgegengehalten werden, dass an Brüsseler Entscheidungen immer deutsche Politiker beteiligt sind.

4.1 Übertragung nationaler Souveränitätsrechte

PRESSESCHAU

Die ignorierte Macht

Die Bevölkerung unterschätzt den Einfluss der europäischen Institutionen

Es gibt ein krasses Missverhältnis zwischen den Machtbefugnissen der europäischen Institutionen und der Aufmerksamkeit, die die Bevölkerung ihnen angedeihen lässt. Die Verlagerung von Befugnissen von der nationalen auf die europäische Ebene ist enorm weit vorangeschritten. Die Organe der EU machen von ihrem erweiterten Gestaltungsspielraum ausgreifend Gebrauch.

Die Zahl der Richtlinien, Verordnungen und anderen rechtswirksamen Entscheidungen der Kommission und des Europäischen Parlamentes hat sich in den letzten drei Jahrzehnten vervierfacht. [...]

Die direkten Regulierungen von Produktion und Handel ergänzen umfassende Regulierungen zum Schutz der Umwelt und Gesundheit. Die Folgen für die Wirtschaft können viel einschneidender sein als die Gesetze, die in Berlin verabschiedet werden. In Zukunft wird die Zuständigkeit für Verbraucherschutz verbreitert und damit die Einflussmöglichkeiten mit erheblichen wirtschaftlichen Folgen. Wer über die Richtlinien und Verordnungen für Umwelt, Gesundheits- und Verbraucherschutz und über Maßnahmen zur Vermeidung jeglicher **Diskriminierung** entscheidet, kann das Schicksal ganzer Branchen beeinflussen.

Frankfurter Allgemeine Zeitung

Diskriminierung:
Benachteilung, meist von Personengruppen wegen ihrer Hautfarbe, ihres Geschlechts oder Religionszugehörigkeit. Im EU Bereich ist damit oft auch die Benachteiligung von Produkten anderer EU Länder gemeint.

Nennen Sie Beispiele, in welchen Bereichen die EU versucht, Diskriminierung zu vermeiden.

Regionalismus – Nationalgedanke – Europaidee

Die Europäische Union kennt keine Bundesländer als Gesetzgebungspartner. Verhandlungspartner für die EU ist stets die Bundesregierung. Auf diese Weise wirkt die Bundesregierung in der EU an Entscheidungen mit, die in die Länderkompetenzen eingreifen.

Die Bundesrepublik ist verpflichtet, europäische Richtlinien umzusetzen. EU-Recht (Gemeinschaftsrecht) bricht nationales Recht. Der Vorrang des EU-Rechtes kann in einem Bundesstaat Probleme aufwerfen, nämlich dann, wenn Interessen der Bundesländer den Absichten der EU entgegenstehen.

4.2 Folgen der EU-Erweiterung

Seit Oktober 2005 finden die Beitrittsverhandlungen zwischen der EU und der Türkei statt. Die politische Entwicklung in der Türkei (2017) belastet diese Verhandlungen.

PRESSESCHAU

F.A.Z. FRANKFURT, 30. November. Ein möglicher EU-Beitritt der Türkei ist nicht nur unter den politischen Parteien, sondern auch in der deutschen Bevölkerung umstritten. In einer repräsentativen Umfrage der Forschungsgruppe Wahlen für das ZDF lehnten 52 Prozent die Aufnahme der Türkei in die EU ab, während 41 Prozent ihr zustimmen würden. Indessen rechnet die EU offenbar schon fest mit einer Mitgliedschaft der Türkei. „Bald wird Syrien ein Nachbar sein", antwortete der Beauftragte für die gemeinsame Außen- und Sicherheitspolitik, Solana, dieser Zeitung auf die Frage nach den zukünftigen Grenzen des strategischen Interessengebietes der EU.

Frankfurter Allgemeine Zeitung

Diskutieren Sie, welche Gründe für und welche gegen die Aufnahme der Türkei in die EU sprechen.

In der politischen Diskussion hört man verschiedene Argumente. Z.B.:

Pro:
Die Türkei ist eine europäisch orientierte Mittelmacht. Auf ihrem Boden entwickelten sich wichtige Abschnitte der antiken und jüdisch-christlichen Geschichte Europas.

Die türkische Mitgliedschaft in der EU wäre die beste Versicherung gegen möglichen fundamentalen Islamismus. Die Mitgliedschaft wäre eine strategische Stärkung der EU-Außenpolitik in der wichtigsten

Weltregion. Europa sichert sich Zugang zu den dortigen Rohstoffen. Wesentliche Gründe für die Einwanderung türkischer Bürger in die übrige EU wären gebannt. Volle Freizügigkeit ist erst nach langen Übergangszeiten möglich.

Eine kontroverse Debatte

Die türkische Wirtschaft wuchs in den vergangenen Jahren teilweise sehr stark. Die Türkei ist ein flexibler Partner mit junger Bevölkerung. Eine wachsende türkische Wirtschaft bedeutet Exportchancen für Deutschland.

Die von der EU geforderten Reformen verändern Politik und Gesellschaft, sie vermindern den Einfluss der Militärs in der Politik, sorgen für tatsächliche Gleichberechtigung der Frauen, Minderheitsrechte für Kurden und bürgerliche Freiheitsrechte wie im westlichen Europa.

Contra:
Beitrittsgegner behaupten, die Türkei habe die Aufklärung nach westeuropäischem Muster verpasst. Reformen werden schleppend umgesetzt, es gebe kaum Fortschritte bei der Achtung der Menschenrechte durch Behörden und Polizei. Europa islamisiere sich. Durch die Ausdehnung bis an die Nachbarstaaten der Türkei (z. B. Syrien, Irak, Iran) würde die EU alle Sicherheitsprobleme der Türkei übernehmen. Wenn die Türkei eintritt, dann melden sich auch Marokko, die Ukraine oder Israel. Türkische Einwanderer könnten die EU überschwemmen.

Die Türkei hätte in der EU als bevölkerungsreichstes Land besonderes Gewicht. Das Pro-Kopf-Einkommen liegt derzeit bei 25 Prozent des EU-Durchschnitts, was drastische Auswirkungen auf die Löhne in der EU haben könnte. Ein Beitritt würde den Agrarmarkt der EU sprengen.

Ist die Europäische Idee in Gefahr durch den kriselnden Euro?

Die Probleme, die Europa und speziell die Euro-Zone zurzeit mit der gemeinsamen Währungsunion haben, sind allgegenwärtig. Rettungsmaßnahmen für überschuldete Staaten werden häufig gegen den Willen vieler EU Bürger ins Leben gerufen. Der derzeitige Europäische Stabilitätsmechanismus (ESM) soll den Wirtschaftsraum der EU mit 700 Milliarden Euro stützen.

Die Akzeptanz, überschuldete Staaten finanziell zu unterstützen sinkt. Die eigentlichen Ziele eines friedlichen Zusammenlebens und die Nutzung von politischen und gesellschaftlichen Vorteilen sind gesunken. Das Interesse eines gemeinsamen Europas wird auf die Wirtschaftskrise runter gebrochen. Die Aufgabe wäre es, Europas Stärken den Bürgerinnen und Bürger verständlich zu erklären. Weiterhin die Angst vor einem wirtschaftlichen Zusammenbruch zu nehmen und den Ausbau einer gemeinsamen Annäherung zielführend voran zu treiben.

Wenn es ums Geld geht …

Kompetenzbereich 5

Die Flüchtlingskrise zeigt auch, dass Europa sich sehr schwer tut, gemeinsame europäische Lösungen zu finden. Eigene Interessen und Ängste stehen im Mittelpunkt und lassen das allgemeine Werteverständnis eines demokratischen Europas hinter sich. Um Europa als Werte- und Wirtschaftsgemeinschaft neu zu stabilisieren, sollten folgende Themen u. a. wieder im Vordergrund stehen.

- Demokratie stärken in allen Mitgliedsländern
- Verbraucherschutz
- Umweltschutz
- Starker und konkurrenzfähiger Wirtschaftsmarkt
- Bekämpfung der grenzübergreifenden Kriminalität
- Ausbau und Einhaltung der Menschenrechte in Europa und über Europa hinaus
- ...

Zusammenfassung

Die Grundsteinlegung für die Europäische Union erfolgte 1951 durch die Gründung der Montan-Union.

Der deutsche Bundeskanzler Adenauer und der französische Ministerpräsident Schuman gelten als die „Väter des vereinten Europa".

1957 Gründung der Europäischen Wirtschaftsgemeinschaft (EWG). Erste Schritte zu einem gemeinsamen Binnenmarkt.

Das Europäische Parlament wird 1979 erstmals gewählt.

1993 durch den Vertrag von Maastricht wird die Europäische Union (EU) in der heutigen Form gegründet.

Die europäische Währungsunion findet 2002 durch die Einführung des Euro ihre sichtbare Vollendung. 12 EU Staaten gehören zum €-Block.

25 Staaten Europas sind seit 2004 Mitglied der EU

Über den Beitritt weiterer Länder, insbesondere der Türkei, gibt es in Deutschland und Europa keine einheitliche Meinung.

Gemeinsame demokratische Werte müssen wieder gemeinsam gelebt werden.

Wissens-Check

1. Nennen Sie vier Elemente, die zum freien Binnenmarkt der EU gehören.
2. Welche europäischen Staaten gehören derzeit nicht zur EU?
3. Wer wählt das Europäische Parlament?
4. Nennen Sie die drei wichtigsten Organe, die für die Organisation der weiteren europäischen Einigung zuständig sind.
5. Welche Vorteile und welche Nachteile bietet der Euro als einheitliche europäische Währung?

Kompetenzbereich 6:
Die Welt im Wandel mitgestalten

1 Globalisierung
2 Zentrale Umweltprobleme: Ursachen und Auswirkungen
3 Möglichkeiten des Umweltschutzes
4 Problemfelder internationaler Friedenspolitik
5 Analyse eines aktuellen internationalen Konflikts: Der Syrien-Krieg
6 Internationale Zusammenarbeit zur Friedenssicherung
7 Die Rolle der Bundeswehr

1 Globalisierung

© Dave Vaughan

Die Globalisierung erfasst den ganzen Erdball. Es entfallen nationale Grenzen.

Die Berufsschülerin Angelika Müller steht heute früher auf, sie muss in die 40 Kilometer entfernte Berufsschule. Zum Frühstück trinkt sie schnell eine Tasse Kaffee. Er kommt aus Nicaragua. Für die Vormittagspause nimmt Angelika zwei Orangen mit, die in Israel angepflanzt wurden. Ihre Mutter hat ihr erlaubt, heute ihr Auto zu verwenden, einen japanischen Kleinwagen. Als sie die Schule erreicht hat, telefoniert sie mit ihrem koreanischen Mobiltelefon nach Hause. Im Deutschunterricht hält Angelika ein Referat über den weltweiten Klimawandel. Die Informationen hat sie aus dem Internet. In der Mittagspause versorgt sich die Berufsschülerin in einem Fastfood-Restaurant und trinkt einen Cappuccino. Ihre Großmutter sagt immer, dass es zu ihrer Zeit solche Nahrungsmittel nicht gegeben habe. Für ihre Schwester kauft Angelika nach der Schule eine Jeans. Sie wurde in Honduras genäht, die Baumwolle dazu lieferte ein Händler aus Kasachstan.

1.1 Dimensionen der Globalisierung

Globalisierung als wirtschaftliche Entwicklung

Die Globalisierung ist ein andauernder Vorgang, bei dem die einzelnen Wirtschaftsmärkte immer mehr die staatlichen Grenzen überschreiten. Bereits im vergangenen Jahrhundert fand Globalisierung im Rahmen der **internationalen Arbeitsteilung** statt. Bis heute kommt es zu einer starken Zunahme der Handelsströme zwischen den einzelnen Volkswirtschaften. Darüber hinaus verlagern Firmen ganze Produktionsstätten ins Ausland. Es bilden sich Unternehmen, die weltweit tätig werden. Sie werden „Global Players" genannt. Weil durch die technologische Entwicklung (z. B. Telekommunikation) die räumliche Entfernung zwischen den Handelspartnern (z. B. Käufer, Verkäufer, Kapitalanleger) immer unbedeutender wird, spricht man vom „global village".

Internationale Arbeitsteilung: Die Produkte werden dort hergestellt, wo sich die geringsten Kosten ergeben. Geringe Transportkosten begünstigen diese Entwicklung.

Globalisierung und kulturelle Entwicklung

Kultureller Austausch gehört zur Geschichte der Menschheit. Unser Zahlensystem stammt aus Arabien. Europäische Kulturgüter gelangten in der Kolonialzeit in die ganze Welt.

Die Globalisierung beeinflusst die Alltagskultur der Menschen in den verschiedenen Erdteilen. Da die multinationalen Unternehmen weltweit ihre Produkte verkaufen wollen, kommt es z. B. zu einer Angleichung der Mode und der Essgewohnheiten. Es gibt weltweite Fast-Food-Ketten mit einem identischen Angebot. Sportartikelhersteller wollen mit einer einheitlichen Marke in verschiedenen Ländern ihre Produkte verkaufen. Durch das Internet und den verbesserten Zugang zu Informationen verstärkt sich diese Entwicklung zu einer Einheitskultur.

Die Tendenz zum einheitlichen Lebensstil in der globalisierten Welt verursacht Gegenbewegungen. Wenn Menschen bewusst den Dialekt ihrer Region sprechen oder vermehrt landestypische Traditionen pflegen, kann dies aus Ablehnung gegenüber der kulturellen Globalisierung erfolgen. Sie kann auch dazu beitragen, dass sich bestimmte Bevölkerungsschichten abschotten und einem **Fundamentalismus** zuwenden.

© dpa

Demonstranten verbrennen amerikanische Symbole.

1. Überprüfen Sie die Herkunft Ihrer Kleidungsstücke.
2. Welche Vor- und Nachteile sehen Sie in der kulturellen Globalisierung?

Fundamentalismus: Kompromissloses Festhalten an politischen, ideologischen und religiösen Werten

Globalisierung und Umweltschutz

Die Lebensweise in den westlichen Industrienationen und die Standards im Umweltschutz wirken sich auch auf die Umweltsituation in anderen Kontinenten aus. Umweltkatastrophen wie Überschwemmungen machen nicht an den Landesgrenzen halt und Klimaveränderungen betreffen die Menschen weltweit. Maßnahmen zum Umweltschutz bedürfen daher einer globalen Abstimmung. Die UN-Umweltkonferenzen sind ein Ansatz für eine globale Umweltpolitik (**Global Governance**).

Global Governance: Versuch, globale Probleme durch internationale Koordination, Kooperation und überstaatliche Organisationen zu lösen

1.2 Chancen und Risiken des Globalisierungsprozesses

„Globalisierung" hat sich in der öffentlichen Diskussion zu einem Begriff entwickelt, der Angst, Aggressionen, aber auch Hoffnungen auslöst. Sie berührt insbesondere die Wirtschaftspolitik. Globalisierung hat gesellschaftliche Konsequenzen (z. B. Auswanderung).

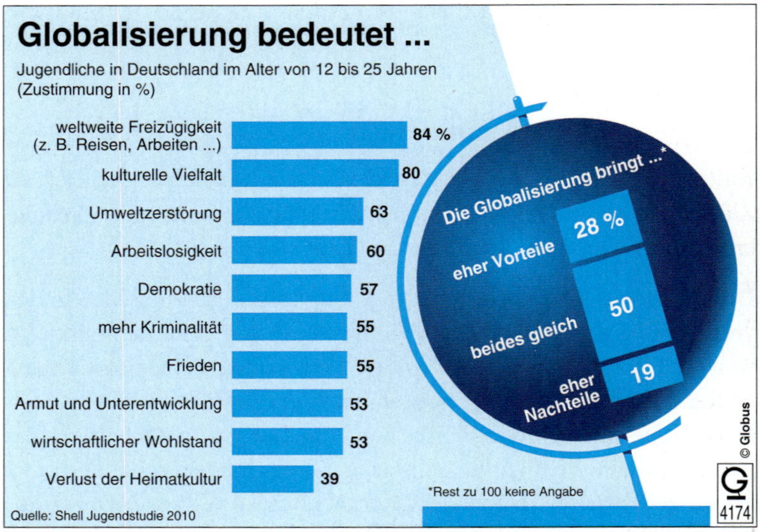

Globalisierung – eine Chance für die Entwicklungsländer?

G20:
Die Gruppe der 20 (G20) umfasst die weltweit stärksten Industrienationen und die aufstrebenden Volkswirtschaften, die sogenannten Schwellenländer. Neben 19 einzelnen Staaten gehört auch die Europäische Union (EU) der G20 an.

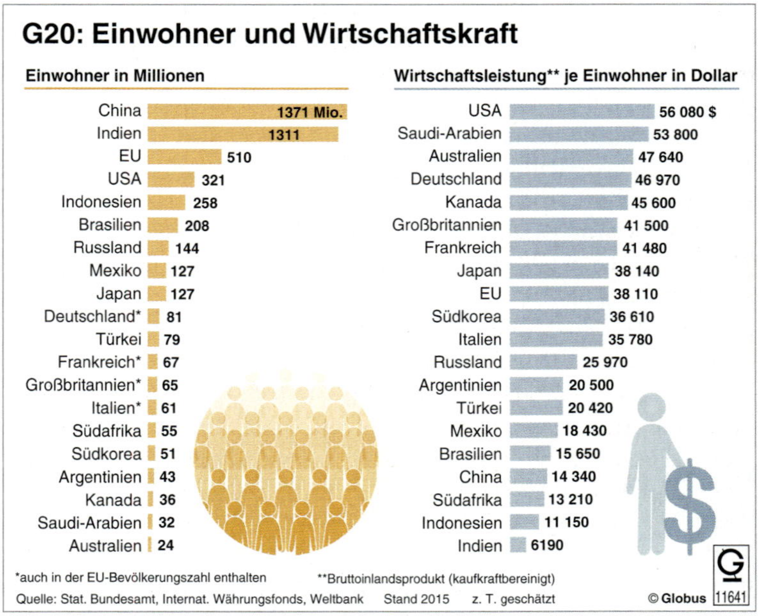

Armut und Hunger sind auch heute in vielen Entwicklungsländern weit verbreitet. Der Einkommensunterschied zwischen den Menschen in den Industrieländern und jenen der Entwicklungsländer hat sich im vergangenen Jahrhundert dramatisch vergrößert. Der zunehmende weltweite Handel mit Waren hat in vielen Staaten der früheren „Dritten Welt" keine deutliche Wohlstandsmehrung gebracht. Eine genauere Betrachtung zeigt, dass es bei den Entwicklungsländern Globalisierungsgewinner und Globalisierungsverlierer gibt. Zu den Gewinnern gehören China und die „Tiger-Staaten" Ostasiens wie etwa Südkorea und Singapur. In Lateinamerika haben die „Jaguar-Staaten" (u. a. Mexiko, Chile, Brasilien) durch den Welthandel ihren Wohlstand vermehren können.

© dpa

Fließbandarbeiterinnen in Taiwan bei der Platinenherstellung

> Welche Weltregionen haben noch nicht von der Globalisierung profitiert?

Als Voraussetzungen für eine positive Entwicklung in einem Entwicklungsland durch die Globalisierung gelten:

- Geldwertstabilität
- Stabile Regierungsverhältnisse
- Exportorientierung bei teilweiser Öffnung gegenüber Importen
- Rechtssicherheit (z. B. Schutz vor Enteignungen)
- Geringe Korruption
- Investitionen in Bildung und Infrastruktur

Die Globalisierung hat in den begünstigten Entwicklungsländern auch Schattenseiten. Ihre Arbeitnehmer erhalten von den „Global Players" im Vergleich zu den Arbeitnehmern in Industrieländern sehr niedrige **Stundenlöhne**. Zudem unterliegen auch die Entwicklungsländer dem weltweiten Konkurrenzdruck. Die heimische Wirtschaft trifft auf ausländische Anbieter, deren Güter nicht mehr durch Zölle verteuert werden.

Stundenlöhne:
In Mexiko arbeiten Frauen für 1.40 $/Stunde am Fließband.

PRESSESCHAU

„(...) Tatsächlich hat die Globalisierung vielen Menschen in Asien und Lateinamerika erheblichen Wohlstand gebracht. Zwischen 1990 und 2015 ist der Anteil derjenigen, die nach Definition der Weltbank in absoluter Armut leben, von 37 auf weniger als 10 Prozent der Weltbevölkerung gesunken. Das durchschnittliche Pro-Kopf-Einkommen der Schwellen- und Entwicklungsländer lag 1980 bei 14 Prozent des Niveaus der Industrienationen, heute liegt es bei etwa 23 Prozent. Global betrachtet ist die Schere zwischen Reich und Arm in den vergangenen Jahren nicht auseinandergegangen: Sie hat sich geschlossen."

Zeit online, 4. März 2016

Die positiven Auswirkungen der Globalisierung können von den Industrienationen wie z. B. Deutschland auch unterstützt werden.

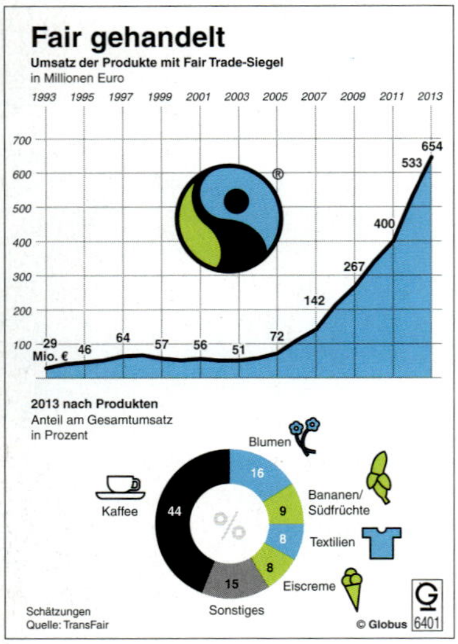

PRESSESCHAU

Thailands Landwirte in der Modernisierungsfalle

„Je mehr sie arbeiten, desto ärmer werden sie"

Kleinbauern im Norden des Landes protestieren gegen die Folgen der Globalisierung

Die Welthandelsorganisation WTO, der Internationale Währungsfonds, die Weltbank sind hier Schimpfwörter. „Die WTO macht die Preise von Zwiebeln, Reis und Früchten kaputt", sagt ein Bauer. „Weil es keine Zollschranken mehr gibt, wird das Land von Billigimporten überschwemmt."

Süddeutsche Zeitung, 17.04.2009

„Wir müssen unsere Märkte für alle Produkte der Entwicklungsländer öffnen ... Jeder von uns kann etwas tun. Jeder kann zu einem fairen Welthandel beitragen. Das scheint naiv, aber es gibt gute Beispiele dafür. Viele Verbraucherinnen und Verbraucher kaufen fair gehandelten Kaffee, Orangensaft und Kakao. Waren mit Transfair-Siegel hatten in vergangenen Jahr in Deutschland einen Umsatz von 53 Millionen Euro."

Ehemaliger Bundespräsident Johannes Rau im Mai 2002 zur Globalisierung

Wie hat sich der Umsatz mit FAIRTRADE-Produkten seit 1993 entwickelt?

Probleme durch die Globalisierung

Fusion:
Hier: Zusammenschluss internationaler Unternehmen

Weil die „Global Players" ihre Produktionsstätten dorthin verlagern, wo die Lohnkosten gering sind und neue Absatzmärkte zu erwarten sind, gehen in den Industrieländern einfache Arbeitsplätze verloren. Der Verlust an Arbeitsplätzen wird verstärkt, indem internationale Unternehmen **Fusionen** eingehen.

Die globale Wirtschaftskrise ab dem Jahr 2008 und die Bedrohung des internationalen Frachtverkehrs durch Piraten haben allerdings dazu geführt, dass Unternehmen ihre Produktionsstätten wieder heimatnah ansiedeln.

Die „Global Players" sind nicht durch die Wirtschaftspolitik eines einzigen Landes zu beeinflussen. Eine nationale Behörde wie das Bundeskartellamt kann sie nicht mehr überwachen und kontrollieren. Fusionen werden als Notwendigkeit aus dem internationalen Konkurrenzkampf begründet. Die Kritiker der Globalisierung sehen in diesem Prozess die Gefahr, dass die Politik ihren Einfluss gegenüber internationalen Konzernen verliert. Teilweise werden die Umweltvorschriften sowie die Steuer- und Sozialgesetze von einzelnen Staaten nur noch so gestaltet werden, dass sich „Global Players" ansiedeln. Eine besondere Bedeutung als Gegenpol zu dieser Entwicklung erlangen internationale Staatengemeinschaften wie die EU, die mit ihrer supranationalen Wirtschafts-, Umwelt- und Sozialpolitik ein Gegengewicht entwickeln können.

Während der Finanzkrise der vergangenen Jahre haben einzelne Staaten wieder Einfluss genommen. Mit Maßnahmen wie z. B. der sogenannten Abwrackprämie oder Bürgschaften für Banken wurde von der deutschen Regierung gezielt auf die Wirtschaft eingewirkt.

Auch mit internationalen Beschlüssen haben die zwanzig wirtschaftlich wichtigsten Staaten auf dem G-20-Gipfel Regeln für die Finanzmärkte vereinbart. Dort soll zukünftig eine internationale Aufsichtsbehörde die Akteure überwachen.

Die globale Rezession der Jahre 2008/2009 hat die Abhängigkeit der deutschen Wirtschaft von der Globalisierung gezeigt.

Demonstrationen von Globalisierungsgegnern in Bangkok

Erst Segen, dann Fluch

Jahrelang war es ein Segen, nun wird es zu einem Fluch: Deutschlands Wirtschaft ist stark auf Exporte ausgerichtet. Ausfuhren tragen mehr als 40 Prozent zum Bruttoinlandsprodukt bei. Diese Fokussierung hat das Land zu einem der größten Gewinner der Globalisierung gemacht, deutsche Autos und deutsche Maschinen waren weltweit gefragt. Doch so stark, wie der Außenhandel die Konjunktur im Boom angetrieben hat, so stark bremst er das Land jetzt aus: In wichtigen Absatzmärkten für Waren „Made in Germany" ist die Wirtschaft abgestürzt. Daher brechen die Exporte der hiesigen Firmen ein – und damit die komplette deutsche Wirtschaft. (...) Die Bundesregierung ist hierbei hilflos. Die Konjunkturpakete kurbeln zwar die heimische Nachfrage an, doch den Einbruch im Außenhandel können die Milliarden des Staates nicht wettmachen. Politikern, Firmenchefs und Arbeitnehmern bleibt nur übrig, zu hoffen, dass die Wirtschaft in bedeutenden Absatzmärkten für deutsche Produkte wie den USA oder Westeuropa bald wieder anspringt. Erst danach kann es hierzulande aufwärts gehen.

Süddeutsche Zeitung, 26.02.09

Vorteile durch die Globalisierung

Durch die Globalisierung sind neue Beschäftigungschancen entstanden. Dies gilt z. B. für die Software-Industrie und die Multimediabranche.

Von der Globalisierung profitieren der arbeitsintensive Dienstleistungssektor sowie die Kapitalanleger.

Einen Vorteil aus der Globalisierung können die Verbraucher in den Industriestaaten ziehen. Der weltweite Wettbewerb führt zu einem Preisdruck. Bei einer Vielzahl von Anbietern können für die Produkte keine überhöhten Preise verlangt werden. Erkauft wird dieser Vorteil allerdings häufig mit starken Umweltverschmutzungen, Kinderarbeit und Lohndumping in den Entwicklungsländern.

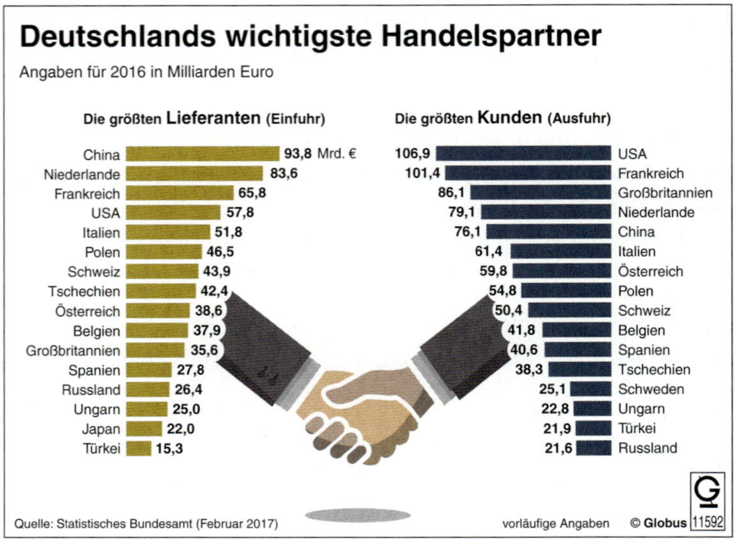

Deutschland exportiert in großem Umfang Straßenfahrzeuge, Maschinen, chemische Erzeugnisse und Elektrotechnik in die ganze Welt. Der Anteil der Lebensmittelimporte übersteigt deutlich die Exporte an Lebensmitteln. Welche Vor- und Nachteile ergeben sich daraus für Deutschland bzw. für die hauptsächlich Lebensmittel exportierenden Länder?

Zusammenfassung

Globalisierung ist eine langfristige Entwicklung, bei der sich die weltweiten Wirtschaftsbeziehungen vermehren.

Der Begriff Globalisierung ist für die Menschen mit Sorgen und Ängsten, aber auch Erwartungen verbunden.

Unter günstigen Bedingungen bietet die Globalisierung den Ländern der Dritten Welt Entwicklungschancen.

Diese Chancen konnten bislang nur einige Staaten nutzen. In anderen Entwicklungsländern führt die Globalisierung zu vermehrter Armut, Kinderarbeit und Niedriglöhnen.

Die Globalisierung kann in den Industrieländern zu einem Verlust von Arbeitsplätzen führen.

Globalisierung geht einher mit einer zunehmenden Anzahl an Unternehmenszusammenschlüssen.

Die Globalisierung vermindert den Einfluss der staatlichen Wirtschaftspolitik.

Die internationale Arbeitsteilung führt zu erschwinglichen Preisen für die unterschiedlichsten Produkte.

Wissens-Check

1. Welche Meinung vertreten Sie zum Globalisierungsprozess? Sammeln Sie Argumente für eine Pro- und Contra-Diskussion.
2. Unter welchen Voraussetzungen hat die Globalisierung positive Auswirkungen in Entwicklungsländern?

2 Zentrale Umweltprobleme: Ursachen und Auswirkungen

Umweltschützer warnen seit langem: Das ökologische Gleichgewicht auf der Erde ist gefährdet. Umweltprobleme treten in vielen Bereichen auf, Klimaveränderungen machen sich bemerkbar. Die Umweltgefährdung hält nicht vor nationalen Grenzen an. Sie wirkt sich weltweit aus.

Die ersten Raumfahrer bezeichneten die Erden als „blau Perle im Weltall". Die empfindlichen Lebenserhaltungssysteme unseres Planeten sind jedoch akut gefährdet.

2.1 Klimawandel

Der Klimaschutz gehört für die Mehrzahl der Menschen zu den wichtigsten umweltpolitischen Aufgaben. Aber gerade hier sieht man in den letzten Jahren die wenigsten Fortschritte. Das Eintreten eines Klimawandels wird für höchst wahrscheinlich gehalten.

Das Klima auf der Erde wird entscheidend von den Eigenschaften der Luft beeinflusst. Die langwellige Wärmestrahlung der Sonne wird von bestimmten Gasen in der Luft **absorbiert**. Dadurch gelangen nicht alle Wärmestrahlen zurück ins Weltall. Wie die Glasfenster eines Treibhauses hält die uns umgebende **Atmosphäre** einen bestimmten Teil der Wärmestrahlung der Sonne auf der Erde zurück („Treibhauseffekt").

Absorbieren:
Aufsaugen, in sich aufnehmen

Atmosphäre:
Lufthülle der Erde

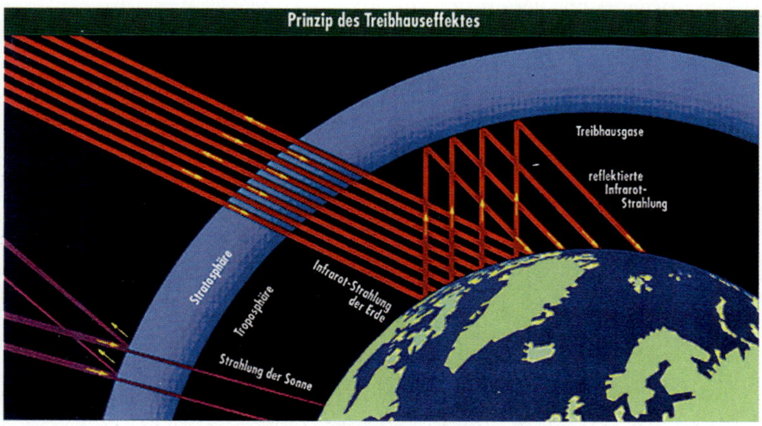

Durch unvollständige Verbrennung beispielsweise in Wärmekraftwerken, Kraftfahrzeugmotoren und Heizungen in Privathaushalten wird Kohlenmonoxid freigesetzt. Dieses Gas wandelt sich in der Luft zu Kohlendioxid um (CO_2-**Emission**). Es gilt als hauptverantwortlich für die globale Erwärmung. Je mehr CO_2 sich in der Atmosphäre befindet, desto mehr Wärmestrahlung wird auf der Erde zurückgehalten. Die Folge ist eine weltweite Temperaturerhöhung. Die vom Menschen verursachte CO_2-Emission verstärkt somit den Treibhauseffekt.

Emission:
Abgabe von Stoffen (meist gasförmig) in die Luft

Die Eismassen Grönlands und die Gebirgsgletscher schmelzen. Das Schmelzwasser und die Wärmeausdehnung des Wassers führen zu einem Anstieg des Meeresspiegels. Es wird befürchtet, dass bis zum Jahre 2100 der Meeresspiegel um 10 bis 90 cm steigen wird.

Durch die weltweite Erwärmung verändern sich die Niederschläge. Der Verdunstungskreislauf wird beschleunigt. Das bedeutet, dass das Regenwasser nach kurzen heftigen Schauern schnell wieder verdunstet. Dadurch trocknen die Böden aus und Dürreperioden und Trinkwasserknappheit treten häufiger auf.

Künftig könnten sich die landwirtschaftlich genutzten Flächen zu den Polen hin verlagern. In verschiedenen Ländern sind dann gravierende Einschnitte in der landwirtschaftlichen Produktion zu befürchten.

1. Erklären Sie mit eigenen Worten, wie es zum Treibhauseffekt kommt!
2. a) Wodurch verstärkt sich der natürliche Treibhauseffekt auf der Erde?
   b) Nennen Sie mögliche Folgen!

2.2 Boden- und Luftverschmutzung

Von Beginn an hat der Mensch seine Umgebung verändert, um sich bessere Lebensbedingungen zu schaffen. Aber v. a. durch die Industrialisierung im vorigen Jahrhundert wird der Lebensraum der Menschen immer mehr gefährdet.

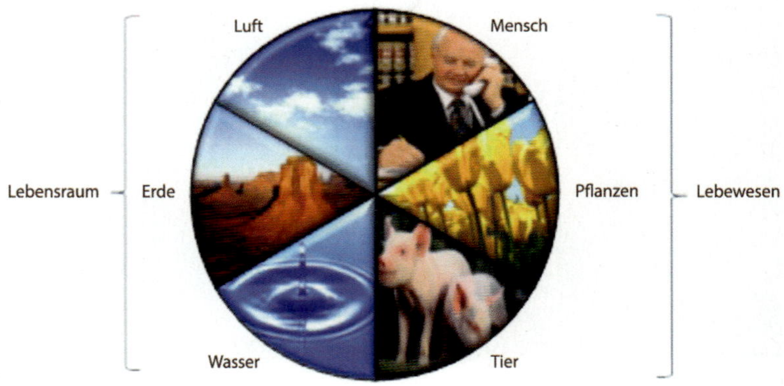

Ökosystem:
Aus tierischen, pflanzlichen Lebewesen und unbelebter Umwelt bestehende natürliche Einheit, die durch deren Wechselwirkung ein gleich bleibendes System bildet

Der Boden stellt dabei die zentrale Grundlage für ein funktionierendes **Ökosystem** dar, denn auf ihm wachsen die Nahrungsmittel für eine Vielzahl von Lebewesen. Mit Hilfe der Pflanzen nimmt der Boden CO_2 auf und gibt Sauerstoff wieder in die Luft ab.

Die Wälder bestimmen das Weltklima maßgeblich. In Kanada, Südamerika und Russland werden großflächig Wälder zur industriellen Verarbeitung abgeholzt. Die Entwicklungsländer gewinnen neue Agrarflächen durch

- Brandrodung und
- illegalen Holzeinschlag.

Besonders bewaldeter Boden lässt das Regenwasser langsam versickern. Dadurch werden Pflanzen länger mit Nährstoffen versorgt, die Boden**erosion** wird verhindert und das Grundwasser gefiltert.

Erosion:
Zerstörungsarbeit von Wasser, Eis und Wind an der Erdoberfläche

Langfristige Folgen der Zerstörung der Wälder sind

- Ausdehnung von Wüsten,
- Klimaveränderung durch fehlende Waldfläche (CO_2-Speicher)

Erklären Sie, wie fehlende Waldflächen den Treibhauseffekt beeinflussen.

Das Problem der Agrarwirtschaft

Seit Jahrhunderten betreiben die Menschen Ackerbau. Da sich der Boden nur langsam regeneriert, sollte man ihm nur sehr kontrolliert Nährstoffe entziehen.

Um den Ertrag zu steigern, haben viele Landwirte auf **Monokulturen** und Massentierhaltung umgestellt. Zur Erhöhung der Ernteerträge ist der Einsatz von großen Mengen an Düngemitteln und **Pestiziden** notwendig. Diese giftigen Substanzen, welche Schwermetalle enthalten, gefährden aber auch Tiere wie z. B. Bienen und Regenwürmer, die für uns Menschen sehr nützlich sind.

Monokultur:
Anbau nur einer Nutzpflanze

Pestizid:
Mittel gegen tierische Schädlinge

Eine weitere Ursache für Bodenverschmutzung sind Unfälle und nichtsachgemäße Lagerung von hochgiftigen Schadstoffen. Sogenannte Altlasten können beispielsweise auf ehemaligen Industrieanlagen und Militärgeländen auftreten.

2.3 Wasserverschmutzung

© Dave Vaughan

97 % der Wasservorräte der Erde sind für Menschen ungenießbares Salzwasser. 2 % sind als gefrorenes Süßwasser in Gletschern und Polkappen gebunden. Der geringe Rest ist verfügbares Süßwasser.

Die Süßwasserreserven werden belastet durch Pflanzenschutz- und Schädlingsbekämpfungsmittel aus der Landwirtschaft und versickernde Giftstoffe aus schlecht abgedichtete Mülldeponien usw. Insbesondere mit Schwermetallen belastete Industrieabwässer können nur mit hohem Aufwand wieder aufbereitet werden. Sie stellen ein hohes Risiko für die Gesundheit des Menschen dar.

Der globale Wasserverbrauch hat sich seit 1950 mehr als versechsfacht. Riesige Wassermengen werden aufgestaut, um die Wasserversorgung einer bestimmten Region zu sichern. Andere Landstriche leiden dadurch an Wassermangel und werden zu Wüsten. Dies hat vor allem in jüngerer Zeit wiederholt zu internationalen Auseinandersetzungen geführt.

www.wissen.de/ein-gipfel-fuer-die-meere-die-erste-un-ozeankonferenz

Gefährdung der Meere

Ein großes Umweltproblem ist die Verunreinigung von Gewässern mit Mineralölprodukten. Durch den Betrieb oder Havarien von Schiffen und Bohrinseln sind Verschmutzungen durch Mineralöle in großem Ausmaß festzustellen. Öl verbleibt über Monate im Gewässer, sinkt ab und wird nur sehr langsam abgebaut.

Verschmutzte Landstriche sind für viele Lebewesen jahrzehntelang nicht mehr nutzbar und im schlimmsten Fall wird so die Existenz einer ganzen Art oftmals gefährdet.

Negativrekord

Die Ölpest im Golf von Mexiko ist die schlimmste der Geschichte. Innerhalb von drei Monaten – bis zur provisorischen Abdichtung des Lecks Mitte Juli 2010 – strömten 780 Millionen Liter (666.400 Tonnen) Rohöl ins Meer. Das entspricht ungefähr 1000 Füllungen des Schwimmerbeckens des St. Ingberter Hallenbads.

Ölverschmierter Vogel nach Tankerunglück

Die Weltmeere bedecken 71 % der Erdoberfläche. Für das Leben auf der Erde spielen sie eine zentrale Rolle. Die Meere
- beeinflussen als Wärme- und CO_2-Speicher Wetter und Klima,
- liefern als Nahrungsquelle jährlich 70 Millionen Tonnen Fisch,
- speichern Erdöl- und Erdgasvorkommen am Meeresgrund,
- bieten weltumspannende Transportwege für die Schifffahrt,
- liefern Salz.

Trotz dieser wichtigen Rolle der Weltmeere, sind diese Ökosysteme durch den Menschen bereits stark geschädigt. Durch
- Verschmutzung durch Einleitung von Abwässern und Giften,
- Verunreinigungen durch die Schifffahrt (Tankerunfälle),
- Rohstoffausbeutung,
- Überfischung und rücksichtslose Fangmethoden,
- unkontrollierte Küstenbebauung und Landgewinnung
- Kunststoffmüll

2.4 Gefährdung durch Strahlung

Radioaktive Strahlung

www.bfs.de/DE/themen/ion/wirkung/wirkung_node.html

PRESSESCHAU

Als radioaktiv bezeichnet man Stoffe, deren Atomkerne zerfallen und dabei Energie in Form von Strahlung freisetzen. Diese Strahlung ist so stark, dass sie die atomare Struktur anderer Stoffe beim Durchdringen verändert: Sie verdrängt negativ geladene Teilchen, sogenannte Elektronen. Die übrig bleibenden Atome oder Moleküle sind elektrisch positiv geladen, man bezeichnet sie als Ionen. Die von radioaktiven Stoffen ausgehende Strahlung wird deshalb auch als ionisierende Strahlung bezeichnet.

www.krebsinformationsdienst.de, Zugriff 24.10.2014

Eine der größten Gefahren für die Umwelt und für die Gesundheit der Menschen sind Unfälle bei der Erzeugung von elektrischem Strom durch Atomenergie. Dies ist spätestens seit dem Reaktorunfall 1986 von Tschernobyl bekannt.

1. Wo befindet sich das nächstgelegene deutsche Kernkraftwerk in Ihrer Region?
2. Wo befinden sich die nächstgelegenen französischen Kernkraftwerke in ihrer Region?

In letzter Zeit gab es weltweit immer wieder Störfälle in Kernkraftwerken. Der schwerste Atomunfall nach Tschernobyl ereignete sich am 11. März 2011 im Atomkraftwerk Fukushima in Japan. Ausgelöst durch ein schweres Erdbeben, 130 Kilometer vor der japanischen Küste, trifft ein bis zu 23 Meter hoher **Tsunami** das Atomkraftwerk Fukushima.

Tsunami:
Hohe zerstörerische Flutwelle, meist ausgelöst durch ein Seebeben

Die Reaktoren nehmen schweren Schaden und explodieren teilweise. Radioaktivität tritt ungehindert aus und gelangt in die Atmosphäre und ins Meer. Die Menschen im Umfeld der havarierten Anlage müssen evakuiert werden. Trinkwasser, tierische und pflanzliche Produkte aus der Region um Fukushima sind auf unbestimmte Zeit verseucht und nicht zum Verzehr geeignet.

Ein weiteres Problem der Kernenergie bleibt nach wie vor ungelöst: Wie soll auf Jahrhunderte hin die Endlagerung des radioaktiven Mülls und die Beseitigung stillgelegter Atomkraftwerke sichergestellt werden?

1. Recherchieren Sie, welche Möglichkeiten es gibt, radioaktiven Müll zu lagern?
2. Diskutieren Sie die daraus entstehenden Gefahren für Mensch und Natur.

Deutschland hat sich dazu entschlossen, auf die Energiegewinnung durch Kernkraft zu verzichten. Die Risiken werden als zu hoch angesehen. Der Energiebedarf in Deutschland wird Schritt für Schritt durch umweltverträgliche und zukunftssichere Energiegewinnung gedeckt.

Der vollständige Atomausstieg soll nach dem „13. Gesetz zur Änderung des Atomgesetzes“ vom 06. August 2011 spätestens im Jahre 2022 vollzogen sein. Das bedeutet, dass die letzten drei Atomkraftwerke in Deutschland am 31.12 2022 abgeschaltet werden.

Weltweit werden zur Zeit noch 450 Reaktoren betrieben, 60 weitere befinden sich im Bau und 80 Atomkraftwerke sind in Planung (Stand 2016).

Elektromagnetische Strahlung

Smog:
Aus den beiden englischen Worten „smoke“ (Rauch) und „fog“ (Nebel) zusammengesetztes Wort.

„Normaler“ **Smog** entsteht durch Luftverunreinigungen aufgrund giftiger Gase und Schwebeteilchen.

Der Begriff „Elektrosmog“ ist Ende der siebziger Jahre entstanden. Elektrosmog bedeutet die Zunahme elektromagnetischer Strahlung in der menschlichen Umgebung.

Mobiltelefone senden direkt am Ohr, Babyphones werden häufig sehr nahe am Kinderbett installiert. Starke Sendeanlagen und Hochspannungsmasten stehen dicht neben Häusern.

World **H**ealth **O**rganization: Weltgesundheitsorganisation; Sonderorganisation der Vereinten Nationen.

Die gesundheitlichen Folgen durch Elektrosmog sind bislang nicht eindeutig geklärt. Die **WHO** stuft die Strahlung von Handys als möglicherweise gefährlich ein.

1. Worauf führen Sie den rasanten Anstieg der Handynutzer zurück?
2. Nennen Sie Möglichkeiten, wie die tägliche Handybenutzung eingeschränkt werden kann?

2.5 Volkswirtschaftliche Auswirkungen

Kosten der Umweltpolitik

Freie Güter:
Sind Güter, die den Menschen in ausreichender Menge zur Verfügung stehen.
Sie sind unentgeltlich verfügbar (z. B. Luft, Sonnenlicht).

Der Erhalt freier Güter kostet viel Geld, das häufig die Allgemeinheit und nicht der Verbraucher des freien Gutes bezahlt (z. B. Abwasserreinigung). Die Einführung staatlicher Umweltschutzanforderungen schlägt sich als Kosten für Unternehmen nieder und macht die produzierten Waren teurer. Haben Konkurrenzunternehmen im Ausland keine derartigen Auflagen zu beachten, entstehen Wettbewerbsnachteile. Der Absatz der Waren wird geringer, die Arbeitslosigkeit steigt, Betriebe wandern in Regionen oder Länder mit geringeren Umweltschutzbestimmungen ab.

Warum können nicht alle Kosten für den Erhalt der Umwelt nach dem Verursacherprinzip verteilt werden?

Verbraucherverhalten

Neben dem Staat beeinflusst auch der Verbraucher das Umweltverhalten der Wirtschaft. Werden vermehrt umweltschonend hergestellte und umweltverträgliche Produkte nachgefragt, werden sich die Anbieter auf die neue Marktsituation einstellen.

Jeder kann was für die Umwelt tun.

Warum kaufen die Verbraucher immer noch viel zu wenig umweltschonend hergestellte und umweltverträgliche Produkte?

Zusammenfassung

Die zentralen Umweltprobleme wirken grenzüberschreitend und global.

Für den Klimawandel wird hauptsächlich die vom Menschen verursachte CO_2-Emission verantwortlich gemacht (Treibhauseffekt).

Der Schutz der Wälder und Böden, der Süßwasserreserven, der Meere und die Reduzierung der radioaktiven und elektromagnetischen Strahlung sind die Aufgaben der Zukunft.

Wissens-Check

1. Wie beeinflusst die Atmosphäre die Erdtemperatur?
2. a) Welches Gas ist hauptsächlich für den Treibhauseffekt verantwortlich?
   b) Wie wird dieses Gas freigesetzt?
   c) Welche Möglichkeiten gibt es, den Ausstoß diese Gases zu reduzieren.
3. Nennen Sie Aufgaben, die der Boden im Ökosystem Erde hat.
4. Erklären Sie die Entstehung von Elektrosmog.

3 Möglichkeiten des Umweltschutzes

Die Probleme der Umwelt sind hinlänglich bekannt. Kein Zweifel besteht auch daran, dass die Umwelt ein hohes, schützenswertes Gut ist. Geeignete Maßnahmen sollen dem Rechnung tragen.

3.1 Prinzip der Nachhaltigkeit

http://www.bundesregierung.de/Webs/Breg/DE/Themen/Nachhaltigkeitsstrategie/_node.html

Nachhaltigkeit ist ein in der Forstwirtschaft entwickeltes Prinzip der Bewirtschaftung, wonach nur so viel Holz geschlagen werden darf wie nachwachsen kann. Hiervon abgeleitet wurde der in der Umwelt- und Entwicklungspolitik gebrauchte Begriff „nachhaltige Entwicklung". Sie beschreibt in erster Linie eine Entwicklung, die den Bedürfnissen der heutigen Generation gerecht wird, ohne die Ressourcen künftiger Generationen zu gefährden.

Verstärkt sollten erneuerbare Ressourcen genutzt werden. Die Emissions- und Immissionsraten müssen so gewählt sein, dass die natürliche Umwelt (Luft, Boden und Wasser) diese verarbeiten kann.

1. Erklären Sie in eigenen Worten, was sie unter dem Prinzip der Nachhaltigkeit verstehen.
2. Notieren Sie Beispiele aus Ihrem beruflichen Umfeld, die Ihrer Meinung nach dem Gedanken der „Nachhaltigen Entwicklung" entsprechen.

3.2 Individuelle Umweltschutzmaßnahmen in Beruf und Haushalt

www.footprint-deutschland.de

Der Klimaschutz und die Erhaltung der Umwelt geht nicht nur die Industrie und Energiewirtschaft etwas an. Jeder kann etwas zum schonenden Umgang mit unserer Umwelt beitragen.

Kauf ökologisch erzeugter Produkte

Das Bio-Siegel soll den Verbrauchern auf den ersten Blick signalisieren, dass das Lebensmittel nach den Richtlinien der EU-Ökoverordnung produziert und verarbeitet wurde.

Wir als Verbraucher möchten auch beim Einkaufen im Rahmen unserer Möglichkeiten umweltbewusst handeln. Diejenigen, die es sich leisten können, achten auf „Bio" und „Öko", also unbelastete, und hochwertige Lebensmittel. Gleichzeitig soll die landwirtschaftliche Produktion im Einklang mit der Umwelt stehen. Deshalb werden ökologisch produzierte Lebensmittel gekennzeichnet. Das Bundesverbraucherschutzministerium hat mit dem **Bio**-Siegel ein einheitliches Kennzeichen für Bio-Lebensmittel geschaffen. Bei Produkten, die mit dem Bio-Siegel versehen werden, sind Herkunft und Inhaltsstoffe nach der EG-Ökoverordnung geprüft. Ein Lebensmittel mit dem Bio-Siegel muss zu mindestens 70 Prozent aus Öko-Produkten bestehen.

Bio-Produkte kosten mehr, weil ihre Produktion aufwändiger ist. Bio-Bauern verwenden zum Beispiel keine Insekten- oder Pflanzenschutzmittel und brauchen ausreichend Weideflächen für ihre Tiere.

Aber auch ohne Mehrkosten kann man beim Einkaufen die Umwelt schonen. Wer regionale Produkte bevorzugt, verringert damit den Schadstoffausstoß durch kürzere Transportwege und Kühlzeiten. Zudem sollten Produkte je nach Saison gekauft werden. Denn was hier gerade nicht wächst, muss von weit her angeliefert oder in Treibhäusern mit viel Energieaufwand angepflanzt werden. Wer dazu noch auf unnötigen Verpackungsmüll achtet, hilft mit, die Umwelt zu schonen.

1. Warum schont das Einkaufen mit Einkaufsliste oder ein „Veggie-Day" die Umwelt?
2. Finden Sie weitere Beispiele, wie Sie als Verbraucher die Umwelt schonen können (z. B. bei Möbel, Kosmetik, Kleidung)!

Energieeinsparung

Heizung

Im privaten Umfeld fallen etwa 70 % der verbrauchten Energie auf die Heizung. Der Rest verteilt sich auf Strom und andere Nutzungen. Jeder Einzelne kann einen großen Beitrag zum Erhalt der Umwelt leisten, wenn er seine Heizgewohnheiten ändert. Allein die Senkung der Raumtemperatur um nur 1 °C senkt den Energieverbrauch der Heizung um 6 %. Stoßlüften hilft nicht nur dem besseren Umwälzen der Luft, sondern auch der Umwelt.

Moderne Solaranlagen liefern auch in unseren Breiten genug Energie, um in den Sommermonaten den Warmwasserbedarf bis zu 100 % zu decken.

Der **Primärenergie**verbrauch kann durch bewusstes Sparen zum Beispiel durch den Einsatz effektiver Heizsysteme oder durch das Verwenden von **erneuerbaren Energien** wesentlich vermindert werden.

Wer heute Hauseigentümer werden möchte, muss darüber hinaus die Vorschriften der aktuellen **EnEV** erfüllen. Die EnEV regelt, wie viel Energie neu gebaute Häuser, aber auch sanierte Altbauten maximal verbrauchen dürfen. Zielsetzung dabei ist den Energiebedarf von Häusern zukünftig weiter zu reduzieren.

Die wichtigsten Vorschriften der EnEV sind:

- Dämmung von Dachboden und Warmwasserleitungen
- Austausch alter Nachtspeicherheizungen
- Energieausweispflicht (Ausweis erteilt Auskunft über den Energiebedarf eines Hauses und muss bei Vermietung oder Verkauf vorgelegt werden.)

Primärenergie:
Energie die aus natürlichen, noch nicht weiterverarbeiteten Energieträgern stammt (Kohle, Öl, Erdgas).

Erneuerbare Energien:
Die Energiequellen, die ohne Einsatz fossiler Rohstoffe erschlossen werden, z. B.:

- Wasserkraft- und Windenergie
- Photovoltaik mit Solarzellen
- Pflanzenöle (Biodiesel aus Rapsöl)
- Vergärung (Biogas)
- Verbrennung von Pflanzenteilen

EnEV:
Energieeinsparverordnung

1. Wie können Sie sich verhalten, um die täglich benötigte Heizenergie zu reduzieren.
2. Beobachten Sie das Heizverhalten in Ihrem Schulgebäude.
   a) Werden grundsätzlichen Fehler gemacht?
   b) Nennen Sie Möglichkeiten zur Verbesserung der Situation.

© J. Schröder

Fachmännisch ausgeführte Dämmung beim Dachausbau gemäß aktuell geltender EnEV

Strom

Energieeinsparung ist nicht immer gleichzusetzen mit Einschränkung oder Verlust von Lebensqualität. Allein durch die Vermeidung von Leerlaufverlusten (Stand-by-Betrieb) bei elektronischen Geräten könnten bundesweit etwa 1,5 % der klimaschädlichen CO_2-Emissionen eingespart werden. Im Durchschnitt kann hier jeder Haushalt ca. 50 € pro Jahr sparen.

Energiesparlampen haben eine bis zu acht Mal längere Betriebszeit. Während bei einer herkömmlichen Glühlampe bereits nach 1.000 Stunden das Licht ausgeht, brennen handelsübliche Energiesparlampen etwa 8.000 Stunden.

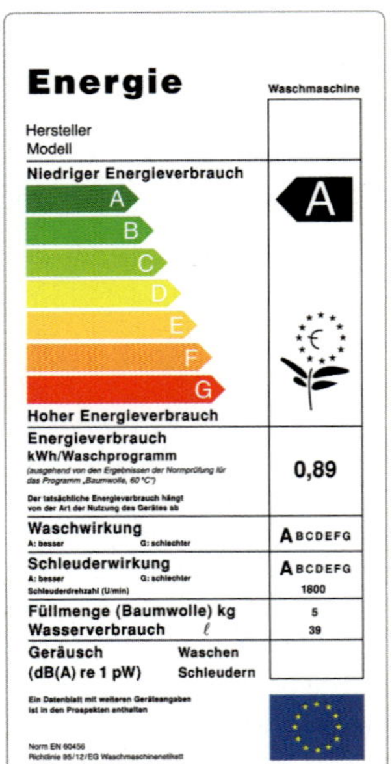

Autofahren

Das eigene Auto ist für viele Menschen ein Luxus, auf den sie nicht mehr verzichten möchten. Tatsächlich ist es ein großer Vorteil, mobil zu sein. Wer täglich längere Strecken zur Arbeit muss, ist oft auch auf das Auto angewiesen. In Städten mit gut ausgebautem öffentlichem Verkehrsnetz jedoch kann auf überflüssiges Autofahren verzichtet werden. In größeren Städten kann man beim „Car-Sharing" sich einen PKW zeitweise mieten, was die Anzahl der angemeldeten Autos in der Stadt minimiert. Denn jeder Gebrauch eines PKW erzeugt Treibhausgase wie CO_2 und andere Schadstoffe. Hinzu kommt der Lärm und die Umweltzerstörung durch den Straßenbau: die Flächen werden versiegelt und Lebensräume der Natur durchschnitten.

Ob Diesel-, Benzin-, Hybrid- oder Elektroantriebe umweltschonender sind, kann man so pauschal nicht sagen, da auch der Strom bekanntlich nicht einfach aus der Steckdose kommt.

Bei allen Fahrzeugen kann man durch vorausschauendes Fahren und weniger Komfortelektronik (Klimaanlage) Sprit sparen und etwas für die Umwelt tun.

Stellen Sie eine Rangfolge der PKW nach Treibstoffverbrauch in Ihrer Klasse auf.

Trinkwasser

Rechnet man den Verbrauch von Gewerbe, Industrie und Landwirtschaft ab und berücksichtigt nur die Privathaushalte und Kleinbetriebe, dann verbraucht statistisch jeder Einwohner des Saarlandes ca. 110 Liter Trinkwasser pro Tag.

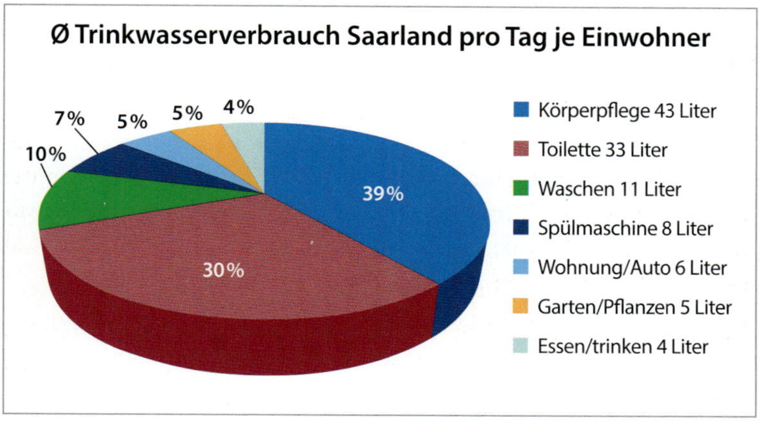

© duskajovic – fotolia.com

Im Extremfall kann 1 Liter versickertes Öl 1.000.000 l Grundwasser verseuchen.

Dennoch ging der Wasserverbrauch seit 1990 stetig zurück. Das gestiegene Umweltbewusstsein führt dazu, dass Wasser sparende Verfahren und Geräte im Haushalt (Wasch- und Spülmaschinen, Toilettenspülkästen mit Spartaste, Wasser sparende Armaturen) zunehmend Verwendung finden.

> Notieren Sie Möglichkeiten, wie Sie durch Ihr Verhalten Wasser sparen können.
>
> Diskutieren Sie, welche Möglichkeiten es an Ihrer Schule gibt, Wasser einzusparen.

Müllvermeidung

Die moderne Industrie- und Wohlstandsgesellschaft produziert riesige Müllmengen. Müll enthält immer mehr Gift – und nicht wiederverwertbare Stoffe. Die Entsorgung wird daher schwieriger. Am sinnvollsten ist natürlich die Vermeidung von Müll, gefolgt von der Wiederverwertung („Recycling"). Nicht wiederverwertbarer Müll wird in Deponien vergraben oder zu Bergen aufgetürmt oder verbrannt. Unvermeidbar ist daher eine Belastung des Bodens durch nicht vollständig abgedichtete oder gar „wilde" Mülldeponien. Auch die bei der Verbrennung entweichenden Gase belasten die Luft. Das Müllaufkommen ist so groß, dass Deponieraum knapp wird. Deshalb ist es besonders wichtig, dass jeder Einzelne in seinem privaten Bereich zum Abbau der riesigen Müllberge beiträgt:

> Finden Sie zehn Möglichkeiten, überflüssigen Müll im Haushalt zu vermeiden!

3.3 Nationale Umweltschutzmaßnahmen

Der Staat setzt seine umweltpolitischen Ziele zu einem wesentlichen Teil mittels Umweltgesetzen bzw. Umweltverordnungen und den entsprechenden Verwaltungsvorschriften durch.

Die Umweltpolitik beruht in der Bundesrepublik Deutschland auf vier grundlegenden Prinzipien:

- das Vorsorgeprinzip:
  Jeder hat dafür zu sorgen, dass es erst gar nicht zu Umweltschäden kommt.
- das Verursacherprinzip:
  Der Verursacher trägt die Kosten einer Umweltverschmutzung
- das Kooperationsprinzip:
  Der Staat und die Bürger sollen beim Umweltschutz zusammenarbeiten, z. B. durch die Beteiligung der Bürger in der Planungsphase umweltbeeinträchtigender Vorhaben wie Straßen- oder Industriebau.
- das Gemeinlastprinzip:
  Wenn der Verursacher nicht mehr zu ermitteln ist oder nicht mehr haftbar gemacht werden kann (z. B. „Altlasten“ der DDR-Betriebe), muss der Staat und damit alle Steuerzahler für die Beseitigung aufkommen.

Umweltschutzgesetze

Die Verpflichtung des Staates die natürlichen Lebensgrundlagen zu schützen ist im Grundgesetz festgelegt.

Artikel 20a GG

Der Staat schützt auch in Verantwortung für die künftigen Generationen die natürlichen Lebensgrundlagen im Rahmen der verfassungsmäßigen Ordnung durch die Gesetzgebung und nach Maßgabe von Gesetz und Recht durch die vollziehende Gewalt und die Rechtsprechung.

„Wäschewaschen ist nur bis 15.00 Uhr gestattet, ab 18.00 Uhr wird Bier gebraut.“

Wilhelm II von Preußen (1888 bis 1918), Deutscher Kaiser/König von Preußen zum Preußischen Wassergesetz 1913

Prüfen Sie mit Hilfe des Internets, welche grundlegenden Prinzipien moderner Umweltpolitik bereits im Preußischen Wassergesetz von 1913 verwirklicht wurde.

Umweltabgaben und Umweltprüfung

Ökosteuer

Ökosteuern haben den Zweck, die Nachfrage der Verbraucher umweltgerecht zu beeinflussen. Beispielsweise soll die Erhöhung der Mineralölsteuer dazu beitragen, dass weniger Auto gefahren wird. Werden umweltschonende Produktionsverfahren und Produkte subventioniert, soll das Angebot verbilligt und so die Nachfrage erhöht werden.

Beim Tanken verdient der Staat mit.

Umweltsonderabgaben

Umweltsonderabgaben sind zweckgebunden. Sie kommen der Umwelt wieder zugute. Muss ein Industriebetrieb eine Abwasserabgabe entrichten, sind die Einnahmen beispielsweise für den Bau einer Kläranlage zu verwenden.

Umweltzertifikate

Die Anzahl der **Zertifikate** für eine Region ist so gewählt, dass ein bestimmtes **Immissionsvolumen** nicht überschritten wird. Umweltzertifikate werden an Unternehmen ausgegeben. Der Betrieb erwirbt damit die Berechtigung, eine festgelegte Menge an Schadstoffen freizusetzen.

Zertifikat:
Hier: Berechtigung

Immissionsvolumen:
Umfang der zugelassenen Schadstoffeinleitung in die Umwelt

Mit Umweltzertifikaten kann gehandelt werden. Setzt eine Firma durch den Einbau von umweltschonender Technik weniger Schadstoffe frei, kann sie Nutzungsrechte verkaufen. Betriebe mit veralteter Technik können diese Rechte kaufen. In der Summe bleibt das Immissionsvolumen gleich. Leider sind die Preise von Umweltzertifiktaten stark gefallen und ein „Nachkaufen" somit billiger als ein Modernisieren geworden.

> „Der Zertifikathandel verhindert technische Neuerungen!"
> Nehmen Sie Stellung zu dieser Behauptung!

Umweltverträglichkeitsprüfung (UVP)

Die Umweltverträglichkeitsprüfung ist ein Prüfverfahren, mit dem die Auswirkungen eines Vorhabens auf die Umwelt bereits im Planungsstadium untersucht werden.

Untersucht werden die Auswirken eines Projektes auf Menschen, Tiere, Pflanzen, Boden, Wasser, Luft, Klima, Landschaft, Kultur- und sonstige Sachgüter. Es wird zum Beispiel geprüft, wie der Bau einer Autobahn, eines Kraftwerkes oder einer Skipiste das gesamte Ökosystem beeinflusst.

Umwelthaftungsgesetz (UmweltHG)

Herkömmliche Stromerzeugung belastet die Umwelt

> **UmweltHG § 1 Anlagenhaftung bei Umwelteinwirkungen**
> Wird durch eine Umwelteinwirkung, ... , jemand getötet, sein Körper oder seine Gesundheit verletzt oder eine Sache beschädigt, so ist der Inhaber der Anlage verpflichtet, dem Geschädigten den daraus entstehenden Schaden zu ersetzen.

Mit dem Umwelthaftungsgesetz wurde eine umfassende Gefährdungshaftung eingeführt. Der Betreiber einer Anlage muss für Schäden an Personen und Sachen auch dann haften, wenn ihn kein Verschulden trifft. Bestimmte Anlagen müssen vom Betreiber so versichert werden, dass im Schadensfall, die Umweltschäden beseitigt werden können.

Umweltstrafrecht

Umweltschädigendes Verhalten als Ordnungswidrigkeit oder Straftat wird durch das Umweltstrafrecht geahndet. Die Art und Höhe der Strafen ist im Strafgesetzbuch (StGB) und in den Umweltgesetzen geregelt.

> Die Luftverunreinigungen eines Unternehmens schädigen die Ernte der umliegenden Bauern.
>
> Recherchieren Sie im Internet, Höhe und Art der zu erwartenden Strafe.

Kreislaufwirtschaft

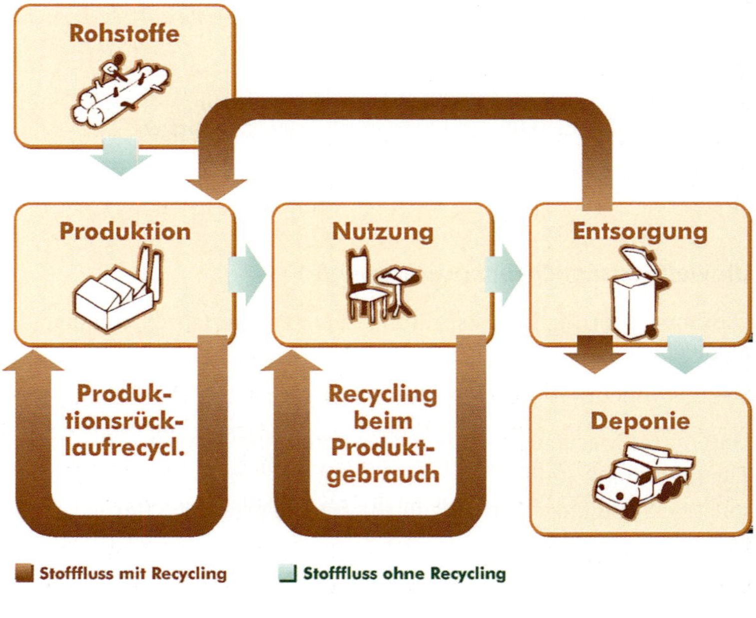

Um die vorhandenen Ressourcen an Rohstoffen zu erhalten, sollen Produkte möglichst mehrfach verwendbar und technisch langlebig sein. Bei der Herstellung und dem Gebrauch von Erzeugnissen ist das Entstehen von Abfällen so weit wie möglich zu vermeiden. Angestrebt werden weitgehend geschlossene Kreisläufe. Aus verwertbaren Abfällen oder **sekundären Rohstoffen** sollen neue Produkte erzeugt werden. Bei umweltverträglichen Produkten ist nach Gebrauch eine umweltverträgliche Abfallverwertung oder eine ordnungsgemäße und schadlose Abfallbeseitigung sichergestellt.

Sekundäre Rohstoffe:
Aus Abfällen gewonnene Rohstoffe (Recycling).
Zum Recycling geeignet sind vor allem Glas, Papier, Pappe, Kartonagen, Eisen, Nichteisenmetalle und Kunststoffe. Voraussetzung für die stoffliche Verwertung ist eine möglichst sortenreine Sammlung der Wertstoffe oder ihre leichte Abtrennung (Sortierung) aus der Abfallfraktion (Abfalltrennung).

Kreislaufwirtschafts- und Abfallgesetz (KrWg)

KrWg § 1 Zweck des Gesetzes
Zweck des Gesetzes ist die Förderung der Kreislaufwirtschaft zur Schonung der natürlichen Ressourcen und die Sicherung der umweltverträglichen Beseitigung von Abfällen.

Nach dem KrWG gelten wieder verwertbare Stoffe wie z. B. Glas, Papier und Altmetall als Abfall. So soll vermieden werden, dass solche Stoffe als **Wirtschaftsgut** deklariert werden und nicht ordnungsgemäß entsorgt werden. Das Gesetz stellt die Abfallvermeidung und -verwertung in den Vordergrund. So müssen bestimmte Unternehmen Abfallwirtschaftskonzepte und sog. Abfallbilanzen aufstellen und der zuständigen Behörde auf Verlangen vorzeigen.

Wirtschaftsgut:
Knappe Güter stehen (im Gegensatz zu freien Gütern) nicht in einem ausreichenden Maß zur Verfügung und müssen durch die wirtschaftliche Tätigkeit von Menschen erzeugt werden.

Welchen Nachteil hat die Bezeichnung des Industrieabfalls als Wirtschaftsgut?

Duales System

Duales System Deutschland AG (DSD) ist ein Unternehmen, das ein Sammelsystem für beim Verbraucher anfallende **Verkaufsverpackungen** aufgebaut hat. Hintergrund sind die Anforderungen der Verpackungsverordnung. Die Materialien werden getrennt und verwertet. Hersteller, Importeure oder Vertreiber führen an das DSD Gebühren für die Nutzung der Lizenz **Grüner Punkt** ab und sind dafür von Rücknahme- oder Pfanderhebungspflichten befreit.

Verpackungsverordnung:
Verpflichtet die Hersteller zur Rücknahme der Verkaufsverpackungen.

Grüner Punkt:
Auf Verpackungen aus wieder verwertbarem Material angebrachtes Symbol. Verpackungen mit diesem Zeichen sind gegen eine Gebühr an das DSD von der Rücknahme- und Pfanderhebungspflicht entbunden. Der Verbraucher bezahlt die Entsorgungskosten mit dem Kaufpreis.

Umweltzeichen

Sie kennzeichnen die Umweltverträglichkeit bei Herstellung, Gebrauch und Entsorgung eines Produktes. Die Gestaltung, Vergabe und Verwendung der Umweltzeichen sind gesetzlich geregelt. Die Voraussetzungen der Vergabe sind je nach Zeichen unterschiedlich.

Der **Blaue Engel** ist das älteste Umweltzeichen der Welt. Am Blauen Engel, erkennen Verbraucher Produkte, die umweltfreundlich hergestellt

Der Blaue Engel

Europäische Blume

und vertrieben werden. Die Kriterien für die Vergabe werden durch eine vom Bundesinnenminister berufene unabhängige Jury beschlossen. Die Kennzeichnung bezieht sich nur auf bestimmte ökologische Aspekte und nicht auf das gesamte Produkt. Es wird immer ein Hinweis gegeben, warum dieses Produkt umweltfreundlicher und gesünder als andere ist

Die **Europäische Blume** wird für Produkte vergeben, die von der Entwicklung bis zur Verwendung geringere Umweltbelastungen bewirken als vergleichbare Produkte.

3.4 Internationale Umweltschutzmaßnahmen

Seit 1992 finden Umweltkonferenzen der Vereinten Nationen statt. Dort werden Grundregeln und Absichtserklärungen für möglichst viele Teilnehmerstaaten erarbeitet, um der Ausbeutung und Zerstörung der Umwelt entgegenzuwirken.

Die Menschen haben erkannt, dass Wachstum, Mobilität und technischer Fortschritt im Einklang mit der Umwelt und somit ökologisch und Ressourcen schonend stattfinden muss. Leider einigen sich die Staaten nur langsam auf gemeinsame Ziele, da Umweltschutz kurzfristig gesehen Geld kostet und die Produktion verteuert. Viele gute Vorsätze bleiben freiwillig.

1. Diskutieren Sie die nebenstehende Karikatur.
2. Beschreiben Sie diese Art des Umweltverhaltens.
3. Recherchieren Sie Inhalte und Lösungsansätze der letzten internationalen Umweltkonferenz!

© Drudl

3.5 Energiewende

Der Begriff „Energiewende“ steht zunächst einmal für den Ausstieg aus der Atomenergie und die Abkehr von fossilen Energieträgern. Stattdessen sollen langfristig erneuerbare Energien unseren Bedarf decken.

- Windenergie
- Sonnenenergie (Solarthermie und Photovoltaik)
- Wasserkraft (z. B. Gezeitenkraftwerke)
- Geothermie (Erdwärme)
- Biomasse/Biogas (Deponiegas, Klärgas)

Stationen bisher:

2000: Die rot-grüne Bundesregierung unter Kanzler Gerhard Schröder leitet den stufenweisen Atomausstieg in Deutschland allerdings ohne feste Abschalttermine ein.

2002: Durch die Novellierung des Atomgesetzes kommt es zum Neubauverbot kommerzieller Atomkraftwerke und die durchschnittliche

Regellaufzeit bestehender Anlagen wird auf 32 Jahre nach Inbetriebnahme befristet.

2010: Die schwarz-gelbe Bundesregierung unter Kanzlerin Angela Merkel schließt mit den vier **Atomkraftwerksbetreibern** einen Vertrag über die Laufzeitverlängerung der deutschen Atomkraftwerke.

2011: Wenige Tage nach der tragischen Nuklearkatastrophe im japanischen Fukushima verkündet die Kanzlerin einen deutlichen Wechsel ihrer Atom-/Energiepolitik. Der Bundestag beschließt mit großer Mehrheit den definitiven Atomausstieg. Das bedeutete das sofortige Aus für acht der 17 deutschen Kernreaktoren, ein weiteres wurde 2015 abgeschaltet. Die übrigen acht deutschen Kernreaktoren werden bis 2022 vom Netz gehen.

Die von den Gegnern des deutschen Atomausstiegs, allen voran Frankreich, vielfach angekündigten Energieengpässe blieben aus. Deutschland musste weder „französischen Atomstrom" importieren noch seine fossile Stromerzeugung erweitern. Das Märchen der Stromknappheit wurde eindeutig von der Realität widerlegt. Im Winter 2016/17 musste Frankreich wegen mehrerer Störfälle in seinen Atomkraftwerken Strom aus Deutschland kaufen.

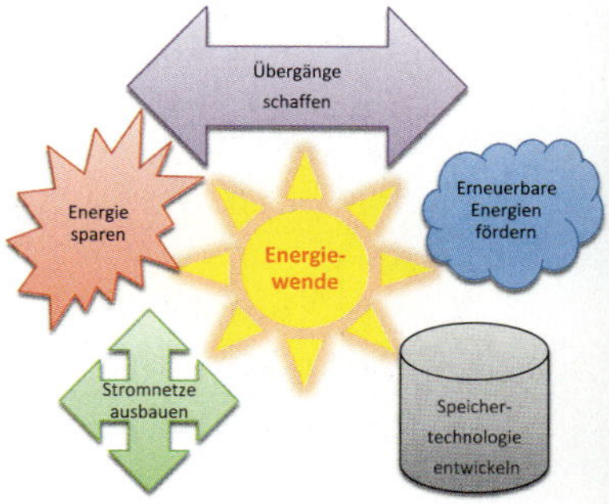

Atomkraftwerksbetreiber:
RWE, E.ON, EnBW, Vattenfall

BDEW:
Bundesverband der deutschen Energie- und Wasserwirtschaft e.V.

BMU:
Bundesministerium für Umwelt, Naturschutz und Reaktorsicherheit

Zusammenfassung

Nachhaltigkeit bedeutet: Verlasse die Welt so, wie du sie vorgefunden hast.

Jeder Einzelne kann durch sein Verhalten zum Schutz der Umwelt beitragen.

Der Staat regelt durch Umweltschutzgesetze das Umweltverhalten der privaten Haushalte und der Wirtschaft.

Mit Hilfe von Umweltabgaben (Ökosteuer, Umweltsonderabgaben), versucht er umweltgerechtes Verhalten zu unterstützen.

Produkte sollen möglichst Ressourcen schonend hergestellt, gebraucht und entsorgt werden. Aus den verwertbaren Abfällen werden wieder neue Produkte erzeugt (Kreislaufwirtschaft). Umweltverträgliche bzw. umweltverträglich erzeugte Produkte sind durch Umweltzeichen gekennzeichnet.

Wissens-Check

1. Sie kaufen neue Möbel. Worauf achten Sie, wenn Sie nach dem Prinzip der Nachhaltigkeit handeln?
2. Welche positiven Effekte erzielt die Stromsteuer für die Umwelt?
3. Erklären Sie das Duale System Deutschland.

4 Problemfelder internationaler Friedenspolitik

Die größten Herausforderungen der Weltpolitik liegen heute weniger in der Stärke bestimmter Staaten, als in deren Schwäche. Durch zerfallende Staaten werden Regionen destabilisiert und es entstehen Bedrohungen wie Bürgerkriege und humanitäre Krisen. Aber auch klimatische Veränderungen und der Wettlauf um Ressourcen wie Wasser oder Öl haben bereits heute existenzbedrohende Bedeutung für viele Menschen. Gerade unterentwickelte Länder sind Leidtragende vieler weltweiter Probleme. Dies kann in Zukunft vermehrt Konsequenzen für die Stabilität staatlicher Strukturen und damit auch für die Sicherheit Deutschlands haben.

4.1 Zerfallende Staaten

Damit das Leben in einem Staat reibungslos ablaufen kann, müssen die Staatsorgane bestimmte Bedürfnisse der Bürger befriedigen, zum Beispiel Sicherheit, Rechtsstaatlichkeit und soziale Absicherung. Werden die staatlichen Strukturen (Behörden, Gerichte, etc.) durch negative Einflüsse wie Unterdrückung, Korruption, Willkür oder Armut gestört, kann dies zum Scheitern des Staates führen. Man spricht dann von einem „**failed state**". Wenn die staatliche Ordnung auseinander bricht, füllen häufig Terroristen und bewaffnete Banden diese Lücken. Rechtsunsicherheit und direkte Gefahren für Leib und Leben der Bürger können die Folge sein.

Failed state (engl.) = gescheiterter Staat

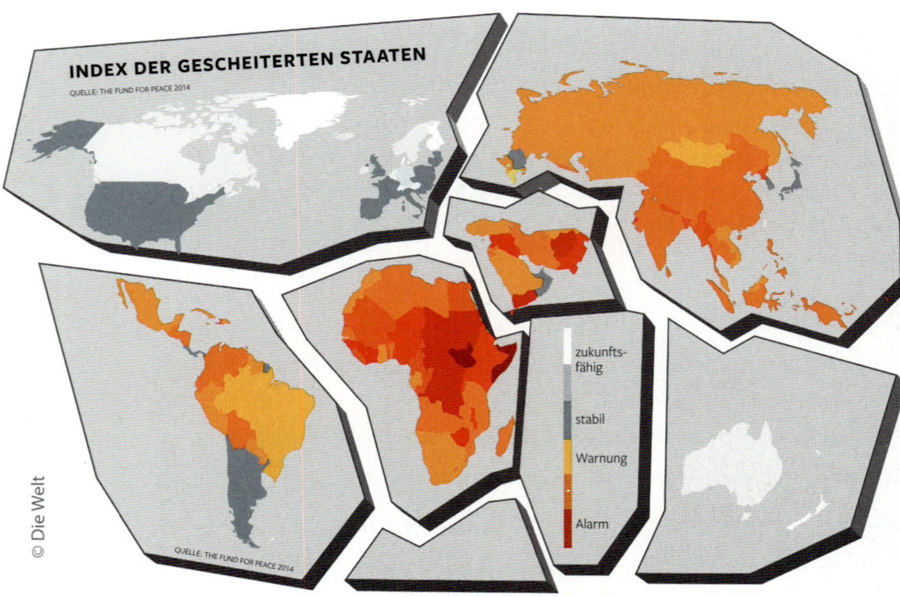

© Die Welt

Schon seit Jahren führen afrikanische Staaten die Liste der gescheiterten Staaten an, allen voran Somalia. Der Staat am Horn von Afrika ist vom Bürgerkrieg zerstört, eine staatliche Ordnung gibt es nicht mehr. Aber auch im Irak, in Syrien oder in Afghanistan ist ein sicheres Leben kaum möglich. Die Ursachen für diese Zerfallsprozesse sind vielfältig.

1. Suchen Sie im Internet oder in den Tageszeitungen nach aktuellen Konflikten in „gescheiterten Staaten“ und deren Ursachen.
2. Erläutern Sie, welche Gefährdungen aus einem Staatszerfall für die Menschen in diesem Land, für die Region oder auch die internationale Staatengemeinschaft (und für Deutschland) entstehen können.

© dpa

Blauhelme im Einsatz

„In diesem Zeitalter der gegenseitigen Abhängigkeit müssen wir uns von der Vorstellung lösen, dass manche Bedrohungen nur einige von uns betreffen. ... Indem wir die Sicherheit anderer stärken, schützen wir unsere eigene.“
Ehemaliger UNO-Generalsekretär Kofi Annan 2005

1. Was meint Kofi Annan mit dieser Aussage?
2. Nennen Sie Möglichkeiten, wie die internationale Gemeinschaft helfen kann, in zerfallenden Staaten die Ordnung wiederherzustellen.

4.2 Internationaler Terrorismus

© dpa

***9/11**-Der Angriff auf das Herz Amerikas schockiert die Welt*

11. September 2001:
Zwei von Terroristen entführte Passagierflugzeuge stürzen in die beiden Türme des World Trade Centers in New York und töten über 3.000 Menschen.

Was ist eigentlich Terrorismus?

Terror (lat.) = „Schrecken", „Furcht"

Den Begriff „**Terrorismus**" klar abzugrenzen, fällt schwer. Was die eine Konfliktpartei als Terrorismus ansieht, bezeichnet die andere als „Freiheitskampf".

Fest steht aber, dass Terrorismus immer eine über einen längeren Zeitraum andauernde, geplante Anwendung von Gewalt ist. Die Terroristen versuchen damit das bestehende politische System des Gegners zu destabilisieren oder seine Wirtschaft zu schädigen.

1. Was verstehen Sie unter einem „Terroristen", was unter einem „Freiheitskämpfer"?
2. Warum wollen Terroristen die Wirtschaft ihrer Gegner schwächen?

© dpa

Zehn durch islamistische Terroristen gezündete Sprengsätze zerrissen 2004 einen Personenzug im spanischen Madrid. Dabei kamen fast 200 Menschen ums Leben, über 2.000 wurden teils schwer verletzt.

Kennzeichen des Terrorismus

Bezeichnend für die meisten terroristischen Attentate ist, dass die Terroristen bewusst die Tötung Unbeteiligter einplanen, die sich zufällig am Ort des Attentates befinden. Die Attentate richten sich oft gegen symbolträchtige Ziele. Auch öffentliche Plätze sind Ziel der Terroristen.

Terroristen wollen mit ihren Anschlägen Angst und Unsicherheit unter der Bevölkerung verbreiten. Um den Effekt ihrer Anschläge zu maximieren, nutzen Terroristen die modernen Medien. Die Medien verbreiten durch ihre Berichterstattung die Botschaften der Attentäter in der ganzen Welt.

Suchen Sie in den Medien aktuelle Beispiele für Terroranschläge!

Formen des Terrorismus

Manche Terrororganisationen treten nur regional auf, andere verbreiten den Terror weltweit.

Separatismus:
Der Begriff bezeichnet hier das Bestreben nach einer Loslösung eines Bevölkerungsteils von einem Staat, um entweder einen eigenen Staat zu gründen oder sich einem anderen Staat anzuschließen.

Dem regional operierenden Terrorismus liegt meist keine bestimmte Ideologie zugrunde. Im Vordergrund stehen vielmehr **separatistische** Motive, da sich eine ethnische Minderheit von der Bevölkerungsmehrheit oder dem Staat diskriminiert fühlt.

Europäische Beispiele hierfür waren die IRA in Nordirland oder die baskische ETA.

Der heutige internationale Terrorismus ist meist religiös oder ideologisch motiviert. Eine der größten Bedrohungen für die internationale Staatengemeinschaft ist laut Verfassungsschutz der islamistische Terrorismus. Die radikalen Muslime, die Islamisten, fordern die Einführung einer „islamischen Ordnung" in allen Lebensbereichen, welche sie mit Gewalt durchsetzen wollen.

Gefahr für Deutschland

Im November 2015 wurden in Paris durch islamistisch motivierte Terrorattentate 130 Menschen getötet und 352 verletzt. Die Angriffe richteten sich gegen die Zuschauer eines Fußballspiels der deutschen Mannschaft, gegen die Besucher eines Rockkonzerts sowie gegen die Gäste zahlreicher Bars, Cafés und Restaurants.

Im März 2016 sprengten sich zwei Terroristen am Flughafen Brüssel und ein weiterer in der Brüsseler Innenstadt nahe der EU-Institutionen in einer U-Bahnstation in die Luft. Dabei kamen 32 Unschuldige ums Leben und mehr als 300 wurden verletzt.

© dpa

Der Islam ist eigentlich eine friedliche Religion. Nur ein sehr kleiner Teil der ca. 1,5 Milliarden Muslime billigt oder unterstützt die Terrorattentate der Islamisten.

Im Dezember 2016 rast ein Terrorist, ähnlich wie im Sommer zuvor in Nizza, mit einem gestohlenen LKW in einen Berliner Weihnachtsmarkt. 12 Menschen sterben, Duzende werden verletzt. In der schwedischen Hauptstadt Stockholm wiederholt sich das Szenario im April 2017.

Zu allen Anschlägen bekannte sich die terroristische Vereinigung „Islamischer Staat" (IS). (vgl. Kapitel 5.2)

Auch Düsseldorf und Ludwigshafen entgingen 2016 nur knapp Attentaten durch islamistische Terroristen. Unser Staat steht weiter im Fokus islamistischer Terrorgruppen, zum einen als sicherer Rückzugsort, aber auch als Ziel neuer Anschläge.

PRESSESCHAU

Zwölf Jahre Haft für Terrorist aus dem Saarland

Der Neunkircher Islamist Daniel Schneider muss wegen der Planung verheerender Terror-Anschläge zwölf Jahre in Haft. Auch seine Komplizen erhielten im „Sauerland-Prozess" hohe Strafen.

Die vier Islamisten der Sauerland-Gruppe müssen wegen der Planung von Terroranschlägen auf Diskotheken, Flughäfen und US-Einrichtungen in Deutschland für bis zu zwölf Jahre ins Gefängnis. ... Sie wurden der Mitgliedschaft in der ausländischen Terrorvereinigung Islamische Dschihad Union (IJU), wegen Verabredung zum vielfachen Mord sowie Vorbereitung eines Explosionsverbrechens schuldig gesprochen. ...

In einem Ferienhaus in Oberschledorn hatten sie begonnen, aus mehr als 700 Liter Wasserstoffperoxid gewaltige Autobomben zu bauen. Allerdings hatten Polizisten die Chemikalie bereits heimlich verdünnt.

Saarbrücker Zeitung (05. März 2010)

Sauerlandgruppe:
Eine in Deutschland operierenden „Terrorzelle" einer islamistischen Organisation, die in Afghanistan ansässig ist.

© dpa

Der ehemalige Messdiener und Gymnasiast Daniel Schneider aus Neunkirchen/Saar

1. Welche Gründe könnten dazu geführt haben, dass Daniel Schneider zum Terroristen wird?
2. Wie kann man eine solche Gefahr in Zukunft eindämmen?

Kompetenzbereich 6

Lösungsmöglichkeiten?

Die Staatengemeinschaft steht bei der Bekämpfung des neuen, internationalen Terrorismus vor schwierigen Herausforderungen. Niemand kann vorhersehen, wann und wie ein neuer Angriff der Terroristen erfolgen wird Mittlerweile bestehen internationale Terrornetzwerke aus selbstständig arbeitenden Gruppen („Zellen"), die auch dann weitermachen, wenn eine andere Gruppe oder ein Anführer gefasst wird.

1. Nennen Sie Lösungsmöglichkeiten zur Bekämpfung und zur Prävention von Terrorismus.
2. Beschreiben und interpretieren Sie die Karikatur!
3. Finden Sie aktuelle Beispiele zum Spannungsverhältnis zwischen Freiheit und Sicherheit!

4.3 Konflikte um Ressourcen

Die moderne Gesellschaft basiert auf dem Verbrauch von natürlichen Ressourcen. Ohne bestimmte Rohstoffe ist ein Leben, wie wir es kennen, nicht möglich.

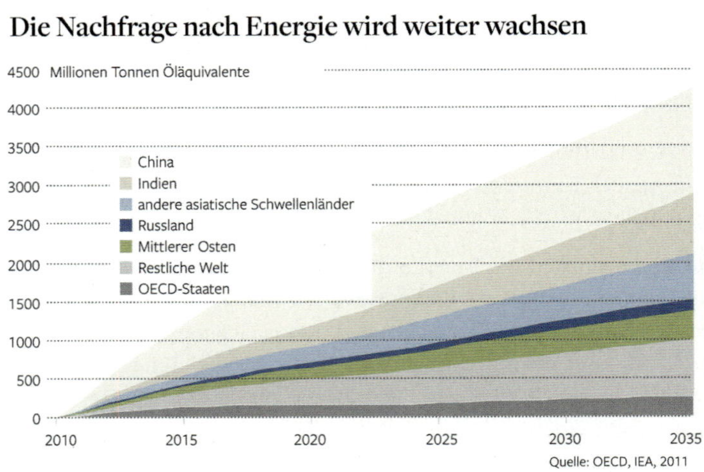

Der Energiehunger Chinas steigt rasch an

Der Kampf um Erdöl

Öl ist nicht in unbegrenzter Menge verfügbar und es gibt bislang keinen gleichwertigen Ersatz. Dies kann langfristig die Sicherheit der Weltwirtschaft bedrohen. Fast alle Verkehrs- und Transportmittel werden mit Brennstoffen aus Erdöl angetrieben, so dass es schwierig ist, es zu ersetzen. Weil Erdöl heute so wertvoll ist, besteht die Gefahr, dass bei Konflikten selbst internationale Friedensbemühungen unter dem negativen Einfluss wirtschaftlicher Überlegungen stehen. Kurz gesagt: Während Erdöl früher mit zu Sicherheit und Wohlstand beitrug, kann es heute in zunehmendem Maße zum Sicherheitsrisiko werden.

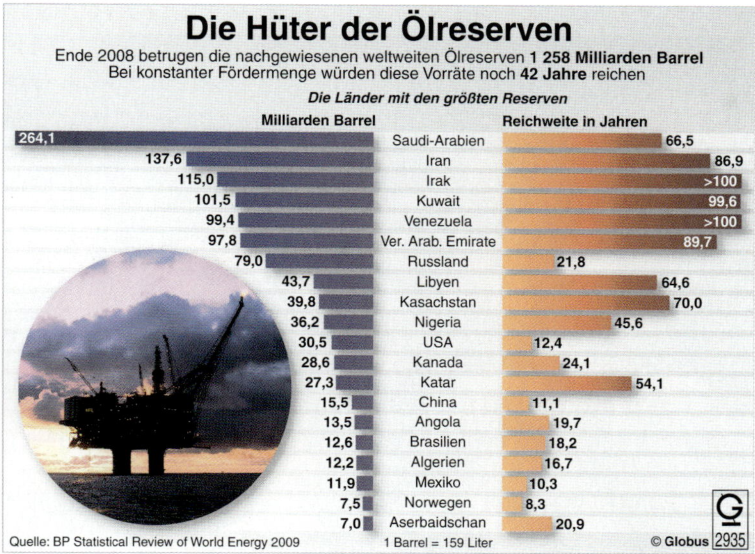

Der Kampf ums Wasser

Die UNO schätzt, dass bis zum Jahre 2040 ca. fünf bis sechs Milliarden Menschen unter Wasserknappheit zu leiden haben. Obwohl nur ca. 0,3 % des vorhandenen Wassers für die Menschen nutzbar sind, würde dies ausreichen, um alle Menschen mit Trinkwasser zu versorgen.

© Bergmoser + Höller Verlag AG 665 015

Nutzungskonflikte an internationalen Wasserläufen

Wenn Flüsse durch mehrere Länder fließen, sind Konflikte um die Nutzung eine häufige Folge. Das trifft auch dann zu, wenn durch Seen die Grenze zwischen Ländern verläuft.

Wasser als Menschenrecht

© dpa

Wassermangel in Indien

Der Zugang zu sauberem Wasser ist seit 2010 ein Menschenrecht. Derzeit leiden rund eine Milliarde Menschen unter ungenügendem Zugang zu Wasser und mehr als 2,6 Milliarden Menschen haben keinen Zugang zu einfachen sanitären Einrichtungen. Jeden Tag sterben 5.000 Kinder unter fünf Jahren an Krankheiten, die von verunreinigtem Wasser und mangelnder Hygiene verursacht werden.

1. „Wasser wird für das 21. Jahrhundert, was Erdöl für das 20. Jahrhundert war". Nehmen Sie Stellung zu dieser Aussage.
2. Recherchieren Sie, wie viel Liter Wasser in Deutschland pro Tag und Einwohner verbraucht wird.
3. Welche aktuellen Konflikte sind durch den Mangel an Ressourcen begründet? Welche Lösungsmöglichkeiten sehen Sie bei diesen Konflikten?

4.4 Unterentwicklung

„Entwicklungsländer", „Dritte Welt"– es gibt viele Bezeichnungen für die armen Länder unserer Welt. Der Begriff „Unterentwicklung" umfasst aber nicht nur die finanzielle Armut, sondern berücksichtigt auch die strukturellen Defizite und die unzureichende Fähigkeit der Staaten, die eigene Bevölkerung mit den notwendigen Gütern wie Nahrungsmitteln, Medikamenten und Kleidung zu versorgen.

Ursachen und Kennzeichen der Unterentwicklung

Viele der heutigen Entwicklungsländer waren früher Kolonien. Die Kolonialmächte haben die Länder unterdrückt und ausgebeutet. Bis in die 60er Jahre des vorigen Jahrhunderts konnten sich die Entwicklungsländer nur schwer aus dieser Situation lösen. Die Kolonien waren hauptsächlich Lieferanten für Rohstoffe. Sie spezialisierten sich auf diese Funktion, eine eigenständige Industrie und eine umfassende wirtschaftliche Selbstständigkeit konnte sich nicht entwickeln. Diese Spezialisierung ist heute kaum zu durchbrechen, weil der Export der Rohstoffe oft die einzige Einnahmequelle ist. Die Weltmarktpreise für die meisten Rohstoffe sind jedoch gering und die erzielten Einnahmen mager.

Aber auch andere Ursachen wie ein niedriges Bildungsniveau, extremes Klima, Rohstoffarmut oder Misswirtschaft führten zur Unterentwicklung.

Wachstum der Weltbevölkerung

Die Weltbevölkerung hat sich in den zurückliegenden 50 Jahren mehr als verdoppelt: Heute leben über sieben Milliarden Menschen auf der Welt. Weitere 83 Millionen Menschen kommen jährlich dazu. Das sind mehr Menschen, als in Deutschland leben. Umgerechnet bedeutet dies, dass weltweit jede Minute ca. 160 Menschen geboren werden.

Weltbevölkerung:
1804 – 1 Milliarde Menschen
1927 – 2 Milliarden Menschen
1960 – 3 Milliarden Menschen
1974 – 4 Milliarden
1987 – 5 Milliarden
1999 – 6 Milliarden
2017 – 7,5 Milliarden Menschen

Prognose (Quelle: UNO)
2025 – 8 Milliarden Menschen
2043 – 9 Milliarden Menschen
2083 – 10 Milliarden Menschen

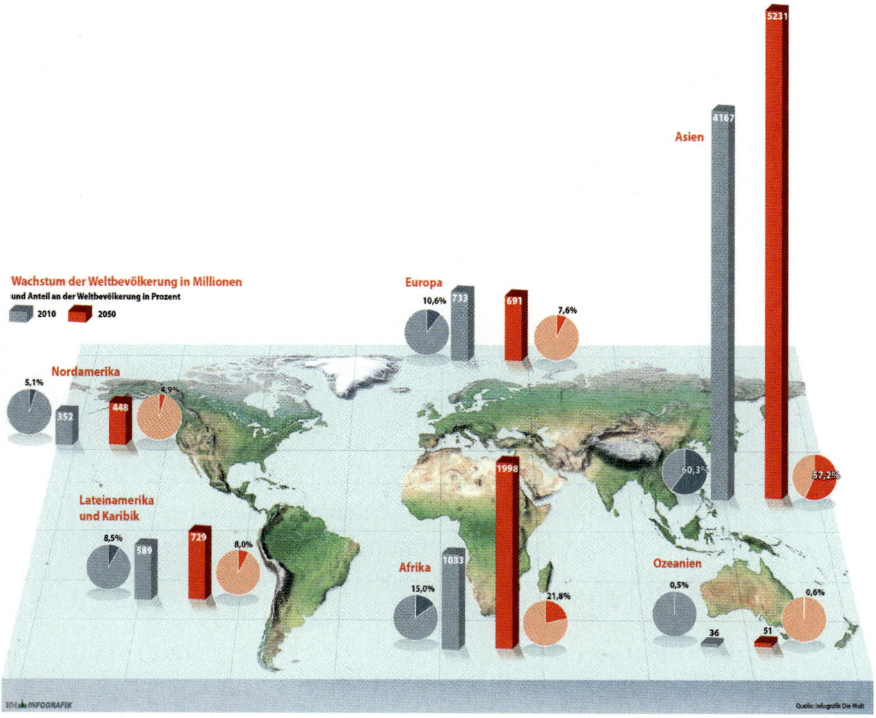

Drei Viertel der Menschheit lebt in Entwicklungsländer. Hier wächst die Bevölkerung besonders schnell an. Jedes Jahr kommen in diesen Ländern 75 Millionen Menschen allein durch ungewollte Schwanger-

© dpa

„Badefreuden" in der Bucht von Qingdao/China – allein in Asien leben ca. 4 Milliarden Menschen

schaften zur Welt. Das Problem des rasanten Bevölkerungswachstums könnte nur durch Geburtenrückgang gelöst werden. In den wirtschaftlich wohlhabenden Ländern – vor allem auch in Europa – nehmen die Bevölkerungszahlen dagegen ab.

1. Stellen Sie Maßnahmen dar, die das Problem der Überbevölkerung Ihrer Meinung nach am wirkungsvollsten eindämmen wäre.
2. Die Weltbevölkerung altert. Welche konkreten Probleme bringt die zunehmende Alterung der Bevölkerung mit sich?

4.5 Migration

Migration ist die Entscheidung eines Menschen, seine Heimat zu verlassen. Dabei ist „Migration" der Oberbegriff für Wanderungsbewegungen, die sowohl wirtschaftliche als auch politische Ursachen haben können.

Migration:
Abwanderung aus dem ursprünglichen Lebensraum

Deshalb gibt es auch sehr unterschiedliche Gruppen von Migranten: Flüchtlinge, Asylbewerber, Vertriebene, Umweltflüchtlinge, Arbeitsmigranten, Migranten wegen Familienzusammenführung, um nur die wichtigsten zu nennen.

Was ist ein Flüchtling?

Ein Flüchtling ist eine Person, die „aus der begründeten Furcht vor Verfolgung wegen ihrer Rasse, Religion, Nationalität, Zugehörigkeit zu einer bestimmten sozialen Gruppe oder wegen ihrer politischen Überzeugung sich außerhalb des Landes befindet, dessen Staatsangehörigkeit sie besitzt, und den Schutz dieses Landes nicht in Anspruch nehmen kann oder wegen dieser Befürchtungen nicht in Anspruch nehmen will; ..."

Artikel 1A der Genfer Flüchtlingskonvention

Ursachen

Die Migrationsforscher haben eine Reihe von Ursachen der Migration erkannt und diese in zwei Hauptgruppen unterteilt: die Schubfaktoren (push-Faktoren) und die Sogfaktoren (pull-Faktoren).

push-Faktoren:

- Kriegssituationen, politische Unterdrückung
- Menschenrechtsverletzungen
- Armut, Arbeitslosigkeit, Überbevölkerung
- Zerstörung der natürlichen Umwelt (Industrie/Katastrophen)

pull-Faktoren:

- Problemlose wirtschaftliche und gesellschaftliche Verhältnisse in den Gastländern
- Bedarf an Arbeitskräften
- Attraktivere Verdienstmöglichkeiten
- Bessere Bildungschancen

Diese Unterscheidung zeigt, dass Migration nicht allein mit Unterentwicklung zu begründen ist.

1. Welche push-Faktoren sind Ihrer Meinung nach die entscheidendsten?
2. Welche pull-Faktoren könnten am stärksten wirken?
3. Ordnen Sie die Ursachen der Migration den unterschiedlichen Gruppen von Migranten zu.

„Festung Europa"

PRESSESCHAU

Alassane floh 2002 vor dem Krieg in der Elfenbeinküste zu Fuß über die Grenze nach Mali. Die Wüste durchquerte er mit 25 anderen Menschen in einem Lastwagen. In Marokko nahm ihn die Polizei fest und brachte ihn mit anderen Migranten an die algerische Grenze und ließ sie in der Wüste zurück. Viele verdursteten auf dem Weg. Alassane gelangte in letzter Not an die Küste. Ein Boot brachte ihn auf die Kanaren, wo er bei den spanischen Behörden Asyl beantragte.

Global Lernen (2/2011)

Die Europäische Menschenrechtskonvention verbietet die Zurückweisung ohne Prüfung der Schutzbedürftigkeit. Dennoch werden die Flüchtlinge an den Außengrenzen Europas bereits abgefangen und zurückgeschickt. Einige EU-Staaten haben Rückführungsübereinkommen mit anliegenden Staaten. Im EU-Türkei-Abkommen von 2016 wird geregelt, dass illegal von der Türkei in die EU eingereiste Flüchtlinge von der Türkei wieder aufgenommen werden müssen.

Migrationsland Deutschland

Ein Zusammenleben kann nur reibungsfrei funktionieren, wenn eine Integration in die Gesellschaft gelingt. Dort, wo eine Integration scheitert, entstehen Parallelgesellschaften. Dies begünstigt gegenseitige Vorurteile und Ablehnung.

„Integration muss gezielt gefördert, aber sie muss auch gefordert werden! Integration kann nur gelingen, wenn wir mit den Migranten sprechen und nicht über sie!"

Integrationsbeauftragte Maria Böhmer 2011 vor dem deutschen Bundestag

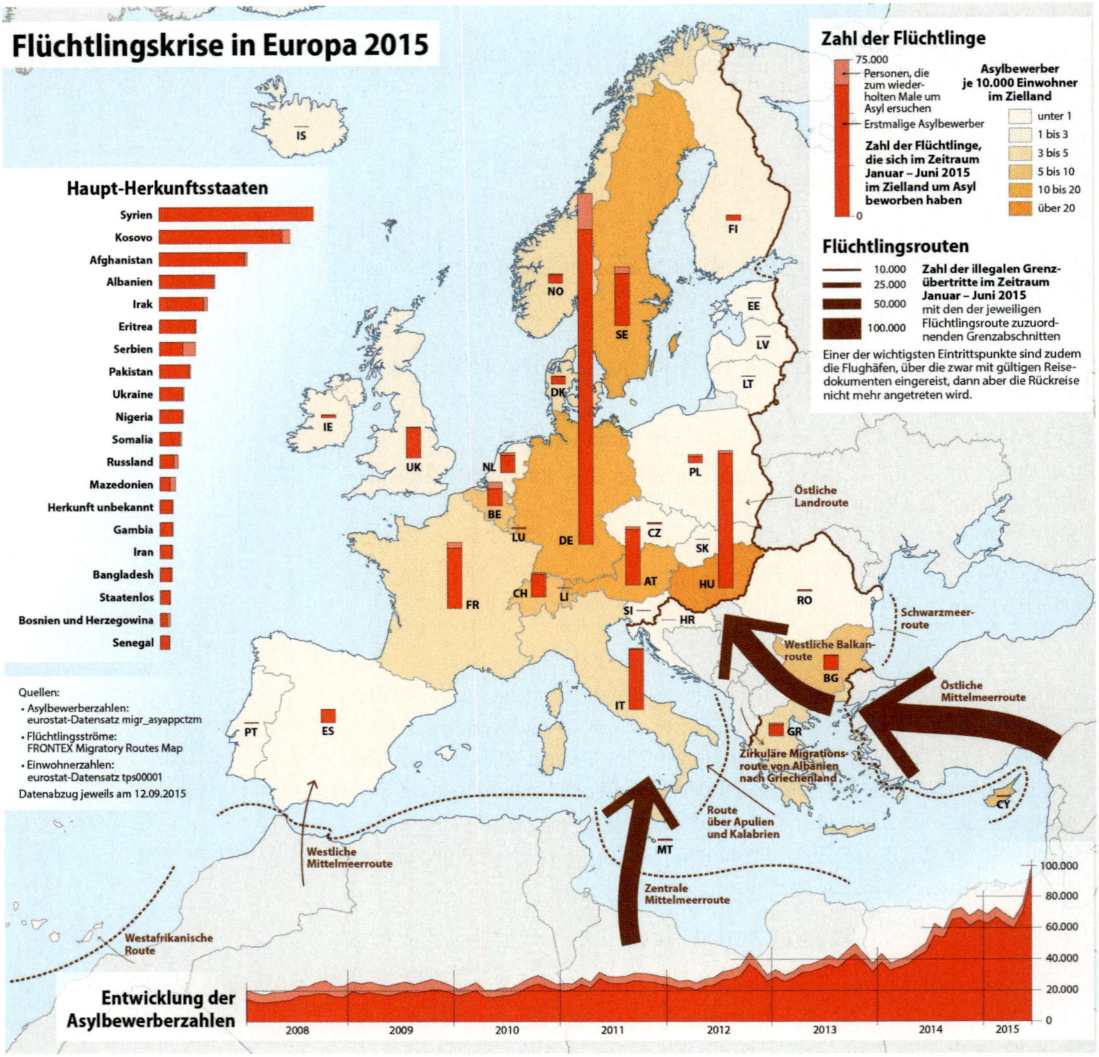

1. Nehmen Sie Stellung zum obigen Zitat.
2. Welche Faktoren sind für eine gelungene Integration Ihrer Meinung nach am Wichtigsten?
3. Gibt es auch Mitschüler mit Migrationshintergrund in Ihrer Klasse?

Lösungsmöglichkeiten

Zur Lösung der Migrationsproblematik gibt es kein schnell wirkendes Rezept. Die Abschottung der Industriestaaten ist auf Dauer keine wirkungsvolle Maßnahme. Es müssten in den Herkunftsländern die wirtschaftlichen und politischen Gründe für die Migration beseitigt werden.

Zusammenfassung

Durch gescheiterte Staaten („failed states“) werden Regionen destabilisiert und es entstehen Bedrohungen wie Bürgerkriege und humanitäre Krisen.

Der heutige internationale Terrorismus ist meist religiös oder ideologisch motiviert. Eine der größten Bedrohungen ist der islamistische Terrorismus. Auch Deutschland ist Ziel islamistischer Terroristen. Die Staatengemeinschaft versucht durch gezielte Bekämpfung der Terroristen, aber auch durch vorbeugende Maßnahmen den internationalen Terrorismus einzudämmen.

Ressourcen wie Erdöl und der Zugang zu sauberem Wasser führen immer öfter zu politischen Konflikten.

Der Begriff Unterentwicklung steht für die finanzielle Armut vieler Staaten sowie für die strukturellen Defizite und die unzureichende Fähigkeit, die eigene Bevölkerung ausreichend zu versorgen.

Migration kann durch Missstände im Heimatland, aber auch durch vermeintlich bessere Verhältnisse im Zielland ausgelöst werden. Der Weg der Migranten ist beschwerlich und gefährlich.

Wissens-Check

Was versteht man unter einem „failed state“?

Welche Probleme bringt ein „failed state“ für die umliegende Region mit sich und wie können diese Probleme nachhaltig gelöst werden?

Welche Ziele verfolgen Terroristen mit Ihren Anschlägen?

Welche Lösungsmöglichkeiten zur Eindämmung des internationalen Terrorismus kennen Sie?

Welche Rolle spielen Ressourcen wie Erdöl und Wasser für die internationale Sicherheit?

Welche Hauptursachen hat die Unterentwicklung eines Landes?

Welche Probleme bringt das stetige Wachstum der Weltbevölkerung mit sich?

Nennen Sie drei push- und drei pull-Faktoren für die Entstehung von Migration!

5 Analyse eines aktuellen internationalen Konflikts: Der Syrien-Krieg

Die Zahl der Kriege und bewaffneten Konflikte hat sich in den letzten 20 Jahren erheblich erhöht. Am meisten leidet die Zivilbevölkerung unter den gewaltsamen Auseinandersetzungen. Neben dem menschlichen Leid sind die politischen, wirtschaftlichen und ökologischen Folgen oft unabsehbar. Sehr drastisch zeigt sich das im Syrien-Krieg. Da solche Konflikte stets komplex sind, kann man sie nicht mit einem einfachen „richtig und falsch" oder „gut und böse" beurteilen. Im Vorfeld ist eine systematische Analyse notwendig.

Grenzzaun zwischen Israel und dem Westjordanland. Trennung als letzte Möglichkeit für Frieden?

5.1 Exkurs: Was ist Krieg?

In früheren Zeiten führten Staaten Krieg gegeneinander, sobald formal eine Kriegserklärung ausgesprochen wurde. Dann prallten die Armeen der Kriegsparteien auf den Schlachtfeldern aufeinander. Wer die letzte Schlacht gewann, war der Gewinner des Krieges, der Verlierer gab auf. Heute gibt es bei Auseinandersetzungen kaum noch formale Kriegserklärungen.

Die große Mehrheit der Kriege wird nicht mehr zwischen zwei Staaten ausgetragen, sondern sind meist innerstaatliche Konflikte wie Bürgerkriege und Aufstände. Moderne Kriege sind nicht mehr an bestimmte Austragungsorte gebunden, eine klare Frontlinie gibt es nicht. Besonders in **asymmetrischen Kriegen** begegnen sich die Widersacher selten in einer offenen Schlacht.

asymmetrischer Krieg:
Krieg zwischen einer staatlichen und einer nicht staatlichen Partei

Ein Ende finden heutige Kriege selten durch den militärischen Sieg einer Seite. Häufiger wird der Krieg durch einen Verhandlungsfrieden beendet oder durch ein Abflauen der Gewalt, bis nicht mehr von einem „Krieg" gesprochen werden kann.

Palästinensische Studenten verbrennen Flaggen. Die eigentlichen Ursachen eines Konflikts sind oft vielschichtig und nicht leicht zu verstehen

Kriegsursachen

Was auch immer der Kriegsauslöser ist – Kriege haben eine lange Vorgeschichte. Die Ursachen, die zu einem Krieg oder einem bewaffneten Konflikt führen, sind sowohl vielfältig als auch vielschichtig:

- Streit zweier Staaten um Territorien, um Zugänge zum Meer oder zu Flüssen
- Unabhängigkeitsbestreben einer bestimmten Bevölkerungsgruppe vom Rest des Landes
- Wettstreit unterschiedlicher Gesellschaftsordnungen, z. B. im Kalten Krieg
- wirtschaftliche Ursachen, z. B. Spannungen zwischen Arm und Reich
- Ethnische und religiöse Differenzen
- Mangelnder Zugang zu Ressourcen wie Wasser, Öl, etc.

Kriegsanlässe

Ein einzelnes Ereignis löst häufig den Ausbruch kriegerischer Handlungen aus. Neben militärischen Angriffen führten oft politische Ereignisse (z. B. Wahlen) oder Attentate zu Kriegen, ebenso wie die Entweihung religiöser Symbole.

Bombardierung Beiruts: 2006 löste die Entführung zweier israelischer Soldaten den Krieg zwischen Israel und dem Libanon aus

> Durch welche Ereignisse wurden Kriege ausgelöst? Finden Sie weitere Beispiele.

Ist Krieg erlaubt?

Es klingt fast zu schön, um wahr zu sein, aber Krieg ist tatsächlich offiziell verboten. Jedes Mitglied der Vereinten Nationen (UNO) ist mit seiner Mitgliedschaft die Verpflichtung eingegangen, grundsätzlich keinen Angriffskrieg gegen einen anderen Staat zu führen oder anzudrohen. Einen weltweiten Frieden konnte die UNO mit dieser Regel nicht erreichen. Zum einen gilt die Regel ohnehin nur für Staaten, also für die regulären Kriege. Zum anderen versuchen die Staaten, einen bewaffneten Konflikt nicht als Krieg zu bezeichnen und eine Kriegserklärung zu vermeiden. Begriffe wie Sicherheitspolitik, Präventive Maßnahmen oder humanitäre Einsätze verschleiern manchmal die wahren Motive des Militärschlages.

> 1. Finden Sie heraus, ob es Ausnahmen für das grundsätzliche UNO-Verbot von Krieg gibt!
> 2. Recherchieren Sie, wie viele Kriege in den letzten Jahren weltweit gezählt wurden.

5.2 Der Syrien-Krieg

Der Bürgerkrieg in Syrien tobt schon länger als der Zweite Weltkrieg und hat schon mehr als 250.000 Menschen das Leben gekostet.

Präsident Baschar al-Assad regiert als Diktator seit 2000 in dem arabischen Staat, genauso wie sein Vater die 30 Jahre zuvor.

Trotz der Diktatur war der Lebensstandard der Einwohner relativ hoch und die verschiedenen Religionen und Bevölkerungsgruppen lebten friedlich miteinander. Politisch Andersdenkende wurden jedoch vom Regime Assads brutal verfolgt.

Weil Jugendliche 2011 Parolen des **„Arabischen Frühlings“** („Freie Presse“, „Keine Verfolgung Andersdenkender“, „Das Regime stürzt“) gegen Assad an die Häuser schmierten, wurden sie verhaftet und eingesperrt. Die daraufhin entstehenden Massenproteste ließ Assad blutig niederschlagen.

Arabischer Frühling:
Seit 2010 beginnende Protestbewegung in der arabischen Welt. Sie richtet sich gegen undemokratische politische Systeme (Tunesien, Ägypten, Libyen u. a.).

www.bpb.de/internationales/afrika/arabischer-fruehling

Viele Bürger glaubten nicht mehr an friedliche Möglichkeiten, gegen das System zu protestieren. Deshalb bewaffneten sie sich, um gegen das Regime von Assad zu kämpfen.

Die Vermittlungsversuche von außen (Arabische Liga, UNO) scheitern. Assad geht immer brutaler gegen das eigene Volk vor.

Um mehr Rechte für die Bürger geht es im Syrienkrieg schon lange nicht mehr. Die beteiligten Gruppen und außenstehende Staaten haben den Konflikt in einen Krieg um Macht und Religionen verwandelt.

1. Recherchieren Sie im Internet den Verlauf des „Arabischen Frühlings" (s. nebenstehenden QR-Code).
2. Nennen Sie Länder, in denen der Protest ein positives Ende gefunden hat.

Welche Gruppen sind beteiligt?

Assad

Freischärler:
Dabei handelt es sich um Kämpfer, die keiner kriegsführenden Armee angehören. Sie nehmen freiwillig und ohne Ermächtigung am Krieg teil.

Hisbollah:
Schiitische Partei und Miliz im Libanon

Präsident Assad hat die syrische Armee hinter sich. Er lässt nicht nur Bodentruppen gegen das eigene Volk vorgehen. Er setzt seine Luftwaffe ein, die Fassbomben (Fässer, die mit Metallteilen und Dynamit gefüllt sind) auf die eigene Bevölkerung abwirft. Sogar Giftgas wurde bereits mehrfach in den Kämpfen eingesetzt. Assad bestreitet, Giftgas eingesetzt zu haben und gibt den Gegnern die Schuld.

Neben der Armee kämpfen die „Pro-Assad-Milizen", also syrische **Freischärler** auf der Regierungsseite. Ein Teil sind Elite-Soldaten aus dem Iran und Kämpfer der „**Hisbollah**" aus dem Libanon.

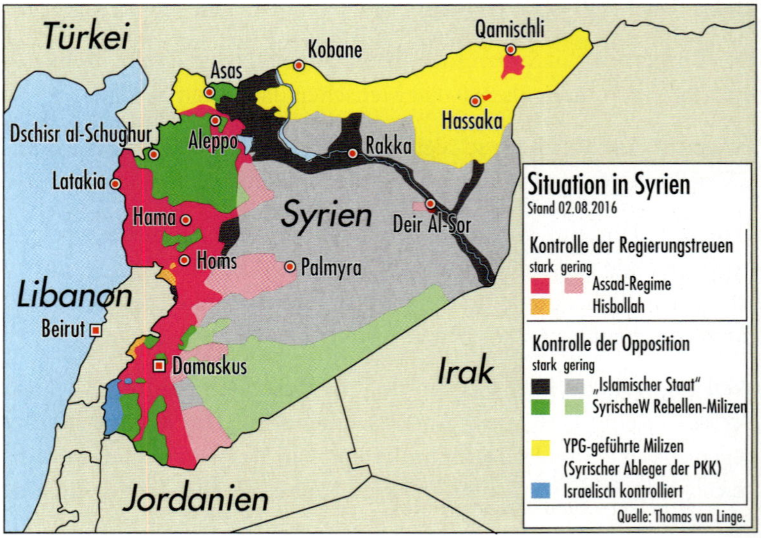

Die Opposition in Syrien

Die Opposition in Syrien wird auch als „Rebellen“ bezeichnet. Sie besteht aus über 200 Gruppierungen mit unterschiedlichen Zielen, von gemäßigt bis radikal islamistisch.

Die „Freie Syrische Armee“ ist ein Zusammenschluss der meisten Anti-Assad-Rebellen. Ihr Ziel ist es, eine Regierung ohne Assad zu bilden. Ihr bewaffneter Kampf richtet sich hauptsächlich gegen militärische Einrichtungen und gegen die syrische Armee.

www.bpb.de/mediathek/216097/info-islam-was-bedeutet-kalifat

Der „Islamische Staat“ (IS)

Islamistische Gruppen wie die Terrormiliz „Islamischer Staat“ (IS) kämpfen gegen alle Seiten. Der IS hat das Ziel, einen Gottesstaat (ein „**Kalifat**“) zu schaffen, der Jordanien, Palästina, Israel, Libanon, Syrien und den Irak umfassen soll.

Kalifat:
Es ist das Reich eines Kalifen. Der Kalif ist der Nachfolger oder Stellvertreter des „Gesandten Gottes“.

Es sollen die Frauen gezwungen werden, sich zu verschleiern und das Gesetz der Scharia (religiöses, islamisches Gesetzbuch) soll gelten. Wenn sich Frauen nicht verschleiern, kann die Todesstrafe vollstreckt werden.

Die EU, die **UNO** und viele Staaten der Welt haben den IS als Terrorgruppe eingestuft.

UNO:
Internationale Friedensorganisation (s. Schlagwortregister)

PRESSESCHAU

„**Berliner Erklärung**“ Innenminister der Union wollen Burka-Verbot light

Die Innenminister von CDU und CSU haben einen Kompromiss gefunden und die „Berliner Erklärung“ neu gefasst. Die Vollverschleierung soll nur in bestimmten Bereichen untersagt und der Doppelpass erst 2019 „überprüft“ werden ...

Die Unions-Innenminister haben im Streit über ein Verbot der Vollverschleierung eine Einigung erzielt: Das Tragen etwa der Burka soll nur in bestimmten Bereichen verboten werden – indem durch ein rechtliches „Gebot“ ein „Zeigen des Gesichtes“ in bestimmten Situationen als erforderlich festgeschrieben wird ...

Das Verschleierungsverbot soll nach Wunsch der Union im öffentlichen Dienst, in Kitas, Schulen und Universitäten und vor Gericht gelten. Das „Zeigen des Gesichts“ müsse ebenfalls dort durchgesetzt werden, wo eine Identifizierung nötig sei, also bei Pass- und Verkehrskontrollen oder im Meldeamt. Auch bei Demonstrationen oder im Straßenverkehr könne der Rechtsstaat die Vollverschleierung nicht akzeptieren ...

Quelle: http://www.tagesspiegel.de, Zugriff: 26.08.2016

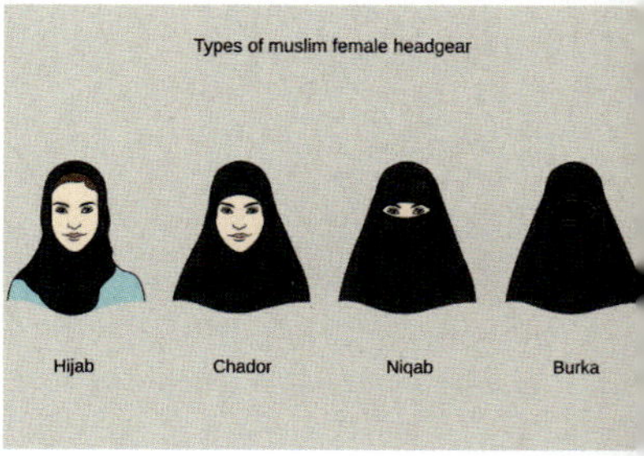

1. Beschreiben Sie die Unterschiede der Verschleierungen im nebenstehenden Bild.
2. Nehmen Sie Stellung zu den im Text angeführten Begründungen eines Verschleierungsverbotes.

© dpa

Die Terroristen verbrüdern sich

3. Diskutieren Sie die Aussage, die Verschleierung sei eine Unterdrückung der Frau.
4. Interpretieren Sie das nebenstehende Bild „Die Terroristen verbrüdern sich". Recherchieren Sie die Haltung der USA und Syriens zum IS in seiner Entstehungsphase und heute.

Aus dem irakischen Widerstand gegen die amerikanisch-britische Besetzung 2003 hat sich der „Islamische Staat" gebildet, zuerst unter dem Namen der Terrororganisation Al-Qaida. Al-Qaida wiederum bildete sich bereits in den 1980er-Jahren im Kampf der Afghanen gegen die damalige Besatzung der Sowjetunion und wurde zu einer weltweiten Terrororganisation, die bis heute existiert. Ihr Gründer und Anführer Osama Bin Laden wurde 2011 getötet.

Die Entstehung des IS (Kurzdoku)

www.youtube.com/watch?v=jhEzMG85s6s

Der **sunnitisch** geprägte IS verübte zunächst nur im Irak schwere Attentate gegen die schiitische Bevölkerung und zog das Land ins Chaos. Er brachte Teile des Landes unter seine Kontrolle. Seitdem zwingt er auf brutalste Weise die Bevölkerung nach seinen islamistischen Regeln zu leben und Steuern an ihn zu zahlen.

Sunniten:
Größte Glaubensrichtung im Islam

Schiiten:
Glaubensrichtung im Islam

Mittlerweile kämpft der IS auch in Syrien, um sein Einflussgebiet zu vergrößern. Der IS verübt Attentate gegen die syrische Armee, aber auch gegen die Zivilbevölkerung.

Europa ist ebenfalls zur Zielscheibe des IS geworden. Die freizügige, westliche Lebensweise passt nicht zu den Moralvorstellungen des IS.

Nennen Sie Anschläge, die der IS in Europa verübt hat (s. nebenstehenden QR-Code).

www.politische-bildung.de/islamischer_terror_europa.html

Die Al-Nusra-Front (heute: Fatah Al Sham)

Sie ist, wie der IS, eine islamistische Terrororganisation. Ihre Mitglieder kommen vorwiegend aus dem Irak und sind eine Abspaltung von Al-Quaida.

Anschläge verübt sie vorwiegend gegen militärische Einrichtungen der syrischen Armee. Sie versorgt die moslemische Zivilbevölkerung Syriens zeitweilig mit Lebensmitteln und Benzin. Neben diesen humanitären Aktivitäten geht sie aber gewaltsam gegen Christen vor.

Die syrischen Kurden (YPG)

Die Kurden begreifen sich als Volk, das momentan in der Türkei, in Syrien, dem Irak und dem Iran lebt. Ihr Bestreben ist es, einen unabhängigen Staat zu gründen.

Hauptsiedlungsgebiet der Kurden

Die betroffenen Staaten widersetzen sich dem Bestreben, z. T. mit militärischen Mitteln. In Syrien kämpfen sie gegen Assad für ihre Unabhängigkeit.

Kriegsbeteiligung von außen

Die USA, Großbritannien, Frankreich und Deutschland

Sie möchten das Assad-Regime durch eine demokratische Regierung ersetzt sehen. Mit dem dann neuen Verbündeten könnten sie ihre militärische und wirtschaftliche Position in der Region stärken und die Position anderer Staaten (z. B. Iran, Russland) schwächen. Daher unterstützt der Westen die Oppositionsgruppen in Syrien z. B. mit Luftangriffen, Waffen und militärischer Beratung.

Ein weiteres großes Anliegen ist es, den IS zu besiegen, um einen internationalen Feind aus der Region zu verbannen. Daher fliegen diese Länder seit 2014 Luftangriffe gegen die Islamisten. Deutschland beteiligt sich mit Aufklärungsflügen am Kampf gegen den IS.

2017 wirft die USA Assad den wiederholten Einsatz von Giftgas vor und beschießt auch syrische Militäreinrichtungen.

PRESSESCHAU

Reaktion auf die Pariser Anschlagserie vom 13. November 2015

Der Bundestag hatte den Bundeswehreinsatz gegen das Terrorregime des IS am 4. Dezember 2015 mit großer Mehrheit beschlossen. Diese Entscheidung war eine Reaktion auf die Anschläge vom 13. November in Paris, bei denen nach Angaben der französischen Regierung 130 Menschen getötet und 352 verletzt worden waren. Der IS hatte sich am 14. November in einer im Internet veröffentlichten mehrsprachigen Erklärung zu der Terrortat bekannt.

Nach dem Bundestagsmandat können nun bis zu 1.200 deutsche Soldaten die internationale Allianz gegen den „Islamischen Staat" unterstützen. Zwei Tornado-Aufklärungsflugzeuge, der Airbus zur Flugbetankung sowie ein Vorauskommando sind bereits seit dem 10. Dezember auf der türkischen Luftwaffenbasis Inçirlik stationiert. Die Aufklärer waren vom schleswig-holsteinischen Fliegerhorst Jagel aufgebrochen, der Tanker vom militärischen Teil des Flughafens Köln/Bonn.

Quelle: www.bundeswehr-journal.de/2015/bundeswehr-unterstuetzt-erstmals-luftangriffe-gegen-den-is, Zugriff: 25.08.2016

Deutsche Luftwaffe bei Aufklärungs- und Betankungsflügen in Syrien.

1. Geben Sie die vorgesehenen Unterstützungsmaßnahmen der Bundeswehr mit eigenen Worten wieder.
2. Diskutieren Sie die Gefahren, die sich aus dem Einsatz der Bundeswehr in diesem Konflikt ergeben könnten.

Die Türkei

Die Türkei ist Mitglied der **NATO** und hat eine lange Grenze zu Syrien. Sie unterstützt grundsätzlich das westliche Bündnis gegen Assad und hilft den Rebellen in Syrien. Jedoch hat sich die Türkei lange beim

NATO:
Nordatlantisches Militärbündnis (s. Schlagwortregister)

Kampf gegen den IS zurückgehalten, da die Islamisten gegen die Kurden kämpfen.

Denn wenn sich die Kurden in der Türkei mit den syrischen Kurden noch enger verbinden, könnte sich ein neuer, kurdischer Staat bilden. Für die Türkei würde das wahrscheinlich den Verlust von Staatsgebiet bedeuten. Seit Mitte August 2016 hat sie sogar die syrischen Kurden auf dem Staatsgebiet Syriens mit Bodentruppen angegriffen. Der Konflikt könnte sich durch solche Aktivitäten schnell zu einem größeren Konflikt entwickeln.

Russland

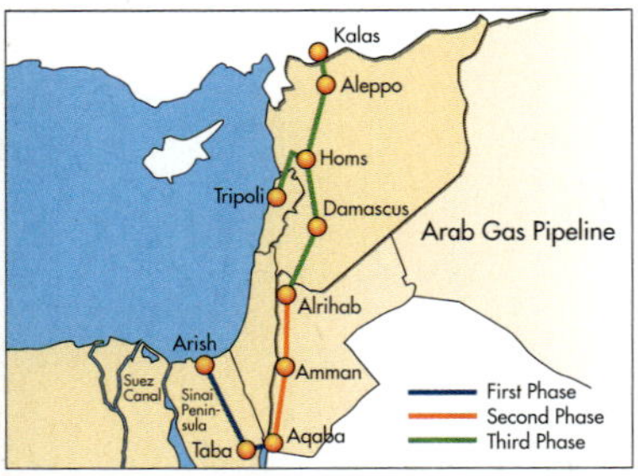

Mögliche neue arabische Gas-/ Ölpipeline durch Syrien

Russland unterstützt das Assad-Regime. Mit seinem Auftreten in Syrien kann Russland seine Großmachtstellung festigen. In Tartus (am syrischen Mittelmeer) hat Russland seinen einzigen Flottenstützpunkt am Mittelmeer und baut einen Luftstützpunkt. So ist es in dieser Region schnell militärisch einsatzfähig.

Russland stützt Assad auch deswegen, damit es weiterhin über seine Gas-/Ölpipelines Europa mit russischen Produkten versorgen kann.

Würde Syrien zerfallen, könnten Saudi-Arabien und die Golf-Staaten Öl und Gas über eine Pipeline nach Europa liefern. Dadurch würde Russland ein unliebsamer Konkurrent auf diesem Markt entstehen.

Saudi-Arabien und die Golfstaaten

Diese erzkonservativen Staaten wollen eine noch striktere Anbindung des Staates an die Religion. Die Königshäuser erhoffen sich, durch den Sturz Assads mehr Einfluss in Syrien nehmen zu können. Daher unterstützen sie die syrische Opposition mit Geld und Waffen. Offiziell stellen sich diese Staaten gegen den IS. Jedoch stehen sie in Verdacht, die Islamisten finanziell zu unterstützen.

Wenn Assad entmachtet wäre, könnte durch ein neues Syrien eine Gas-/Öl-Pipeline gebaut werden. Der europäische Markt wäre für die Öl-Multis erheblich schneller und umfangreicher zu beliefern. Die Nachteile für Russland wären Vorteile für die Golfstaaten.

Iran und Irak

Beide Länder haben lange, gute Beziehungen zu Syrien. Sie stützen das Assad-Regime, um ihren politischen Einfluss weiter ausbauen zu können.

Ursachen des Syrienkonfliktes

Die Interessen der Konfliktparteien sind höchst unterschiedlich. Häufig sind politische, wirtschaftliche, religiöse oder **ethnische** Gründe Ursache für einen Konflikt. Nicht immer ist eine klare Trennung der Ursachen möglich, häufig vermischen sich die Ursachen.

Ethnisch:
Die Volkszugehörigkeit betreffend

Neben den bereits beschriebenen politischen und wirtschaftlichen Interessen spielen religiöse Ursachen eine große Rolle im Syrienkonflikt.

PRESSESCHAU

Der UN-Diplomat Paolo Pinheiro sagte ... der zunehmend religiöse und ethnische Charakter des Konflikts sei zwar schon seit längerem bekannt, er werde aber immer deutlicher sichtbar. Regierungstruppen und Milizen griffen sunnitische Zivilisten an, Aufständische attackierten Alawiten und andere regierungstreue Minderheiten wie Christen, Armenisch-Orthodoxe oder Drusen, so Pinheiro.

Quelle: http://de.euronews.com/2012/12/20/syrien-konflikt-wird-zum-krieg-der-religionen, Zugriff: 24.08.2016

Bewerten Sie die Aussage, dass ein religiöser Konflikt intensiver und grausamer sein könne als ein herkömmlicher Konflikt.

Die meisten Syrer bekennen sich zum Islam:

- Die Mehrzahl (> 70 %) sind Sunniten.
- Die Schiiten (hier: Alawiten) und andere Gruppen wie Drusen und Jesiden machen ca. 17 % der Gesamtbevölkerung aus.
- Die 10 % Christen, die in Syrien leben, gehören verschiedenen christlichen Kirchen an: der syrisch-katholischen Kirche, der griechisch-orthodoxen Kirche. Eine Minderheit bekennt sich zur römisch-katholischen Kirche und zum Protestantismus.

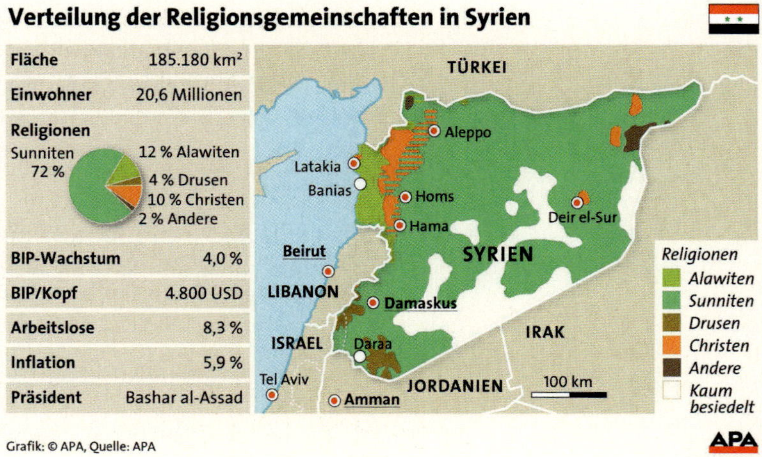

Vor dem Bürgerkrieg war Syrien bezüglich der Religionen ein sehr tolerantes Land. Die Familie Assad (Alawiten), die seit 1971 das Land beherrscht, garantierte die freie Religionsausübung. Deshalb stand sie sowohl bei den Sunniten als auch bei den Christen nicht in der Kritik.

Die religiösen Risse brachen erst auf, als die Religionen politisiert wurden.

- Saudi-Arabien (Staatsreligion „Wahhabismus", eine sunnitische Variante) unterstützt mit sehr viel Geld die syrische Opposition. In ihr kämpfen viele Sunniten gegen Assad.
- Der Iran (Schiiten) unterstützt mit Geld und Waffen das System von Assad. Über Syrien hat der Iran direkt Verbindung zu seinen Glaubensbrüdern im Libanon, der schiitischen Hisbollah-Bewegung.

So hat sich die politische Konfrontation auch zu einer religiösen Auseinandersetzung entwickelt. Jetzt kämpfen Schiiten mit ihren Untergruppen (Alawiten) gegen Sunniten unterschiedlichster Ausprägung (Wahhabiten).

Beendigung des Konflikts

In Genf haben seit 2012 bereits Verhandlungen der Konfliktparteien stattgefunden. Sie waren nicht erfolgreich.

Das Ziel ist es, einen Waffenstillstand herbeizuführen. Eine Übergangsregierung soll dann freie Wahlen organisieren.

PRESSESCHAU

Diese fünf Punkte sind besonders kritisch:

1. **Assads Regime sieht alle Rebellen als „Terroristen"** und tut sich schwer, mit liberalen Kräften zu diskutieren. Seit der russischen Luftunterstützung hat die Armee zudem militärisch wieder die Oberhand.
2. **Die Opposition akzeptiert eine Zukunft Syriens nur ohne Assad** – dabei wird sie auf den Diktator zumindest in der Übergangszeit nicht verzichten können. Auch Russland und der Iran halten an Assad fest.
3. Noch schwieriger für die Gespräche ist, dass die syrische Opposition in sich zerstritten ist: **Viele Gruppen haben verschiedene Ziele und können keine gemeinsame Position bilden.** Im Vorfeld der Gespräche sagten einige ihr Kommen bereits ab.
4. Auch **die internationalen Akteure verfolgen verschiedene Interessen**: Saudi-Arabien als erklärter Gegner Irans wird sich nicht auf eine Übergangsregierung aus Assads Haus einlassen; Russland und die Türkei sind über ihren Einfluss am Mittelmeer in Streit; die USA können sich mit Russland nicht auf eine gemeinsame Strategie gegen den IS einigen.
5. Mit Terroristen wie den Kämpfern des „Islamischen Staats" verhandelt zu recht niemand. Allerdings gibt es mittlerweile gemäßigte **Islamistengruppen, deren Einfluss am Boden kriegsentscheidend sein kann**. Im Umgang mit den Kämpfern fehlt eine gemeinsame Haltung.

All diese Faktoren lassen ein trauriges Fazit zu: In Syrien wird es so schnell keinen Frieden geben.

Quelle: www.bento.de/politik/syrien-krieg-endlich-verstaendlich-294050, Zugriff: 24.08.2016

1. Erläutern Sie Ihre persönliche Einschätzung zu den o.a. fünf kritischen Punkten.
2. Informieren Sie sich im Internet über den momentanen Stand der Friedensverhandlungen.

6 Internationale Zusammenarbeit zur Friedenssicherung

UNO, NATO, EU – diese Kürzel hat jeder schon einmal gehört. Fast täglich wird in den Medien über ihre Arbeit im Zusammenhang mit der Globalisierung, der wirtschaftlichen Entwicklung und der Friedenssicherung berichtet. Aber welche Organisationen stecken hinter diesen Abkürzungen und welche Aufgaben und Möglichkeiten haben sie zur internationalen Sicherung des Friedens?

6.1 Die UNO (United Nations Organization)

1945 wurde in San Francisko/USA die UNO gegründet. Eine Katastrophe wie den Zweiten Weltkrieg sollte es nie mehr geben. Zudem sollten menschenwürdige Lebensbedingungen für die Weltbevölkerung geschaffen werden. Deutschland ist der UNO 1973 beigetreten. Momentan sind 193 Staaten Mitglieder der UNO.

Artikel 2 Abs. 4 der Charta der Vereinten Nationen wird von allen Mitgliedstaaten als „Globale Verfassung" bezeichnet. Das darin festgeschriebene „Allgemeine Gewaltverbot" stellt die grundlegende Norm des Völkerrechts dar.

Artikel 2(4):
Alle Mitglieder unterlassen in ihren internationalen Beziehungen jede gegen die territoriale Unversehrtheit oder die politische Unabhängigkeit eines Staates gerichtete oder sonst mit den Zielen der Vereinten Nationen unvereinbare Androhung oder Anwendung von Gewalt.

Zwei Ausnahmen von diesem „Allgemeinen Gewaltverbot" sind in der UN-Charta vorgesehen.

Nach Artikel 51 der UN-Charta darf sich ein Staat, der angegriffen wird, selbst verteidigen. Andere Staaten dürfen den angegriffenen Staat militärisch unterstützen. Die zweite Ausnahme ist die Ermächtigung zu militärischer Gewalt durch den UN-Sicherheitsrat. Dies kann dann eintreten, wenn ein Staat den Weltfrieden durch kriegerische Aktivitäten gegen einen anderen Staat stört.

Die UN-Generalversammlung

In der Generalversammlung sind alle UN-Mitgliedsstaaten vertreten. Hier haben sie entsprechend ihrer Größe Sitz und Stimme. Die Generalversammlung ist das einzige UN-Organ, in dem alle Mitglieder vertreten sind. Eine jährliche Tagung ist verpflichtend, Sondersitzungen können bei Bedarf anberaumt werden.

UN-Generalversammlung

In den Aufgabenbereich der Generalversammlung fällt die Wahl der Mitglieder aller anderen Organe der UN. Einzige Ausnahme ist der

Sicherheitsrat, dessen fünf „Ständige Mitglieder“ unveränderbar feststehen.

Die Generalversammlung prüft und genehmigt den UN-Haushalt, ebenso legt sie die Beiträge der Mitglieder fest. Die Prüfung der Jahres- und Sonderberichte des Sicherheitsrates und der übrigen UN-Organe gehört zu ihren Aufgaben.

Gegenüber dem Sicherheitsrat hat die Generalversammlung keine Möglichkeit der Einflussnahme. Allen anderen Organen kann sie Auflagen machen.

Der UN-Sicherheitsrat

Vetorecht:
Hier: Stimmt eines der fünf ständigen Mitglieder gegen einen Beschluss, so kommt dieser nicht zustande.

Der Sicherheitsrat ist das Macht- und Entscheidungszentrum der UNO. China, Frankreich, Großbritannien, Russland und die USA sind ständige Mitglieder. Beschlüsse zu politischen Sachfragen sind nur dann möglich, wenn alle fünf ständigen Mitglieder im Konsens abstimmen. Diese Regelung wird auch **Vetorecht** genannt. Enthaltungen sind jedoch möglich.

Artikel 27, Abs. 3

(3) Beschlüsse des Sicherheitsrates ... bedürfen der Zustimmung von neun Mitgliedern einschließlich sämtlicher ständigen Mitglieder, jedoch mit der Maßgabe, dass sich ... die Streitparteien der Stimme enthalten. ...

Durch diesen Abstimmungsmodus bedingt, hat jedes ständige Mitglied die Möglichkeit, Beschlüsse zu blockieren, die gegen seine Interessen sind.

Weitere zehn, nicht ständige Mitglieder des Sicherheitsrates, werden von der Generalversammlung für jeweils zwei Jahre gewählt. Diese Mitglieder haben kein Vetorecht.

Die Beschlüsse des Sicherheitsrates sind völkerrechtlich bindend. Durch das Veto eines ständigen Mitgliedes kann die Behandlung bestimmter Themen verhindert werden oder Beschlüsse, sogenannte UN Resolutionen, kommen nicht zustande.

1. Ist das Vetorecht der fünf ständigen Mitglieder im UN-Sicherheitsrat geeignet, Kriege zu verhindern? Nehmen Sie Stellung.
2. Suchen Sie aktuelle Beispiele für einvernehmliche Entscheidungen und für „Blockaden“ durch einzelne Mitglieder.
3. Halten Sie die Begrenzung des Sicherheitsrates auf fünf ständige Mitglieder noch für zeitgemäß? Begründen Sie.

UN Friedensmissionen

Seit den 50er Jahren gibt es die so genannten „Blauhelme“. Die Soldaten der UNO werden so genannt, weil sie blaue Helme tragen. Auf den Seiten der Helme steht in Großbuchstaben UN („United Nations“). Die UNO besitzt allerdings keine eigenen Streitkräfte, diese werden von den Mitgliedsstaaten zur Verfügung gestellt.

UN-Blauhelmsoldat

Die „Blauhelme“ sind zur strikten Neutralität verpflichtet und werden zur Überwachung von Friedensverträgen bzw. Waffenstillstandsabkommen eingesetzt.

Heute sind über 80.000 Soldaten und Polizisten aus über 100 Staaten bei vielen friedenssichernden Einsätzen der Vereinten Nationen aktiv – unterstützt von rund 18.000 Helfern. Neben diesen reinen UN-Missionen gibt es auch Einsätze, die zwar auf einem Mandat (= offizieller Auftrag) der UNO beruhen, aber von einer anderen Organisation geleitet werden. So wurde von 2003 bis 2014 die **ISAF**-Mission in Afghanistan von der NATO geführt.

ISAF:
International Security Assistance Force (engl.) = Internationale Sicherheitsunterstützungstruppe

Deutschland beteiligt sich an diesem Prozess der weltweiten Friedenssicherung aktiv durch finanzielle Beiträge an die UNO, durch Entsendung von Militärbeobachter oder Sanitätern und durch militärische Beteiligung an UN geführten Missionen.

Das friedenssichernde System der UNO funktioniert allerdings nur so lange, wie alle Staaten die Regeln akzeptieren und einhalten.

1. Welches Problem spricht die Karikatur an?
2. Was sind „Kollateralschäden"? (Internet-Recherche)

Zusammenfassung

Momentan sind 193 Staaten Mitglieder der UNO. Deutschland ist der UNO 1973 beigetreten.

Artikel 2 Abs. 4 der Charta der Vereinten Nationen schreibt das „Allgemeine Gewaltverbot" vor.

Die „Blauhelme" sind zur strikten Neutralität verpflichtet und werden zur Überwachung von Friedensverträgen bzw. Waffenstillstandsabkommen eingesetzt

Wissens-Check

Nenne Ziele und Grundsätze der UNO!

Wie setzt sich der UN-Sicherheitsrat zusammen? Was versteht man unter der „Jalta-Formel"?

Welche Aufgaben übernehmen die „Blauhelme" bei UN-Friedenseinsätzen?

6.2 Die NATO (North Atlantic Treaty Organization)

Konventionelle Waffen: Keine atomaren, biologischen oder chemischen Wafffen

Der Hauptgrund für die Gründung der NATO 1949 war es, ein militärisches Verteidigungsbündnis gegen die kommunistische Sowjetunion und die von ihr beherrschten osteuropäischen Staaten aufzubauen. Die Kriegsverhütung durch Abschreckung mit **konventionellen** und atomaren Waffen stellte das oberste Ziel der NATO dar.

Der NATO-Vertrag

Präambel

Die vertragsschließenden Parteien bestätigen ihren Glauben an die Ziele der Charta der Vereinten Nationen und ihren Wunsch, mit allen Völkern und mit allen Regierungen in Frieden zu leben. ...

Sie sind bestrebt, die Stabilität und Wohlfahrt im nordatlantischen Gebiet zu fördern. ...

Artikel 5

Die vertragsschließenden Staaten sind darüber einig, dass ein bewaffneter Angriff gegen einen oder mehrere von ihnen in Europa oder Nordamerika als ein Angriff gegen sie alle betrachtet wird und infolgedessen kommen sie überein, dass im Falle eines solchen bewaffneten Angriffs jeder von ihnen in Ausübung des in Artikel 51 der Charta der Vereinten Nationen anerkannten Rechtes zur persönlichen oder gemeinsamen Selbstverteidigung ... die Vertragsstaaten ... unterstützen wird ...

Auszug aus dem NATO-Vertrag vom 4. April 1949

Präambel:
Erklärung als Einleitung eines Staatsvertrages oder einer Verfassungsurkunde

Die Bundesrepublik Deutschland ist seit 1955 NATO-Mitglied

Welche Voraussetzungen müssen erfüllt sein, damit der Verteidigungsfall ausgelöst wird.

Die NATO heute

Das Ende des Ost-West Konfliktes stellte die NATO vor neue Herausforderungen. Ihr Hauptgegner war nicht mehr vorhanden. Seitdem entwickelte sie ihr strategisches Konzept weiter. Viele der ehemaligen Ostblockstaaten sind mittlerweile der NATO beigetreten.

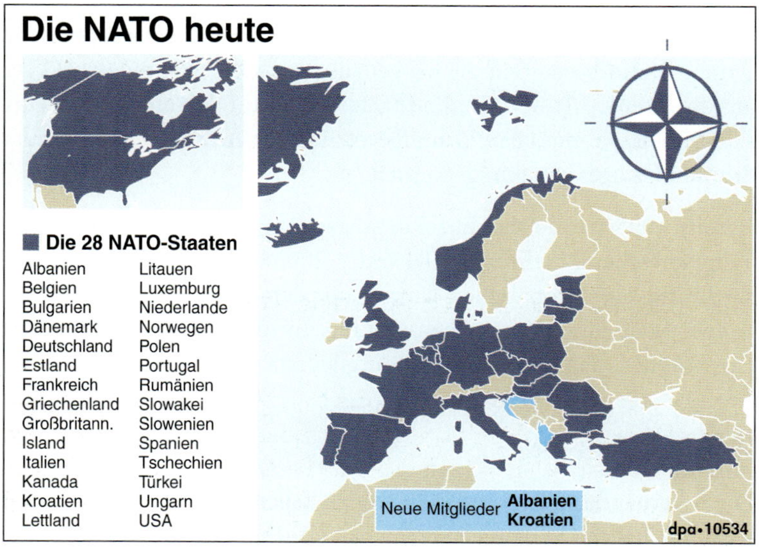

Kompetenzbereich 6

Die im NATO-Vertrag formulierten Ziele haben sich bis heute nicht geändert. Allerdings wurden die Aufgaben der NATO an die veränderten sicherheitspolitischen Gegebenheiten angepasst. Die wichtigste Änderung ist, dass zur Friedenssicherung und Krisenbewältigung auch militärische Operationen außerhalb des NATO-Gebietes zur vorbeugenden Gefahrenabwehr möglich ist (sog. „Out-of-Area-Einsätze").

Die NATO von morgen?

Leere Kassen zwingen auch die NATO zum Sparen. Die Staats- und Regierungschefs der NATO-Staaten beschlossen daher eine Bündelung der Fähigkeiten und eine Spezialisierung einzelner Staaten. Nicht jeder NATO-Staat muss alles können. So hat zum Beipiel Lettland keine eigenen Abfangjäger mehr, sondern wird abwechselnd von der Luftwaffe größerer Mitgliedsstaaten wie Deutschland geschützt. Im Gegenzug stellt die lettische Armee Sprengstoffspezialisten zur Verfügung.

Cyber-Angriffe:
Angriffe auf und über die elektronische Infrastruktur für Kommunikation

Darüber hinaus bringen Themen wie **„Cyber-Angriffe"** und die geplante Errichtung eines Raketenschildes zum Schutz Europas gegen feindliche Raketenangriffe neue Herausforderungen.

6.3 Die europäische Verteidigungs- und Friedenspolitik

Die Friedenssicherungsbemühungen der Europäischen Union

Die globalen Herausforderungen betreffen auch die Europäische Union und hat Konsequenzen für deren Weiterentwicklung.

© df brigade

Deutsch-Französische Brigade als Teil der EU-Battlegroups

Militärische Möglichkeiten der EU

Die EU verfügt nicht über eigene Soldaten oder gar eine europäische Armee. Stattdessen greift die EU genauso wie die UNO und die NATO auf die Streitkräfte der Mitgliedstaaten zurück. Die Beteiligung deutscher Soldaten muss laut Grundgesetz immer durch einen Beschluss des Bundestages genehmigt werden.

Bereits 1993 wurde das Eurokorps gegründet, ein multinationaler Truppenverband mehrerer EU-Länder. 2003 wurde die EUFOR (Einsatzkräfte der Europäischen Union) mit dem Ziel friedensunterstützender Maßnahmen ins Leben gerufen. In ihr arbeiten Truppen aus EU-Mitgliedsstaaten sowie Nichtmitgliedsstaaten zusammen.

Ergänzend beschloss die EU bereits 2004, schnell verlegbare Gefechtsverbände (EU-Battlegroups) aufzustellen.

Diese Verbände sollen innerhalb von 10 Tagen einsatzbereit und nach weiteren 5 Tagen in dem entsprechenden Einsatzgebiet sein. Um diese

Schnelligkeit gewährleisten zu können, werden jeweils zwei Battlegroups für einen Zeitraum von sechs Monaten in Bereitschaft gehalten.

Die Einsatzmöglichkeiten der EU-Battlegroups reichen von humanitären und friedenserhaltenden Einsätzen über Evakuierungs- und Stabilisierungsoperationen hin bis zu Kampfeinsätzen zur Friedenssicherung.

1. Sollte die EU eine eigene Armee haben?
2. Welche Meinung hat die jetzige Bundesregierung zur Schaffung europäischer Militäreinheiten?

Zusammenfassung

Die NATO ist ein Verteidigungsbündnis, das 1949 gegründet wurde. Seit Ende des Ost-West-Konfliktes sind viele ehemalige Ostblockstaaten der NATO beigetreten. Heute hat die NATO 28 Mitgliedsstaaten.

Zur Friedenssicherung und Krisenbewältigung kann die NATO auch militärische Operationen außerhalb des NATO-Gebietes zur vorbeugenden Gefahrenabwehr durchführen („Out-of-Area-Einsätze").

Auch die Europäische Union hat ein eigenes Sicherheits- und Verteidigungskonzept entwickelt. EU-Battlegroups sollen die Fähigkeit der EU verbessern, nach einer entsprechenden politischen Entscheidung auch schnell militärisch auf Krisen und Konflikte reagieren zu können. Die Europäische Union sorgt somit auch mit militärischen Mitteln für mehr Stabilität in den Krisengebieten der Welt. Deutschland beteiligt sich seit Beginn an den Einsätzen.

Wissens-Check

Welche Gründe führten zur Gründung der NATO?

Seit wann ist Deutschland Mitglied der NATO?

Was versteht man unter „Out-of-Area"-Einsätzen?

Welche militärischen Möglichkeiten stehen der EU zur Verfügung?

7 Die Rolle der Bundeswehr

Deutschland ist in internationale Bündnissysteme eingebunden. Der militärische Bereich der deutschen Friedenssicherung wird durch die Bundeswehr übernommen. Sie besteht aus dem Heer (Landstreitkräfte), der Marine (Seestreitkräfte) und der Luftwaffe. Im Frieden untersteht sie dem Verteidigungsminister, im Kriegsfall dem Bundeskanzler.

7.1 Staatsbürger in Uniform

Staatsbürger in Uniform

Primat: Vorrang

In der Bundesrepublik Deutschland sind die Streitkräfte in die demokratischen Strukturen der Gesellschaft integriert. Sie unterliegen der Kontrolle des Bundestages. Das Grundgesetz der Bundesrepublik Deutschland unterscheidet nicht zwischen Soldaten und zivilen Bürgern.

Auch die Art der Truppenführung ist auf dieses Miteinander von Staat, Gesellschaft und Militär ausgelegt. Das Prinzip der Inneren Führung in der Bundeswehr versucht die Funktionsbedingungen einsatzfähiger Streitkräfte mit den Regeln eines demokratischen Rechtsstaates in Einklang zu bringen. Es gilt das **Primat** der Politik: Die zuständigen politischen Institutionen bestimmen und kontrollieren die Aktivitäten der Bundeswehr. Der Verteidigungsminister und der Bundeskanzler (im Verteidigungsfalle) sind die einzigen Zivilisten, die den Soldaten Befehle erteilen können.

1. Warum ist es erforderlich, als Staatsbürger in Uniform die freiheitlich demokratische Grundordnung aktiv anzuerkennen?
2. Überlegen Sie, in wieweit sich die Bundeswehr und ihre Grundlagen im Grundgesetz von früheren deutschen Armeen unterscheidet.

Art. 87 a GG
(1) Der Bund stellt Streitkräfte zur Verteidigung auf. ...
(4) Zur Abwehr einer drohenden Gefahr für den Bestand ... des Bundes oder eines Landes kann die Bundesregierung ... Streitkräfte ... beim Schutze von zivilen Objekten und bei der Bekämpfung organisierter und militärisch bewaffneter Aufständischer einsetzen. ...

Art. 26 GG
(1) Handlungen, die geeignet sind und in der Absicht vorgenommen werden, das friedliche Zusammenleben der Völker zu stören, insbesondere die Führung eines Angriffskrieges vorzubereiten, sind verfassungswidrig. Sie sind unter Strafe zu stellen.

7.2 Aufgaben der Bundeswehr

Die Aufgabe der Bundeswehr ist laut Grundgesetz die Verteidigung der Bundesrepublik.

Mit dem Ende des Ost-West-Konfliktes hat sich das Aufgabenspektrum der Bundeswehr stark verschoben. Die klassische Verteidigung der Landesgrenzen ist in den Hintergrund getreten. Heute ist das Hauptziel der Bundeswehr die internationale Krisenbewältigung. Die Bundeswehr hat als Instrument einer umfassend angelegten Sicherheits- und Verteidigungspolitik u. a. folgende Aufgaben:

- Deutschland und seine Verbündeten zu verteidigen,
- einen Beitrag zur Friedenssicherung, Stabilität und Partnerschaft im internationalen Rahmen zu leisten

- Internationale Konfliktvermeidung und Krisenbewältigung
- Landes- und Bündnisverteidigung im Rahmen der NATO und der EU
- Heimatschutz (z. B. im Kampf gegen den Terrorismus)
- Beteiligung an militärischen Einsätzen der UNO
- Hilfe bei Naturkatastrophen und schweren Unglücksfällen im In- und Ausland

Bundeswehr im Auslandseinsatz

1. Auf welche Probleme weist das Bild hin?
2. Beschreiben Sie die Veränderung des Bundeswehrauftrags seit ihrer Gründung.
3. Der frühere Verteidigungsminister Peter Struck sagte 2002: „Die Sicherheit der Bundesrepublik wird auch am Hindukusch verteidigt“. Nehmen Sie Stellung zu dieser Aussage.

Hindukusch:
Gebirge in Afghanistan

Zusammenfassung

Die zuständigen politischen Institutionen bestimmen und kontrollieren die Aktivitäten der Bundeswehr. Die deutsche Verfassung unterscheidet nicht zwischen zivilen Bürgern und Soldaten, sie sind „Staatsbürger in Uniform“.

Heute ist das Hauptziel der Bundeswehr die internationale Krisenbewältigung.

Wissens-Check

Die Soldaten der Bundeswehr sind Staatsbürger in Uniform. Was bedeutet das?

Welche Aufgaben übernimmt die Bundeswehr heute?

Anhang

Operatoren: Arbeitsaufgaben richtig verstehen und bearbeiten

Im Schulalltag, bei Prüfungen und in diesem Buch begegnet Ihnen eine Vielzahl unterschiedlichster Arbeitsaufgaben. Um die Arbeitsanweisungen richtig und vollständig bearbeiten zu können, muss Ihnen klar sein, welche Anforderungen jeweils an Sie gestellt werden, denn je nach Aufgabenstellung werden andere Fähigkeiten, Handlungsschritte und Vorkenntnisse von Ihnen verlangt.

Der Schlüssel zum Verständnis der Arbeitsaufgaben sind die verwendeten *Operatoren* (Verben). Sie sind Bestandteil jeder Aufgabenstellung und beinhalten den entscheidenden Hinweis auf die Handlungsschritte, die zur Lösung der Aufgaben notwendig sind. Somit werden Anspruchsniveau, Qualität und Quantität der zu erbringenden Leistung in einer Aufgabe durch die Operatoren genau festgelegt.

Hinsichtlich der Komplexität und des Umfangs der zu erbringenden Leistung werden die Operatoren in drei Anforderungsbereiche (Schwierigkeitsgrade) eingeteilt.

Die folgende tabellarische Übersicht der wichtigsten Operatoren soll Ihnen helfen, die Arbeitsanweisungen exakt erfassen und einordnen zu können, um sie so rationell und erfolgreich zu bearbeiten.

Anforderungsbereich I
z. B. beschreiben

Anforderungsbereich II
z. B. analysieren (Schritte: beschreiben, vergleichen, deuten)

Anforderungsbereich III
z. B. interpretieren (Schritte: beschreiben, analysieren, begründen, bewerten)

Staffelung (Taxonomie) der Anforderungsbereiche

Anforderungsbereich I (Reproduktion von Kenntnissen) Das Wiedergeben, Beschreiben, Darstellen von Sachverhalten in einem begrenzten Lernzusammenhang oder auf der Basis eines gegebenen Materials unter Anwendung bekannter, gelernter und geübter Arbeitsformen und Verfahrensweisen

Anforderungsbereich II (Anwenden von Kenntnissen) Selbstständiges Bearbeiten, Erklären, Ordnen, Vergleichen, Analysieren von Sachverhalten und deren Übertragung auf andere vergleichbare, neue Zusammenhänge, Materialien und Situationen unter bewusster Anwendung der fachspezifischen Methoden und Arbeitstechniken

Anforderungsbereich III (Werten und Problemlösen) Selbständiges Bewerten, Beurteilen sowie Problemlösen auf der Basis des angeeigneten Wissens
Zielgerichtete Auseinandersetzung mit Sachverhalten und Strukturen in ihren weitreichenden Zusammenhängen in Form von selbständigen Begründungen, Folgerungen, Deutungen, Bewertungen
Vorschlag von Lösungswegen, angewendeten Fachmethoden und Vorgehensweisen durchdenken.

Operator (Verb)	Handlung/Anforderung
(be-)nennen	Wesentliche Informationen, Sachverhalte (Kernaussagen) zusammentragen, ohne diese zu erläutern oder zu kommentieren
beschreiben	Einen Sachverhalt aus vorgegebenem Material geordnet, genau, fachlich angemessen darstellen, ohne Bewertung
wiedergeben/ zusammen-fassen	Informationen, Sachverhalte aus Materialien oder aus Vorwissen stichwortartig wiederholen oder zusammenfassend aufzählen Bei Texten, den Inhalt mit eigenen Worten formulieren
darstellen	Wesentliche Ergebnisse/Erkenntnisse mittels Text, Diagrammen, Skizzen etc. eingehend und präzise formulieren
skizzieren	Komplexe Sachverhalte in ihrer Struktur knapp und prägnant beschreibend darstellen
überlegen	Wesentliche Merkmale, Eigenschaften, Erscheinungsformen von Sachverhalten, Strukturen, Prozessen unter Berücksichtigung eines bestimmten Aspekts oder Fragestellung beschreiben
gliedern/ ordnen	Aussagen nach Merkmalen (Ordnungsmerkmale) differenzieren, kategorisieren oder in eine Reihenfolge/Rangfolge bringen
einordnen	Einen Sachverhalt, Prozess, Struktur, Ereignis auf der Grundlage einer vorgegebenen Betrachtung in einen Zusammenhang stellen
gegenüber-stellen	Informationen, Sachverhalte beschreibend gegenüberstellen, ohne Ergebnisformulierung
vergleichen	Informationen, Sachverhalte beschreibend gegenüberstellen, mit dem Ziel eine tiefere Einsicht in einen komplexen Zusammenhang zu erlangen (mit Ergebnisformulierung)
erklären	Einen Sachverhalt benennen und ihn mit bereits vorhandenen Vorkenntnissen so darstellen, dass Inhalt und Zusammenhänge verständlich werden
erläutern	Einen Sachverhalt benennen und erklären, wobei durch hinzu-fügen von Beispielen und weiteren Informationen die Aussagen noch stärker veranschaulicht werden
untersuchen	An einen Sachverhalt gezielte Fragen stellen und deren Ergebnis aufzeigen
analysieren	Einen Sachverhalt nach vorgegebenen oder selbst gewählten Gesichtspunkten in seine Einzelaspekte zerlegen und untersuchen mit dem Ziel kausale Beziehungen/Strukturen aufzuzeigen
auswerten	Einen Sachverhalt in seine Einzelaspekte zerlegen und auf seine Wechselwirkungen hin untersuchen (analysieren) Wichtige Ergebnisse und kausale Beziehungen zu einer neuen Gesamtaussage zusammenfassen und damit Hintergründe die zunächst nicht offensichtlich erschienen transparent machen
interpretieren	Einen Sachverhalt selbständig nach allen Aspekten und Metho-den, die gemäß der Themenstellung zentral sind, erläutern und analysieren, um ein tieferes Verständnis des Beziehungsgefüges sowie eine kritische Betrachtung/Vertiefung der selbst erarbeite-ten Gesamtaussage zu erreichen
beurteilen	Auf der Grundlage von vorhandenen Kenntnissen selbstständig eine sachliche, vorurteilsfreie Position zu einem Sachverhalt, Behauptung, Problem formulieren

Operator (Verb)	Handlung/Anforderung
bewerten	Beurteilen eines Sachverhalts, Problems ergänzt durch die persönliche Sichtweise, basierend auf den eigenen Wertmaßstäben, die offen gelegt werden
Stellung nehmen	Beurteilen und Bewerten eines Problems, Behauptung mit klarer persönlicher Positionierung mit Hilfe einer differenzierten, überzeugenden Argumentation (Stellungnahme)
begründen	Zusammenhänge zwischen Ursachen, Folgen und Wirkungen aufzeigen. Die eigene Aussage, Position, Meinung wird mit Sach- und Fachkenntnissen sowie mit Beispielen und Belegen gestützt
sich auseinandersetzen mit/ diskutieren	Intensives Beschäftigen mit einer Behauptung, Problem, Sachverhalt, wobei unterschiedliche Aspekte und Perspektiven berücksichtigt werden Auf diesen Überlegungen aufbauend eine schlüssige Argumentation formulieren
erörtern	Sich mit einer Diskussion zu einem Sachverhalt, Problem auseinandersetzen und die vorgebrachten Argumentationen auf ihre Stichhaltigkeit hin beurteilen und bewerten und dadurch eine eigene Stellungnahme bzw. Lösungsvorschlägen formulieren
(über)prüfen	Mit Hilfe von zusätzlichen Materialien einen Sachverhalt (Problem, Vermutung) hinsichtlich seiner Stichhaltigkeit untersuchen Angewandte Methoden auf ihre Leistungsfähigkeit und Aussagegrenzen hin untersuchen und bewerten
erstellen/ entwickeln/ entwerfen/ gestalten	Auf der Grundlage einer Arbeitsvorgabe und unter Berücksichtigung der fachmethodischen Vorgehensweise (Arbeitsschritte) selbständig ein Produkt (Wandzeitung, Plakat, Schaubild, Diagramm, Skizze, Bericht, Text) anfertigen und kritisch reflektieren
Lösungsvorschläge entwickeln	Auf der Basis eines Gesamtergebnisses zu einem umstrittenen Sachverhalt wird unter Berücksichtigung möglichst aller Perspektiven ein begründeter eigenständiger Lösungsentwurf/ -vorschlag ausgearbeitet und vorgestellt

Karte Saarland

Karte Deutschland

Karte Europa

Karte Welt

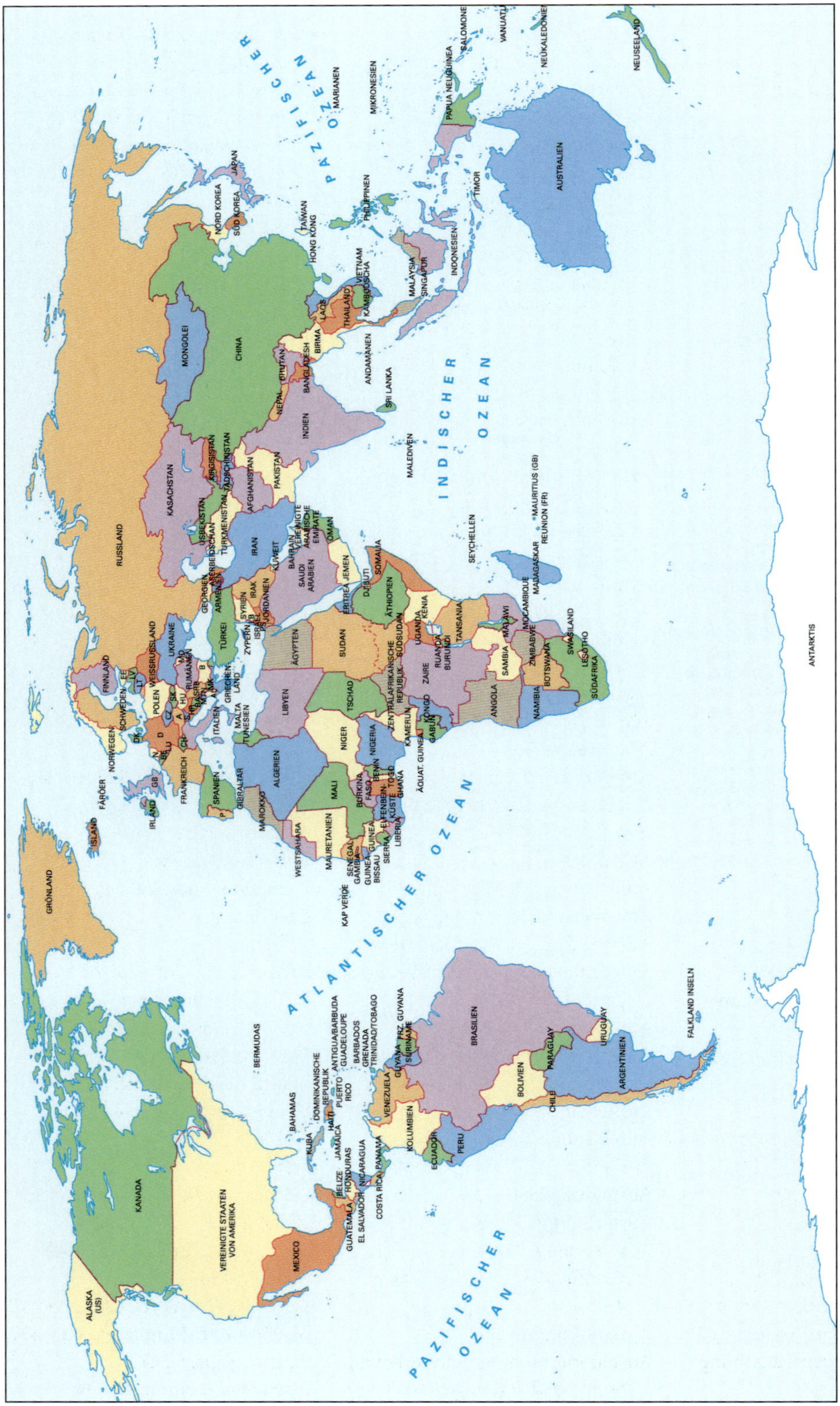
PAZIFISCHER OZEAN
ATLANTISCHER OZEAN
INDISCHER OZEAN
ALASKA (US)
KANADA
VEREINIGTE STAATEN VON AMERIKA
MEXICO
GRÖNLAND
ISLAND
BERMUDAS
BAHAMAS
KUBA
HAITI
DOMINIKANISCHE REPUBLIK
JAMAICA
PUERTO RICO
ANTIGUA/BARBUDA
GUADELOUPE
BARBADOS
GRENADA
TRINIDAD/TOBAGO
GUATEMALA
EL SALVADOR
BELIZE
HONDURAS
NICARAGUA
COSTA RICA
PANAMA
KOLUMBIEN
VENEZUELA
GUYANA
SURINAME
FRZ. GUYANA
ECUADOR
PERU
BRASILIEN
BOLIVIEN
PARAGUAY
CHILE
ARGENTINIEN
URUGUAY
FALKLAND INSELN
FÄRÖER
IRLAND
GB
NORWEGEN
SCHWEDEN
FINNLAND
DK
N
BE
L
D
FRANKREICH
CH
SPANIEN
P
GIBRALTAR
ITALIEN
POLEN
CZ
SK
A
HU
SLO
KR
BR
SRB
MAZ
ALB
GRIECHEN LAND
MALTA
RUMÄNIEN
B
MD
UKRAINE
WEISSRUSSLAND
LT
LV
EE
RUSSLAND
TÜRKEI
ZYPERN
GEORGIEN
ARMENIEN
ASERBEIDSCHAN
SYRIEN
LIB
ISRAEL
JORDANIEN
IRAK
IRAN
KUWEIT
BAHRAIN
SAUDI ARABIEN
VEREINIGTE ARABISCHE EMIRATE
OMAN
JEMEN
KASACHSTAN
USBEKISTAN
TURKMENISTAN
KIRGISISTAN
TADSCHIKISTAN
AFGHANISTAN
PAKISTAN
INDIEN
NEPAL
BHUTAN
BANGLADESH
SRI LANKA
MALEDIVEN
MONGOLEI
CHINA
NORD KOREA
SÜD KOREA
JAPAN
TAIWAN
HONG KONG
BIRMA
LAOS
THAILAND
VIETNAM
KAMBODSCHA
ANDAMANEN
MALAYSIA
SINGAPUR
PHILIPPINEN
INDONESIEN
TIMOR
PAPUA NEUGUINEA
MARIANEN
MIKRONESIEN
SALOMONEN
VANUATU
NEUKALEDONIEN
AUSTRALIEN
NEUSEELAND
MAROKKO
WESTSAHARA
ALGERIEN
TUNESIEN
LIBYEN
ÄGYPTEN
MAURETANIEN
MALI
NIGER
TSCHAD
SUDAN
SÜDSUDAN
ERITREA
DJIBUTI
ÄTHIOPIEN
SOMALIA
SENEGAL
GAMBIA
GUINEA BISSAU
GUINEA
SIERRA
LIBERIA
ELFENBEIN-KÜSTE
BURKINA FASO
GHANA
TOGO
BENIN
NIGERIA
KAMERUN
ÄQUAT. GUINEA
GABUN
KONGO
ZENTRALAFRIKANISCHE REPUBLIK
ZAIRE
UGANDA
KENIA
RUANDA
BURUNDI
TANSANIA
ANGOLA
SAMBIA
MALAWI
MOÇAMBIQUE
ZIMBABWE
NAMIBIA
BOTSWANA
SÜDAFRIKA
SWASILAND
LESOTHO
MADAGASKAR
SEYCHELLEN
MAURITIUS (GB)
REUNION (FR)
KAP VERDE
ANTARKTIS

Sachwortverzeichnis

T

U